Detlev von Liliencron
Ausgewählte Werke

Detlev von Liliencron

Ausgewählte Werke

Herausgegeben von
Walter Hettche

Wachholtz

ISBN 978-3-529-06135-6

Inhalt

GEDICHTE

Adjutantenritte (1883)   13

Sicilianen   13
    Einer schönen Freundin in's Stammbuch   13
    Schwalbensiciliane   13
    »Die Anbetung der heiligen drei Könige«   14
    Marschall Niel   14
    Verrauscht die heiße Zeit der Jugendtage   14
    Flüchtiger Gruß   15
    Gestorben   16
Kleine Ballade   16
In memoriam   17
Blümekens   17
Goldammer   18
Das Haupt des heiligen Johannes in der Schüssel   18
Wer weiß wo   21
Auf dem Kirchhofe   22
Heidebilder   23
Dorfkirche im Sommer   25
Four in hand   25
Müde   26
Hans der Schwärmer   27
Kalter Augusttag   28
Hochsommer im Walde   29
Herbst   30
Broadway in New-York   31
Abseits   32
Siegesfest   33
In einer großen Stadt   34

Bruder Liederlich   34
Einer Toten   36
Der Heidebrand   38
Vier Augen sind im Wege   42
Ein Geheimnis   45
Trutz, blanke Hans   49

Gedichte (1889)

Rückblick   52
»Unter den Linden«   54
Die Musik kommt   55
Der Handkuß   57
Entsagung   58
Vergiß die Mühle nicht   59
Festnacht und Frühgang   61
Die Muse der Dichtkunst   64
Das Wundertier   64
Der Brotwagen   66
Deutsche Reimreinheit   67
Dichterlos in Kamtschatka   68
Auf den Tod eines im Elend untergegangenen
    deutschen Dichters   70
Die Insel der Glücklichen   72
Die Drossel   72
Die neue Eisenbahn   73
Auf der Kasse   75
An Theodor Storm   76
Zwei Meilen Trab   78
Über ein Knickthor gelehnt   79

Der Haidegänger (1890)

Aus der Kinderzeit   86
Seffinka   86
An einen meines Namens nach meinem Tode   87
Auf einem Bahnhofe   88
Die Birke   90
Verstoßen   91
Die Laterne   94
Krieg und Frieden   96
Der Ländler   98

Neue Gedichte (1893)

Waldfahrt   100
Pidder Lüng   102
Vogel im Busch   105
Zwiegespräch   105
Der Maibaum   109
Ich und die Rose warten   110
Das eine Kleid   113
Die Pest   115
Die Stelle im Thukydides   120
Einen Sommer lang   121
Betrunken   122
Antwort   126
Schöne Junitage   127
Das Kornfeld   128
Abschied   129
Das Genie bricht sich Bahn   130
Das gebliebene Lächeln   133

Sicilianen

    Der teutsche Dichter in Abdera 135

    Winterbild 135

    Überschwemmung 135

    Je reviendrai 136

    Allerliebst 136

    Vorfrühling am Waldrand 136

    »Es zog eine Hochzeit den Berg entlang« 137

    Richtet nicht, Pharisäer 137

    Sommernacht 137

    Acherontisches Frösteln 138

    Des Mannes Kampf 138

Und so bleibts denn halter beim alten 139

Krischan Schmeer 143

Einmarsch in die Stadt Pfahlburg 146

Frühlingsnacht 153

Nebel und Sonne (1900)

Es hatte niemand etwas einzuwenden 156

Die Königin 157

Ach, jung ... 159

Das Lotterielos 160

Wandlungen 160

Bunte Beute (1903)

Schnell herannahender, anschwellender und
    ebenso schnell ersterbender Sturmstoß 164

An der Grenze 165

Durchs Telephon 166

Der Feldblumenstrauß 166

Das Gewehr im Baum   168
Up de eensame Hallig   171
Ballade in U-Dur   172
Heimgang in der Frühe   174
Ist das Alles?   175
Aussicht vom Schlosse   176
Armut, Einsamkeit und Freiheit   177
Martje Flors Trinkspruch   179
Der Teufel in der Not   180
Das Opfer   182
Der Blitzzug   184
Die Spinnerin von Sanct Peter   185
Märztag   187
Hafenlegende   187
Sicilianen
    Regentag im Sommer   189
    Mein täglicher Spaziergang   189
Der lange Tanz   189
Rast im Hungrigen Wolf vor Sonnenaufgang   191
Das verschüttete Dorf   192
Die Falschmünzer   193
Ein Tag aus dem Leben des kleinen Herrn Wulff   196
Die nächtliche Trauung   199
Kleine Legende   203
Des Großen Kurfürsten Reitermarsch   204

Balladenchronik (1906)

Die kleine Kirche Jesusblödlein   215

Gute Nacht (1909)

In Martin Luthers Sprache   217
Vun de erschröckliche Springflot   218
Das Kind mit dem Gravensteiner   221
Der Kanarienvogel   222
Ihre Exzellenz die alte Gräfin oben auf
    der Freitreppe   223
Seifenblasen   224
Die Macht der Musik   225
Anakreontisches Liedel   227
Die letzte Rose   228
Raben   229
Das Glück   229
Arger Morgen   229
Sicilianen
    Ein Frühlingsmorgen   231
    Winterabend   231
In ein Stammbuch   231
Lebewohl an meinen verstorbenen Freund,
    Herrn Naturalismus   232
Der Fischzug   233
Hinüber   234
Begräbnis   234

DRAMA

Arbeit adelt   236

ERZÄHLUNGEN

Poggfred   263

Der Buchenwald   427
Der Dichter   439
Die Operation   449
Das abgeerntete Kartoffelfeld   455
Der Aschenregen   458
Die Mergelgrube   460
Die Schnecke   490
Das sterbende Schwein   517
Die vergessene Hortensie   519
Das Mädchen   528
Das Ehepaar Quint   528

Nachwort   539
Zu dieser Ausgabe   561
Glossar   567
Zeittafel   575
Literaturverzeichnis   578
Verzeichnis der Gedichtanfänge und
-überschriften   583

Gedichte

Adjutantenritte (1883)

Sicilianen

Einer schönen Freundin in's Stammbuch

Den ganzen Tag nur auf der Ottomane,
Ylang-Ylang und lange Fingernägel.
Die Anzugfrage, Wochenblattromane,
Schlaf, Nichtsthun, Flachgespräch ist Tagesregel.
Ich glaube gar, für eine Seidenfahne
Verkaufst du deinen Mann und Kind und Kegel.
So schaukelst du, verfault, im Lebenskahne,
Herzlosigkeit und Hochmut sind die Segel.

Schwalbensiciliane

Zwei Mutterarme, die das Kindchen wiegen,
Es jagt die Schwalbe weglang auf und nieder.
Maitage, trautes Aneinanderschmiegen,
Es jagt die Schwalbe weglang auf und nieder.
Des Mannes Kampf: Sieg oder Unterliegen,
Es jagt die Schwalbe weglang auf und nieder.
Ein Sarg, auf den drei Handvoll Erde fliegen,
Es jagt die Schwalbe weglang auf und nieder.

„Die Anbetung der heiligen drei Könige"

Im Saale vor mir Veroneses Bild,
Als Nachbarin die schönste aller Frauen,
In Sicht ein gut zerstücktes Hummerschild,
Um mich Gelächter, Glasgeklirr und Kauen.
Die alte Gräfin, sonst so engelmild,
Wie will sie jenen Trüffelberg verdauen.
Indessen hallt Musik, verschallt und schwillt,
Und aus dem Garten schrillt der Schrei des Pfauen.

Marschall Niel

Die große gelbe Rose ruhte schwer
Auf schwarzem Marmorsarg in Marmorhallen.
Wess' Hand sie brach und wer sie trug anher,
Auch wer die Leiche war, ist mir entfallen.
Es schlief der Sarg, von Blatt und Blumen leer,
Im Dämmer, eine Sphinx, auf Löwenkrallen.
Der Abendwölkchen lichtgeflocktes Heer
Entstieg dem Meere, rot wie Blutkorallen.

Verrauscht die heiße Zeit der Jugendtage,
Verklungen Becherklang und wilde Geigen.
Dich lehrte zeitig Hiobs tiefe Klage:
Die Thoren schwatzen und die Klugen schweigen.
Du legst das Wort vorsichtig auf die Wage,
Und mußt der Welt die Heuchelmaske zeigen.
Dein Frühling doch – ach, eine Wundersage,
Dir singt kein Vogel mehr in grünen Zweigen.

FLÜCHTIGER GRUSS

I.
Frühling

Hoch oben fliegt ein Kranichheer nach Norden,
Von ihren Flügeln tropft die Morgensonne.
Tief unten liegt der Ursulinenorden,
Im Klostergarten träumt die alte Nonne.
Von oben braust es mächtig in Accorden
Nach unten tief in hoher Frühlingswonne.
Verflogen ... Oben ist es still geworden –
Die greise Nonne betet zur Madonne.

II.
Herbst

Hoch oben fliegt ein Kranichheer von Norden,
Von ihren Flügeln tropft die Abendsonne.
Tief unten liegt der Ursulinenorden,
Im Klostergarten träumt die alte Nonne.
Aus Kirchthürweiten braust es in Accorden
Nach oben hoch in tiefer Friedenswonne.
Verklungen ... Unten ist es still geworden –
Die greise Nonne betet zur Madonne.

GESTORBEN

Der Sterbende

> _____
> _____ Der Blasse wird noch blässer ____
> Doch die Genossen sprechen, ihn beneidend:
> Wohl ihm – nun wird er still – nun ist ihm besser.
> *Conrad von Prittwitz-Gaffron.*

Nun ist ihm wohl. Er schaut das neue Land,
Und bleibt, „Das hätt' ich nicht erwartet", stehn.
Der Eine stirbt verlassen und verbannt,
Bei Andern Pomp und Trauerfahnenwehn.
Die Nachbarweiber, menschlich, halten Stand
Der Stunden viel, die „schöne Leich'" zu sehn.
Und hinterdrein die Freunde, wehentbrannt,
Vermitteln einen Skat im Weitergehn.

KLEINE BALLADE

Hoch weht mein Busch, hell klirrt mein Schild
Im Wolkenbruch der Feindesklingen.
Die malen kein Madonnenbild
Und tönen nicht wie Harfensingen.

Und in den Staub der letzte Schelm,
Der mich vom Sattel wollte stechen!
Ich schlug ihm Feuer in den Helm,
Und sah ihn todt zusammenbrechen.

Ihr wolltet stören meinen Herd?
Ich zeigte euch die Mannessehne.
Und lachend trockne ich mein Schwert
An meines Rosses schwarzer Mähne.

IN MEMORIAM

Wilde Rosen überschlugen
Tiefer Wunden rotes Blut.
Windverwehte Klänge trugen
Siegesmarsch und Siegesflut.

Nacht. Entsetzen überspülte
Dorf und Dach in Lärm und Glut.
„Wasser ...." und die Hand zerwühlte
Gras und Staub in Dursteswut.

Morgen. Gräbergraber. Grüfte.
Manch ein letzter Atemzug.
Weither witternd durch die Lüfte
Braust und graust ein Geierflug.

BLÜMEKENS

Kleine Blüten, anspruchslose Blumen,
Waldrandschmuck und Wiesendurcheinander,
Rote, weiße, gelbe, blaue Blumen
Nahm ich im Vorbeigehn mit nach Hause.
Kamen alte, liebe Zeiten wieder:
Auf den Feldern wehten grüne Hälmchen,
Süß im Erlenbusche sang der Stieglitz,

Eine ganze Welt von Unschuld sang er
Mir und dir.

Nun, seit Jahren, ordnen deine Hände
Perlenschnur und Rosen in den Haaren.
Wie viel schöner, junge Frau doch schmückten
Kleine Blumen dich, die einst wir pflückten,
Ich und du.

GOLDAMMER

Kleiner Vogel, gelb und braun
Mustert Dein Gefieder.
Immer klingt aus jedem Zaun
Mir Dein Liedchen nieder:
Nimmer nimmer nimmer nimmer mehr.

Kleiner Vogel, Glück und Traum
Flog wie Deine Flügel.
Bringt ein wenig Glück und Traum
Noch im Flug Dein Flügel?
„Nimmer nimmer nimmer nimmer mehr."

DAS HAUPT DES HEILIGEN JOHANNES IN DER SCHÜSSEL

Dei gratia Domina,
Wiebke Pogwisch, Abbatissa,
Thront auf ihrem Fürstenstuhle
Vor dem adligen Convent.

Heilwig Qualen, Mette Tynen,
Abel Rantzow, Geesche Ahlfeldt,
Trienke Bockwoldt, Drud' Rugmooren,
Benedikte Reventlow.

Diese Klosterfräulein lauschen
Sehr andächtig der Aebtissin,
Der Aebtissin Wiebke Pogwisch,
Dei gratia Dominae.

Vor den Schwestern auf der Schüssel,
Und die Schüssel war von Golde,
Liegt das Haupt Johann des Täufers,
Schauderhaft aus Holz geschnitzt.

Eine Stiftung Isern Hinnerks,
Sohn von Geert, dem Großen Grafen.
Als er fromm geworden, ewigt
Isern Hinnerk diesen Kopf.

Doch er machte die Bedingung,
Jedes Fräulein, das zur Nonne
Werden wollte, werden mußte,
Sollte küssen diesen Kopf.

Außerdem noch, wenn die Nonnen
Diesen Kopf behalten wollten,
Gab er sieben große Dörfer
An den adligen Convent.

Anfangs sträubten sich die Schwestern,
Gar zu scheuslich war das Schnitzwerk,
Doch die Schüssel ist von Golde,
Und die Dörfer bringen Zins. –

Vor der Schüssel, vor den Frauen,
Auf den Marmorfliesen knieend,
Betet unter heißen Schauern,
Betet Anna von der Wisch.

Ihre jungen blauen Augen
Streifen jenes Haupt mit Grauen,
Und sie kann sie nimmer küssen
Diese blutbemalte Stirn.

Immer lebt in ihr der Abend,
Als im Wald die Vögel sangen,
Als die holden blauen Augen
Küßte Detlev Gadendorp.

Wiebke Pogwisch, die Aebtissin,
Spricht zuerst mit milden Worten,
Redet dann in strengen, harten,
Hält ihr vor das Krucifix.

Und mit todtenblassem Antlitz,
Zögernd, langsam geht das Mädchen,
Neigt den kleinen Mund zum Kusse –
Schallend klingt im Hof ein Huf.

Sporen klirren, Thüren fallen,
Und die Treppen stürmt ein Ritter,
Vor den Schwestern beugt die Kniee
Lächelnd Detlev Gadendorp.

Hat das Mädchen rasch im Arme,
Und zwei Aermchen schlagen hastig
Sich um seinen starken Nacken,
Frei, im Sattel ruht sie schon.

Steinerstarrt in ihren Sesseln
Sitzen stumm die Klosterfräulein.
Steinerstarrt auch die Aebtissin,
Dei gratia Domina.

Doch wie stets es noch gewesen,
Neugier macht ein Weib lebendig,
Um das Bogenfenster drängen
All' die lieben Nönnelein.

Schauen in die Frühlingsfelder,
Hören wie die Lerchen singen.
Fern am Waldesrand ein Hufblitz
Sendet letzten Gruß zurück.

WER WEISS WO
(Schlacht bei Kolin, 18 Juni 1757.)

Auf Blut und Leichen, Schutt und Qualm,
Auf roßzerstampften Sommerhalm
Die Sonne schien.
Es sank die Nacht. Die Schlacht ist aus,
Und mancher kehrte nicht nach Haus
Einst von Kolin.

Ein Junker auch, ein Knabe noch,
Der heut das erste Pulver roch,
Er mußt' dahin.
Wie hoch er auch die Fahne schwang,
Der Tod in seinen Arm ihn zwang,
Er mußt' dahin.

Ihm nahe lag ein frommes Buch,
Das stets der Junker bei sich trug,
Am Degenknauf.
Ein Grenadier von Bevern fand
Den kleinen erdbeschmutzten Band
Und hob ihn auf.

Und brachte heim mit schnellem Fuß
Dem Vater diesen letzten Gruß,
Der klang nicht froh.
Es schrieb hinein die Zitterhand:
„Kolin. Mein Sohn verscharrt im Sand,
Wer weiß wo.“

Und der gesungen dieses Lied,
Und der es liest, im Leben zieht
Noch frisch und froh.
Doch einst bin ich, und bist auch du,
Verscharrt im Sand, in ewiger Ruh,
Wer weiß wo.

Auf dem Kirchhofe

Der Tag ging regenschwer und sturmbewegt,
Ich war an manch vergessenem Grab gewesen.
Verwittert Stein und Kreuz, die Kränze alt,
Die Namen überwachsen, kaum zu lesen.

Der Tag ging sturmbewegt und regenschwer,
Auf allen Gräbern fror das Wort: Gewesen.
Wie sturmestot die Särge schlummerten –
Auf allen Gräbern taute still: Genesen.

HEIDEBILDER

Tiefeinsamkeit spannt weit die schönen Flügel,
Weit über stille Felder aus.
Wie ferne Küsten grenzen graue Hügel,
Sie schützen vor dem Menschengraus.

Im Frühling rauscht in mitternächtiger Stunde
Die Wildgans hoch in raschem Flug.
Das alte Gaukelspiel: in weiter Runde
Hör' ich Gesang im Wolkenzug.

Verschlafen sinkt der Mond in schwarze Gründe,
Beglänzt noch einmal Schilf und Rohr.
Gelangweilt ob so mancher holden Sünde,
Verläßt er Garten, Wald und Moor.

———

Die Mittagsonne brütet auf der Heide,
Im Süden droht ein schwarzer Ring.
Verdurstet hängt das magere Getreide,
Behaglich treibt der Schmetterling.

Ermattet ruhn der Hirt und seine Schafe,
Die Ente träumt im Binsenkraut,
Die Ringelnatter sonnt in trägem Schlafe
Unregbar ihre Tigerhaut.

Im Zickzack zuckt ein Blitz, und Wasserfluten
Entstürzen gierig feuchtem Zelt.
Es jauchzt der Sturm und peitscht mit seinen Ruten
Erlösend meine Heidewelt.

———

In Herbstestagen bricht mit starkem Flügel
Der Reiher durch den Nebelduft.
Wie still es ist, kaum hör' ich um den Hügel
Noch einen Laut in weiter Luft.

Auf eines Birkenstämmchens schwanker Krone
Ruht sich ein Wanderfalke aus.
Doch schläft er nicht, von seinem leichten Throne
Aeugt er durchdringend scharf hinaus.

Der alte Bauer mit verhaltnem Schritte
Schleicht neben seinem Wagen Torf.
Und holpernd, stolpernd schleppt mit lahmem Tritte
Der alte Schimmel ihn in's Dorf.

————

Die Sonne leiht dem Schnee das Prachtgeschmeide,
Doch ach! wie kurz ist Schein und Licht.
Ein Nebel tropft, und traurig zieht im Leide
Die Landschaft ihren Schleier dicht.

Ein Häslein nur fühlt noch des Lebens Wärme,
Am Weidenstumpfe hockt es bang.
Doch kreischen hungrig schon die Rabenschwärme
Und hacken auf den sichern Fang.

Bis auf den schwarzen Schlammgrund sind gefroren
Die Wasserlöcher und der See.
Zuweilen geht ein Wimmern, wie verloren,
Dann stirbt im toten Wald ein Reh.

————

Tiefeinsamkeit, es schlingt um deine Pforte
Die Erika das rote Band.
Von Menschen leer, was braucht es noch der Worte,
Sei mir gegrüßt du stilles Land.

Dorfkirche im Sommer

Schläfrig singt der Küster vor,
Schläfrig singt auch die Gemeinde,
Auf der Kanzel der Pastor
Betet still für seine Feinde.

Dann die Predigt, wunderbar,
Eine Predigt ohne Gleichen.
Die Baronin weint sogar
Im Gestühl, dem wappenreichen.

Amen, Segen, Thüren weit,
Orgelton und letzter Psalter.
Durch die Sommerherrlichkeit
Schwirren Schwalben, flattern Falter.

Four in hand

Vorne vier nickende Pferdeköpfe,
Neben mir zwei blonde Mädchenzöpfe,
Hinten der Groom mit wichtigen Mienen,
An den Rädern Gebell.

In den Dörfern windstillen Lebens Genüge,
Auf den Feldern fleißige Eggen und Pflüge,
Alles das von der Sonne beschienen
So hell, so hell.

Müde

Auf dem Wege vom Tanzsaal nach Haus
Ruht sich auf dem Steine aus
Die hübsche Margreth.
Sie öffnet ein wenig das stramme Mieder,
Daß kühl über die weißen Glieder
Der Nachtwind weht.

Desselben Weges kommt auch der Junker,
Mit Troddeln am Hut und vielem Geflunker,
Und sieht den Stein,
Und auf dem Steine das schmucke Kind,
Und wie der Blitz geschwind,
Fällt ihm was ein.

Das liebe Mädchen hatte geschlafen,
Doch wie sie des Junkers Augen trafen,
Ist sie erwacht.
Erst schreit sie auf und will feldein,
Ich denke wir lassen die beiden allein
In der Sommernacht.

Hans der Schwärmer

Hans Töffel liebt Schön Doris sehr,
Schön Doris Hans Töffel vielleicht noch mehr.
Doch seine Liebe, ich weiß nicht wie,
Ist zu scheu, zu schüchtern, zu viel Elegie.
Im Kreise liest er Gedichte vor,
Schön Doris steht unten am Gartenthor:
Ach, käm' er doch frisch zu mir hergesprungen,
Wie wollt' ich ihn herzen, den lieben Jungen.
    Hans Töffel liest oben Gedichte.

Am andern Abend, der blöde Thor,
Hans Töffel trägt wieder Gedichte vor.
Schön Doris das wirklich sehr verdrießt,
Daß er immer weiter und weiter liest.
Sie schleicht sich hinaus, er gewahrt es nicht,
Just sagt er von Heine ein herrlich Gedicht.
Schön Doris steht unten in Rosendüften
Und hätte so gern seinen Arm um die Hüften.
    Hans Töffel liest oben Gedichte.

Am andern Abend ist großes Fest,
Viel Menschen sind eng aneinander gepreßt.
Heut muß er's doch endlich sehn der Poet,
Wenn Schön Doris sacht aus der Thüre geht.
Potz Tausend, er merkt es und merkt es auch nicht,
Er spricht und verzapft gar ein eigen Gedicht.
Und unten im stillen, dunklen Garten
Muß Schön Doris vergeblich, vergeblich warten.
    Hans Töffel liest oben Gedichte.

Am andern Abend, beim heiligen Gral,
Schön Doris fehlt im Gesellschaftssaal.

Und ist auch Hans Töffel mein Freund und mir wert –
Die Katze schläft unten am Feuerherd,
Beim Kätzchen steht sinnend Schön Doris und sehnt,
Ihr Köpfchen an meiner Schulter lehnt.
Und hätt' ich auch eine Legion Verdammer,
Zu süß war die Stunde bei ihr in der Kammer.
       Hans Töffel liest oben Gedichte.

KALTER AUGUSTTAG

I.

Wir standen unter alten Riesenulmen,
An unsers Gartens Rand. Mein Arm umschlang
Die schlanke Hüfte dir. Es lag dein Haupt,
Das schöne, blasse, still an meiner Schulter.
Ein kalter Hauch drang uns entgegen; fröstelnd
Zogst fester du das Tuch um deinen Hals.
In grauer Luft, unübersehbar, lag
Der Wiesen grünes Flachland ausgebreitet.
Wie deutlich hörten wir den Jungen schelten
Auf seine Kühe, deutlich hör' ich noch
Dein fröhlich Lachen, als uns die gesunden,
Vom Winde hergetragnen Worte trafen.
Und eine Oede, nordisch unbehaglich,
Durchfror die Landschaft. Krähen stolperten,
Laut krächzend, über'n Garten. Schläfrig zog
Am Horizont die Mühle ihre Kreise.
Und doch! Es lag auf Wegen fern und nah
Der Sonnenschein, der Sonnenschein des Glücks.
Und langsam kehrten wir zurück ins Haus.

II.

Und wieder stand ich unter unsern Ulmen,
Doch nicht mit dir. Allein sah ich hinaus
In lichten Frühlingstag: Der Junge pfiff
Ein lustig Liedchen seinen Kühen; glänzend
Im Licht umkreisten Krähen hohe Bäume,
In blauer Luft schaut' ich am Horizont
Die Mühle schnell im Wind die Flügel drehn.
Und doch, ich sah nur graue Todesnebel,
Und teilnahmlos kehrt' ich zurück ins Haus.

Hochsommer im Walde

„Kein Mittagessen fünf Tage schon.
Die Heimat so weit, kein Geld und kein Lohn,
Statt Arbeit zu finden, nur Hunger und Not,
Nur wandern und betteln und kaum ein Stück Brot."

Was biegt der Handwerksbursch in den Wald?
Was läuft ihm übers Gesicht so kalt?
Was sieht er trostlos in den Raum?
Was irrt sein Auge von Baum zu Baum?

Die Sonne sinkt und Stille ringsum,
Die Drossel nur lärmt noch, sonst Alles stumm.
Was schaukelt der Erlbaum am Waldesrand?
In seinen Ästen ein Mensch verschwand.

Von seinem ärmlichen Bündel den Strick,
Er legt um den Hals ihn, um Wirbel, Genick,

Dann läßt er sich fallen – nur kurz ist die Qual,
Er sah die Sonne zum letzten Mal.

Der Tau fällt auf ihn, der Tag erwacht,
Der Pirol flötet, der Tauber lacht.
Es lebt und webt, als wär' nichts geschehn,
Gleichgültig wispern die Winde und wehn.

Ein Jäger kommt den Hügel herab,
Und sieht den Erhängten und schneidet ihn ab.
Und macht der Behörde die Anzeige schnell,
Gendarmen und Träger sind bald zur Stell'.

In hellen Glacés ein Herr vom Gericht,
Der prüft, ob kein Raubmord, wie das seine Pflicht.
Sie tragen den Leichnam ins Siechenhaus,
Und dann, wo kein Kreuz steht, ins Feld hinaus.

Da Niemand zuvor den Toten gesehn,
Erhält er die Nummer dreihundert und zehn.
Drei Hundert und neun schon liegen im Sand,
Wer hat sie geliebt, wer hat sie gekannt?

Herbst

Astern blühen schon im Garten,
Schwächer trifft der Sonnenpfeil.
Blumen, die den Tod erwarten
Durch des Frostes Henkerbeil.

Brauner dunkelt längst die Heide,
Blätter zittern durch die Luft.
Und es liegen Wald und Weide
Unbewegt in blauem Duft.

Pfirsich an der Gartenmauer,
Kranich auf der Winterflucht.
Herbstes Freuden, Herbstes Trauer,
Welke Rosen, reife Frucht.

Broadway in New-York

Die Straße, die den Westen mit dem Osten,
Und wieder weiter mit dem Westen bindet,
Betrat ich einst: der Reichthum uns'rer Erde
Durchfließt die Ader von New-York.
Ich sah der Völker bunte Mischung hasten.
Doch drängte sich der Yankee, klug und rastlos
Vor allem hier: In seinen scharfen Augen
In seinem Rennen, seinem Fluchen fand ich
Nur eins: die unersättlich große Gier
Nach Gold, auf alle Wege Gold zu machen.
Und mich befiel ein Grauen, rathlos fast
Sah ich mich um nach einem Halt da plötzlich,
In all' dem Schreien, Lachen, Stoßen, Treiben, –
Zog klar vorüber mir ein liebes Bild:
Ganz wie versteckt in Feld und Wald und Heiden
Fern von den Dörfern und den großen Straßen,
Lag unser Haus vergraben fast in eines
Vereinsamt großen Gartens stiller Welt.
Die Sonne schien auf kiesbedeckte Wege,
Und in den Bäumen war ein Frühlingsleben.
Du gingst zur Seite mir, und Hand in Hand,

So standen endlich wir am lichten Rande
Der kleinen Hölzung: vor uns lag die Landschaft.
Aus unsichtbarer Ferne kam ein Läuten.
Wie schön es war. Ein frischer Buchenzweig
Beschattete und küßte dir die Stirn. –
Als Abends dann noch einmal wir durchschritten
Des Parkes Nacht, die Nachtigall zu finden,
(Du wolltest ja durchaus sie singen sehen),
Wie lehntest halb erschrocken du den Kopf
An meine Schulter als im Dickicht, grinsend,
Der Faun so plötzlich auf uns niedersah. –
Doch g'rade hier saß liebeglühend, schlagend
In einem kaum erblühten Apfelbaum
Der kleine Vogel; und die schönsten Lieder
Sang klagend er dem lüstern' Gotte vor. –
Das volle ganze Glück lag ausgebreitet
In uns'ren Herzen, und es zog der Friede
Weit übers Land, es glitzerten die Sterne,
Hell über uns in heller Frühlingsnacht.

Abseits

In einer Riesenstadt durchschritt ich jüngst
Die volkbelebteste der großen Straßen.
Und eine Stille kam, und, wunderbar,
In all' dem Schreien, Fluchen, Stoßen, Treiben,
Zog klar vorüber mir ein liebes Bild:
Ganz wie versteckt in Wald und Feld und Heide,
Von großen und von kleinen Städten fern,
Liegt unser Haus, vereinsamt und verloren
In eines alten Gartens stiller Welt.
Die Sonne schien auf kiesbedeckte Wege,
Und in den Bäumen war ein Maienleben.

Du gingst zur Seite mir, und Hand in Hand,
So standen endlich wir am lichten Rande
Der kleinen Hölzung. Vor uns schwieg die Landschaft.
Ein Läuten kam aus unsichtbarer Ferne.
Wie schön es war. Es zogen tiefe Schatten
Um uns, und fröhlich küßte deine Augen
Ein frischer Buchenzweig.
Als Abends dann noch einmal wir durchschritten
Des Parkes Grund, die Nachtigall zu finden,
– Du wolltest ja durchaus sie singen *sehen* –
Wie lehntest halb erschrocken du den Kopf
An meine Schulter, als im Dickicht, plötzlich,
Der Marmorfaun gespenstig auf uns sah.
Und grade hier mit voller Inbrunst schlug,
In einem kaum erblühten Apfelbaum,
Die Liederkönigin. Die schönsten Weisen
Sang klagend sie dem frechen Gotte vor.
Das Glück, der Schnelläufer, hielt Ruhetag
In unsern Herzen, und es zog der Friede
Weit über's Land. Hell leuchteten die Sterne,
Hell über uns in stiller Frühlingsnacht.

Siegesfest

Flatternde Fahnen
Und frohes Gedränge.
Fliegende Kränze
Und Siegesgesänge.

Schweigende Gräber,
Verödung und Grauen.
Welkende Kränze,
Verlassene Frauen.

Heißes Umarmen
Nach schmerzlichem Sehnen.
Brechende Herzen,
Gestorbene Thränen.

In einer grossen Stadt

Es treibt vorüber mir im Meer der Stadt
Bald Der, bald Jener, Einer nach dem Andern.
Ein Blick ins Auge, und vorüber schon.
    Der Orgeldreher dreht sein Lied.

Es tropft vorüber mir ins Meer des Nichts
Bald Der, bald Jener, Einer nach dem Andern.
Ein Blick auf seinen Sarg, vorüber schon.
    Der Orgeldreher dreht sein Lied.

Es schwimmt ein Leichenzug im Meer der Stadt,
Querweg die Menschen, Einer nach dem Andern.
Ein Blick auf meinen Sarg, vorüber schon.
    Der Orgeldreher dreht sein Lied.

Bruder Liederlich

Die Feder am Sturmhut in Spiel und Gefahren
                Halli.
Nie lernt' ich im Leben zu fasten, zu sparen,
                Hallo.
    Der Dirne lass' ich die Wege nicht frei,
    Wo Männer sich raufen, da bin ich dabei,
    Und wo sie saufen, da sauf' ich für drei.
                Halli und Hallo.

Verdammt, es blieb mir ein Mädchen hängen,
Halli.
Ich kann sie mir nicht aus dem Herzen zwängen,
Hallo.
Ich glaube, sie war erst sechszehn Jahr,
Trug rote Bänder im schwarzen Haar,
Und plauderte wie der lustigste Staar.
Halli und Hallo.

Was hatte das Mädel zwei frische Backen,
Halli.
Krach, konnten die Zähne die Haselnuß knacken,
Hallo.
Sie hat mir das Zimmer mit Blumen geschmückt,
Die wir auf heimlichen Wegen gepflückt,
Wie hab' ich dafür an's Herz sie gedrückt.
Halli und Hallo.

Ich schenkt' ihr ein Kleidchen von gelber Seiden,
Halli.
Sie sagte, sie möcht' mich unsäglich gern leiden,
Hallo.
Und als ich die Taschen ihr vollgesteckt
Mit Pralines, Feigen und feinem Confeckt,
Da hat sie von Morgens bis Abends geschleckt.
Halli und Hallo.

Wir haben süperb uns die Zeit vertrieben,
Halli.
Ich wollte wir wären zusammen geblieben,
Hallo.
Doch wurde die Sache mir stark ennuyant,
Ich sagt' ihr, daß mich die Regierung ernannt,

Kamele zu kaufen in Samarkand.
　　　　　Halli und Hallo.

Und als ich zum Abschied die Hand gab der Kleinen,
　　　　　Halli,
Da fing sie bitterlich an zu weinen,
　　　　　Hallo.
　Was denk' ich just heut ohn' Unterlaß,
　Daß ich ihr so rauh gab den Reisepaß ...
　Wein her, zum Henker, und da liegt Trumpf Aß.
　　　　　Halli und Hallo.

EINER TOTEN

Ach, daß du lebtest.
　　　　　Tausend schwarze Krähen,
Die mich umflatterten auf allen Wegen,
Entflohen, wenn sich deine Tauben zeigten,
Die weißen Tauben deiner Fröhlichkeit.
Daß du noch lebtest.
　　　　　Schwer und kalt umsaugt
Die Erde deinen Sarg und hält dich fest.
Ich geh' nicht hin, ich finde dich nicht mehr.
Und Wiedersehn?
　　　　　Was soll ein Wiedersehn,
Wenn wir zusammen Hosianna singen,
Und ich dein Lachen nicht mehr hören kann?
Dein Lachen, deine Sprache, deinen Trost:

Der Tag ist heut so schön, wo ist Chasseur,
Hol' aus dem Schranke deinen Lefaucheux,
Und geh' ins Feld, die Hühner halten noch.
Doch bieg' nicht in das Buchenwäldchen ein,

Und leg' dich nicht ins Moos und träume nicht.
Paß auf die Hühner und sei nicht zerstreut,
Blamir' dich nicht vor deinem Hund, ich bitte.
Und alle Orgeldreher heut verwünsch' ich,
Die luftgetragnen Ton von fernen Dörfern
Dir zusenden, ich seh' dann keine Hühner.
Und doch, die braune Heide liegt so still,
Dich hält ihr Zauber, laß dich nur bestricken.

Wir essen heute Abend Erbsensuppe,
Und der Margaux hat schon die Zimmerwärme.
Bring' also Hunger mit und gute Laune. –
Dann liest du mir aus deinen Lieblingsdichtern.
Und willst du mehr, wir gehen an den Flügel,
Und singen Schumann, Robert Franz und Brahms.
Die Geldgeschichten lassen wir heut ruhn.
Du lieber Himmel, deine Gläubiger
Sind keine Teufel, die dich braten können,
Und Alles wird sich machen.
                              Hier noch eins,
Ich that dir guten Cognac in die Flasche.
Grüß Heide mir und Wald und all die Felder,
Die abseits liegen und vergiß die Schulden.
Ich seh' indessen in der Küche nach,
Daß uns die Erbsensuppe nicht verbrennt. –

Daß du noch lebtest.
                      Tausend schwarze Krähen,
Die mich umflatterten auf allen Wegen,
Entflohen, wenn sich deine Tauben zeigten,
Die weißen Tauben deiner Fröhlichkeit.
Ach, daß du lebtest.

DER HEIDEBRAND

„Herr Hardesvogt, vom Whisttisch weg,
Viel Menschen sind in Gefahr.
Es brennt die Heide von Djernisbeg
Und das Moor von Munkbrarupkar.“
Schon steh' ich im Bügel, schon bin ich im Sitz,
In den Sattel springt der Gendarm wie der Blitz.
Just schlägt es im Städtchen Glock zwölfe,
Wir reiten als hetzten uns Wölfe.

Hier schläft ein Garten in Mitternachtruh',
Dort dämmert im Mondschein der Busch.
Und Felder und Wälder verschwinden im Nu,
Wir fliegen vorüber im Husch.
Und sieh', in der Ebne stäubt Funkengeschwärm,
Schon murmelt herüber verworrener Lärm.
Es gilt! Die Sporen dem Pferde,
Der Bauchgurt berührt fast die Erde.

Herunter vom Gaule, wir sind am Ort,
Und stehen in Rauch und Qualm.
Das Feuer frißt gierig: das Kraut ist verdorrt,
Vom Sommer vertrocknet der Halm.
Doch mitt' in der dampfenden Pußta, o Graus,
Steht hell in Flammen ein einzelnes Haus.
Und aus dem sengelnden Schilfe
Ruft's markerschütternd um Hilfe.

Sechshundert Mann gruben den Graben breit
Und geboten dem Feuer Haltein,
Sechshundert Mann sind zum Retten bereit
Und schauen verzweiflungsvoll drein:

Unmöglich ist es, zum brennenden Haus
Sich durchzukämpfen, vergeblicher Strauß,
Denn kaum sind im Torfe die Sohlen,
So rösten sie schon wie Kohlen.

Das Schreien wird schwächer, dann hat es ein End',
Die Kathe ist abgebrannt.
In der Heide züngelt es, zischelt und brennt,
Doch nur bis zum Grabenrand.
Im Osten zeigt sich ein purpurner Streif,
Auf Aehren und Blumen und Gras fällt der Reif.
Und ruhig im alten Bogen
Kommt die Sonne heraufgezogen.

Und nun heran! Wer hat es gethan,
Wer weiß wie das Feuer entstand.
Wer hat es entzündet mit flackerndem Span? –
Doch Niemand die Spuren fand.
Kein Junge hütete Kuh und Schaf,
Die Heide lag gestern im Sonntagsschlaf.
Und wie noch die Frage besprochen,
Da kommt was den Sandweg gekrochen.

Es humpelt heran ein kümmerlich Weib,
Sie stützt sich schwer auf den Stock.
Viel Jahre drücken den alten Leib,
Von Erde beschmutzt ist der Rock.
Das ist Wiebke Peters, und Wieb ist gefeit,
Der gehörte die Kathe, so ruft es und schreit.
Mit Jubel umringt sie die Menge,
Doch Wieb steuert aus dem Gedränge.

Und stellt sich gerade vor mir auf,
Und blinzelt hin übers Moor.
Und alle die Leute stehn zu Hauf,
Ein gestikulirender Chor.
So steht sie lange, ich lass' sie in Ruh,
Zuweilen schließt sie die Augen zu.
Ich kanns vom Gesicht ihr schon lesen:
„Herr Hardesvogt, ich bins gewesen."

„Wiebke Peters, erzähle, was weißt Du vom Brand,
Wie kam das Feuer so schnell?"
Die Thränen fallen ihr auf die Hand,
Ihr Schluchzen klingt wie Gebell.
Dann wieder lacht sie vor sich hin,
Und ganz verwirrt scheint plötzlich ihr Sinn.
Und, wie nach genossener Rache,
Läßt sie höhnisch aus sich zur Sache.

„Die Kathe, in der ich geboren war,
Die abgebrannt diese Nacht,
In der hatt' ich an achtzig Jahr'
Mich mühsam durchs Leben gebracht.
Mein Mann starb früh, ein Sohn blieb nach,
Der ließ mich im Stich, als ich krank und schwach.
Oft hab' ich ihm bittend geschrieben,
Doch stets ist er weggeblieben.

Vergangen Jahr endlich kehrt' er zurück,
Und fordert, ich solle hinaus,
Und dann, ein altes, verbrauchtes Stück,
Verwelken im Armenhaus.

Ich bat die Gerichte, die halfen mir auch,
Zum Schornstein zog wieder der einsame Rauch.
Da kam nochmals vor einigen Tagen
Mein Sohn mit Weib und mit Wagen.

Und gestern, Herr, gestern um Mittagszeit
– Ich konnte doch nichts dafür,
Daß meinetwegen Zank und Streit –
Sie warfen mich aus der Thür.
Ich schlug mir die alten Knochen wund,
Und liegen blieb ich wie der Hund.
Dann trieb mich ein heißes Verlangen,
Und ich bin zu Nis Nissen gegangen.

Dort kauft' ich Zündhölzer, Petroleum,
Und ging aufs Feld hinaus.
Und als am Abend alles stumm,
Schlich ich mich an das Haus.
Ich horchte am Laden, an Ritz' und Spalt,
Daß Alles im Schlafe, ich merkt' es bald.
Und eh' sie erwachten beide,
Entzündete rings ich die Heide.

Vom Walde schaut' ich den Feuerschein,
Es lachte mir das Herz.
Den Angstruf hört' ich, das Hilfeschrein,
Es lachte mir das Herz.
Und als die Kathe zusammenschlug,
Meine Seele zum Himmel ein Amen trug.
Das, Herr, ist meine Geschichte,
Hier stell' ich mich dem Gerichte.“

Vier Augen sind im Wege

Der Panzer, den Graf Albrecht trug,
War schwer von Gold und Eisen.
Der Feind, den er zu Boden schlug,
Zum Teufel mußt' er reisen.
Sah sie vorbei den Ritter ziehn,
War jede Frau vernarrt in ihn.
Und jedes Auge taute,
Griff seine Hand die Laute.

Einst liebt' ihn eine Edeldam',
Im Schloß war Tanz und Prassen,
Und wollte, als er Abschied nahm,
Ihn nimmer ziehen lassen.
Doch er empfiehlt sich ehrfurchtsvoll,
Trotzt auch und grollt sie liebestoll.
Und jagt auf ihrer Stute
Ihm nach mit heißem Blute.

„Halt an, halt an! Graf Albrecht mein,
Du hast mein Herz genommen,
Ich kann, ich will bei dir nur sein,
Laß Schmach und Schande kommen.
O, nimm mich auf dein Grauroß vorn,
Mit dir, mit dir durch Sturm und Dorn
Dein Helmbusch, sieh mich flehen,
Soll um mein Blondhaar wehen."

Graf Albrecht zog den Hengst steil an,
Und schaut das Weib von oben.
Doch hat er sie vom Sattel dann,
Vom Sattel nicht gehoben.
Im Winde weht sein langer Bart,

Und finster spricht er, streng und hart:
Reit heim in dein Gehege,
Vier Augen sind im Wege.

Die schöne Burgherrin erblaßt,
Ihr Finger spielt am Zügel.
Den Goldfuchs wendet sie mit Hast,
Schon ist sie hinterm Hügel.
Es sieht der Graf ihr spöttisch nach
Und murmelt unterm Augendach:
Das traf das Herz ihr mitten,
Die kommt nicht mehr geritten.

Die Sommernacht liegt schwer und schwül,
Ein regungslos Erwarten.
Der Wittib ist zu heiß der Pfühl,
Ruhlos irrt sie zum Garten.
Und immer wilder wird ihr Sinn,
Zu ihm, zu ihm nur will sie hin.
Vier Augen sind im Wege,
So flüsterts aller Stege.

Im Erker oben liegen weich
Zwei blondgelockte Knaben,
Die sich im Kinderhimmelreich
Zärtlich umschlungen haben.
O, Mutter, sieh dein Knabenpaar,
O, sieh das gelbe Ringelhaar,
Im Schlafe, wie sie glühen,
Gesund und frisch erblühen.

Zurück, was soll der Dolch, zurück –
Vier Augen sind im Wege.
Zurück, dort liegt dein einzig Glück –

Vier Augen sind im Wege.
Bei Jesus und Maria, halt!
Sie sticht – die Knaben werden kalt.
Zu gräßlich war die Sünde
Der Gräfin Orlamünde.

Sie wirft sich auf ihr rothes Roß
Im blutbefleckten Kleide.
Da sieht sie schon des Grafen Troß
Hinziehen durch die Heide.
„Halt an, halt an! Graf Albrecht mein,
Dein Herz, dein Herz wie Marmelstein,
Nun laß es menschlich pochen,
Vier Augen sind gebrochen.“

Graf Albrecht reißt den Hengst empor,
Entsetzt stand still sein Herze.
Dann beugt er sich zu ihrem Ohr
Und spricht mit grausem Scherze:
Unmenschlich Weib! Der Augen vier
Gehörten, meint' ich, mir und dir.
Und seine Eisen sanken
Dem Prunkroß in die Flanken.

Papst Gregor wohnt im großen Rom,
Sein Antlitz ist so milde.
Er betet heut im Petersdom
Allein zum Jesusbilde.
Wer sieht scheu sich im Tempel um,
Wahnsinnig und verzweiflungsstumm,
Wer ringt die weißen Hände,
Ach, daß sie Ruhe fände.

Sie sieht den Greis am Hochaltar
Unklar durch goldene Trallen,
Und ist mit aufgelöstem Haar
Zu Füßen ihm gefallen.
Er neigt ihr zu den alten Leib
So liebevoll: Was quält dich, Weib?
Es beichtet ihre Sünde
Die Gräfin Orlamünde.

Und lange schweigt der Papst Gregor,
Fern allem Erdenstrome.
Dann hebt die Frau sanft er empor,
Ein Engel singt im Dome:
Es ließ der Herr den Frevel zu,
Er gebe Frieden dir und Ruh.
Von Gregors Arm umfangen,
Ist sie zu Gott gegangen.

EIN GEHEIMNIS

Vier edle Füchse nicken mit den Köpfen,
Daß Brust und Hals und Mähnen, Zaum und Zügel,
Mit weißem Schaumgeflock getigert sind.
Die feinen Hufe scharren ungeduldig,
Den leichten Wagen, dem sie vorgespannt,
Durch weite Strecken mühlos fortzureißen.
Am offnen Schlage steht der Groom und wartet.

Die Thür des Schlosses öffnet ihre Flügel.
Und tiefgebeugter Dienerschaft vorüber
Betritt, des linken Handschuh Knöpfe schließend,
Ein großer Mann mit kurzem, braunem Vollbart,
Die Marmortreppe, steht, und steigt hinunter.

Die Haare deckt ein alter grauer Filz,
Geschmückt mit unscheinbarer Sperberfeder.
Gewehr und Tasche liegen schon im Sitz.
Der Hühnerhund springt bellend auf die Polster.
Und fort, als gält' es eine Siegesbotschaft,
Entstürmt dem Halt in Hast der Viererzug.

Dem Jäger schaut vom hohen Fenster nach
Ein stolzes, blasses, üppig großes Weib:
„Wenn ich nur wüßte, was ihn immer drängt,
Auf jener magern Heidewelt zu jagen.
Wenn einmal nur er fragte: Willst du mit?“
Und traurig läßt sie sich im Sessel nieder,
Die stillen Augen mit den Händen deckend.
Doch keine Thräne tropft ihr von der Wimper.

Indessen rollt der Wagen seinen Weg,
Und rollt und rollt drei Stunden durch die Felder
Im immer gleichen, schlanken, schnellen Trab.
Und Nord und Süd, so weit das Auge reicht,
Und West und Ost in unbegrenzter Ferne,
Gehört dem Jäger, der im Wagen sitzt,
Und freundlich rechts und links den Bauern dankt,
Wenn ehrerbietig sie die Mützen rücken.

Vor einem Heidkrug hält das Viergespann.

Die Büchse umgehangen, schlendert nun
Allein der Jäger durch das braune Kraut.
Feldmann hat Hühner in der Nase; steht.
Doch hinter ihm blitzt kein Gewehr heran.

Am Waldrand weilt der Mann vor einem Häuschen,
Bei dessen Thür ein kleiner Knabe spielt.
Und in die Arme nimmt er rasch den Jungen,
Und küßt die Lippen ihm, die großen Augen,
Die wunderbaren, dunkelblauen Augen,
Von langen, schwarzen Wimpern scharf beschützt.
Und trägt ihn dann in's Haus.
                       Ein Mütterchen
Tritt ihm entgegen mit Bewillkommsgruß.
Bald sitzen sie vereint am Sofatisch.
Der Jäger schaukelt auf den Knie'n den Knaben,
Und lacht und scherzt, und läßt in seinen Taschen
Den Kleinen nach Bonbons und Spielwerk suchen –
Und sieht ihm immer in die großen Augen,
Die wunderbaren, dunkelblauen Augen,
Von langen schwarzen Wimpern scharf beschützt.

Und wieder rollt im Trab, diesmal zurück,
Der Viererzug. Und hält am Schloßportal.
Die stolze, blasse, üppig große Frau
Empfängt den Schloßherrn, kalt, in Balltoilette.
Rasch ist er umgekleidet. Beide fahren
Durch gaserhellte Straßen zur Soiree.

Der Jäger wird von Hunderten beneidet,
Die heute sich begrüßen in den Sälen,
Um seine stolze, wunderschöne Frau.
Er liebt sie nicht; ja, ihre sammtne Haut,
Erregt ihm Schauder schon, berührt er sie.

Einmal, fast laut, im Lärmen eines Toastes,
Eh' noch das Glas die Lippen ihm berührt,
Flüstert er wie zerstreut und abwesend:
Ach, süßes Herz, was gingst du fort von mir.

Es schleicht die Sommernacht auf Katzenpfoten.
Des Schlosses Lichter alle sind gelöscht.
Der Herr des Hauses schläft in seinem Zimmer,
Und atmet regelmäßig, ruhig weiter.
Ganz leise, leise, leise geht die Thür,
Und seine Frau, im weißen Nachtgewand,
Setzt vorsichtig ein Lämpchen auf den Tisch,
Und dämpft den Schein durch vorgestellten Schirm.
Dann sitzt sie bald am Rande seines Bettes,
Und lauscht, und schaut auf die geschlossenen Lider.
Im gleichen Tonfall, langsam jedes Wort,
Spricht sie zu ihm, dess' Brust sich hebt und senkt,
Und hebt und senkt, hebt – senkt, und hebt und senkt:

„Rudolf." Kamilla? „Wie war heut die Jagd?"
Und er, als spräch' er wachend, klar und deutlich:
Die Jagd, Kamilla? Nun, was soll die Jagd?
Ich war am Waldesrand bei meinem Sohn.

Schwamm ihr ein breiter Blutstrom vor den Augen?
Fiel dann der Schnee so dicht, so dicht herab?
Sie preßt die Hand auf's Herz so fest, so fest –
Und wieder fragt im selben Tone sie:

„Rudolf." Kamilla? „Und wie heißt dein Sohn?"
Ich gab ihm meinen eignen Namen: Rudolf.
„Rudolf." Kamilla? „Und wie heißt die Mutter?"
Die Mutter starb, als sie den kleinen Kerl
In meine Arme selig mir gelegt.

Unruhig wird der ruhig Schlafende.
Doch sie mit ihren stillen grauen Augen
Bannt ihn, daß seine Atemzüge bald
In gleichen Zwischenräumen wiederkehren.

„Rudolf." Kamilla? „Liebst du noch das Mädchen?"
Bis jeder Stern vom weiten Himmel fällt.

Die Frau steht auf. Doch bleibt sie noch am Bett.
Ein letzter, langer, schwerer Abschiedsblick
In Haß und Eifersucht und Schmerz und Weh.
In grenzenloser Liebe küßt sie dann
Die Stirne dessen, der ihr Leben war.

* *
*

Ein Schwan, der seinen Schnabel tief verbarg,
Fährt plötzlich aus dem Traum.
                              Die stolze Frau
Glitt neben ihm in's Wasser und verschwand.

TRUTZ, BLANKE HANS

Heut bin ich über Rungholt gefahren,
Die Stadt ging unter vor fünfhundert Jahren.
Noch schlagen die Wellen da wild und empört,
Wie damals, als sie die Marschen zerstört.
Die Maschine des Dampfers schüttert' und stöhnte,
Aus den Wassern rief es unheimlich und höhnte:
    Trutz, blanke Hans.

Von der Nordsee, der Mordsee, vom Festland geschieden,
Liegen die friesischen Inseln im Frieden.
Und Zeugen weltenvernichtender Wut,
Taucht Hallig auf Hallig aus fliehender Flut.
Die Möwe zankt schon auf wachsenden Watten,

Der Seehund schon sonnt sich auf sandigen Platten.
 Trutz, blanke Hans.

Im Ocean, mitten, schläft bis zur Stunde,
Ein Ungeheuer, tief auf dem Grunde.
Sein Haupt ruht dicht vor Englands Strand,
Die Schwanzflosse spielt nah' Brasiliens Sand.
Es zieht, sechs Stunden, den Atem nach innen,
Und treibt ihn, sechs Stunden, wieder von hinnen.
 Trutz, blanke Hans.

Doch einmal in jedem Jahrhundert entlassen
Die Kiemen gewaltige Wassermassen.
Dann holt das Untier tief Atem ein,
Und peitscht die Welle und schläft wieder ein.
Viel tausend Menschen im Nordland ertrinken,
Viel reiche Länder und Städte versinken.
 Trutz, blanke Hans.

Rungholt ist reich und wird immer reicher,
Kein Korn mehr faßt selbst der größeste Speicher.
Wie zur Blütezeit im alten Rom,
Staut hier täglich der Menschenstrom.
Die Sänften tragen Syrer und Mohren,
Mit Goldblech und Flitter in Nasen und Ohren.
 Trutz, blanke Hans.

Zum Feste heut klingen Cymbeln und Zinken,
Aus den Fenstern mit Tüchern die Frauen winken
Und blättern Blumen in alle die Pracht –
Die Kirchen schloß wer aber über Nacht?
Die Rungholter wollen sich selbst regieren,
Und keine Zeit mehr mit Gott verlieren.
 Trutz, blanke Hans.

Auf allen Märkten, auf allen Gassen
Lärmende Leute, betrunkene Massen.
Sie ziehn am Abend hinaus auf den Deich:
Wir trotzen dir, blanker Hans, Nordseeteich!
Und wie sie drohend die Fäuste ballen,
Zieht leis aus dem Schlamm der Krake die Krallen.
    Trutz, blanke Hans.

Die Wasser ebben, die Vögel ruhen,
Der liebe Gott geht auf leisesten Schuhen.
Der Mond zieht am Himmel gelassen die Bahn,
Belächelt der protzigen Rungholter Wahn.
Von Brasilien glänzt bis zu Norwegs Riffen
Das Meer wie schlafender Stahl, der geschliffen.
    Trutz, blanke Hans.

Und überall Frieden, auf See, in den Landen –
Plötzlich wie Ruf eines Raubtiers in Banden:
Das Scheusal wälzte sich, atmete tief,
Und schloß die Augen wieder und schlief.
Und rauschende, schwarze, langmähnige Wogen
Kommen wie rasende Rosse geflogen.
    Trutz, blanke Hans.

Ein einziger Schrei – die Stadt ist versunken,
Und Hunderttausende sind ertrunken.
Wo gestern noch Lärm und lustiger Tisch,
Schwamm andern Tages der dumme Fisch.
Heut bin ich über Rungholt gefahren,
Die Stadt ging unter vor fünfhundert Jahren.
    Trutz, blanke Hans?

Gedichte (1889)

Rückblick

Eh' mir aus der Scheide schoß
Blitz und blank der Degen,
Ließ noch einmal Mann und Roß
Kurzer Rast ich pflegen.

Und die Hand als Augenschild,
Meine Lider sanken,
Rasch vorbei, ein wechselnd Bild,
Flogen die Gedanken.

Kinderland, du Zauberland,
Haus und Hof und Hecken.
Hinter blauer Wälderwand
Spielt die Welt Verstecken.

Weiter nun in bunten Reih'n
Zog mein wüstes Leben.
Wenig Thaten, vieler Schein,
Windige Spinneweben.

Würfel, Weiber, Wein, Gesang,
Jugendrasche Quelle,
Und im wilden Wogendrang
Schwamm ich mit der Welle ...

Doch Dragoner glänzen hell
Dort an jenem Hügel.
An die Pferde! Fertig! Schnell
Klebt der Sporn am Bügel.

Zügel fest, Fanfarenruf,
Donnernd schwappt der Rasen.
Bald sind wir mit flüchtigem Huf
An den Feind geblasen.

Anprall, Fluch und Stoß und Hieb,
Kann den Arm nicht sparen,
Wo mir Helm und Handschuh blieb
Hab' ich nicht erfahren.

Sattelleere, Sturz und Staub,
Klingenkreuz und Scharten.
Trunken schwenkt die Faust den Raub
Flatternder Standarten.

Täuschend gleicht des Feindes Flucht
Tollgehetzten Hammeln.
Freudig ruft in Wald und Schlucht
Mein Signal zum Sammeln.

Schweiß und Blut an Stirn und Schwert,
Laß es tropfen, tropfen.
Dankbar muß ich meinem Pferd
Hals und Mähne klopfen.

Nächtens dann beim Feuerschein,
Nach des Kampfes Mühe,
Fielen mir Gedanken ein
Aus des Tages Frühe.

Schwamm ich viele Jahre lang
Steuerlos im Leben,
Hat mir heut der scharfe Gang
Wink und Ziel gegeben.

„UNTER DEN LINDEN"

Heute spaziert' ich unter den Linden,
Um Menschen zu sehn, Bekannte zu finden,
Und traf dort auch die ganze Welt,
Als hätte sie sich hierher bestellt.
Asien selbst mit den gelben Söhnen
Wandelt vergnügt zwischen märkischen Schönen,
Welch ein Gemisch, bescheiden und stolz ...

Wo kommt der Rauch her, wie brennendes Holz?
Im Vorüber entdeck' ich in einem Thor:
Ist die Leitung geplatzt, ein Wasserrohr?
Und Glutbecken, Hammer und Blei verrieten,
Daß sie den kleinen Schaden vernieten.
Als den Rauch ich roch im Straßenlärm,
Versank ich plötzlich im bunten Geschwärm:

Von trockenem Tann ist ein Feuer entfacht
Auf der Feldwach' in kalter Winternacht.
Ich starr' in die Flammen und wärme die Hände,
Und freu' mich der wachsenden Tageswende.
Die Ablösung kommt, ihr Führer voran,
Den schon vor Jahren als Freund ich gewann.
Ernste Gedanken und fröhliche Stunden
Haben im Leben uns eng verbunden.
Wir beide, daß ich ihn unterweise
Über den Feind im umgebenden Kreise,
Lassen die Posten im Nebelgrauen,
Und gehen weit vor, um besser zu schauen.
Unendliche Stille, unendlich leer,
Das Schneetuch *ein* Laken ringsumher.
Nur eine Mühle vor uns im Land
Qualmt noch immer vom gestrigen Brand.

Da fällt, mitten in meinem Berichte,
Ein Schuß – ein Wölkchen an jener Fichte ...
Mein Kamerad greift sich an's Herz so schnell,
Ein dunkles Tröpfchen, ein winziger Quell.
In Eil' ihn umfass' ich, er schwankt, er sinkt,
Leg' sanft ihn zur Erden – der Tod hat gewinkt.
Das rote Blut auf dem weißen Schnee
Sticht trostloser ab als im grünen Klee.

Im Westen die Mühle qualmt düster empor,
Im Osten die Sonne blitzt blendend hervor.
Bald bilden Gewehre die Trauerbahr',
Soldatenarm stützt ihm das blonde Haar.
Am Feuer der Feldwache liegt er gestreckt,
Kein Bitten, kein Rütteln hat ihn geweckt.
Es knistert, der Rauch umzieht mein Gesicht,
Leb' wohl, Kamerad, ich vergesse dich nicht.

Unter den Linden, vorbei ist der Spaß,
Ich trinke bei Hiller ein stilles Glas,
Ein stilles Glas auf ein fernes Grab,
Dann wieder in's Leben bergauf, bergab.

DIE MUSIK KOMMT

Klingkling, bumbum und tschingdada,
Zieht im Triumph der Perserschah?
Und um die Ecke brausend bricht's
Wie Tubaton des Weltgerichts,
    Voran der Schellenträger.

Brumbrum, das große Bombardon,
Der Beckenschlag, das Helikon,

Die Piccolo, der Zinkenist,
Die Türkentrommel, der Flötist,
    Und dann der Herre Hauptmann.

Der Hauptmann naht mit stolzem Sinn,
Die Schuppenketten unter'm Kinn,
Die Schärpe schnürt den schlanken Leib,
Beim Zeus! Das ist kein Zeitvertreib,
    Und dann die Herren Lieutenants.

Zwei Lieutenants, rosenrot und braun,
Die Fahne schützen sie als Zaun,
Die Fahne kommt, den Hut nimm ab,
Der sind wir treu bis an das Grab,
    Und dann die Grenadiere.

Der Grenadier im strammen Tritt,
In Schritt und Tritt und Tritt und Schritt,
Das stampft und dröhnt und klappt und flirrt,
Laternenglas und Fenster klirrt,
    Und dann die kleinen Mädchen.

Die Mädchen alle, Kopf an Kopf,
Das Auge blau und blond der Zopf,
Aus Thür und Thor und Hof und Haus
Schaut Mine, Trine, Stine aus,
    Vorbei ist die Musike.

Klingkling, tschingtsching und Paukenkrach,
Noch aus der Ferne tönt es schwach,
Ganz leise bumbumbumbum tsching,
Zog da ein bunter Schmetterling,
    Tschingtsching, bum, um die Ecke?

Der Handkuss

Viere lang,
Zum Empfang,
Vorne Jean,
Elegant,
    Fährt meine süße Lady.

Schilderhaus,
Wache 'raus.
Schloßportal,
Und im Saal
    Steht meine süße Lady.

Hofmarschall.
Pagenwall.
Sehr graziös,
Merveillös
    Knixt meine süße Lady.

Königin,
Hoher Sinn.
Deren Hand,
Interessant,
    Küßt meine süße Lady.

Viere lang,
Vom Empfang,
Vorne Jean,
Elegant,
    Kommt meine süße Lady.

Nun wie war's
Heut bei Czars?
Ach, ich bin
Noch ganz hin,
    Haucht meine süße Lady.

Nach und nach,
Allgemach,
Ihren Mann
Wieder dann
    Kennt meine süße Lady.

Entsagung

Du graues Untier mit den kahlen Augen,
Glotz' mich nicht an, trott' ab, glotz' mich nicht an,
Schon wuchtet meine Stirn am Rand des Tisches,
Vergebens such' ich fort aus deinem Bann.

Das kann ich nicht begreifen, daß auf Erden
Die Hyazinthen nun in Blüte stehn,
Daß Flöten sich und Geigen sanft vermischen,
Daß frohe Menschen sich im Tanze drehn.

Und wär' die Welt ein Lanzenwald von Feinden,
Ich drängte durch die Speere für uns Bahn.
Ein letzter Gegner nur ist unverwundbar,
Unüberwindlich harrt er auf dem Plan.

Wir standen gestern unter Frühlingsbäumen
Im Blütenblätterfall, der niederbrach;
Du lehntest weinend dich an meine Schulter,
Als bebend ich das letzte Wort dir sprach.

Ich taumelte, wie trunken, hin nach Hause,
Du gingst zurück, wohin die Pflicht dich rief;
Und lautlos schrien wir nächtens unsre Namen,
Ersehnten Herz an Herz, und keiner schlief.

Und käme heut der treuste meiner Freunde,
Um mich zu trösten, gehe, bät' ich, geh,
Laß mich allein, mich graut vor deinem Balsam,
Was hilft dein Verslein für die wilde See.

Vergiss die Mühle nicht

Der Blick aus unserm Fenster
War eine Wüste nur.
Kein grünes Saatfeld zeigte
Des Lebens frohe Spur.

Kein Haus, kein Baum war sichtbar,
Kein Berg im blauen Duft,
Und keine Blumen mischten
Sich mit der Himmelsluft.

Am End' der öden Strecke,
Weit über Schutt und Sand,
Steht eine kleine Mühle,
Fern, fern am Erdenrand.

Der Flügel kreist geduldig,
Er kreist wohl immerzu,
Des Windes schneller Atem
Läßt selten ihn in Ruh.

Mein Weib und ich, wir haben
Am Fenster oft gelehnt,
Wenn uns die Stunde trennte,
Von hier uns oft ersehnt.

Kehrt' müd und matt ich heimwärts
Aus Sturm und Sonnenglut,
An meiner Liebsten Seite
Fand ich den alten Mut.

Im Frühlicht, vor der Arbeit,
Lag noch der Tag im Tau,
Wir hielten nach der Mühle
Vereint die erste Schau.

Am Abend, eh' der Schlummer
Vor neuem uns erquickt,
Wir haben nach der Mühle
Die letzte Sicht geschickt.

Und immer so die Mühle,
Es gab nicht lieberen Ort,
Es kam wie Trost und Grüße,
Wie Gruß und Trost von dort.

In einer Winterwoche
War schwer mein Weib erkrankt,
Die schwarze Gräberblume
Hat sich empor gerankt.

Doch eh' der Tod die Decken
Um ihre Sinne schlug,
Hat sie mein Arm umschlossen,
Der sie an's Fenster trug.

Die treuen Augen suchten
Mühsam im Dämmerlicht,
Und ihre Lippen hauchten:
Vergiß die Mühle nicht.

Festnacht und Frühgang

Schleifende Schleppen und schurrende Schuhe,
Wie sie auf spiegelnder Glätte sich drehn,
Flatternder Schnurrbart und fliegende Schöße,
Wie sie vorüber den Ballmüttern wehn.
Unter krystallenen Kronen und Kerzen
Schlagen die Schläfen und hämmern die Herzen,
Schimmert der Nacken Geleucht im Gewirre,
Funkelt der Steine Geflacker, Geflirre.
Hinter den Tanzenden her wie die Häscher,
Leicht wie die Falter, die Rosentaunäscher,
Folgen verkappt Amoretten dem Flor.
Hörner und Harfen und Flöten und Geigen
Fachen die Flammen im lodernden Reigen
Höher empor.

König der Tänze in Schlössern und Scheunen,
Trübsalverdränger auf Lehm und Parkett,
Prinz und Plebejer, Student und Philister,
Bürger und Bauer, Civil, Epaulette,
Alle, sie alle sind von dir begeistert,
Hast du voll Schwung ihren Schlender gemeistert,
Alle sind trunken auf wohligsten Bahnen,
Zeigt die Musik deine lustigen Fahnen.
Aber die Huldinnen erst auf der Erden
Können nicht glücklicher, sehnender werden,

Treibst du sie an immerzu, immerzu.
König der Tänze dem Höchsten, Geringsten,
Sommers, am Herbsttag, im Winter, zu Pfingsten,
Walzer, bist du.

Und mit dem schönsten, dem fröhlichsten Mädchen
Walz' ich heut Abend zum andern Mal schon,
Eben erst traf sie mein leuchtendes Auge,
Und meine Seele hob hoch sie zu Thron.
Aus der Umgürtelung enger Verkettung
Laß ich nicht locker, hier ist keine Rettung,
Und ich verspüre so holdes Entzücken,
Muß ihr das Händchen ganz sanftiglich drücken.
Bin ich im Himmel, ich fühl' ihre Finger
Zärtlicher spannen, die Seligkeitsbringer,
Und meine Liebe nimmt stürmisch Besitz.
Als ich mich endlich am Platz ihr verbeuge,
Schlug aus den Wimpern ihr, bündiger Zeuge,
Zündender Blitz.

Kehraus und Ende, der Braus ist vorüber,
Und es entleert sich allmälig der Saal,
Letztes Gutnacht, Durcheinander und Trinkgeld
Schon in Kapuzen und Mänteln und Shawl.
Schläfrige Kutscher, die gähnend sich recken,
Rasch von den Pferden gezogene Decken,
Licht und Laternen und Räumen und Rufen,
Niederwärtssteigen auf marmornen Stufen.
Nur meine Tänzerin fand nicht den Wagen,
Hab' ich ihr gleich meinen Schutz angetragen,
Hüllte sie ein in den leichtesten Pelz.
Ach, das Figürchen im Zobel zu schauen,
Sonniger Maitag im Gletschertrachtgrauen,
Jugend und Schmelz.

Wir wandern durch die stumme Nacht,
Der Tamtam ist verklungen,
Du schmiegst an meine Brust dich an,
Ich halte dich umschlungen.

Und wo die dunklen Ypern stehn,
Ernst wie ein schwarz Gerüste,
Da fand ich deinen kleinen Mund,
Die rote Perlenküste.

Und langsam sind wir weiter dann,
Weiß ich's, wohin gegangen.
Ein hellblau Band im Morgen hing,
Der Tag hat angefangen.

Um Ostern war's, der Frühling will
Den letzten Frost entthronen.
Du pflücktest einen Kranz für mich
Von weißen Anemonen.

Den legtest du mir um die Stirn,
Die Sonne kam gezogen
Und hat dir blendend um dein Haupt
Ein Diadem gebogen.

Du lehntest dich auf meinen Arm,
Wir träumten ohn' Ermessen.
Die Menschen all im Lärm der Welt,
Die hatten wir vergessen.

Die Muse der Dichtkunst

Die Muse, hört' ich, wär' ein hehres Wesen,
Die sanft des Dichters Stirn im Kuß berühre,
Ein schönes Weib, so hab' ich oft gelesen,
Mit ausgesuchter, reizender Tournüre.
Ich aber kann der Ansicht nicht genesen,
Daß ihr der alten Vettel Ruf gebühre,
Die wütend schlägt mit Flederwisch und Besen,
Bis sie das Kind gefuchtelt vor die Thüre.

Das Wundertier

Was ist, was eilt, was läuft, was hetzt,
Was hat die Fenster dicht besetzt
Und Trepp' und Dach und Thür und Thor,
Und drängt langhin die Hälse vor,
Was mag denn da wohl kommen?

Ein moosbewachsener Jubilar,
Ein Zweiradklub, ein Dromedar,
Ein Schützenfest, ein Turnerzug,
Ein Hochzeitkranz, ein Aschenkrug,
Ein Rennpferd, das gelaufen?

Ich misch' mich in die Menschen rings,
Und frage rechts und frage links,
Die brüllen nur und schrein mich an:
Geduld, Geduld, mein lieber Mann,
Du sollst es gleich erfahren.

Sieh da, sieh da, gebeugt, gebückt,
So spinnwebdünn, so eingedrückt,
So hohl, so finster, wer kann's sein,
Wer ist das schlotternde Gebein?
Das ist ja unser Dichter.

Und wo er hinlenkt seinen Schritt,
Da drehn sich alle Köpfe mit,
Die Zeigefinger stoßen: seht,
So schaut er aus, der „Reimpoet",
Er atmet noch, er lebt noch.

Es raunt mir zu ein Bourgeois:
Der *Narr* ist's in Germania;
Heut hat er wieder nichts zum Fraß,
Sein kalter Ofen macht ihm Spaß,
Wir spähn, wie lang er's aushält.

Die Menge tobt und lärmt und lacht,
Und viele Wetten sind gemacht –
Der Dichter schreitet stolz gradaus,
Und aus dem Quälerschwarm heraus
Hat er den Weg gefunden.

Und auf die Haide ging er hin,
Schon ganz verwirrt in seinem Sinn.
Der Sonne breitet er den Arm,
Da half ihm Gott in seinem Harm,
Er ist verrückt geworden.

DER BROTWAGEN

In der tüchtigen Stadt Schmierfetten
Ist es eine alte Sitte,
Daß die Reichen Gaben schenken
In der heiligen Jesusnacht.

Gaben schenken ihren Armen,
Und ein vollgepackter Wagen
Fährt dann abends durch die Straßen,
Angefüllt mit Holz und Brot.

Und auch heuer fährt der Wagen,
Ladet ab vor dunklen Thüren,
Ladet ab vor finstren Fenstern,
Wo das Elend ist zu Haus.

Einmal fährt der volle Wagen
Schnell vorüber solchem Häuschen,
Und die lieben Leute flüstern:
Ein Gelehrter nistet dort.

Gern „Gelehrte", wirklich staunlich,
Nennt der Deutsche seine Dichter. –
Jener Dichter war ein Armer,
Denn auch ihm fehlt Holz und Brot.

Immer weiter fährt der Wagen,
Seine Schätze treu verteilend,
Freude bringend, Thränen stillend
In der heiligen Jesusnacht.

Unterdessen hat der Dichter
Alle seine Schreibereien

Aufgetürmt als Scheiterhaufen,
Und verbrennt den ganzen Kram.

Und er nimmt den Filz vom Nagel,
Und er schlendert durch die Gassen;
Hinter den Gardinen weiß er
Frommen, frohen Kerzenglanz.

Aus der Vorstadt geht die Richtung,
Immer schneller wird sein Wandern,
Bis in einem großen Wald er
Endlich, endlich Halt gemacht.

Eine Tanne scheint ihm günstig,
Und den Hut wirft er zur Erde,
Und die Schlinge wird geschlungen –
Rasch vorüber ist die Qual.

Über ihm die lustigen Sterne
Lachen höchst vergnüglich nieder:
Laßt ihn dort vergessen baumeln,
Deutscher Dichter war der Thor.

Deutsche Reimreinheit

„Feinslieb, ich steh' in dem Gesträuche,
In des Mondes hellem Bereuche,
Komm herab und neige dich, neuche
Dich zu mir – oder soll ich dich finden
In deinem Zimmerchen ganz hinden,
Oder im Garten dich begrüßen,
Wo die sinnigen Bächlein flüßen?

Wo die süßen Blaublümlein sprießen,
Darf ich dich etwa dort begrießen?
Geliebte, ich will dich doch nicht betrügen,
O, sieh mich dir zu Füßen lügen;
O, hörst du nicht schon das Brautgeläute,
Es scheint mir ein wenig sehr aus der Weute.
Ha, gräßlich! Ein Rival! Ich zieh' vom Leder,
Und schreie Halloh und Mord und Zeder.
Wie trübte das meine Herzensfreude
Und gab mir so viel Herzeleude.
Daß doch immer der Liebe Leiden
So häßlich beschließen der Liebe Freiden."

Hab' Dank, mein Freund, für dein trefflich Lied,
Das sicher im Sterben durch's Herz mir noch zieht;
Nur kann ich auf den Tod nicht leiden,
Wenn die Deutschen den reinen Reim vermeiden.
So hab' ich den Reim denn unverrückt
Aus dem vorlaufenden Vers dir gepflückt.
Hinfüro bitt' ich dich, reime rein,
Und laß' das abscheuliche Schmuggeln sein.

Dichterlos in Kamtschatka

Geduld, Poet, und nicht gemuckst,
So heißt die Pille, die du schluckst.

Entsagung, in der Ecke stehn,
Von jedem Laffen falsch gesehn.

Dein Volk, wenn dich Diät geplagt,
Hat dir, wie stets, das Brot versagt.

Verzweiflung, und noch obendrein
Verlacht, verhöhnt, verspottet sein.

„Das Publikum, das Publikum!"
Ja, hat sich was mit Publikum.

„Der Kritikus, der Kritikus!"
Na, das ist erst der Hochgenuß.

„Der Nachruhm bringt dir aus den Toast!"
Nun wahrlich, auch ein schöner Trost.

„Der Dichter ist ein König, traun."
Er ist im Vaterland der Clown.

Vielleicht nach hundert Jahren Schicht
Zieht ein Professor dich an's Licht.

Und hin und her wird dann gered't,
Und du wirst um und um gedreht.

Viel Lärm, Bumbum, Radau, Juchhei,
Im Sarg ist Alles einerlei.

Und ob die Welt dich dann zerreißt,
Ob die Nation als Gott dich preist,

Ganz gleich, der Wurm hat rund und rein
Dich längst poliert im schwarzen Schrein.

Wir fragen, wo dein Hügel steht;
Der ist versunken und verweht.

Was geht's dich an, was soll der Quark,
Fehlt dir des Lebens Milch und Mark.

Das sind des Dichters ewige Qualen
Im großen Reich der Kamtschatkalen.

AUF DEN TOD EINES IM ELEND UNTERGEGANGENEN DEUTSCHEN DICHTERS

In der Zeitung las ich heut,
Daß du gestern sei'st gestorben
Und verkommen und verdorben
Im entleerten Kämmerlein.
 Nur dein Weib war ganz allein
 Deinem Lager nächst auf Knieen,
 Hat die Hände dir geküßt,
 Hat nach Menschen laut geschrieen.

Doch die Menschen, Deutsche gar,
Wenn ein Dichter liegt im Sterben,
Kann er Thaler nicht vererben,
Was geht sie der Dichter an.
 Ja, wär' er ein praktischer Mann,
 Könnt' er schöne Stiefel machen,
 Semmel backen und Konfekt,
 Oder andre Siebensachen.

Aber so ... Mein guter Freund,
Konntest du nicht Possen schreiben,
Möglichst bunte Farben reiben,
Sieh, dann schätzt dein Landsmann dich.

Freilich ist das jämmerlich –
Doch, mein Lieber, willst du leben,
Mußt du das „Geschäft" verstehn,
Und am Tagesvorteil kleben.

Nach der Wahrheit strebtest du,
Mit der Schönheit sie zu binden,
Das zu suchen, das zu finden,
Unablässig warst du treu.
    Doch nur Schund und Tand und Spreu
    Für die breite Masse schmieren,
    Diese Vorschrift giebt Gewähr,
    Nicht zu hungern, nicht zu frieren.

Deinem Todbett meinen Gruß,
Warst ein echter, edler Dichter,
Tausend andres Schriftgelichter,
Küßt dir den Pantoffel kaum.
    Nicht soll dich im letzten Traum
    Zorn vom Vaterlande trennen,
    Eine Flamme würde stets
    Über deiner Grube brennen.

Durch die Straßen schwimmt ein Sarg.
Ein versoffner Eckensteher,
Kuhhirt oder Orgeldreher?
Diesmal nur ein Dichterherr.
    Und warum auch das Geplerr –
    Rasch ins Loch den schwarzen Kasten,
    Selbst ein Lorbeerblatt am Grab
    Darf die Truhe nicht belasten.

Die Insel der Glücklichen

Das Hängelämpchen qualmt im warmen Stalle,
In dem behaglich sich zwei Kühe fühlen.
Der Hahn, die Hennen, um den Sproß die Kralle,
Träumen vom wunderbaren Düngerwühlen.
Der Junge pfeift auf einer Hosenschnalle
Dem Brüderchen ein Lied mit Zartgefühlen.
Und Knaben, Kühe, Hühner lassen alle
Getrost den Strom der Welt vorüberspülen.

Die Drossel

Auch in den Garten der Klinik verlor sich der sonnigste
                              Maitag,
Traut dort tönt im Gezweig friedlicher Drosselgesang.
Wartend, drinnen im Haus, auf marmornem Tisch unter
                              Decken
Liegt ein schwerkranker Mensch, triefend gebracht aus dem
                              Bad.

Bald umstehn ihn die Ärzte; und Alles ist in Bereitschaft,
Bis in fühllosen Schlaf ihn die Betäubung gesenkt.
Noch im Entschlummern erklang ihm, wie letztes Leben im
                              Leben,
Letztes Erdengeräusch, tröstend der Drossel Geschwatz.
Nun fällt die Hülle –

Tief, auf Sterben und Sein, wie wühlen die Messer im
                              Fleische,
Sehnen beben und Nerv, schütternd erzittert das Herz.
Jetzt ist der Punkt, wo Leben und Tod, zwei wütende Feinde,
Kämpfen und toben – wer siegt; atemlos schweigt es im Saal.

Gießt sich in's Thal dein Blut, verraucht es wie Dampf auf der
Wiese,
Möchtest atmen so gern; flackerndes Flämmchen, nun gilt's.
Leiden bietet der Tag und jegliche Stunde nur Plage,
Sieh, wie der Himmel dir winkt, breitet die Arme dir aus.
Kaltblütig steht der Meister, die Wage der beiden Gewalten
Hält er in kundiger Hand; mählig und schwer sinkt der Tod.
Immer noch fort singt der Vogel, was kümmern ihn
menschliche Schrecken,
Ach, von der ewigen Nacht schimmert dem glücklichen
nichts.

Dämmernde Wolken zerreißen; im klaren, ermunternden
Lichte
Wacht der Geschnittene auf, sieht sich verwundert ringsum.
Und er erhorcht, o köstlich, wie erstes Leben im Leben,
Erstes Erdengetön, fröhlichen Drosselgesang.

DIE NEUE EISENBAHN

Der Schädel ruft: „Ich bin Ambassadeur.
Ich bin Baron und ich vermittelte
Den Frieden zwischen Dänemark und Holland.
Wer rüttelt meines Marmorsarges Wände?
Wer sprengt den Deckel? Auferstehungstag?
Gemeines Lumpenvolk, Leibeigene
Entreißen meiner Brust das blaue Band,
Das blaue Band des Elefantenordens.
Und meines Königs, Friederich des Fünften,
Des gütigen, des gnädigen Herren Bild,
Auf Elfenbein gemalt, an meinem Herzen,
Mir von ihm selbst geschenkt in launiger Stunde,
Sie rauben es mir fort! Halunkenpack!"

Doch, von der Eisenbahn, die Arbeiter
– Enteignet hat der Staat die Grabkapelle –
Verhöhnen das Geschrei des alten Schädels.
Von ihnen einer schenkt das Königsbild
Der Pockenlise in der Bretterbude,
Die Schnaps ausschenkt und Schlafstellen vermietet.
Und mit dem Bild als Schmuck erscheint sie dann
Am Sonntag mit den Arbeitern zum Tanz.

Der Schädel ruft: „Ich bin Ambassadeur,
Ich bin Baron und ich vermittelte
Den Frieden zwischen Dänemark und Holland."
Das hilft ihm nichts. Die halbbetrunknen Männer
Erhöhen ihn auf eine Seitenleiste
Des Sandwagens, der hin und her karriolt.
Dann dient den plumpen Fäusten er als Ball.

Der Schädel ruft: „Ich bin Ambassadeur,
Ich bin Baron und ich vermittelte
Den Frieden zwischen Dänemark und Holland."
Das hilft ihm nichts. Denn, müde, werfen sie
Zu einer toten Katz' ihn in den Schmutz.

Der Schädel schreit: „Ich bin Ambassadeur,
Ich bin Baron und ich vermittelte
Den Frieden zwischen Dänemark und Holland."
Das hilft ihm Alles nichts. Ihn überschreit
Der erste Pfiff der neuen Eisenbahn.

AUF DER KASSE

Heute war ich zur Kasse bestellt,
Dort läge für mich auf dem Zahltisch Geld.
Waren's auch nur drei Mark und acht,
Hinein in den Beutel die fröhliche Fracht.

Auf der Kasse die Zähler und Schreiber,
Die Pfennigumdreher und Steuereintreiber,
Wie sie kalt auf den Sitzböcken thronen,
Sichten das Gold wie Kaffeebohnen.
Möchte doch lieber Zigeuner sein
Als Mammonbeschnüffler im güldenen Schrein.

Im Büreau ist jeder zu warten schuldig,
Stand ich denn auch eine Stunde geduldig.
Dacht' ich mir plötzlich, mit Verlaub,
Wären doch alle hier blind und taub.
Der Geldschrank steht offen, risch wie der Pfiff,
Thät' ich hinein einen herzhaften Griff,
Packte mir berstvoll alle Taschen,
Machte mich schleunigst auf die Gamaschen,
Nähme Schritte wie zwanzig Meter.
Hinter mir her der Gendarm mit Gezeter,
Brächt' mich nicht ein, so sehr er auch liefe,
Saß auf der schnellsten Lokomotive.

Mit der Verwendung des Geldes, nun ...
Bin ich doch kein blindes Huhn.
Stolziert' umher wie der König von Polen,
Suchte mir bald ein Bräutchen zu holen.
So ein Mädchen mit blanken Zöpfen
Könnt' ich wahrhaftig vor Liebe köpfen.

Vor dem Spiegel, auf hohen Zehen,
Stehn wir, wer größer ist, zu sehen.
Ach, diese Nähe! Den Puls ihres Lebens
Fühl' ich im Spiele des neckischen Strebens.

Weiter, natürlich Wagen und Pferde,
Länder und Leute, Himmel und Erde.
Tausend, wie will ich mich amüsieren ...

„Bitte, wollen Sie hier quittieren."
O, wie das nüchtern und eisig klang.
Nahm die drei Mark und acht in Empfang,
Trank bescheiden ein Krüglein Bier,
Trollte nach Hause, ich armes Tier,
Schalt meine Frau mich bis in die Nacht,
Daß ich so wenig Geld gebracht.

AN THEODOR STORM

Viel dunkelrote Rosen schütt' ich dir
Um deines Marmorsarges weiße Wände,
Und senke meine Stirn dem kalten Stein:
Du warst ein Dichter, den ich sehr geliebt,
Und den ich lieben werde bis an's Grab.
Du warst ein Dichter – denn, was du erlebt,
Vielleicht von einem Tropfen nur Erinnern,
Trieb eine Knospe; welche Blume dann
Aus ihr erwuchs, das gab dir Phantasie.
Die Phantasie, wie denn, ein bunter Vogel,
Der aus der Morgenröte uns besucht?
Ein ungeschlachtes Ungethüm, das donnernd
Die Flügel regt von Ozean hin zu Ozean,
Und sich in Höhen hebt, daß unser Nacken

Sich staunend nachbiegt wie dem Erzengel,
Wenn glänzend er den Flug durch Wolken nimmt?
Du hattest Phantasie; ein selten Ding
In unsern nüchternen Verstandeszeiten.

Du warst ein Dichter und du warst ein Künstler.
Ein Dichter: – wohl aus tausend Quellen rinnt es,
Die unterirdisch laufen, rinnt's ihm zu.
Noch fand kein Mensch je, was den Dichter schuf.

Wie tief doch sahst du in ein Menschenherz,
Und unser Heimatland, das ernste, treue,
Mit ewiger Feuchte, selt'nem Sonnenblick,
Du kanntest seine Art. Kein andrer wohl
Nahm so den Erdgeruch aus Wald und Feld
In seine Schrift wie du.
Schrieb einer je, den siebzig Winter drückten,
Ein solches „Hochzeitfest"? War's nicht ein Jüngling,
Der siebzehnjährig heiß die Laute schlug
Vor seiner Liebsten Thür im sanften Mond,
Im Sehnsuchtpuls der Nachtigallenlieder?

Wohl trifft es sich, daß laut und polternd wirft
Ein herrlich Dichterherz mit rohem Gold,
Und kann es nimmer zwingen zum Gerät;
Ihm fehlt die Künstlerhand – dir wurde sie.

Viel dunkelrote Rosen schütt' ich dir
Um deines Marmorsarges weiße Wände,
Und senke meine Stirn dem großen Dichter,
Den ich so sehr, so sehr geliebt.

Zwei Meilen Trab

Es sät der Huf, der Sattel knarrt,
Der Bügel jankt, es wippt mein Bart
      Im immer gleichen Trabe.

Auf stillen Wegen wiegt mich längst
Mein alter Mecklenburger Hengst
      Im Trab, im Trab, im Trabe.

Der sammetweichen Sommernacht
Violenduft und Blütenpracht
      Begleiten mich im Trabe.

Ein grünes Blatt, ich nahm es mit,
Das meiner Stirn vorüberglitt
      Im Trabe, Trabe, Trabe.

Hut ab, ich nestle wohlgemut,
Hut auf, schon sitzt das Zweiglein gut,
      Ich blieb im gleichen Trabe.

Bisweilen hätschelt meine Hand
Und liebkost Hals und Mähnenwand
      Dem guten Tier im Trabe.

Ich pfeif' aus Flick und Flock ihm vor,
Er prustet, er bewegt das Ohr,
      Und sing' ihm eins im Trabe.

Ein Nixchen, das ihm nahen Bach
Sich badet, planscht und spritzt mir nach
      Im Trabe, Trabe, Trabe.

Und wohlig weg im gleichen Maß,
Daß ich die ganze Welt vergaß
       Im Trabe, Trabe, Trabe.

Und immer fort, der Fackel zu,
Dem Thorfahrtlicht der ewigen Ruh,
       Im Trabe, Trabe, Trabe …

Über ein Knickthor gelehnt

> Muß es sein – komm zuvor, komm zuvor;
> im rücksichtslosen Angriff liegt der Sieg.

I.

Über das Knickthor mich lehnend,
Pendelt lässig mein Stock
In den übereinander gelegten Händen.
So dicht stehn mir die nächsten Ähren
Des bald sensendurchsurrten Roggenfeldes,
Daß sie die Stirn mir kitzeln.
Schon bräunen sie sich;
Hell doch sticht ihre Farbe ab
Gegen den grünen Heckenzaun,
Gegen den umgrenzenden Wall,
Den roter Mohn,
Blaue Kaiserblumen,
Gelber Löwenzahn,
Weiße Kamillen
In bunter Malerei
Prächtig überflochten haben.
Wahrlich, ein reizender Kranz
Für das große Kornviereck;

Dankbar gewunden
– Ein wenig voreilig scheint mir –
Dem künftigen Segen.
Wie still es ist;
Wie die Lerche jubelt,
Wie die scheue Wiesenralle schnarrt.
Friede, deine Himmelsfahne
Hängt breit und ruhig
Über meinem Haupte.

Hör' ich nicht plötzlich vor mir,
Weit hinter dem Getreideschlag,
Schwach, wie aus einem Thälchen steigend,
Den Vorwärtsmarsch?
Mein Stock pendelt nicht mehr;
Ich recke mich,
Um über die leis im Winde
Spielenden Halmspitzen zu schauen.
Und, keine Täuschung mehr,
Über den spielenden Halmspitzen
Glitzern blitzende Helmspitzen.
Immer deutlicher klingen
Die türkische Trommel,
Die Becken,
Die Tuben.
Voran, auf milchweißem Hengst,
Den purpurne Ziertroddeln umtanzen,
Der spanischen Schritt geht
Wie der Gaul im Kunstreiterzelt,
Führt der Oberst.
Und, eine einzige Linie,
Folgt sein Regiment:
Im Gleichschritt,
Ein wenig hörbarer

Den linken Fuß setzend,
Im Takte der Musik
Vor den Füßen
Das wachsende Brot;
Hinter den Füßen
Das zerstampfte Brot,
Die Wüste.
Schrecklich sind der Kriegsbestie
Zerkauende Kiefer;
Aber nie werden sie ruhen,
So lange der Menschen „verfluchte Rasse"
Die schöne Erde bevölkert.
Nur vorwärts, Grenadiere!
Kein Zagetreten!
Ihr verteidigt das Vaterland!
Über euren aufgepflanzten Seitengewehren,
Im rücksichtslosen Angriff,
Schwebt die Siegesgöttin,
Hinter ihnen her zieht schnell der Friede.
Doch ach, ist sein Triumph
Der Triumph ewiger Dauer?

II.

— — — — — — — — — — — —

Oftmals hab' ich schon in ihren Armen gedichtet,
Und des Hexameters Maß leise mit fingernder Hand
Ihr auf den Rücken gezählt. Sie atmete lieblichen Schlummer,
Und es durchglühte ihr Hauch mir bis in's Tiefste die Brust.

Römische Elegien, V.

Goethe, du Prachtkerl,
Wußtest du nicht,
Als du diese Doppelzeilen uns schenktest,

Daß die deutsche Schönwissenschaft
Von den Familienmüttern
Streng geprüft und überwacht wird?
Daß das Heer
Der albernen Beurteiler,
Die nicht mitfühlen können,
Elender Allerweltsschwätzer
Dich in die Hölle verdammen,
Dich gehässig begeifern würde?
Und du nanntest diese Krächzer,
Diese beschränkten, hämischen Heuler,
Diese kleinlichen Seelen,
Die deine Anmut,
Deine goldene Künstlerhand
Nicht einmal ahnen können
In ihrer geheuchelten Tugend,
In ihren gräßlichen Mathematikherzen,
In ihrer skatledernen Dürftigkeit –
Du nanntest diese Gesellschaft
Hunde?
Diese Gesellschaft:
Nüchterner als die weißen Kalkwände
Einer lutherischen Dorfkirche;
Hochmütiger als Satanas;
Die, wenn sie nicht anders kann,
Als ein Anerkennungchen
Sagen zu müssen,
Mit sauersüßen Mienen
Stets beginnt:
„Ich gebe ja zu, daß ..."
Diese Gesellschaft
– Ich frage dich zum andern Mal –
Nanntest du
Hunde?

Gewaltiger! Ich lache dich aus,
Daß du einige Stunden
Dir verbittern ließest
Durch Hunde.
Einst, du Hoher,
Fingerte ich Verse wie du.
Himmlisch war es.
Gaukelnd von Holdchen zu Holdchen,
– Abwechslung verdumpft das Herz nicht –
Hatt' ich sie alle so gern.
Freilich, der Philister schaudert
Bei diesen Worten;
Annehmbarer schon klingt es der biederen Seele,
Zahmer, harmloser, erlaubt:
Ein ander Städtchen, ein ander Mädchen
Damals dacht' ich nicht an dich,
Du treues Roggenfeld.
Rosen wand ich
Der Liebsten in's Haar;
Mit Spangen und Ringen
Schmückt' ich ihr Arm und Hände,
Heute steh' ich ernst am Knickthor,
Zusammengerafft,
Klarer, denkender,
Der gefüllten Ähre
Unvergleichliche Wichtigkeit erkennend.

III.

Das Beste.
Von Allem das Best'
Ist ein Herz, heiter und fest,
Ein gesunder Leib,
Ein liebes Weib
Und ein kleines Eigen,
Wer das hat, mag sich freun und schweigen.

Johannes Trojan.

Ein kleiner Besitz,
Zwei Schweinchen und eine Kuh,
Bei meinem Hause
Ein Garten mit Kohl und Kartoffeln,
Und ist noch Raum:
Mit einem Nelkenbeet
Und einer Laube.
An schönen Sommerabenden
Stützen mein Weib und ich uns
Über das Gitter
Unsres einzigen Roggenfeldes.
Aller Fährlichkeit trotzen wir,
Mein Weib und ich.
Wie ich sie liebe, die eine nur.
Wie wir gemeinschaftlich
Des Lebens trümmertragenden Strom
Kräftig durchteilen;
Eins dem andern
Trost und Halt sind.
Nach hartem Tagesmühn
Schmauch' dann ich
Das Pfeifchen der Zufriedenheit.
Und des gesundesten Schlafes uns freuend,
Beginnen mit Sonnenaufgang wieder wir

Der Pflichtstunde geregelte Arbeit.
Hüte dich, mein Herz,
Vor dieser Zufriedenheit;
Sie lullt dich ein,
Daß du selbstisch wirst,
Und selbstgefällig und protzig,
Und kleinlich und enge;
Daß du dir sagst:
Was gehn mich die andern an;
Daß du verknöcherst, verschachtelst,
Und der Deutschen furchtbare Zwingherren
Sich einnisten bei dir:
Hochmütige Spießbürgerlichkeit,
Einseitige Schulweisheit,
Eigensinnige Vorurteile.

Doch, doch! Bei dem ewigen Himmel!
Kranz und Krone, ihr winkt
In des schicksalumlauerten Lebens
Atemlosem Wettlauf:
Ein kleines Eigen,
Ein liebes, stolzes Weib.
Dann: Ein gerader Sinn,
Ruhig Überlegen,
Richtig Fühlenkönnen:
Das ist der Weg der Wahrheit,
Den ich gehe.
Und unablässig die Bitte
An die Sterne:
Daß ich ein guter, edler Mensch werde;
Daß ich dem Nachbar helfe, wo ich kann,
Daß ich ein frisches Herz behalte,
Ein fröhliches!
Trotz allem Drang und Druck der Erde.

DER HAIDEGÄNGER (1890)

AUS DER KINDERZEIT

In alten Briefen saß ich heut' vergraben,
Als einer plötzlich in die Hand mir fiel,
Auf dem die Jahresziffer mich erschreckte,
So lange war es her, so lange schon.
Die Schrift stand groß und klein und glatt und kraus
Und reichlich untermischt mit Tintenklecksen:

„Mein lieber Fritz, die Bäume sind nun kahl,
Wir spielen nicht mehr Räuber und Soldat,
Türk hat das rechte Vorderbein gebrochen,
Und Tante Hannchen hat noch immer Zahnweh,
Papa ist auf die Hühnerjagd gegangen.
Ich weiß nichts mehr. Mir geht es gut.
Schreib' bald und bleibe recht gesund.
Dein Freund und Vetter Siegesmund ..."

„Die Bäume sind nun kahl", das herbe Wort
Ließ mich die Briefe still zusammenlegen,
Gab Hut und Handschuh mir und Rock und Stock,
Und drängte mich hinaus in meine Haide.

SEFFINKA

Einst nach vielen Jahren fand in einem Brief ich,
Der beim Suchen in die Hände mir gefallen,
Eine Haarnadel. Sie stak am Schluß: „Seffinka".
„Tausend Küsse, Grüße sendet Dir Seffinka".
Ach, Seffinka! Und nun stand das Mädchen wieder

Vor mir: Ueber ihre beiden Daumen glitten
Rückwärts wundervolle rabenschwarze Flechten,
Die, entflutend, sich in breite Ströme lösten.
Und die Nadel zwischen ihren Lippen haltend,
Mit der Rechten müheschwer den Kamm gebrauchend,
Ordnet sie, mit schräggebognem Haupt, die Haare,
Schelmisch sich im großen Spiegelglas betrachtend.
Einem Henkelkrug entnahm ich rote Nelken,
Und ich warf den Blumenraub ihr um den Scheitel.
Während lachend sie den Mund zum Schelten öffnet,
Fällt die Nadel; und ich bog mich und verbarg sie.
„Tausend Küsse, Grüße sendet Dir Seffinka".

AN EINEN MEINES NAMENS NACH MEINEM TODE

Ob meine Bücher dir bekannt,
Die einst ich schrieb?
Und wissen möcht' ich dann, ob sie
Dir wert und lieb.

Vielleicht von deines Ahnherrn Nest
Am Nordseestrand
Bist weit du fern. Ich lebte noch
Im Holstenland.

Du siehst in meinen Strophen nichts
Als Leid und Lust,
Das gleiche, das auch immer zog
Durch deine Brust.

Und dein Geschlecht, Normannenblut:
Gott schütz' dein Haus
Und lösche seinem Herde nie
Die Flammen aus.

Du Nobelmann mit Speer und Sporn,
Was klirrt dein Fuß
So zornig auf im Waffensaal,
Ein böser Gruß.

Und doch, du glättest deine Stirn?
Vergiebst es gar,
Daß einer deines Namens einst
Ein Dichter war?

Auf einem Bahnhofe

Aus einer Riesenstadt verirrt' ich mich
Auf einen weit entlegnen kleinen Bahnhof.
Ein Städtchen wird vielleicht von hier erreicht
Von Männern, die vom Morgen an viel Stunden
Am Pult, in Läden und Kanzlei gesessen,
Und nun den Abend im Familienkreise
Den Staub abschütteln wollen vom „Geschäft."

Ein glühend heißer Sommertag schloß ab.
Es war die Zeit der Mitteldämmerung.
Der neue Mond schob wie ein Komma sich
Just zwischen zwei bepackte Güterwagen.
Im Westen lag der stumme Abendhimmel
In ganz verblaßter milchiggelber Farbe.
Und diesem Himmel stand wie ausgeschnitten
Ein Haufen Schornsteintürme vor der Helle.

Aus allen Schloten qualmte dicker Rauch,
Erst grad' zur Höh', dann wie gebrochen bald,
Beinah' im rechten Winkel, einem Windzug
Nachgebend, der hier Oberhand gewonnen.
In wunderlich geformten Oefen dort,
Die offne Stellen zeigten, lohte ruhig,
Ganz ruhig, ohne jeden Flackerzug,
Ein dunkelblauer starker Flammenmantel ...
Und aus der großen Stadt klang dumpf Geräusch,
Ein brodelnd Kochen, das ich einmal schon
Gehört, als vor Paris wir Deutschen ruhten,
Indessen drinnen die Kommune sich
Im Höllenlärme blutige Wangen wusch.

Das fiel mir ein in diesem Augenblick.
Und wie auch damals, kam ein Bild von neuem:
Scharf, wie geputztes Messing blank, erglänzte
Hoch über allem Zank der Jupiter.
Und heut wie einst: Der Jupiter stand oben,
Von allen Sternen er allein zu sehn,
Und schaute auf den ewigen Erdenkampf,
Der mir so wüst in dieser Stunde schien –
Und wie bezwungen sprach ich vor mich hin
Mit leiser Lippe: Zwanzigstes Jahrhundert.

Um mich war's leer; ein letzter Zug hielt fertig,
Die letzten Arbeitsmüden zu erwarten.
Ein Bahnbeamter mit knallroter Mütze
Schoß mir vorbei mit Eilgutformularen.
Sonst nichts – nur oben stand der Jupiter.
Die blauen Flammen lohten geisterhaft,
Und aus der Stadt her drang verworrner Ton.

DIE BIRKE

An meinen Schreibtisch lehn' ich. Meine Hand
Durchgleitet leicht ein rotes Nackenband,
Erinnrung einer Zeit, die längst verfloß,
Da heiß ein Mädchen mir den Hals umschloß.
Die junge Gräfin, heimgekehrt, mir graut,
Soll heut ich wiedersehn, des andern Braut.

Die Haide, wo so reiches Leben sprießt,
Die unabsehbar auseinanderfließt,
Trennt mich von ihr; die muß ich erst durchgehn,
Eh' kann ich nicht des Schlosses Türme sehn.

Schon bin ich auf dem Weg. Nur eine Birke,
Als einziger Baum im ganzen Grenzbezirke,
Steht auf der Haide, trostlos und verloren,
Als hätte diesen Platz für sich erkoren
Ein Träumender, als fänd' er hier den Frieden
In tiefem Denken, allem abgeschieden.

Der Herbstwind nahm ihr alle Blätter fort,
Nur eines blieb, es weht, verwelkt, verdorrt
Am höchsten Zweige, wie vom hohen Mast,
Von Sonnengold durchtränkt, in Überhast.
So wimpelt wohl vom Schiff das Fähnchen her,
Kehrt's heimatshafenfroh aus weitem Meer.

Ich bin zur Stelle und geziemendlich
Verbeug' ich vor der schönen Gräfin mich.
Ein wenig länger halt' ich ihre Hand
Beim Kusse, wie ein altes Liebespfand.

Ihr Auge bittet mich, ihr Auge fleht,
Und überwunden, ist das Glück verweht.
Wir lachen, scherzen, sprechen dies und das,
Das Menschenleben ist ein Faschingsspaß.

Und wieder bin ich auf dem Weg nach Haus,
Ein milder, sanfter Regen weint sich aus,
Wie Frühlingsregen. Langsam schreit' ich hin,
Mir ist der Gang so schwer, so trüb' der Sinn.
Es überholte mich ein Krähenschwarm –
Um ihre Schulter legt' ich meinen Arm,
So war es mir; wir zogen ohne Wort
Gesenkten Hauptes in die Ferne fort.
Ein Kind ging mit uns wie von ungefähr,
Ein kleiner Knabe, und ich weiß es, wer.
Er gab die Händchen uns, sein Antlitz trägt
Der holden Mutter Züge eingeprägt.
Du Knabe, nie geboren – und allein
Nur wandert mit mir meine Seelenpein.

Bald bin ich bei der Birke angelangt,
Dem Blättchen oben hat nach mir gebangt.
Es hängt so still in nebelfeuchter Ruh,
Es kann nicht lustig flattern immerzu.
Der Abend dämmert, weither scheint ein Licht,
Das einsam aus der Haidekathe bricht.

VERSTOSSEN

Was mir gestern mein Freund erzählt,
Hat mich bis in den Traum gequält.
Die Welt ist so roh, ich versteh' sie nicht –
Und also lautete sein Bericht:

In der großen süddeutschen Stadt,
Die ein drollig Kindl im Wappen hat,
Hab' ich die Hochschule einst besucht,
Mit wackrem Fleiße vieles gebucht,
Daß es mir später im Leben nütze.
Doch nebenbei, meine bunte Mütze
War der Bürge, daß nicht alle Zeit
Ich hinbrachte nur in Gelehrsamkeit.
Gesang und Trunk und mancher Schmiß,
Der rechts und links mir die Backen zerriß,
Sind Zeugen, daß ich kein Duckmäuser war
In jenem lustigen, jubelnden Jahr.
Ein Mädel, wie's mit sich bringt der Brauch,
Hab' ich damals besessen auch,
Ein liebes, gutes, vergnügtes Ding,
Die voller Dargebung an mir hing.
Doch plötzlich, wer wagt unser Herz zu kennen,
Ward sie mir lästig, ich mußte mich trennen.
Das konnte das arme Geschöpf nicht begreifen,
Daß ich so schnell sie wollt' von mir streifen.
Sie wehrte sich, das half ihr nicht viel,
Ich hielt punktfest nur auf mein Ziel.
Und endlich, ich gab ihr manch rauhes Wort,
Sagte sie traurig: Weit zieh' ich fort,
Ich kann da nimmer des Schmerzes genesen,
Wo ich so fröhlich mit dir gewesen.

Ich schenkt' ihr, was ich grad' hatt' an Geld,
Und habe sie dann auf den Bahnhof bestellt.
Durch die Glasthür konnt' ich, von ihr nicht erkannt,
Sie beobachten in ihrem Witwenstand:
Sie saß mit tief gesenktem Kinn
Und starrte teilnahmlos vor sich hin.

Um sie her Gelächter, Geplapper,
Biergläsergeklirr und Tellergeklapper,
Hier vom Trost beruhigte Abschiedsthränen,
Dort munter den Goldtag der Zukunft wähnen.
Und unter all' den Menschengrimassen
Quält sie allein sich, von allen verlassen.
Nun trat ich ein, ihren Schein in Händen,
In Zürich erst wollte die Fahrt sie beenden.
Als sie mich sah, einen Augenblick
Dachte sie wohl an ein wendend Geschick,
Doch als halb verdrossen, halb unverhohlen
Meine Freude ich kundgab, schaut sie verstohlen
Noch einmal zu mir: Das war sein Lieben,
Von ihm, ach, von ihm in's Elend getrieben.
„Einsteigen nach Lindau", und ohne zu zagen,
Führt' ich am Arm sie zum Eisenbahnwagen.
„Dein liebes Katherl," schluchzt sie zuletzt,
Dann hat sie sich in's Koupee gesetzt.
Ihr Taschentuch hielt sie vor's Gesicht
Und weinte bebend – ich sah es nicht.
Ein Pfiff, ich stand auf dem Bahnsteig allein,
Sie fuhr in die kalte Welt hinein.

Nie wieder hab' ich von ihr gehört,
Ob sie gestorben, gerettet, bethört,
Ob ihr das Glück seinen Hellmorgen gezeigt,
Ob krächzend der Kummer die Fidel ihr geigt.
Zuweilen, die grausam ich von mir stieß,
Die undankbar ich von mir ließ,
Steht nachts sie vor mir, lächelnd, fahl –
Das Leben, äh was, macht uns alle brutal.

Die Laterne

Als ich heut' im Hufnershaus
Lebewohl genommen
Und ins Freie trat hinaus,
War die Nacht gekommen.

Sehen konnt' ich keinen Schritt,
Nirgends Mond und Sterne.
Spricht mein Gastfreund: Hans soll mit
Und die Stalllaterne.

Hans, der greise, taube Knecht,
Krippen, Spinneweben,
Tenne, Licht und Drahtgeflecht –
Könnt' ein Bildchen geben.

Trudchen steht dabei und lacht,
An der Mutter Seite.
Trudchen, bitt' ich, abgemacht,
Gieb mir das Geleite.

Und des Bauern frisches Kind
Ist zurückgesprungen,
Hat sich leicht ein Tuch geschwind
Um den Kopf geschlungen.

Reizend sah das Mädel aus
Im Geblink der Leuchte.
Kaum noch hellt das Elternhaus
Aus der Nebelfeuchte.

Trabt der Alte uns voran,
Treu, wie zwei Verirrten,
Folgen wir wie Lämmer dann,
Lämmer ihrem Hirten.

Wo sich durch den Buchenstand
Eng der Weg gewunden,
Hat sich schleunig Hand in Hand,
Mund zu Mund gefunden.

Finsternis und Waldesruh,
Himmel ohne Sterne.
Unverdrossen, immerzu
Wandert die Laterne.

Trifft ihr Schimmer Ast und Baum:
Blinzeln tausend Augen?
Wie sich, unerhört, ist's Traum,
Lipp' an Lippe saugen.

Zögern wir auf unserm Gang?
Laß den Alten eilen.
Ach, mein Herz im Überdrang
Möchte weilen, weilen.

Bis zuletzt erschrocken hält
Hans am Holzesrande.
Lichtscheu unter'm Laubgezelt
Schleicht die Kontrebande.

Doch nun endlich sind wir da,
Schrei'n ihm in die Ohren:
Alterchen, Hallelujah,
Hast uns nicht verloren.

Scheidegruß am Meilenstein,
Dichtverhüllte Ferne,
Letzter Blitz und letzter Schein,
Fort ist die Laterne.

KRIEG UND FRIEDEN

Ich stand an eines Gartens Rand
Und schaute in ein herrlich Land,
Das, weit geländet, vor mir blüht,
Wo heiß die Erntesonne glüht.
Und Arm in Arm, es war kein Traum,
Mein Wirt und ich am Apfelbaum,
Wir lauschten einer Nachtigall,
Und Frieden, Frieden überall.
Ein Zug auf fernem Schienendamm
Kam angebraust. Wie zaubersam,
Er brachte frohe Menschen her
Und Güterspende, segenschwer.
Einst sah ich den metallnen Strang
Zerstört, zerrissen meilenlang.
Und wo ich nun in Blumen stund,
War damals wildzerwühlter Grund.

Der Sommermorgen glänzte schön
Wie heute; glitzernd von den Höhn,
„Den ganzen Tag mit Sack und Pack",
Strömt nieder aus Verhau, Verhack
Zum kühnsten Sturm, ein weißes Meer,
Des Feindes wundervolles Heer.
Ich stützte, wie aus Erz gezeugt,
Mich auf den Säbel, vorgebeugt,
Mit weiten Augen, offnem Mund,

Als starrt' ich in den Höllenschlund.
Nun sind sie da! „Schnellfeuer!" „Steht!"
Wie hoch im Rauch die Fahne weht!
Und Mann an Mann, hinauf, hinab,
Und mancher sinkt in Graus und Grab.
Zu Boden stürz' ich, einer sticht
Und zerrt mich, ich erraff' mich nicht,
Und um mich, vor mir, unter mir
Ein furchtbar Ringen, Gall' und Gier.
Und über unserm wüsten Knaul
Bäumt sich ein scheu gewordner Gaul.
Ich seh' der Vorderhufe Blitz,
Blutfestgetrockneten Sporenritz,
Den Gurt, den angespritzten Kot,
Der aufgeblähten Nüstern Rot.
Und zwischen uns mit Klang und Kling
Platzt der Granate Eisenring:
Ein Drache brüllt, die Erde birst,
Einfällt der Weltenhimmelfirst.
Es ächzt, es stöhnt, und Schutt und Staub
Umhüllen Tod und Lorbeerlaub.

Ich stand an eines Gartens Rand
Und schaute in ein herrlich Land,
Das ausgebreitet vor mir liegt,
Vom Friedensfächer eingewiegt.
Und Arm in Arm, es ist kein Traum,
Mein Wirt und ich am Apfelbaum,
Wir lauschten einer Nachtigall,
Und Rosen, Rosen überall.

DER LÄNDLER

Auf die Terrasse war ich hinbefohlen,
Der jugendlichen, schönen, geistvollen,
Holdseligen Prinzessin vorzulesen.
Ich wählte Tasso.
            Durch den Sommerabend
Umschwirrt uns schon das erste Nachtinsekt.
Die Sonne war gesunken. Rot Gewölk
Stand hellgetönt, mit Blau vermischt, im Westen.
Der Garten vor uns, tief gelegen, hüllt
Sich ein in dunkle Schatten mehr und mehr.
Und eine Nachtigall beginnt.
            Der Diener
Setzt auf den Tisch die Lampen, deren Licht
Nicht durch den schwächsten Zug ins Flackern kommt.
Von unten, aus dem Dorfe, klingt Musik,
Und deutlich aus der Finsternis heraus,
Leuchtstriche, blitzen eines Tanzsaals Fenster.
Die Paare huschen schnell vorbei in ihnen.
Zuweilen, wenn die Thür geöffnet steht,
Erschallt Gestampf, der Brummbaß, Kreischen, Jauchzen.
Unbändig scheint die Freude dort zu herrschen.
Ich trage unterdessen weiter vor,
Wie flüchtige Bilder, unbewußt, den Trubel
Im Thal an mir vorüberziehen lassend,
Und jene Verse hab' ich grad getroffen:
„Beschränkt der Rand des Bechers einen Wein,
Der schäumend wallt und brausend überquillt?",
Als ich die Lider hob und die Prinzeß,
Die säumig ihre Linke dem Geländer
Hinüber ruhen läßt, erblicke, wie sie,
Nicht meiner Lesung achtend, niederschaut,

Das braune Auge träumerisch, sehnsüchtig
Hinuntersendet auf den fröhlichen Ländler.

„Wie wär' es, fänden wohl Durchlaucht Vergnügen,
Dem frohen Reigen dort sich anzuschließen?"
Und sie, ein Seufzer: „Ach, ich thät's so gern."

Wenn ich's nur bringen könnte, wiedergeben,
Wie jenes Wort von ihr gesprochen ward,
Das „so", das „gern", wenn ich's nur treffen könnte,
Wie sie das sagte; „Ach, ich thät's so gern."

NEUE GEDICHTE (1893)

WALDFAHRT

Hingegossen in die Polster
Einer alten Mietskarosse
Lehnt das allerschönste Mädchen.
Neben ihr, in Seligkeiten,
Lehn' ich gleichfalls in den Sitz.

Unser Fuhrmann denkt an gar nichts,
Baumelnd hängt ihm die Zigarre,
Trösterin von meinen Gnaden.
Und er glotzt nur blöde, schläfrig
Auf die dicken faulen Füchse.
Und schon nickt er höchst bedenklich,
Weil er weiß, daß seine Gäule
Ihn auch ohne Ruf und Peitsche
Kennen, daß sie niemals scheuen,
Daß sie brave Kerle sind.

Langsam, langsam wühlt der Wagen
Durch den grauen Kiefernsandweg.
Einsamkeit und Stille wetten,
Wem der Vorrang hier gebühre.

Julihitze, Sonnenlichter
Spielen, zittern um die Bäume,
Während gnädig breite Kronen
Schattenbaldachine spannen.
Und indessen, immer näher
Drängen wir uns an uns an.

Stürmischer wird unsre Sehnsucht,
Länger werden unsre Küsse,
Ach, Jorinde, ach, Belsazar,
Und versinkend, und versunken,
Wissen wir die Welt nicht mehr.

Sahen, merkten nicht, daß itzo
Neben uns die Schienen laufen
Einer Eisenbahn im Forste.
Ganz zerflossen, ganz im Himmel,
Und der Kutscher eingeschlafen,
Überholt uns plötzlich, rasend
Der Courierzug nach Nüchterna.
Huch, was ist das? Tücherschwenken,
Hütegruß aus allen Fenstern,
Hurrarufen, Bravoklatschen,
Grinsendes Gesichterschneiden,
Und am Schluß, von seinem Hochsitz,
Auf dem allerletzten Wagen,
Winkt ironisch uns der Schaffner
Huldvoll seine Grüße zu.

Und die Liebste schreit erschrocken,
Und wir fahren auseinander,
Und wir fühlen uns belämmert,
Denn wir hatten uns blamoren,
Gräßlich, gräßlich uns blamoren.
Aber wie der Blitz in Wolken,
Ist der Train im Hui verschwunden,
Ist verrattert und verrädert.
Und der Kutscher nickt noch immer,
Und wir sitzen hurtig wieder,
Als ob wirklich nichts gewesen,
Grenzenlos verliebt im Fond.

PIDDER LÜNG

> „Frii es de Feskfang,
> Frii es de Jaght,
> Frii es de Strönthgang,
> Frii es de Naght,
> Frii es de See, de wilde See
> En de Hörnemmer Rhee."

Der Amtmann von Tondern, Henning Pogwisch,
Schlägt mit der Faust auf den Eichentisch:
Heut fahr' ich selbst hinüber nach Sylt,
Und hol' mir mit eigner Hand Zins und Gült.
Und kann ich die Abgaben der Fischer nicht fassen,
Sollen sie Nasen und Ohren lassen,
Und ich höhn' ihrem Wort:
    Lewwer duad üs Slaav.

Im Schiff vorn der Ritter, panzerbewehrt,
Stützt finster sich auf sein langes Schwert.
Hinter ihm, von der hohen Geistlichkeit,
Steht Jürgen, der Priester, beflissen, bereit.
Er reibt sich die Hände, er bückt den Nacken.
Der Obrigkeit helf' ich, die Frevler zu packen,
In den Pfuhl das Wort:
    Lewwer duad üs Slaav.

Für Hörnum hat die Prunkbarke den Schnabel gewetzt,
Ihr folgen die Ewer, kriegsvolkbesetzt.
Und es knirschen die Kiele auf den Sand,
Und der Ritter, der Priester springen ans Land,

Und waffenrasselnd hinter den beiden
Entreißen die Söldner die Klingen den Scheiden.
Nun gilt es, Friesen:
     Lewwer duad üs Slaav!

Die Knechte umzingeln das erste Haus,
Pidder Lüng schaut verwundert zum Fenster hinaus.
Der Ritter, der Priester treten allein
Über die ärmliche Schwelle hinein.
Des langen Peters starkzählige Sippe
Sitzt grad an der kargen Mittagskrippe.
Jetzt zeige dich, Pidder:
     Lewwer duad üs Slaav!

Der Ritter verneigt sich mit hämischem Hohn,
Der Priester will anheben seinen Sermon.
Der Ritter nimmt spöttisch den Helm vom Haupt
Und verbeugt sich noch einmal: Ihr erlaubt,
Daß wir euch stören bei euerm Essen,
Bringt hurtig den Zehnten, den ihr vergessen,
Und euer Spruch ist ein Dreck:
     Lewwer duad üs Slaav.

Da reckt sich Pidder, steht wie der Baum:
Henning Pogwisch, halt deine Reden im Zaum.
Wir waren der Steuern von jeher frei,
Und ob du sie wünscht, ist uns einerlei.
Zieh ab mit deinen Hungergesellen,
Hörst du nicht schon meine Hunde bellen?
Und das Wort bleibt stehn:
     Lewwer duad üs Slaav!

Bettelpack, fährt ihn der Amtmann an,
Und die Stirnader schwillt dem geschienten Mann:

Du frißt deinen Grünkohl nicht eher auf,
Als bis dein Geld hier liegt zu Hauf.
Der Priester zischelt von Trotzkopf und Bücken,
Und verkriecht sich hinter des Eisernen Rücken.
O Wort, geh' nicht unter:
    Lewwer duad üs Slaav!

Pidder Lüng starrt wie wirrsinnig den Amtmann an,
Immer heftiger in Wut gerät der Tyrann,
Und er speit in den dampfenden Kohl hinein:
Nun geh' an deinen Trog, du Schwein.
Und er will, um die peinliche Stunde zu enden,
Zu seinen Leuten nach draußen sich wenden.
Dumpf tönts aus der Erde:
    Lewwer duad üs Slaav!

Einen einzigen Sprung hat Pidder gethan,
Er schleppt an den Napf den Amtmann heran,
Und taucht ihm den Kopf ein, und läßt ihn nicht frei,
Bis der Ritter erstickt ist im glühheißen Brei,
Die Fäuste dann lassend vom furchtbaren Gittern,
Brüllt er, die Thüren und Wände zittern,
Das stolzeste Wort:
    Lewwer duad üs Slaav!

Der Priester liegt ohnmächtig ihm am Fuß,
Die Häscher stürmen mit höllischem Gruß,
Durchbohren den Fischer und zerren ihn fort,
In den Dünen, im Dorf rasen Messer und Mord.
Pidder Lüng doch, ehe sie ganz ihn verderben,
Ruft noch einmal im Leben, im Sterben
Sein Herrenwort:
    Lewwer duad üs Slaav!

Vogel im Busch

Kleiner Vogel in den Zweigen,
Bleib hübsch sitzen, singe weiter,
Keine Pfeile führ' ich bei mir,
Singe fort, das ist gescheiter.

Bange nicht, ich hör' so gerne
Deine lieben Zwitscherlieder,
Wenn dir linder Frühlingsregen
Leise tropft aufs Graugefieder.

Doch du hebst die flinken Flügel,
Schwingst entsetzt dich in die Gegend,
Schein' ich dir denn so gefährlich,
Ist der Mensch so graunerregend?

Zwiegespräch

In eine Straße bin ich eingebogen,
Die mir als letztes Ziel vor Augen stand.
Nie sah ich so brutale Vornehmheit.
Sie lag wie tot. Die Steinpaläste schwiegen.
Wär' mir ein Sperling nur vorbeigeflogen,
Wär' mir ein Kätzchen nur vorbeigehuscht,
Hätt' ein Lakai sich mir gezeigt, ein Wagen,
Ein Pferd, ein armer blinder Orgeldreher.
Nichts, nichts als eine ungeheure Strenge.
Mich fröstelte. Hier schien die Welt gestorben,
Gestorben alle Freude, alles Frohsein,
Und alles Leid? Wohnt hier ein reich Geschlecht,
Das wie uns alle einst der Tod sich holt?
Das sich vor Ekel aus dem Lärm zurück

Gezogen hat? Das nur das eine Wort
Noch kennt und denkt und spricht: Laß mich in Ruh.
Und wie ein mürrischwehrend Raunen grämelts
Durch diese Reihen: Weg mit jeder Plebs,
Kein Rührmichan, du stinkst, mach', daß du wegkommst,
Ich hab' mit deiner Armut nichts zu thun.

Grad, als ich um die Ecke mich gewandt,
Schritt um die andre mir ein Weib entgegen.
Sie trug die schwere Kiepe auf dem Rücken,
Kam aus den grünen Bergen Thüringens.
Ich rechne schnell, wo wir uns treffen müssen.
Sie biegt in jede Thür an einer Seite,
Tritt dann, denn keiner nimmt ihr etwas ab,
Nach kurzem wieder auf den Bürgersteig.
Ein Drittel sie, zwei Drittel Weges ich.
Und richtig, das Exempel hat gestimmt.
Hier, zwischen zwei Palais hineingezwängt,
Krümmt ein Rondel sich ins Gemäuer ein;
Von Marmor ist, antiker Form, die Bank,
Ein Wasser platscht aus ehernem Löwenrachen,
Akazien überragen eine Mauer.
Und hier, als hätten wir es längst beredet,
Erstreben beide wir zur Rast den Sitz,
Uns von der fürchterlichen Julihitze
Ein wenig auszuruhn im gnädigen Schatten.
Ein schmales, blasses, feines Antlitz seh' ich.
Ich helf' den vollen Korb ihr von den Schultern,
Sie dankt mir schämig, zieht ihr Taschentuch,
Und trocknet ihrer Stirn den Perlenschweiß.
Nun sag' mir, Mädel, was hat dich getrieben,
Daß du in dieser Gegend, bei *den* Menschen
Anklopfst, dein Wollenzeug und deine Jacken,
Dein Allerlei hier an den Mann zu bringen,

Just hier? Weißt du, wem diese Häuser eignen?
Die haben ihre Läden in der Stadt,
Und selbst die Dienerschaft ist zu erhaben,
Als daß sie dich beachtet. Sprich, wie kams?

Wies kam? Ich weiß es nicht. Ich ging und ging,
Und kreuzte diese Zeile und versucht' es.
Doch, wie du sagst, hier ist nichts zu verkaufen,
Sie wiesen mich, kopfschüttelnd, alle ab.

Wie viel denn mußt du haben, um zu leben,
Ich meine, wie viel muß der Tag dir schaffen?

Zwei Mark zum mindesten, doch wirds auch mehr.

Und darum trägst du deine Überbürde,
Und keuchst und trägst dich krumm durch diese Sonne.
Was hast du schon verdient?
                              Noch keinen Pfennig.
Noch keinen Pfennig?
                      Nein, noch keinen Pfennig.

Ja, reicher, Mädel, bin ich dann als du.
Sieh her, heut sandte mir die Post zwei Mark
Für ein Gedicht, das mich acht Wochen kostet.

Für ein Gedicht? Was bist du denn?
                                    Ein Dichter.
Ein Dichter, was ist das?
                          Siehst du, so einer,
Der „In des Waldes tiefsten Gründen" schreibt,
„Wo du nicht bist, Herr Organist, da schweigen",
„O Ferdinand, wie schön bist du." Verstehst du?

Ei ja, ein Dichter also.
                              Kurz und gut,
Wir machen diese Stunde blauen Montag.
Sieh her, ich hab noch andres Geld bei mir.
Ich zahle dir, was dir der Tag sonst brächte,
Ich zahls dir fünfzigfach, mit hundert Mark.
Es jammert mich dein kümmerlich Gewerbe.
Doch mach' ich das dir zur Bedingung auch,
Du läßt die Kiepe in der Herberge.
Nimm eine Droschke an der nächsten Ecke,
Dann hol' ich dich nachher. Willst du? Du willst.

O Herr, ich darf, ich kann ...
                                 Ach, weg die Flausen.
Dein rotes Tüchlein um dein schwarzes Haar,
Dein reizendes Gesicht, komm mit, komm mit,
So wie wir stehn und gehn. Und dann ans Dampfschiff
Wir fahren längs des Ufers: Wo Musik
Uns lockt, Gelächter klingt, wo Fahnen wehn,
Da steigen wir ans Land und tanzen eins.
Sieh mir ins Auge: Kann ich schlecht denn sein?
Du hast wohl gar Verdacht, daß ich als Sklavin
Nach Valparaiso dich verschachern will.
Es macht mir Freude, Freude dir zu machen.
Komm nur, wir wollen beide lustig sein.
Nur einen Tag. Und weg aus dieser Rohheit.

Ich seh' so aus, und du, ein ...
                                   Keine Angst.
Ich bin ein Dichter. Laß die Menschen reden.
Was gehen mich die Menschen an, ihr Thun,
Ihr Hasten, Heucheln, ihre Wut, zu herrschen.
Hoch steh' ich über allem ihrem Dünkel,
Hoch über Rassenhaß und Klassenhaß,

Hoch über Kastengeist, Parteigezänk.
Und keinem bin ich Gegenrede schuldig
Als mir allein, ich bin mein eigner Herr.
Frei bin ich, frei! Ich bin ein Grandseigneur,
Der jeden seiner Wünsche stillen kann.
Glaubst du, daß ich mich erst besinne lange,
Springt in des Lebens Wüste mir ein Quell
Plötzlich zu Füßen, daß ich mich nicht bückte,
Um mich, so viel ich mag, aus ihm zu sättigen?
Du zögerst? Nein, du lächelst, das ist recht,
Du willigst ein, ich sehs. Gieb mir zum Pfande,
Hier unter diesen blühenden Akazien,
Dein Mäulchen. So. Wie hold. Und nun komm mit!

DER MAIBAUM

Wir liebten uns. Ich saß an deinem Lager
Und sah auf deinen todesmatten Mund.
Dein Auge suchte mich, ein blasser Frager:
Hörst du den Sensenschnitt im Wiesengrund?

Um Pfingsten ists. Die Stadt war ausgeflogen
In hellen Kleidern und im Frühlingshut,
Wir waren um den schönsten Tag betrogen,
O Tag, sei gnädig ihrer Fieberglut.

Zu deinem Haupte bog, zu deinen Füßen
Bog sich ein grünes Birkenbäumchen vor,
Sie sollten dich vom heiligen Leben grüßen,
Ein letzter Gruß dir sein am schwarzen Thor.

Ich hatte gestern sie für dich geschnitten,
An einer Stelle, die dir wohlbekannt,

Zu der wir ausgelassen oft geschritten,
An der wir oft gesessen Hand in Hand.

An jenem Ort steht eine alte Weide,
Vor Neid und Sonne unsre Schützerin,
Da ist es still, und überall die Haide,
Am Ginster zittert die Libelle hin.

Ein Wasser schwatzt sich selig durchs Gelände,
Ein reifer Roggenstrich schließt ab nach Süd,
Da stützt Natur die Stirne in die Hände
Und ruht sich aus, von ihrer Arbeit müd.

Weißt du den Abend noch, wir saßen lange,
Ein nahendes Gewitter hielt uns fest
An unserm Weidenbusch, du fragtest bange,
Es klang so zag: Und wenn du mich verläßt?

Sieh zu mir auf, beschirmt von Birkenzweigen,
Ich war dir treu, wir haben uns geglaubt.
Aus Wüsten zieht auf Wolken her das Schweigen,
Die Sense sirrt, und sterbend sinkt dein Haupt.

Ich und die Rose warten

Vor mir
Auf der dunkelbraunen Tischdecke
Liegt eine große hellgelbe Rose.
Sie wartet mit mir
Auf die Liebste,
Der ich ins schwarze Haar
Sie flechten will.

Wir warten schon eine Stunde.
Die Hausthür geht.
Sie kommt, sie kommt.
Doch herein tritt
Mein Freund, der Assessor;
Geschniegelt, gebügelt, wie stets.
Der Assessor, ein Streber,
Will Bürgermeister werden.
Gräßlich sind seine Erzählungen
Ueber Wahlen, Vereine, Gegenpartei.
Endlich bemerkt er die Blume,
Und seine gierigen,
Perlgrauglacebehandschuhten Hände
Greifen nach ihr:
„Aeh, süperb!
Müssen mir geben fürs Knopfloch.“
Nein, ruf ich grob.
„Herr Jess' noch mal,
Sind heut nicht in Laune,
Denn nicht.
Empfehl' mich Ihnen.
Sie kommen doch morgen in die Versammlung?“

　　　Ich und die Rose warten.

Die Hausthür geht.
Sie kommt, sie kommt.
Doch herein tritt
Mein Freund, Herr von Schnelleben.
Unerträglich langweilig sind seine Erzählungen
Ueber Bälle und Diners.
Endlich bemerkt er die Blume.
Und seine bismarckbraunglacebehandschuhten Hände
Greifen nach ihr:

„Ah, das trifft sich,
Brauch' ich nicht erst zu Bünger.
Hinein ins Knopfloch.
Du erlaubst doch?"
Nein, schrei ich wütend.
„Na, aber,
Warum denn so ausfallend,
Bist heut nicht in Laune.
Denn nicht.
Empfehl' mich Dir."

      Ich und die Rose warten.

Die Hausthür geht.
Sie kommt, sie kommt.
Doch herein tritt
Mein Freund, der Dichter.
Der bemerkt sofort die hellgelbe.
Und er leiert ohn' Umstände drauf los:
    „Die Rose wallet am Busen des Mädchens,
    Wenn sie spät Abends im Parke des Städtchens
    Gehet allein im mondlichen Schein ..."
Halt ein, halt ein!
„Was ist dir denn, Mensch.
Aber du schenkst mir doch die Blume?
Ich will sie mir ins Knopfloch stecken."
Und gierig greift er nach ihr.
Nein! brüll' ich wie rasend.
„Aber was ist denn?
Bist heut nicht in Laune.
Denn nicht.
Empfehl' mich dir."

      Ich und die Rose warten.

Die Hausthür geht.
Sie kommt, sie kommt.
Und – da ist sie.
Hast du mich aber lange lauern lassen.
„Ich konnte doch nicht eher …
Oh, die Rose, die Rose.“
Hut ab erst.
Stillgestanden!
Nicht gemuckst.
Kopf vorwärts beugt!
Und ich nestl' ihr
Die gelbe Rose ins schwarze Haar.
Ein letzter Sonnenschein
Fällt ins Zimmer
Über ihr reizend Gesicht.

DAS EINE KLEID

Einst irrt' ich arm, allein durch menschenvolle Gassen,
Verzweiflung heizt mein Hirn, mich hat die Welt verlassen.
Es prickelt mir der Schnee im Winde scharf entgegen,
Ich weiß nicht, fiebre ich, und schon auf fernen Wegen,
In einer Vorstadt wars, da bin ich wohl gegangen,
Da knallte mir der Sturm die Peitschen um die Wangen.
Und ich schritt immer zu, schon ward es öd und leerer,
Der Hunger quälte mich, der große Markverzehrer.
Aus einem Steige bog zu mir ein blutjung Mädchen,
Ein dünner Sommerrock umhüllte karg das Kätchen.
Wohin? „Ich weiß es nicht.“ Häng dich in meine Arme,
Daß deine Brust an mir, mein Herz an dir erwarme.
Sie hing sich in mich ein, und zitternd drängt ihr Köpfchen
An meine Schulter sich, ihr rabenschwarzes Zöpfchen.
Bist elend du? „Ich bins.“ Dann sind wir Kameraden,

Komm, Mädel, ruhig mit, ich will zu Gast dich laden.
Du siehst mich fragend an? Nur zu, ich schaff' uns beiden
Ein warmes Nachtquartier, du sollst nicht länger leiden.
So zogen wir selband, geschmiegt wie Turteltauben,
Durch wüsten Wintergraus wie durch Akazienlauben.
Die Flocken hörten auf, im Westen lag ein Streifen,
Ein schmaler, bernsteingelb, dem Wolkenberg ein Reifen.
Er lag am Himmelsrand, und klar in seiner Helle,
Phantastisch hoben sich der letzten Häuser Schwelle,
Gezack und Säulengang, Getürm und Tempelzinnen,
Auf einem fremden Stern schien Tag in Nacht zu rinnen.
Kannst du noch weiter fort, ich seh ein Lämpchen flammen,
Wir steuern darauf los, nimm alle Kraft zusammen,
Jetzt sind wir da. He, Wirt! Ein Zimmer gieb uns beiden,
Zufrieden sind wir schon, ists ärmlich und bescheiden.
Und schick' uns bald herauf, was Küch und Keller bieten,
Ich will für Wochen lang mir deine Wohnung mieten.

Als wir am andern Tag aus unserm Fenster blickten,
Sahn wir ein Rebhuhnvolk. Die armen Hühner pickten,
Weil alles weit und breit verschneit mit dicker Decke,
Vor unsrer Gasthofsthür. Und einsam lag die Strecke,
Von jedem Leben fern, von allem Lärm gemieden,
Hier wollen wir das Glück fest ineinander schmieden.

Die Arbeit ging mir gut, ich konnte uns ernähren,
Dem Hunger wenigstens den grimmen Zahn verwehren.
Und einmal bracht' nach Haus' ich Geldes einen Haufen,
Nun, Mädel, sprich mir schnell, was möchtest du dir kaufen?
„I hätt' so gern a Kleid." Natürlich, liebe Kleine.
Sie war für grauen Stoff, der stand ihr wunderfeine.

Und ab und zu der Zeit, in fröhlichem Gedulden,
Erwarb, nach Notbedarf, ich einen Übergulden.

Heut gehn wir ins Konzert, nun gilt es eine Probe,
Was wählst du dir dafür aus deiner Garderobe?
„Ich denk' mein graues Kleid, das wird am besten passen."
So sollst du dich, mein Lieb, in diesem sehen lassen.
Und ins Theater dann, was willst du heute nehmen?
„Ich denk' mein graues Kleid; ich brauch' mich nicht zu
                                        schämen."
Und dann ein Frühlingstag, die Sonne spielt im Hagen,
Was ziehst du heute an, was willst du heute tragen?
„Ich denk' mein graues Kleid, das soll mich diesmal zieren;
Das such' ich immer aus, geh' ich mit dir spazieren."
Dazu ein rotes Band, geflochten durch die Flechten,
Ei, Schwarze, Sapperment, 's wird niemand mit dir rechten.
Und so und immer so, forscht' ich bei meinem Mädchen,
Was ziehst du heute an, was wählt mein liebes Kätchen,
Dann gab sie Antwort mir, als thät sie erst sich fragen:
„Ich möchte heute mal, mein graues möcht' ich tragen."

DIE PEST

In einer asiatischen Riesenstadt
Bin ich auf meinen Reisen einst gewesen,
Und während meines Aufenthaltes dort
Schritt finster durch die Plätze, Höfe, Straßen
Ein schwarzer Engel viele Wochen lang.
Dem Urgrund eines breiten braunen Stromes
Aus Schlamm und Schlick war hämisch er enttaucht,
Und seine schweren Schwingen tropften Moder.
Die Rechte hielt, wie ein gezogen Schwert,
Wie Genien goldne Palmenzweige tragen,
Ein giftig Kraut, das schlug er an die Pforten,
Und tausend, abertausend winzige Käfer
Entstoben dann dem giftigen Kraut und fielen

Auf alle Menschen, alle übersäend,
Und wem sie zierlich durch die Lippen krochen,
Der mußte ohne Gnade in den Tod.

Ganz überraschend war die Pest gekommen.
Daß ihr Kommerz ja nicht darunter litte,
Verheimlichten die großen Handelsherren
Die Ekelkrankheit in der ersten Zeit,
Bis sie mit unerhörter Wut ausbrach.
Und Vieles fehlte nun: Baracken, Ärzte,
Schutzmittel. Alles starb wie hingemäht.
Und drohend ballte sich die Hand der Armen,
Um Schloß und Park der Reichen zu zerstören.
Gelähmt schien jedes Leben, jede Kraft;
Nur nach wie vor, wie stets und überall,
Klang Kinderspiel und Kinderjubelruf,
O süßer Schall, durch Wehgekreisch und Schweigen.

An einem Abend ging ich durch die Gassen,
Die unheimlich in warmem Nebel lagen.
Die Ladenlichter blinzten durch die Feuchte,
Die perlend am Laternenglase schwitzte.
Gleichgiltig schob und drängte sich die Menge,
Gleichgiltig hoben Augen sich und Ohr,
Gewohnheit macht den Tod selbst zur Gewohnheit,
Wenn uns vorbei die Siechenwagen jagten.
Da schlug mir eine kleine Hand die Schulter,
Ich sah mich um und seh ein Hindumädchen,
Schlank, überschlank, fein, zart, mit hohen Brauen,
Nein doch, ein Mädchen, das ich einst gekannt,
Fern, ferne in Europa einst gekannt,
Und das ich schmählich dort verlassen hatte.
Sie schaut mich an und spricht ein Wort nur: Komm!
Ich ihr dagegen: Hast du mir vergeben?

Sie schaut mich an und spricht ein Wort nur: Komm!
Und ich ging mit ihr durch den Völkerschwall.
Wie sie nun vor mir hinschritt, blies ein Hauch
Die Asche in mir auf zu neuen Funken,
Zu Funken, deren Glut mich schier verbrannte.
Wir traten in ein mächtiges Haus hinein,
Das, schlecht erleuchtet, schmutzige Treppen zeigte.
Dreihundert Menschen wohnten hier beisammen:
Parias, Dirnen, Gott weiß, welch Gesindel
Hier Unterkunft und Schlupf gefunden hatte.
Ein Zimmer, drin ein roter Ampelschein,
Umfing uns traulich, gastlich und behaglich.
Kannst du vergeben? Doch sie spricht nur: Komm!
Ein Feuer brach, ists auf dem Hundsstern so?
Aus unsern Herzen in einander über;
Wir liebten uns in nie gefühlter Glut.
Auf einmal welch Geräusch! Ich springe auf,
Und aus dem Fenster seh ich Gräßliches:
Leiche auf Leiche trägt man auf die Straße,
Und zwischendurch, o Graun, Kranke auf Kranke.
Die Fackeln schwirren, werfen zuckende Lichter
Auf all dies Furchtbare: Nein sieh, nein sieh,
Die Gugelmänner mit den Kappkapuzen,
Sieh, nur die Augen siehst du, komm doch, sieh!
Die Gugelmänner schleppen Leichen, Kranke,
Schleppen und schleifen roh, bestialisch roh,
Betrunken sind die Kutscher, Träger, Sprenger,
Verzeihen wird wohl jeder ihnen gern,
Auf ihre Wagen, ihre Karren unten
Das ganze pestverseuchte Haus hinaus.
Und ein Geschrei tobt wahnsinnig vom Flur,
Von jeder Stufe, jeder Stube her.
Die Mütter werfen wütend sich entgegen,
Umsonst – Greis, Säugling, Mann, Weib, Braut und Jüngling

Muß alles mit, ob tot, ob noch lebendig.
Und vor Entsetzen sträubte sich mein Haar.
Das Hindumädchen, das sich an mich lehnte,
Umspannte meine Hüfte leicht und lachte:
Wie, du bist ängstlich? Aber, Lieber doch ...

So stand und stand ich bis zur Morgenfrühe
Das Hindumädchen, lächelnd, war schon längst
Auf unsern weichen Polstern eingeschlafen.
Zuletzt noch rissen diese Höllenknechte
Einen sich wehrenden, zappelnden Knaben
Im Hemde, untern Arm gepreßt, ins Freie.
Und dann, befremdlich war das anzuschaun,
Unnennbar rührend nach den wüsten Gräueln:
Zu allerletzt, geschmückt mit Blatt und Blumen,
Erscheinen, feierlich und ungestört
Von den paar Überlebenden begleitet,
Drei Kindersärge, und verschwinden stumm.
Als ich mich endlich in das Zimmer wandte,
Lag nackt, ein schwarz und blau Gedörre, tot,
Das Mädchen vor mir auf dem Liebeslager.

Am Abend dieses neuen Tages ging ich
Hinaus zum Friedhof; es war Mitternacht.
Da hört' ich anrollen die Totenwagen,
Befrachtet allesammt wie Kaufmannsfuhren,
Die Leichen eingesackt in Zwilch wie Waaren.
An einer Fuhre bricht ein Rad, wie Kolli
Entkullerten die Leiber auf den Fahrdamm.
Und durch einander liegt die volle Ladung:
Die Frau Brahminin und die Bajadere,
Der Reisgrossist, der Elephantenwäscher,
Und aus der Leinwand springen Kopf und Bein
Und krampfgekrümmte Hälse, Hände, Finger.

Die Fackeln huschen wieder hin und her.
Die Gugelmänner: Kutscher, Träger, Sprenger,
Die Sprenger mit den großen Malerquasten,
Sind alle heute noch besoffener.
Und unter schauderhaften Scherzen fliegen
In lange Gruben die Verröchelten.
Da zerrten sie mein Mädchen auch hervor,
Doch ihrer grausigen Faust entrang ich sie
Und trug sie durch die Nacht in einen Hain,
Wo still ich einen Scheiterhaufen aufwarf.
Schon ringeln Rauch und Qualm in dicken Ballen,
Schon leckt die Flamme aus dem trocknen Reisig
Und schlingt und geilt und giert sich um den Leichnam,
Und lischt, und nochmal zieht ein dicker Qualm
Bis nur die heiße Asche übrig bleibt.
Da kommt die Sonne, und ein scharfer Wind
Nimmt jauchzend meines Mädchens weißen Staub
Auf seine raschen, unentweihten Flügel.
Und seit dem Tage war, seltsam Ereignis,
War alle Krankheit aus der Gegend weg.
Nahmst du sie mit, mein braunes Mädchen du,
Warst du an jenen dunklen Schooß ein Opfer?
Ein Opfer du, mein ungeborener Sohn,
Du Sohn der Pest, den gestern wir gezeugt
Im tollen Hundssternliebesbacchanal?

Des alten Ganges Wellen hör' ich fluten;
Mit frohen Wimpeln, ruhig, segeln wieder
Hinauf, hinab den Fluß die Handelsschiffe,
Und Freude, Dank und Frieden sind der Schluß.

DIE STELLE IM THUKYDIDES

Ist vielleicht der Herr Professor zu Haus?
Nein, der Herr Professor ging vorhin aus.

Ist vielleicht Frau Professor zu Haus?
Nein, Frau Professor ging eben aus.

Und Fräulein Töchter, sind sie zu Haus?
Nein, Fräulein Töchter gingen auch eben aus.

So bist du ganz allein, mein Kind?
Das paßt vortrefflich, zeig mir geschwind,
Wo der Herr Professor sitzt,
Wenn er bei der Arbeit schwitzt,
Wenn er in tiefer Gelehrsamkeit
Vergißt sogar die Essenszeit.
Das also ist sein Schreibtisch, sein Pult,
Von dort aus in königlicher Huld
Geruht er seine Kritiken zu krähen,
Und auf die jungen Dichter zu schmähen,
Bald mit gerunzelter Stirn zu kritzeln,
Bald mit sardonischem Lachen zu witzeln.
Dann zur Erholung nimmt er Horaz
Oder den langweiligen Trimpetraz.
Und das ist des Göttlichen Kanapee,
Ei, sieh doch. Wie wärs, allerliebste Fee,
Dort muß ich mal sitzen, das ist mir erlaubt,
Wo zu Mittag schläft das klassische Haupt.
Komm, setz dich neben mich, willst du dich zieren?
Die Herrschaften gingen alle spazieren.
Wahrhaftig, das ist nett von dir,
Wir sind ja auch nur zu zweien hier.
Und wo er liest im Chrysostomus,

Kleine, wie wär' es, rasch einen Kuß.
„Aber, das geht nicht." I, nur im Fluge,
Glaube mir, bald sind wir im Zuge.
„Es klingelt, die Thür, nicht doch, bitte."
Schnell noch den einen … „Ich höre Schritte."

    (In tiefem, würdevollem Baß):
Ah, da sind Sie, mein Bester, Sie haben
Doch nicht gewartet? Nun wollen wir graben
Und tüchtig die faule Denkschaufel regen.
Sie kommen des Thukydides wegen.
Die Stelle ist schwierig. Nehmen Sie Platz,
Ich geh sogleich auf Such und Hatz,
Und ich hoffe, ich werd' den Racker kriegen
Und ihm den trotzigen Nacken biegen.
Keine Umstände, aufs Kanapee zuvor,
Und nehmen derweil meinen Chrysostomus vor.

Einen Sommer lang

Zwischen Roggenfeld und Hecken
Führt ein schmaler Gang,
Süßes, seliges Verstecken
Einen Sommer lang.

Wenn wir uns von ferne sehen,
Zögert sie den Schritt,
Rupft ein Hälmchen sich im Gehen,
Nimmt ein Blättchen mit.

Hat mit Ähren sich das Mieder
Unschuldig geschmückt,
Sich den Hut verlegen nieder
In die Stirn gerückt.

Finster kommt sie langsam näher,
Färbt sich rot wie Mohn,
Doch ich bin ein feiner Späher,
Kenn' die Schelmin schon.

Noch ein Blick in Weg und Weite,
Ruhig liegt die Welt,
Und es hat an ihre Seite
Mich der Sturm gesellt.

Zwischen Roggenfeld und Hecken
Führt ein schmaler Gang,
Süßes, seliges Verstecken
Einen Sommer lang.

BETRUNKEN

Ich sitze zwischen Mine und Stine,
Den hellblonden hübschen Friesenmädchen,
Und trinke Grogk.
Die Mutter ging schlafen.
Geht Mine hinaus,
Um heißes Wasser zu holen,
Küss' ich Stine.
Geht Stine hinaus,
Um ein Brötchen mit aufgelegten kalten Eiern
Und Anchovis zu bringen,
Küss' ich Mine.

Nun sitzen wieder beide neben mir.
Meinen rechten Arm halt' ich um Stine,
Meinen linken um Mine.
Wir sind lustig und lachen.
Stine häkelt,
Mine blättert
In einem verjährten Modejournal.
Und ich erzähl' ihnen Geschichten.

Draußen tobt, höchst ungezogen,
Unser guter Freund,
Der Nordwest.
Die Wellen spritzen,
Es ist Hochflut,
Zuweilen über den nahen Deich
Und sprengen Tropfen
An unsre Fenster.

Ich bin verbannt und ein Gefangener
Auf dieser vermaledeiten,
Einsamen kleinen Insel.
Zwei Panzerfregatten
Und sechs Kreuzer spinnen mich ein.
Auf den Wällen
Wachen die Posten,
Und einer ruft dem andern zu,
Durch die hohle Hand,
Von Viertel- zu Viertelstunde,
In singendem Tone:
Kamerad, lebst du noch?

Wie wohl mir wird.
Alles Leid sinkt, sinkt.
Mine und Stine lehnen sich
An meine Schultern.
Ich ziehe sie dichter und dichter
An mich heran.
Denn im Lande der Hyperboreer,
Wo wir wohnen,
Ist es kalt.

Ich trank das sechste Glas.
Ich stehe draußen
An der Mauer des Hauses,
Barhaupt,
Und schaue in die Sterne:
Der winzige, matt blinkende,
Grad über mir,
Ist der Stern der Gemütlichkeit,
Zugleich der Stern
Der äußersten geistigen Genügsamkeit.
Der nah daneben blitzt,
Der große, feuerfunkelnde,
Ist der Stern des Zorns.
Welten-Rätsel.
Die Welt – das Rätsel der Rätsel.
Wie mir der Wind die heiße Stirn kühlt.
Angenehm, höchst angenehm.

Ich bin wieder im Zimmer.
Ich trinke mein achtes Glas Nordnordgrogk.
Kinder, erklärt mir das Rätsel der Welt.
Aber Mine und Stine lachen.
Das Rätsel, bitt' ich,
Das Rätsel der Welt.

Ich trinke das zehnte Glas.
Tanzt, Kinder, tanzt,
Ich bin der Sultan,
Ihr seid meine Georgierinnen,
Ich liebe euch,
Geht mit mir zu Bett.
Ich kann nicht tanzen mehr?
Wie sagte doch der Sultan
Im Macbeth?
Ich meine Shakespeare:
Trunkenheit reizt zur Liebe,
Aber die Beine,
Oder was sagte er,
Möchten gern, aber sie können nicht.
Mädchens, unterstützt mich,
Hebt mich,
Ich will eine Rede reden:
Die Welt ist das Thal der Küsse,
Die Welt ist der Berg des Kummers,
Die Welt ist das Wasser der Flüssigkeit,
Die Welt ist die Luft des Unsinns.
Was sagte ich?
Ich setze mich.
Noch ein Glas Grogk. Vorwärts!
Die Langeweile,
Verzeiht, Mächens,
An eurer Seite,
Schändlich, das zu sagen,
Die Welt ist das Thal, das,
Das Thal der Langenweile.
Jetzt ist Macbeth,
Ich lieb' euch, Mächens,
Ich bin der Sultan,
Gebt mir Pantherfelle.

Die Sklaven, die Sklaven her!
Zum Donner, wo bleiben die Schufte!
Auf mein Lager tragt mich.
Ich will schlafen.
So, Macbeth,
Tanzen, tan–zen.
Gu' Nacht,
Ich wer' mü–de,
Gu' Nach ...
Wie–e?

ANTWORT

Was willst du hier, das Land ist kalt
Und ohne Fröhlichkeit und Wälder.
Die Sonne scheint im Wolkenspalt
Nur selten warm auf karge Felder,
Was willst du hier?

Was willst du hier, die Möve schreit,
Die Fischer rudern stumm die Kähne,
Hoch über Wassers Einsamkeit
Ziehn durch den Nebel wilde Schwäne.
Was willst du hier?

Was willst du hier, es droht das Meer,
Am Ufer schrecken Krüppelweiden,
Das Dasein würde dir zu schwer,
Du könntest niemals dich bescheiden.
Was willst du hier?

Was willst du hier, kein Ball, kein Rout,
Es knistert keine seidne Schleppe,
Ich stehe, naß bis auf die Haut,
Zum Jagdzug auf der Bollwerkstreppe.
Was willst du hier?`

Was willst du hier, hier bückt sich nicht
Der Cavalier vor deiner Fahne,
Der Lootse bringt den Amtsbericht,
Er scheint mir heute stark im Thrane.
Was willst du hier?

Was willst du hier, ein schwarzer Schlaf
Erstickt das Leben aller Enden,
Kein Bahnzug rollt, kein Telegraph
Kann Grüße deinen Lieben senden.
Was willst du hier?

SCHÖNE JUNITAGE

Mitternacht, die Gärten lauschen,
Flüsterwort und Liebeskuß,
Bis der letzte Klang verklungen,
Weil nun alles schlafen muß –
    Flußüberwärts singt eine Nachtigall.

Sonnengrüner Rosengarten,
Sonnenweiße Stromesflut,
Sonnenstiller Morgenfriede,
Der auf Baum und Beeten ruht –
    Flußüberwärts singt eine Nachtigall.

Straßentreiben, fern, verworren,
Reicher Mann und Bettelkind,
Myrtenkränze, Leichenzüge,
Tausendfältig Leben rinnt –
        Flußüberwärts singt eine Nachtigall.

Langsam graut der Abend nieder,
Milde wird die harte Welt,
Und das Herz macht seinen Frieden,
Und zum Kinde wird der Held –
        Flußüberwärts singt eine Nachtigall.

DAS KORNFELD

Als die Saat der Erd' entsprossen,
Als der Frühlingswind sie neckte,
Sind wir manchen stillen Abend
Langsam durch sie hingeschritten
Hand in Hand.

Kamen Menschen uns entgegen.
Wollten sie uns überholen,
Ließen wir die Hände locker,
Gingen ehrbar Seit' an Seite,
Wie's sich ziemt.

Waren dann die Menschen wieder
Unserm Augenkreis entschwunden,
Fanden schleunig sich von neuem
Unsre Hände, unsre Lippen,
Wie's so geht.

Da das Feld nun steht in Ähren,
Überall Verstecken bietet
Allerzärtlichstem Getändel,
Schreit' ich müde meines Weges
Und allein.

ABSCHIED

Und nimmermehr, es ist vorbei,
Wirst du an meiner Schulter stehn,
Und niemals wird ein neuer Mai
Uns wieder bei einander sehn.

Und nie mehr gehen wir zu zweit
Die alten Wege Hand in Hand,
Die Sommerlauben sind beschneit
Und öde liegt das Stoppelland.

Der fremde Mann, der fremde Thor,
Der dir ins Auge blickte tief,
Nie kanntest du ihn je zuvor
Und nicht den Traum, der in dir schlief.

Was hat dich aus dem Traum geschreckt,
Ein Flammenschuß aus stiller Glut?
Wer hat dich jählings aufgeweckt,
Ich wußt' es gleich, du warst mir gut.

Wenn Rosen, Lilien, wechselbunt,
Sich stritten um dein hold Gesicht,
Gab zuckend deine Lippe kund,
Was blöde deine Seele spricht.

Nie fragtest, wer ich sei, du mich,
Nach Namen nicht und Rang und Stand,
Dir wars genug, wenn schäferlich
Uns eine schöne Stunde band.

Bis es den Menschen wohlgefiel:
Sie kamen mit dem Mörderbeil
Und schlugen wild ins Blumenspiel,
Und retteten ihr Seelenheil.

Leb wohl, das ist ein harter Schluß,
Ich schlag mich durch in Qual und Glück,
Und wenn ich auch vergessen muß,
Ich traure doch nach dir zurück.

Das Genie bricht sich Bahn

Es war ein reicher Mann,
Er war von altem Adel,
Der ganzen Lebensweg
Hielt er sich ohne Tadel.

Erzogen ist er gut,
Streng wachten seine Lehrer,
Und auf dem Tugendpfad
Ward er kein Gassenkehrer.

Dem Staate dient er treu,
Focht tapfer vor dem Feinde,
Dann zog er sich zurück
In seine Gutsgemeinde.

Der Orden Stufensteig
Erklomm er con amore,
Er wurde Kammerherr,
Er saß im Templerchore.

Er nahm sich auch ein Weib,
Erzeugt ein Dutzend Kinder,
Wie jeder fixe Kerl,
Ob Schuster oder Schinder.

Fromm bleibt er bis zuletzt,
Aus innrer Herzensneigung;
Daß er der Kirche Freund,
Fand nie bei ihm Verschweigung.

Er hat sein' Last, sein Teil,
Wie jeder Erdenbürger,
Auch ihm sind Gram und Kreuz
Die beiden wackern Würger.

So schritt er mühelos
Auf glatt gelegten Bahnen,
Und stieg mit Fackelpomp
Hinunter zu den Ahnen.

Kennt ihr der Menschen Buch?
Schlagt nach im Wortregister,
Er blieb im Mittelmaß,
Ein gründlicher Philister.

———

Es war ein armer Mann,
Am Scheunenthor geboren,
Der einen Vater nie,
Die Mutter früh verloren.

Als Knabe, unbewußt,
Sehnt er sich schon nach Sternen.
Das Dorf verzweifelt schier,
Er kann das Mähn nicht lernen.

Er hütet Schaf und Kuh
Auf einsam stiller Weide,
Er dichtet, sinnt und spinnt
Auf seiner großen Haide.

Er hälts nicht länger aus,
Er muß dem Frohn entweichen,
Ein Künstler will er sein,
Die höchste Höh erreichen.

Nun schüttelt ihn die Welt,
Nun schüttelt ihn die Liebe,
Die Mütze sitzt ihm schief
Vor zügellosem Triebe.

Entzückt hat ihn Marie,
Lisette, Margot, Jette;
Die Menschen sind entsetzt
Ob solcher Minnekette.

Zum Himmel schaut er auf,
Er kanns, er kanns nicht glauben,
Er schreit zu Gott empor:
Laß mir mein Herz nicht rauben.

Gedanken werden wach,
Fleißig ist er geworden.
Doch wie er strebt und ringt,
Der Hunger will ihn morden.

Was helfen Fleiß, Genie,
Wenn Armut ewig, Sorgen –
Er knüpfte sich den Strick
An einem Frühlingsmorgen.

DAS GEBLIEBENE LÄCHELN

Was ist denn los im Schloß? Der Gutsherr liegt im Sterben,
Geschäftig eilten her von fern und nah die Erben.
Vor zitterndem Begehr nach seinen Goldzechinen,
Verbergen schwer die Gier sie unter Maskenmienen.
Und um sein Bett herum, mit Wehmut, Schüttelköpfen,
Berechnen sie den Wert bis hin zu Tand und Töpfen,
Bis auf den Stiefelknecht und die Zigarrenspitze,
Sie wähnen alles schon im sichersten Besitze.
Damit der Seele auch der Himmelsflug gelänge,
Erschallen Litanein und fromme Betgesänge.
Doch zornig wehrt er ab: Weg mit den Komödianten,
Dem ganzen Bettlerpack der Vetternsipp' und Tanten.
Er will nicht, daß „Moral" die Abschiedsstund' ihm störe,
Daß er zu guterletzt den starken Sinn verlöre.
Unheimlich, seht, er lacht, er lächelt, Gott bewahre,
So starb wohl niemand noch, dazu im weißen Haare.
Der Kranke lächelt fort, er lächelt, lächelt, lächelt,
Als würd' er gütevoll von Engeln schon gefächelt,
Als ob ihn süß zum Trost, nach all der Glut und Schwüle,
Die uns hienieden quält, ihr sanfter Fittich kühle.

Ah, der fatale Zug, dies Lächeln um die Lippen,
Er sah den Menschen stets ins Herz durch Fleisch und Rippen.
Er sah, wie sie die Brust in Eigendünkel schwellten,
Und, voller Heuchelei, des Nachbars Ruf zerspellten.
Ach, und die Religion, wie oft ist die der Mantel,
Wenn innen auch der Neid sie sticht wie die Tarantel,
Mit Augen wolkenauf, Hosiannah, Heiligspielen,
Sie wissen doch dabei scharf um sich her zu schielen.
Und gar, wenn sie nun sehn, daß andre Freude haben
Und sich ihr bischen Lust aus wüstem Acker graben,
Dann sind sie außer sich und suchens zu verderben,
Daß ja das kleine Glück geschwind zerbricht in Scherben,
Indessen sie mit List in Trüb und Dunkel fischen,
Um eine Leckernis geheim sich zu erwischen.

All das durchschaut er klug; und wollten sie betrügen,
Betrog er selbst sie dann mit vielen guten Lügen.
Die Lieb' insonderheit versteckt er hinter Bäumen,
Bei abgedrehter Thür läßt sich am besten träumen,
Wo nicht die Menschen sind mit ihren scheelen Blicken,
Mit ihrem Mörderdrang, mit ihren Würgestricken.
Dess' lächelt fein er jetzt, daß er den bösen Fallen
So meisterlich entging in seinem Erdenwallen,
Und lacht zum letzten Mal, daß vollauf und entschlossen
Trotz manchem Widerspiel das Leben er genossen!
Er lächelt, und er stirbt, sein Buch ist ausgeschrieben,
Die Leichenstarre kommt, das Lächeln ist geblieben.
Das Lächeln – sagt es noch: Es lag die Sphinx mir offen,
Ich sah der Welt ins Herz, und nur die Narren hoffen?

Sicilianen

Der teutsche Dichter in Abdera

Du hattest heute wieder nichts zu essen,
Dafür aß jeder Straßenstrolch sich satt,
Die gute Stadt, in der du eingesessen,
Bringt dir sogar ein wütend Pereat
Und möchte dich mit Haut und Haaren fressen:
Ganz recht auch, daß er keine Suppe hat,
Sein Hochmut scheint uns gänzlich zu vergessen,
Er schreibt nicht mal für unser Wochenblatt.

Winterbild

Ein großer Rabe, auf den Ast gedrückt,
Sticht ab als einziger Farbenstrich vom Schnee.
Nein doch! ein altes Mütterchen, gebückt,
Im Wind wie rot die Nase, Jemine,
Kommt mühsam, hüstelnd, trippelnd angerückt.
Im Schürzentuch die Linke, Frost thut weh,
Hält rechts sie einen Teller, kühn geschmückt
Mit eines sauern Herings Glorie.

Überschwemmung

In Wasserstiefeln steh ich an der Pfütze
Und will hinüber. Auf der andern Seite
Erschrickt ein Mädel vor der weichen Grütze.
Ob, ein Christofer, ich den Bach durchschreite,
Daß ich als Träger ihre Schuhe schütze?
Sie nickt, als ich ihr meine Arme breite.

Doch unterwegs, was beugt sich meine Mütze?
Ich nahm mir schönsten Dank für mein Geleite.

Je reviendrai

Leb wohl, leb wohl. Vom Strand aus seh das Boot
Ich mehr und mehr auf weißen Wogen schwinden.
Nun hälts am Schiff. Es qualmt und dampft der Schlot,
Ich höre das Geräusch der Ankerwinden.
Die Pfeife schrillt, o dürft' ich, dein Pilot,
Ans Steuer mir dein schwankend Tüchlein binden.
Die dumme alte Sonne lacht und loht:
Mich, Lieber, wirst du morgen wieder finden.

Allerliebst

Nein, Lieschen, hast du einen kleinen Schuh,
Stell mir den Fuß nicht so kokett entgegen,
Setz ihn zurück, bedenke meine Ruh,
Sonst bin ich um ein Schnellwort nicht verlegen
Und bitte gleich dich um ein Rendezvous
Auf höchst geheimnisvollen Waldeswegen.
Du thust es nicht? Du lächelst? Immerzu!
Nimm dich in Acht! Schon blitzt mein Siegesdegen!

Vorfrühling am Waldrand

In nackten Bäumen um mich her der Häher,
Der ewig kreischende, der Eichelspalter,
Und über Farrnkraut gaukelt nah und näher
Und wieder weiter ein Zitronenfalter,

Ein Hühnerhabicht schießt als Mäusespäher
Pfeilschnell knicklängs vorbei dem Pflugsterzhalter,
Der Himmel lacht, der große Knospensäer,
Und auf den Feldern klingen Osterpsalter.

„Es zog eine Hochzeit den Berg entlang"

Sie sang das Lied, die Worte sind verklungen,
Die Finger liegen lässig auf den Tasten,
Es wächst der Mond aus leichten Dämmerungen
Und grüßt ins Fenster, die Gedanken rasten,
Hört sie Musik? Vor hundert frischen Jungen
Flog grün ein Attila mit Silberquasten:
Durchs Herz geschossen ruht er, schlachtverschlungen,
Im grünen Attila mit Silberquasten.

Richtet nicht, Pharisäer

Wie sich der Epheu rankt am starken Stamm,
Schmiegt sie sich an ihn mit den Psychebrüsten,
Den Locken schon entfiel der Perlenkamm,
Aus ihren Augen spricht ein süß Gelüsten.
Die Nacht ist schwül, die Mondessichel schwamm
In weicher Pracht vorbei an Sternenküsten
Und schielt nicht hin, ob Braut und Bräutigam
Sich auch zu regelrechter Hochzeit rüsten.

Sommernacht

An ferne Berge schlug die Donnerkeulen
Ein rasch verrauschtes Nachmittaggewitter.

Die Bauern zogen heim auf müden Gäulen,
Und singend kehrten Winzervolk und Schnitter.
Auf allen Dächern qualmten blaue Säulen
Genügsam himmelan, ein luftig Gitter.
Nun ist es Nacht, es geistern schon die Eulen,
Einsam aus einer Laube klingt die Zither.

ACHERONTISCHES FRÖSTELN

Schon nascht der Staar die rote Vogelbeere,
Zum Erntekranze juchheiten die Geigen,
Und warte nur, bald nimmt der Herbst die Scheere
Und schneidet sich die Blätter von den Zweigen,
Dann ängstet in den Wäldern eine Leere,
Durch kahle Äste wird ein Fluß sich zeigen,
Der schläfrig an mein Ufer schickt die Fähre,
Die mich hinüberholt ins kalte Schweigen.

DES MANNES KAMPF

Ein Schlachtgetümmelbild in grellen Farben,
Harmonisch kaum das Grau im Hintergrunde,
Um kleinen Preis oft jahrelanges Darben,
Ein mühvoll Weiterwerk von Stund' zu Stunde,
Und reift einmal sein Feld zu vollen Garben,
Der Teufel steht mit Belzebub im Bunde.
Sein Lohn, sein Glück? Die Brust belaubt mit Narben,
Heilt endlich ihm der Tod die letzte Wunde.

———

Und so bleibts denn halter beim alten
(Ein Scherz)

Nun bimmelt und bammelt das Altjahr aus,
Das neue kommt wie befohlen,
Es sitzen die einen beim Karpfenschmaus,
Die andern bei Krapfen und Bowlen.

Ich hocke allein im Kämmerlein
Und bete in Sack und Aschen,
Mich des vergangnen Jahres rein
Von allen Sünden zu waschen.

Nie wieder nehm ich die Würfel zur Hand,
Nie die verfluchten Karten,
Zuviel verlor ich in trente et quarante,
Und meine Gläubiger warten.

Zwar, so ein kleines unschuldiges Jeu
Ist wirklich kein böses Exempel,
Es spannt a bisl die Stirn in die Höh,
Tusch Tugend, Tante und Tempel!

Ein Whistchen, etwa nach dem Dessert,
Ist auch schwer abzuweisen,
Vor allem aber muß ich sehr
Die lustige Sieben preisen.

So wirds im neuen Jahre denn grad,
Wie wirs im alten gehalten,
Zum Anachoreten bin ich zu schad,
Und so bleibts halter beim alten.

Doch jetzt der Wein, das Bier, der Likör:
Weg, weg den Blick vom Spunde!
Es geht ein Kameel durch ein Nadelöhr,
Eh ein Glas mir wieder zum Munde.

Zwar, so ein Weinchen zu seiner Zeit
In wackrer Frühstücksrunde,
Es geht wohl kaum die Bescheidenheit
Über solche selige Stunde.

Und dauerts länger, nu ja, na ja,
Man kann nicht immer gleich rennen,
Ein Gläschen Xeres oder Malaga
Wird die Seele nicht gleich verbrennen.

Und dauerts noch länger, nu ja, na ja,
Dann wirds ein Zechgelage,
Das sind die lieben Specialia,
Das passiert nicht alle Tage.

„Lieb Bruder, trink wieder, und schenk wieder ein,“
Das hab ich im Uhland gelesen,
Von je ist mir Uhland, und mir nicht allein,
Der liebsten einer gewesen.

Verzeiht, ich wich vom Thema ab,
Doch bin ich ins Reimen gekommen,
Kaum kann ich zügeln den Versetrab,
Sie kommen wie Fischlein geschwommen.

Zwar ist die Gangart Herrn Heines Latein,
Ich bin sein geringster Schüler,
Er brachte Stoff in die Flaschen hinein,
Ich bin nur Flaschenspüler.

Vergebung, das hatte ich nicht bezweckt,
Mit heinischen Strophen zu prunken.
Doch weiter! Am herrlichsten schmeckt mir der Sekt,
In göttlicher Kühle getrunken.

So wirds im neuen Jahre denn grad
Wie wirs im alten gehalten,
Zum Anachoreten bin ich zu schad,
Und so bleibts denn halter beim alten.

Zum Schluß, zum Schluß ach, das schöne Geschlecht,
Ja, das sei auf immer gemieden!
Ihr seid von heut an, was ihr auch sprecht,
Für mich nur Karyatiden.

Ihr habt zuviel mir angethan
Mit euern Gewogenheiten,
Mir sprühte zu oft der Herzensspahn
Von euern Abscheulichkeiten.

Und doch, und doch ach, es ist zu nett,
So ein schmiegsames, biegsames Dirnlein,
Ein Stelldichein, ein zartes Billet,
Leicht wehende Häärchen ums Stirnlein.

Und bracht' ihr die Fee als Geburtstagsgeschenk
Etwas Geist mit auf den Schwingen,
Das ist dann der Goldgriff am Dolchgehenk,
Und das blitzende Messer mag springen!

Ich liebe ein wenig das Sultantum,
Die Liste hat Herr Leporello,
Ich flattre gern von Blume zu Blum,
Auch kenn' ich den Herrn Othello.

So wirds im neuen Jahre denn grad
Wie wirs im alten gehalten,
Zum Anachoreten bin ich zu schad,
Drum bleibts eben halter beim alten.

Nicht jedem dies Geschreibsel frommt,
Es sträuben sich manchem die Haare,
Doch wenn man in dies Versmaß kommt,
Dann schreibt man zehntausend Jahre.

Nun aber sinds der Reime genug,
Das ist ja ein Reim-Bombardieren,
Und weil ihr schon schnarcht wie ein Baßgeigenzug,
So will ich es auch probieren.

Ich setze zuerst eine Verszeile aus,
Des Tatterichs mich zu entwöhnen,
⌣ — ⌣ — ⌣ — ⌣ —,
Kußfinger den Holden und Schönen!

⌣ — ⌣ — ⌣ — ⌣ —,
Für mich war das alte kein Neujahr,
⌣ — ⌣ — ⌣ — ⌣ —,
Den fleißigen wünsch' ich ein Heujahr.

⌣ — ⌣ — ⌣ — ⌣ —,
⌣ — ⌣ — ⌣ Freujahr,
⌣ — ⌣ — ⌣ — ⌣ —,
Gute Nacht, und fröhliches Neujahr!

KRISCHAN SCHMEER

Auf dem Tütvogelmoor, im Wollgrasmeer
Arbeitet Peter Hans Christian Schmeer
Nun an die achtzig Jahre schon,
Ums liebe Brot, um kargen Lohn.
Sein Rücken ist krumm, sein Haar ist weiß,
Hier grub er als Knabe, hier gräbt er als Greis.
So fuhr er, so fährt er mit seinen Hunden
Den Torf zur Stadt, die erst nach Stunden
Der gebrechliche Wagen erreichen kann,
Dort heißt er von jeher der Schwarzsodenmann.
Zuweilen, doch selten, trinkt er sich einen;
Dann schläft er getrost auf den Pflastersteinen
Bei seinen Tieren den Rausch sich aus,
Und klappert dann wieder vergnügt nach Haus.

Sein einziges Kind, sein Sohn – ist gestorben?
Im Ausland, wohin er ging, verdorben?
Nie hörte mehr einer von ihm, kein Wort,
Es raunt durch die Binsen von Totschlag, von Mord,
Den hab' er vollführt, doch ließ sich nicht fangen.
Fast vier Jahrzehnte sind hingegangen.

Sein Sohn war sein Stolz, seine Hoffnung, sein Held
In seiner ganzen armseligen Welt.
Wie wuchs der heran, wie die Buche gestreckt,
Schon als Junge wußt' er in Furcht und Respekt
Zu bannen die lustige Kinderschaar
Als Räuberhauptmann, als Hospodar.
Sieben Fuß groß, und mit wildem Blut,
That er als Jüngling wenig gut.

Die Mädchen entriß er ihren Galanen,
Wies ein Sultan verlangt von den Unterthanen.
Er blieb der Herr, wohin er schlug,
Er war der Herr! und damit genug.

Ob es der Alte jemals verwunden,
Daß niemand die Spur des Flüchtlings gefunden?
Seitdem sein Erbe die Landschaft verlassen,
Mocht' er nicht lieben mehr noch hassen.
Gleichmütig schiebt er zum Torfstechen hin,
Und allmählich schwand ihm der nüchterne Sinn.
Er ward Spökenkieker, hatte Gesichte,
Erzählte sich selbst manche Spukgeschichte,
Hielt mit Irrlicht und Hexen oft Zwiesprach lange,
Den Wehrwolf kannt' er, die Mitternachtschlange.
In der Dämmrung sah er, ohne zu schaudern, stehn
An den Gräbern Ertrunkne im Abendwindwehn.
Und die Ertrunknen standen kerzengrad,
Stumpfäugig, im triefenden Leichenornat.
Und der Mond kriecht langsam über den Hügel
Und ängstet das nächtige Sumpfgeflügel.
In den Wassertümpeln, bis in die weiteste Ferne,
Blinkert das blasse Licht der Sterne.

Und es war ein heißer, zitternder Junitag,
Der Käthner berechnet sich seinen Ertrag.
Schwer hält er die Linke am Spaten gestützt,
Mit der Rechten hält er die Augen geschützt
Vor der Sonne im endlosen Steppenkreis,
Oder denkt er nicht an Geld noch Preis?
Wohin schaut er, was beugt er das Haupt so vor?
Zieht jemand heraus aus flammendem Thor?
Über einem dürftigen Roggenfeld flimmert
Ein spielendes Blenden, das näher schimmert.

Was ist das! Das fliegt ja, sind es Dämonen,
Sinds Menschen, sinds Engel, die schwebend thronen?
Und immer dicht über dem Roggenfeld,
Und ein Glanz durchglänzt ohne Gleichen die Welt.
Und Musik, und ein Sausen und Tosen und Prasseln,
Als wenn Eisenbahnzüge die Luft durchrasseln.
Und Riesenballons, hinten Fisch, Vogel vorn,
Lassen sich nieder in jenes Korn.

Und aus diesem Korn tritt im Krönungsstaat,
Mit der gleißenden Krone, ein Goliath.
Dem folgt unabsehbar ein Völkerheer,
Und alles geht zu auf Krischan Schmeer,
Tungusen, Mohren, Chinesen, Tscherkassen,
Europens, Amerikas, Afrikas Rassen,
Vom Nordpol, vom Südpol, vom Ganges, vom Rhein,
Ein Teppich kann bunter gewirkt nicht sein.
Und der mit der Krone, immer voran,
Reitet jetzt einen Fuchshengst aus Turkestan,
Mit Türkisen besät an Kopfputz und Bügel,
Mit rostbraunen Sammtdecken, knallrotem Zügel.
Und als sie nun sind bei Krischan Schmeer,
Schwingt sich vom Sattel der Jupiter,
Und wirft sich dem Alten zu Füßen, ists Traum,
Und küßt ihm demütig den schäbigen Saum:

Dreitausend Jahre sind verflogen,
Da ist dein Sohn in die Fremde gezogen,
Und von deinem Sohne stamm' ich ab,
Der errang und erzwang sich den Marschallstab.
Und hier, von seinem, und deinem Geschlecht,
Kniet der letzte vor dir, wie ein elender Knecht,
Und dankbar dir Ärmsten und deinem Herde
Siehst du im Staube den König der Erde.

Und verschwunden ist alles, und wie zuvor
Flimmert es über dem Ährenflor,
Und im einsamen, grellen Sonnenschein
Steht wieder der Alte tief allein.
Er reibt sich verwundert die Stirn, und dann
Fängt er von neuem zu graben an,
Um später den Torf in die Stadt zu karriolen
Und sich den kargen Verdienst zu holen.
Und trinkt sich diesmal gehörig einen,
Und schnarcht so laut auf den Pflastersteinen,
Daß die Polizei ihn weckt und zur Rede stellt,
Da hett he dat unklookste Tüg vertellt.

EINMARSCH IN DIE STADT PFAHLBURG

Tä tätätätä tä,
Bä bäbäbäbä bä.

Was ist denn das?

Tä tätätätä tä,
Bä bäbäbäbä bä.

Tä tätätätä tä.

Ah, die Hörner
Der beiden Nachtwächter.
Sie tuten ab zum Augenauf:
    Hört, ihr Menschen, und laßt euch sagen:
    Die Glocke hat vier geschlagen.

Bä bäbäbäbä bä;
Dieses Getön
Ist das Blöken der Schafe,
Die der Hirt des Städtchens,
Von Stall zu Stall sie sammelnd,
Ins Freie führt.

Auf meinen langen Krummstock gestützt,
Den ich über der Mitte umfasse,
Mit beiden Händen,
Wie einen Speer,
Schau ich hinunter
Ins thaufeuchte Thal,
Das frisch und nebelfrei
Im Sommermorgen glitzert.

Ich mag mich nicht umsehn,
Mir graut.
Hinter mir liegt
Der Marktflecken,
Der mein Aufenthalt werden soll
Für immer,
Wo ich rasch mich mausern will
Zum Spießbürger.

Und die schöne große Welt verlaß ich nun,
Um mich einzukerkern,
Um meinen Geist zu töten,
Um ein Tier zu werden,
Um endlich
In jenen dämmerigen Zustand zu fallen,
Der allein glücklich macht:
Ein selbstzufriedenes Heerdenvieh.
Weg, ihr Leidenschaften,

Weg, mein schneller Herzschlag,
Mein Fieberpuls!

Ich mag mich nicht umsehn,
Mir graut.
Zum Empfange stehn schon
Breit am Thorturm
Die beiden Nachtwächter:
Tä tätätä tä.

Ich mag mich nicht umsehn,
Mir graut.
Mut!
Ganzes Bataillon – Kehrt!
Und ich schlage die Hand übers Auge:
Dahinein muß ich?
Ein „geregeltes" Leben
Soll ich von jetzt an führen?
Laß mich mal herzählen:
Fünf und siebzig Mark für „Kost und Logis",
Für Zigarren so viel,
Barbier und Waschfrau so viel,
Für „Diverses",
Wie sich die Deutschen auszudrücken pflegen,
So und so viel.
Wär ich geboren mit dem Geldgenie
Des großen Rechners Moltke,
Ich käme wahrhaftig
Mit drei Mark achtzig jährlich aus;
Ihm wärs gelungen.

Nein!
Und ich werfe meinen Stab
Wütend ins Gras,
Wie ein eigensinniger Knabe.
Nein!
Und eine Blutwelle,
Ich fühle sie,
Spült über mein Gesicht.
Dahinein?

Bis neun Uhr Schlaf,
Die Zeitung,
Der Frühschoppen:
Lokalbier mit Gequatsch
Über Politik, über den Nachbarn,
Über Ortsvorkommnisse und – den Nachbarn.
Dann das Mittagessen,
Mit den Witzen der Handlungsreisenden.
Der Liebe enthalt' ich mich,
(Wenns möglich ist,)
Ich werde fett wie ein Kapaun,
Das hat auch seine Vorteile.
Das Nachmittagsschläfchen,
Der Journalzirkel,
Romanzeitung, Gartenlaube
Oder sonstige Herrlichkeiten,
Deutsche Goldschnittlyrik,
Bä bäbäbäbä bä;
Die Kegelpartie,
Dann das Abendbrot,
Mit Lokalbier und Gequatsch
Über Politik, über den Nachbarn,
Über Ortsvorkommnisse und – den Nachbarn.
Zum Schluß die germanische Erzfreude,

Der unvermeidliche, dreimal heilige Skat.
Und dann
Die Zipfelmütze, Schlaf,
Tä tätätätä tä.

Dahinein?
Nein! Kehrt!
Ganzes Bataillon – Front!

Und ich breite meine Arme aus,
Und ich gehe, wie ein Selbstmörder,
Der ins Meer schreitet,
Aufrecht, langsam, stolz
In die Wogen der Welt zurück.
Lieber untergehn
Im Pfuhl der Gesellschaft
Oder im Pfuhle des Zigeunertreibens,
Beide werden schließlich
Gleich langweilig,
Als bei lebendigem Leibe
Verfaulen
Im engwarmen Neste
Des wohlanständigen Philistertums.
Lieber untergehn!

Aber bin ich nicht ein Mann,
Den die Pflicht rettet?
Jeder Mann, jedes Weib
Hat eine Pflicht,
Ob es der Graf von der Luxemburg ist,
Der „all sein Geld verjuckt, juckt, juckt" hat,
Oder der ärmste Tagelöhner,
Der für kärglichen Nebenverdienst,
Nachts, wo die Sumpfohreule zieht,

Hinaus muß auf die stumme Haide,
Um sich Ruten zu schneiden
Zum Besenbinden.
„Was ist deine Pflicht?
Die Forderung des Tages",
Sagt Goethe, der unendliche.

Und jeder kennt diese Forderung,
Denn jeder Tag
Hat seine Plackerei,
Hat sein Ertragenmüssen
Der Neidlinge und Nüchterlinge,
Der Sauertöpfischen und „Sittlichen",
Der Trottel und Trampel,
Der Hämischen!!! und Heimlichen,
Der Commisseelen.
Aber dann,
Nach vollbrachter Pflicht und Plage,
Lebe ich:
Kunstgenuß,
Umgang und Gespräche
Mit meinesgleichen,
Die fröhlichste Tafelrunde,
Die seligste Becherstunde,
Ohne Zwang und Uhrschlag;
Jagdausflüge, Seeausflüge,
Ferne Länder,
Bücher, von mir ausgewählt,
Die erhabne Einsamkeit
Auf meinem Zimmer,
Und – die Liebe.
Unter der riesigen Silberpappel,
Der schon der Herbst die Blätter schüttelt,
Steh ich wieder

Zärtlich Tete-a-Tete
Mit der zierlichen, zarten, seltsamen Fite,
Oder sitze mal wieder
Zwischen Mine und Stine,
Oder tolle umher
Mit der schlanken, feurigen Comteß Öllegaard,
Oder schreibe an Adolfinchen:
    Kleiner reizender Rosenkäfer,
    Ein armer Bauer, ein armer Schäfer
    Schmachtet nach dir, nach deinen Küssen
    Und ähnlichen süßen Pfeffernüssen.
    Eben tauschte für Schafe und Rinder
    Ein Armband er ein für artige Kinder.
    Ich bitte dich, laß ihn nicht länger warten,
    Und bestell' ihn in deinen Blumengarten,
    Wo zwischen Aurikeln mittendrin
    Lacht die kleine Vierländerin.
Na, und wies so geht
Im „Artikel der Liebe".

Leben!
Leben, reiches, großes Leben,
Nimm mich wieder!
Leben ist ein einziges
Treppauf, Treppab, Treppab, Treppauf,
Bis wir mal auf einem Absatz
Tot zusammenbrechen,
Und immer sehn wir
Die obersten Stufen,
Wie bei der Jakobsleiter,
In den Wolken verschwinden,
Die Stufen der Hoffnung,
Die ewig von der Sonne beschienen sind,
Die aus der Himmelsspalte

Sie umstrahlt.
Treppauf, Treppab,
Steigen und Niedergehn,
Und endlich –
Steigen? Niedergehn?

FRÜHLINGSNACHT

War die Kleine zum Besuch
Heut ins Dorf gegangen,
Nur im leichten Umschlagtuch,
Ohne Zier und Spangen.

Wenn sich Abendspäte, Traum
Spinnt um Feld und Garten,
Sollte ich am Ulmenbaum
Meinen Schatz erwarten.

Als mich dort das Sehnen packt,
Geh ich hin und wieder,
Knirschen Kies und Sand vertrackt
Bei dem Auf und Nieder.

Latscht ein Bauer auf mich zu:
Wünschen Sie zu stehlen?
Antwort' ich: Nur gute Ruh,
Daran solls nicht fehlen.

Brummt der Bauer mürrisch ab,
Bin ich ganz alleine;
Stille, Friede, wie ein Grab
Liegt im Mondenscheine.

Hör ich eine Thüre gehn:
Komm gesund nach Hause!
Bleib ich schnell am Stamme stehn,
Eine Lauschepause.

Ein Figürchen seh ich nahn,
Die ich gleich erkenne,
Fang ich rasch zu wandern an,
Zürnt sie: Dies Gerenne!

Mach ich halt, da hat sie mich,
Thut erst etwas böse:
Vorsicht doch für mich und dich,
Was für ein Getöse!

Wie wir lachten, wie so frisch
Wir nichts mehr erwogen,
Und da hab ich froh den Fisch
In mein Netz gezogen.

Eine Villa dann zuletzt,
Todesdunkel, düster,
Der als Wächter vorgesetzt
Eine Riesenrüster.

Und es schläft am Wiesenhang
Die vergessne Sense,
Über unsern Liebesgang
Schnattern wilde Gänse.

Blüthensträuße überall,
Die den Busch bedecken,
Fern singt eine Nachtigall
Aus den Schlehdornhecken.

Wo die Eiche einsam sinnt,
Dort im roten Mohne,
Wispert, hebt sich, stirbt der Wind
In der krausen Krone.

Schauernd horchen wir hinan,
Enger angeschlossen;
Hockt vielleicht der Wurzelmann
Im Gezweig verdrossen?

Bis ich ihre Furcht besiegt,
Ihr die Angst entwunden;
Als sie fest sich an mich schmiegt,
Ist der Graus verschwunden.

Schenk uns, heilige Frühlingsnacht,
Schenk uns deine Knospen;
Bis der Morgenwind erwacht,
Stell uns Hüteposten.

Schenk uns deine ganze Pracht,
Deine tausend Spenden!
O du heilige Frühlingsnacht,
Kannst du jemals enden?

Nebel und Sonne (1900)

Es hatte niemand etwas einzuwenden

Bekanntmachung: „Der Friedhof wird enteignet.
Wer Einspruch will, der möge" u. s. w.
„Es hatte niemand etwas einzuwenden,"
Stand nach beendetem Termin im Amtsblatt.

Und ohne Glossen: Das war zu verstehn:
Schon ein Jahrhundert nahm der alte Kirchhof
Zu neuem Fraße keine Leichen mehr.
So ging die große Buddelei denn los.
Sie wollten, sehr vernünftig, einen Park
Mit Anlagen und Bänken aus ihm machen.
Da sitzen Tags die Bonnen und die Ammen,
Verkommne, schlafbedürftige Betrunkne,
Und mitten drinnen jauchzt die Kinderwelt.
Nachts, ganz besonders wenn der Mond versagt,
Dient er den Liebenden als Stelldichein.

Die Kreuze sinken und die Gitter stürzen,
Mit Brecheisen wird Stein nach Stein gehoben,
Daß sich das Grabgewürm entsetzt verkriecht.
Manch „Ruhe sanft" wird unsanft aufgeweckt.
Die Spaten wühlen, und die Karren holen
Und bringen Sand: Es ist ein wüster Krieg,
Ein Kampfstoß gegen Ewigkeit und Tod.
Der Tod, nun, der sieht sehr gelassen zu.
Er steht von fern und schmaucht sein kurzes Pfeifchen
Und grinst, speit aus, und wandert lachend weiter.

Die Grüfte und die Gruben liegen offen,
Und Sarg auf Sarg erblickt das Tageslicht.
Die Deckel springen mit Gepolter auf,
Daß plötzlich Schädel und Gebein erscheinen:
Da liegt ein buntes, ein verblichnes Band,
Ein frommes Buch, ein Ring, ein Amulett,
Bei einer Kinderleiche noch die Puppe,
– Die Puppe ist noch völlig unverändert –
Von Mutterhand beim letzten Lebewohl
Dem Liebling noch ans tote Herz gedrückt.
Bei einem Offizier liegt Stern und Schärpe,
Und, sonderbar, ein ganz fleischloser Kopf
Liegt wie poliert auf einem türkischen Polster,
Drauf steht mit fridericianischer Rundschrift:
„Dies Kissen stickte mir Elisabeth."

Vergessen Alles, Tand und Band und Menschen,
Was einst gelebt im warmen Sonnenschein,
Was einst gelacht, geweint, gespielt, geflucht.
Vergessen: keiner, selbst ein Erbe nicht,
Der liebevoll des Knochenmarkts hier dächte.
„Es hatte Niemand etwas einzuwenden."

Die Königin

Mein flinkes Pathchen führ ich an der Hand
In einem schmetterlingdurchspielten Park,
Wo sich vom Rococo noch Spuren zeigten.
Im alten Garten, mit geschloßnen Augen,
Denn alle Fenster hatten ihre Läden
Wie Lider zugemacht, lag blaß ein Schloß;
Die gelbe Malvenfarbe war vergilbt.

Im Schlosse wohnte einst die Königin,
Die einsame, verhärmte Königin.

Kein Mensch war rings zu sehn; nur einmal schritt
Ein Invalide, Wächter dieser Wege,
Vorbei, versunken in Erinnerungen,
Mit vielen Altersfalten im Gesicht.
Auf seiner Uniform erfunkelte
Die bunte Reihe seiner Ehrenzeichen,
Von Schlachten und von treuem Mannesdienst
Die Zeugenschaar, von langen Friedensjahren.
So stelzte stolz und stumm der Krongardist
An uns vorüber und verschwand im Grünen.

Nun setzten wir, mein Pathenkind und ich,
Uns auf die Bank dem Schlosse gegenüber,
Und ich erzählte meiner kleinen Detta
Von jener schönen, guten Königin,
Die hier gewohnt und still gewandelt hatte.

Darin schlief, an mich gelehnt, der Wildfang ein,
Ermüdet von der Hitze und vom Horchen.
Kaum daß ein Windhauch, wie ein Geistergruß,
Zuweilen durch die hohen Ulmen seufzte;
Sonst alles ruhig, wie in ruhiger Nacht.
Mit ganz erglühten Bäckchen schlief mein Pathchen;
Ich sah sie sinnend von der Seite an
Und rückte mich und rührte mich nicht weg,
Um den gesunden Schlummer nicht zu stören.

So eine Weile. Plötzlich kam das Leben:
Am Erdgeschoß vorüber ging ein Mädchen,
Ein Tagelöhnerkind von vierzehn Jahren,
Ärmlich gekleidet, barfuß und verhärmt.

Das Schloß betrachtend, trug sie einen Korb,
Vielleicht das Essen für den lieben Vater.
Sie glaubte sich allein: Vorsichtig stellte
Sie ihren Korb auf eine Fliesenschwelle,
Dann hob sie auf die Zehen sich und schaute
Mit Anstrengung durch eine Ladenritze
Voll Neugier in das Innre der Gemächer.
In diesem Augenblick erwachte halb
Mein Pathchen, sah mich an, noch voller Schlaf,
Sah dann das Mädchen an, erwachte ganz
Und sprach entzückt, mit immer größern Augen,
Sprach höchst entzückt: Da ist die Königin!

ACH, JUNG ...

War der schönste Sommermorgen,
War der Wald so grün und jung.
Unsre Herzen, ohne Sorgen,
Hatten frischen, frohen Schwung.

Brombeerstrauch und wilde Nüsse
Hatten sicher uns umlaubt,
Denn es waren unsre Küsse
Gott sei Dank! noch nicht erlaubt.

Eichkatz sprang von Ast zu Ästen,
Doch im Wandern hielt es Ruh,
Sah den beiden Sommergästen,
Ganz erstaunt uns beiden zu.

Weiter, und die Blätter schwangen,
Floh der kleine Vagabund.

Ihren Prinzen hielt gefangen
Die Prinzeß von Trapezunt.

Das Lotterielos

An jedem Ziehungstag sah ein Beamter,
Der dort die Aufsicht mit zu führen hatte,
Ein armes, greises Mütterchen am Platz.
Das fiel ihm endlich auf. Und freundlich fragt er:
„Habt ihr denn nie gewonnen, liebe Frau?
Seit Jahren seh ich euch bei jeder Ziehung
Im großen Saale hier geduldig warten."
Nein, niemals hab ich was gewonnen, Herr.
„Ja, bitt ich euch, habt ihr dasselbe Los
Jahraus, jahrein? So nehmt doch mal ein andres,
Vielleicht kommt dann das Glück zu euch geflogen."
Ein Los, Herr, nein, das hab ich nie gehabt.
„Dann aber könnt ihr doch auch nichts gewinnen."
Da schaut mit schrägem Köpfchen ihm die Alte
Treuherzig ins Gesicht und lächelt gläubig
Und spricht: Bei Gott ist doch kein Ding unmöglich.

Wandlungen

Vierzig Jahre sind es her,
Daß ich mein Vaterstädtchen verließ,
Daß mich draußen der Wind umstieß,
Und an ein Wiedersehn dacht ich nicht mehr.

Hatte kaum sechzehn Lenze gesehn,
Mußt ich schon in die Fremde gehn.
Hart hab ich gekämpft durch all die Zeit,

War um das Stück Brot ein wütender Streit.
Wie vieles hab ich erlebt, versucht,
Gebeten, getrotzt, und noch mehr geflucht.
Hielt meine Faust mal das Glück im Zwinger,
Gleich tropft es wie Wasser mir durch die Finger.
Und immer von neuem und immerzu,
Ohne Reue und ohne Ruh,
Bis ich endlich den Schmetterling fest erhasche,
Da blieb mir das Gold wie Leim in der Tasche.
Und ich atmete tief auf und wischte den Schweiß
Aus Augen und Stirn nach errungnem Preis,
Und sah mich um und erstaunte viel,
Daß Freuden die Welt hat und muntres Spiel.
Doch wars zu spät, zu ernst war mein Sinn,
Ich hatte der Lustigkeit nicht mehr Gewinn.
Ich hatt es verpaßt, ich mußt es verpassen,
Und darf die Welt nicht mal drum hassen.
Nur noch einen Wunsch hatt ich in mir stehn:
Mein Vaterstädtchen wieder zu sehn.

Mit der Postkarriole wars ehmals gethan,
Jetzt kam ich an mit der Eisenbahn.
Mein erster Gang war zum Ahornbaum
In unserm Gärtchen, der wie ein Traum
Mich durchs ganze Leben geleitet,
Mich immer wie ein Freund begleitet.
Aber wo früher mein Elternhaus stand,
Fand ich nun eine steinerne Wand:
Ein „Prachtgebäude" mit „Seitenraum"
Hatte Garten vernichtet und Ahornbaum.
Dann eilt ich zu meinen Spielplätzen hin,
Die lagen mir alle noch klar im Sinn.
Aber auch hier ragten Straßen und Gassen,
Wie Protzen, die im Sonnenlicht prassen.

Wo blieb der Sandberg, das Wäldchen, die Wiese?
Ist alles genommen als gute Prise
Für „Stadterweitrung", Trichinenschauhaus,
Wasserkunst, Morgue. War grad der Richtschmaus
Für die „elektrischen Werke" und ihren Palast.
Ein „Volksgarten" wuchs just aus einem Morast.
Selbst da, wo ichs erste Mädel geküßt,
Hat eine Kirche hingemüßt.
Bald lief ich im Städtchen die kreuz und quer
Nach meinen alten Gesichtern umher,
Und fand auch einige unter ihnen,
Die mir von der Kindheit bekannt erschienen.
Alle waren schon grau und alt,
Es lag ihnen auf der Stirn ein Spalt,
Den die Sorgen hineingemeißelt,
Den das Leben hineingegeißelt.
Sprachen sich zwei im Vorübergehn,
Oder sah ich drei beieinanderstehn,
Hört ich nur stets von „Geschäft gemacht",
Von zweihundert, sechstausend Mark, drei Mark acht.
Da rannt ich von dannen und lief wieder fort
Aus meinem verzierbauten Heimatsort.
Doch eh ich mein Vaterstädtchen verließ,
Mein fortgeschrittenes Paradies,
Blieb ich noch einmal lange stehn,
Und mußte still, still auf mein Kinderland sehn:
Wie unrecht von mir, zu poltern, zu grollen
Und mit der „modernen" Hetzjagd zu schmollen.
Ich sollt mich doch freun, daß auch meine Stadt
Sich regte und hob aus dem ewigen Matt,
Daß sie sich dehnte, sich umsah und streckte
Und die schlummernden Keime weckte.
Daß sie mitgeht mit der Zeit
Und sich vom Schlendrian befreit.

Vorwärts denn! Los aus dem Dreck und Druck,
Sei Schweiß und Preis dein Ehrenschmuck!
Nur mir vergönne, mein altliebes Nest,
Nicht wiederzukommen: Den letzten Rest
Meines Lebens will ich mirs so bewahren
Wie es war in den Kinderjahren.

Bunte Beute (1903)

Schnell herannahender, anschwellender und ebenso schnell ersterbender Sturmstoss

Klanglos schläft der Sommergarten.
Durch die Nacht, erschöpfte Tiere,
Schleppen sich die großen Wolken
In die neuen Rastquartiere.

Fern von Waldesrändern bröckelt
Leise her ein Hörnertönen.
In die Wolken kommt ein Wogen,
Durch den Garten geht ein Stöhnen.

Horrido, was schreckt die Äste?
Kronenkreiseln, Funkenflimmern!
In die Wolken kommt ein Wüten,
Durch den Garten geht ein Wimmern.

Schrilles Pfeifen, Peitschenknallen,
Halmtief biegt ein Ruck die Stämme:
Durch die Wipfel bricht der Keiler,
Hinterher die Rüdenklemme.

Vorgebeugt auf schwarzem Hengste
Seh ich meine Liebste reiten;
Gierig ihre Augen suchend
Rast mein Todfeind ihr zur Seiten.

Drohend ball ich meine Fäuste,
Schrei hinauf: Verfluchte Metze!

Höre noch das Hohngelächter,
Und verschwunden ist die Hetze.

Hohl verhallt es weit im Walde,
Schwach nun läutet fern die Meute;
Noch ein Horn, das im Vertönen
Seine blassen Echo streute.

Klanglos schläft der Sommergarten.
Durch die Nacht, erschöpfte Tiere,
Schleppen sich die großen Wolken
In die neuen Rastquartiere.

AN DER GRENZE

Noch fliegt die Schwalbe ein und aus
Und flitzt im Wege auf und ab.
Doch aus des Pappelbaumes Flaus
Sprang schon ein gelbes Knöpfchen ab.

Noch treibt der bunte Schmetterling
Auf grünen Wiesen hin und her.
Ein Fädchen, das am Hute hing,
Kams schon von kahlen Koppeln her?

Vereinzelt noch ein treues Wort
Und eine Freude dann und wann.
Was nähert sich, was schaukelt dort?
Die Hadesfähre? Ankunft: Wann?

DURCHS TELEPHON

Die Rose, die du mir heut Morgen beim Abschied
In unserm Garten brachst
Und ins Knopfloch stecktest,
Damit ich im Gebrüll des Tages
Immer an dich erinnert sei,
Hat eine sonderbare Verwendung gefunden:

Ein Zufall führte mich
An den Sarg eines armen Knaben.
Weil der Sarg ohne jeden Schmuck war,
Legte ich deine frische Rose
Auf die welken Hände des Bettlerkindes.

Ob nun beiden, ihm und der Rose,
Noch einmal ein neues Leben erblühn wird?
Vielleicht, daß Engel seiner schon harren,
Um ihm die Arme entgegen zu breiten,
Weil er entschwebte mit deiner Rose,
Die deine Liebe mir gebrochen hat.
 Schluß!

DER FELDBLUMENSTRAUSS

„Kam in ein Wirtshaus, ich weiß nicht wie,
Tanzt der Soldate, tanzt der Kommis.“
Ich ahne nicht, wer diesen Vers gemacht,
Aber ich habe sehr gelacht:
Denn Sonntag ist es gestern gewesen,
Und der Montag führte noch nicht den Besen.
Herrgott, sah der Tanzsaal aus,
Die Kehrweiber fegten noch nicht das Haus:

Cigarrenreste und Streichhölzerleichen,
Manschetten, ein Strumpfband und dergleichen,
Vertrocknetes Bier auf Bänken und Tischen,
Und der dickste Staub, kaum wegzuwischen.
An den Wänden Gemälde: „Der erste Kuß",
„Die Teufelsinsel", „Am Bosporus".
Auch hingen hier Fahnen und ähnlicher Rummel,
Vergessen lehnte die große Trummel.
Ein zerschlagnes Seidel, ja selbst ein Schuh
Schmückte die Bar in heiterer Ruh.
Wer hat denn hier herumgerast
Und alles durcheinandergeaast?
Das war der teutsche Klub „Kasematte",
Der gestern seine Sommerfahrt hatte.
Eben wollt ich dem Schmutz mich entziehn
Und voller Entsetzen von dannen fliehn,
Als mir auffiel in diesem Pfuhl
Ein vergessen Bouquetchen auf einem Stuhl.
Ich nahm es mit, es war schon tot,
Verwelkt wie am End alle Erdennot:
Schafgarbe, roter und weißer Klee,
Eine Taglichtnelke und Wiesenschnee,
Ein Butterblümchen, Kamillen und Gräser
Und einiges andere feine Gefäser.
Wer hat denn diesen Strauß besessen,
Wer hat ihn gepflückt und dann vergessen?
Sie ging wohl mit ihrem Schatz beiseit
In eine stille Seligkeit.
Und während die andern die Polka sprangen,
Ist sie mit ihm durch die Felder gegangen.
Dort fanden sie ein liebes Geschick,
Und während er faul auslümmelt am Knick,
Bog sie sich in die Blumenwelt
Und hat den Strauß zusammengestellt.

Und als er steckte im Gürtel drin,
Gingen sie wieder zum Tanzen hin.
Durch des Mädels heißes Blut
Verlor das Sträußchen bald den Mut,
Und die Blümekens ließen die Köpfe hängen
Durch all das Drücken und dreiste Drängen.
Roh lacht ihr Liebster, als er das sieht:
„Smiet em doch weg, den ohln Schiet!"

Das Gewehr im Baum

De oll Linn schall dal, so gehts behende
Im ganzen Dorf von Mund zu Mund.
Es ist des Geredes bald kein Ende,
Jeder tuts schleunigst dem andern kund.
    Am Abend vor allen Scheunen und Türen,
    Gibts immer nur dies eine Wort.
    Wenns stockt, gleich wirds der Nachbar spüren,
    So läuft das Flämmchen fort und fort.

Die alte Linde erzählt ihr Leben:
Jahrhunderte zogen an mir vorbei,
Im Schloßhof steh ich, von Geistern umgeben,
Ich sah schon den Ritter, Gejaidzug, Turnei.
    Im Mai summt die Biene in meinen Zweigen,
    In der Sommernacht deck ich die Liebe zu,
    Im Herbst umtanzt mich der Erntereigen,
    In der Winternacht träum ich von ewiger Ruh.

Nun steht der Urahnenbaum zersplissen,
Was hilfts, daß ein Eisenring ihn umkrallt,
Er steht von den Blitzen zerkratzt, zerbissen,
Sein Stamm ist mürbe, hohl, ohne Halt.

Eine letzte Sage entrieselt dem Hünen,
Eine letzte Sage schwirrt um ihn her:
Vor siebzig Jahren, wer wird es sühnen,
Warf ein heimlicher Mörder hinein sein Gewehr.

Krischan Ohrt, als verdächtig, ward eingezogen,
Und lange saß er in der Vogtei;
Seine Feinde, als Zeugen, logen und trogen,
Es nützte nichts, kein Beweis – er ist frei.
    Seit jener Zeit haßt Krischan Ohrt die Bauern,
    Ist wortkarg, mürrisch und menschenscheu
    Und läßt die Leute leiern und lauern,
    Und tut seine Pflicht als Hofjäger treu.

Vor siebzig Jahren, in Pfingstjunitagen,
War Lärm im Krug und Galopp und Juchhei,
Das Dorf traf zusammen mit Sippen und Magen,
Und Krischan Ohrt war auch dabei.
    Wer tanzt da mit der schmucken Blondine
    Und flüstert ins Ohr ihr liebesschwer?
    Das ist Hans Mewes mit Krischans Christine,
    Und Krischan Ohrt holt sein Gewehr.

Am andern Morgen, im feuchten Grase,
Im Wald am Weg, am einsamen Ort,
Wer lag da für immer platt auf der Nase?
Hans Mewes war es! Herrgott, ein Mord!
    Wenn Krischan der Mörder gewesen wäre?
    Vielleicht verbarg er im Baum sein Rohr?
    „Ich hab doch *mehr* Flinten! Was soll die Märe!
    Man hats mir gestohlen!" gab er vor.

Krischan Ohrt ist in die Neunzig gekommen,
Sein Körper ist schwach, verwirrt sein Verstand.

Auch er hat die neuste Kunde vernommen,
Er reibt sich die Augen mit zittriger Hand:
    „Sie wollen die alte Linde fällen?
    Sie denken wohl an Recht und Gericht?
    Ihre Äxte werden dran zerspellen,
    Ihren Sägen und Seilen gelingt es nicht."

Am nächsten Tag, um die Mittagstunde,
Da soll es geschehn, das Beil liegt bereit.
Um den Baum herum in enger Runde
Stehn der Schloßherr, die Bauern gereiht.
    Jetzt wird es sich zeigen, nun wird sichs begründen,
    Die Sage verschrumpft, die Wahrheit siegt,
    Gleich wird es die Linde der Welt verkünden,
    Wenn sie zerschmettert am Boden liegt.

Fertig! Wer kommt da hergekrochen?
Auf zwei athletische Enkel gestützt,
Hat Krischan Ohrt den Kreis durchbrochen,
Wie von zwei Erzengeln finster beschützt.
    Willig weicht alles ihm zur Seite,
    Als gält es für ihn den Ehrenplatz.
    Da steht vorn die Gruppe in eherner Breite,
    Eine Mumie zwischen zwei Goliaths.

Die alte Gestalt bebt unwillkürlich,
Er beugt sich gespannt nach der Linde vor,
Seine Augen weiten sich unnatürlich,
Wie zum Horchen hält er die Rechte ans Ohr.
    Bald lächelt er blöde, als könnt ers nicht fassen,
    Und murmelt und brummelt vor sich hin,
    Dann wieder tut er ruhig, gelassen
    Und schiebt herrisch vor sein Kinn.

Auf blitzt die Axt! Um die Krone geschlungen,
Reißt und ruckt an der Linde das Tau.
Wie hat die Riesin dagegen gerungen!
Steinhart im Erdreich wurzelt ihr Bau.
    Da überläuft sie ein eiliges Zittern,
    Sie schwankt, sie stürzt, hinschlägt sie dumpf
    Und hat mit Ästen und Zweigen und Splittern
    Den Greis erschlagen als letzten Trumpf.

Eine Wolke umhüllt die Menschen alle –
Eine Wolke von Blättern, Staub, Blumen und Kraut
Wirbelt auf, verzieht sich nach dem Falle,
Bis wieder klar der Himmel blaut.
    Und aus dem Stumpf, dem zersprengten Zwinger,
    Aus dem verwüsteten Bannkreis her
    Ragt deutlich, steil, wie Gottes Finger,
    Ragt ein altes, verrostetes Steinschloßgewehr.

UP DE EENSAME HALLIG

Min Mann is weg,
De See geit holl,
Min Kind is krank,
Keen Minsch to Hülp.
    Ick bün alleen.

De Mann is dor,
Dat Kind is dod,
Nu ligt int Huus
De kranke Fru.
    Se sünd alleen.

Keen Docter neech,
Keen Minsch to Hülp.
De lüttje Fru
Is bi ehr Kind.
    He is alleen.

BALLADE IN U-DUR

Es lebte Herr Kunz von Karfunkel
Mit seiner verrunzelten Kunkel
Auf seinem Schlosse Punkpunkel
In Stille und Sturm.
Seine Lebensgeschichte war dunkel,
Es murmelte manch Gemunkel
Um seinen Turm.

Täglich ließ er sich sehen
Beim Auf- und Niedergehen
In den herrlichen Ulmenalleen
Seines adlichen Guts.
Zuweilen blieb er stehen
Und ließ die Federn wehen
Seines Freiherrnhuts.

Er war just hundert Jahre,
Hatte schneeschlohweiße Haare,
Und kam mit sich ins klare:
Ich sterbe nicht.
Weg mit der verfluchten Bahre
Und ähnlicher Leichenware,
Hol sie die Gicht!

Werd ich, neugiertrunken
Ins Gartengras hingesunken,
Entdeckt von dem alten Hallunken,
Dann grunzt er plump:
Töw, Sumpfhuhn, ick will di glieks tunken
In den Uhlenpfuhl zu den Unken,
Du schrumpliger Lump.

Einst lag ich im Verstecke
Im Park an der Rosenhecke,
Da kam auf der Ulmenstrecke
Etwas angemufft.
Ich bebe, ich erschrecke:
Ohne Sense kommt mit Geblecke
Der Tod, der Schuft.

Und von der andern Seite,
Mit dem Krückstock als Geleite,
In knurrigem Geschreite,
Kommt auch einer her.
Der sieht nicht in die Weite,
Der sieht nicht in die Breite,
Geht gedankenschwer.

Hallo, du kleine Mücke,
Meckert der Tod voll Tücke,
Hier ist eine Gräberlücke,
Hinunter ins Loch!
Erlaube, daß ich dich pflücke,
Sonst hau ich dir auf die Perücke,
Oller Knasterknoch.

Der alte Herr, mit Grimassen,
Tut seinen Krückstock festfassen:

Was hast du hier aufzupassen,
Du Uhu du!
Weg da aus meinen Gassen,
Sonst will ich *dich* abschrammen lassen
Zur Uriansruh!

Sein Krückstock saust behende
Auf die dürren, gierigen Hände,
Die Knöchel- und Knochenverbände:
Knicksknucksknacks.
Freund Hein schreit: Au, mach ein Ende,
Au, au, ich lauf ins Gelände
Nach Haus schnurstracks.

Noch heut lebt Herr Kunz von Karfunkel
Mit seiner verrunzelten Kunkel
Auf seinem Schloß Punkpunkel
In Stille und Sturm.
Seine Lebensgeschichte ist dunkel,
Es murmelt und raunt manch Gemunkel
Um seinen Turm.

HEIMGANG IN DER FRÜHE

In der Dämmerung,
Um Glock zwei, Glock dreie,
Trat ich aus der Tür
In die Morgenweihe.

Klanglos liegt der Weg,
Und die Bäume schweigen,
Und das Vogellied
Schläft noch in den Zweigen.

Hör ich hinter mir
Sacht ein Fenster schließen.
Will mein strömend Herz
Übers Ufer fließen?

Sieht mein Sehnen nur
Blond und blaue Farben?
Himmelsrot und Grün
Samt den andern starben.

Ihrer Augen Blau
Küßt die Wölkchenherde,
Und ihr blondes Haar
Deckt die ganze Erde.

Was die Nacht mir gab,
Wird mich lang durchbeben,
Meine Arme weit
Fangen Lust und Leben.

Eine Drossel weckt
Plötzlich aus den Bäumen,
Und der Tag erwacht
Still aus Liebesträumen.

IST DAS ALLES?

Ein Maientag im Sonnenglanz,
Ein Julitag, ein Erntekranz.

Ein kurzer Traum von Glück und Rast,
Das Leben flog in Sturm und Hast.

In Sturm und Hast bergab, hinab,
Ein gleich vergeßnes Menschengrab.

Allalles zieht, o Morgenrot,
Ins Netz der alte Spinnrich Tod.

AUSSICHT VOM SCHLOSSE
(Sommernacht)

Müde des Tagetriebes entschlummert allmählich das
                                    Städtchen.
Fröhliche Kinder umschrien vor wenigen Stunden die Kirche,
Lärmten in Garten und Hof, dann fing sie der Schlaf in den
                                    Armen.
Auf den Bänken der Häuser erzählen sich ruhige Nachbarn,
Dicht aneinandergestellt, mit Schrecken das große Ereignis:
Peter Johannsen verstarben am Morgen zwei Kälber auf
                                    einmal.
Tiefer steigen die Schatten, es ziehen die Sterne vorüber,
Unbarmherzig und kühl, im ewigen stummen Triumphzug.
An die Pforte gelehnt des kleinen bescheidenen Gartens
Schaut zu den Welten hinauf die pflichtüberbürdete Mutter:
Waschen und kochen und nähen und flicken und
                                    Kindererziehung
Füllte den Wochentag aus, nun hat sie zum Atmen Erlaubnis.
Tiefer steigen die Schatten, es biegt sich tiefer der
                                    Hahnschweif,
Der in der Sonne so stolz und breit auf der Straße
                                    geschaukelt.
Kauernd lagert die Ohnmacht in allen Ecken und Winkeln.
Nur in der Laube benetzt der Nachttau ein heimliches
                                    Brautpaar.
Müde des Tagewerks liegen muckstill unten die Dächer.

In phosphorischem Licht verschwimmend, umgrenzen die
Ufer
Träumend den schimmernden Fluß, umfächert vom leisesten
Westwind.
Auf der Liliputinsel verdunkeln sich einzelner Eichen
Raunende Kronen, die, tiefschwarz, täuschend gleichen den
Palmen.
Und ein zärtliches Lied, das fern in der Schenke in Smyrna
Einst ich gehört, es sprach es der bronzene Märchenerzähler,
Dringt ans Ohr mir wieder. Wie deutlich hör ich die Worte.

Ringsum schweigende Wälder, in denen sich äsendes Rehwild
Weiter zieht vertraut auf mondbeschienener Lichtung.
Saugend holt die Erde allmählich die Nacht in die Tiefen.
Weit, weit hinter den Wäldern im ruhigsten, äußersten
Morgen
Zeigen sich rötliche Streifen. Es überschütten vom Himmel
Goldene Rosen die Wipfel, den strudelnden Fluß und das
Städtchen.

Armut, Einsamkeit und Freiheit

Arm wie Jesus Christus.
Wie Jesus Christus?
Den die Reichen der Erde
Als ihren Schutzpatron ausrufen
Gegen den „Pöbel“.
Und des Menschen Sohn hat noch nicht,
Wo er sein Haupt hinlegen könnte.
Nein!
Eins erbitt ich mir doch vom Schicksal:
Täglich jeden Abend,
Nach der mörderischen Hetzjagd des Daseins

– Diese mörderische Hetzjagd
Müssen wir alle über uns ergehn lassen –
Meine Henry Clay rauchen zu dürfen
Zur Beruhigung.
Sonst nichts.

Denn arm sein bringt auch Erfrischung.
„Ich bin arm“:
Wie einen dann alle gleich meiden,
Wie einen Pestkranken.
Keine Bettelbriefe mehr,
Keine lästigen Besucher mehr.
Und dann das angenehme auf dem Balkon stehn
Und auf die Menge lächelnd hinunterschaun:
Auf diesen Schmutzhaufen von Neid und Scheelsucht
Und all die andern unzähligen Lieblichkeiten
Des Lebens und des lieben Nächsten.
Ich sehe das Alles so fröhlich
Vom Balkon meiner Armut.

Das ist der Armut schöne Einsamkeit,
Das ist der schönen Einsamkeit
Noch viel, viel schönere Freiheit:
Ich kann auf die Haide gehn
Und mir eine Höhle graben
Und darüber schreiben:
„Lat mit tofreeden.
Hier wohnt Herr Friedrich Wilhelm Schultze.
Eintritt verboten!“
Eia, muß *das* herrlich sein!

Martje Flors Trinkspruch

Vor Tönning, auf Katharinenherd,
Zechen Steenbocks Offiziere.
Sie haben fleißig die Humpen geleert,
Der Weiser zeigt auf früh viere.

Durchs Fenster glüht das Morgenrot
Auf die trunknen Cavaliere,
Auf ihre Sturmhauben à la Don Quixote,
Die verschobnen Bandeliere.

Auf im Nacken schwankenden Federhut,
Auf Koller und spiegelnde Sporen,
Auf ihr in Hitze geratnes Blut,
Auf manchen „hochedelgeboren".

Der eine hats Elend, der andere lacht,
Zwei haben den Pallasch gezogen,
Der stiert vor sich hin wie in Geistesnacht,
Der äfft nach den Fidelbogen.

Zwei andre halten Verbrüderungsfest,
„Herzbruder" schwimmt im Pokale.
Und der unten am Tisch säuft Rest aus auf Rest
Und denkt an keine Finale.

Da tritt ein kleines Mädchen herein,
Und steht mitten im wüsten Quartiere.
Martje Flor ists, des Wirtes Töchterlein,
Zehn Jahr' nach dem Taufpapiere.

Sie nimmt das erste beste Glas
Und hebt sich auf die Zehe:

„Auf daß es im Alter, ich trink euch das,
Im Alter uns wohlergehe".

Mit weit offnem Munde, mit bleichem Gesicht
Steht die ganze besoffne Bande
Und starrt entsetzt und rührt sich nicht,
Und steht wie am Abgrundsrande. –

In Schleswig denken sie heut noch erbost
An die schwedschen Klauen und Klingen
Und denken dankbar an Martjes Toast,
Wenn sie die Becher schwingen.

DER TEUFEL IN DER NOT

Ein Ritter aus dem Stegreifbund,
Der emsig seine Bauern schund,
Der mußte was erleben.
Wie das so kam und wies geschah,
Erzählte mir die Großmama,
Und die kann Märchen weben.

Der Ritter hatte einen Wald,
Von süßem Vogelsang durchschallt,
Drin standen viele Eichen.
Die eine, umfangreich wie nie,
Sechs Männer kaum umspannten sie,
Fand nirgends ihresgleichen.

Einst sprach der Junker voller Hohn
Zu einem Kätner: Komm, mein Sohn,
Begleit mich in den Hagen.
Siehst du die alte Eiche hier?

Die fällst du in zwei Stunden mir,
Sonst soll der Block dich plagen.

Der Bauer winselt und beschwört
Vor seinem Herrn, von Angst betört,
Das könn er niemals zwingen.
Doch der sagt weiter ihm kein Wort,
Dreht ihm den Rücken und geht fort:
Es wird ihm schon gelingen.

Da steht der Ärmste nun allein.
Wer steht vermummt im Sonnenschein?
Ists einer von den Seinen?
„Du alter Knecht, was willst du hier?
Den Baum zu schlagen helf ich dir,
Gehöre zu den Deinen."

Ein Glanz wie Blitz, die Eiche schwankt,
Die Krone kracht, die Wurzel wankt,
Nun liegt sie starr im Staube.
Ein Wagen kommt, drei Rappen vor:
Jetzt fahren wir durchs Gartentor
Dem Grafen vor die Laube.

Die Klepper keuchen durch den Kot,
Die Peitsche knallt, die Peitsche droht,
Die Peitschenhiebe sitzen.
Und unbarmherzig trifft im Hag
Wie Hagelwetter Schlag auf Schlag,
Die magern Gäule schwitzen.

Die Zügel hält der alte Knecht
In seiner Linken fahrgerecht,
Die Peitschenhiebe sausen.

Aus seinen Fingern, fort im Trott,
Spritzt Funk auf Funke, straf mich Gott,
Den Kätner packt das Grausen.

Der Graf, als er den Zug gewahrt,
Fährt sich verdutzt durch Haar und Bart:
Das ist ja meine Eiche!
Heda, wer ist der andre Mann?
Woher die Pferde, das Gespann?
Was sind mir das für Streiche?

Da schnarrt der alte Fuhrmann plump:
Du Leuteschinder, Lauselump,
Sieh dir mal an die Kracken:
Dein Vater, Großvater sind zwei,
Dein Urgroßvater, das macht drei,
Die kannten auch das Placken.

Ich bin der Teufel, schäbiger Schuft,
Der gern dich in die Hölle ruft,
Da sollst du nicht verfrieren.
Nimm dich in Acht, du Hundesohn,
Und denk an mich und meinen Thron,
Sonst fahr ich bald mit Vieren!

Das Opfer

Bei den Mohawk-Indianern,
Die am Niagara wohnen,
Bringen sie ein Löseopfer
Jahr um Jahr dem Großen Geist:

Daß der todessichre Strudel
Über sie kein Unheil speie,
Opfern sie die schönste Jungfrau
Jahr um Jahr aus ihrem Stamm.

Wenn der Tag herangekommen,
Schmücken sie den weißen Nachen,
Daß er absticht von den andern,
Legen ihn am Ufer fest.

Und bei Vollmond ist die Weihe,
Abschied nimmt das schöne Mädchen;
Ihren Eltern, ihrer Sippe
Sagt sie wortlos Lebewohl.

Zwischen Früchten, zwischen Blumen
Sitzt die junge Menschenblüte,
Sitzt auf Grizzlibärenfellen
Psanschadana im Canoe.

Und sie lenkt den Kahn geschmeidig
Von den Ufern ihres Stammes,
Von den Ufern ihrer Kindheit
Mitten in den breiten Strom.

Ruhig treibt dahin die Strömung,
Ruhig wartet Psanschadana.
Und im grellen Mondschein aufrecht
Gleitet sie den Fluß hinab.

Klingt Gesang her von den Wassern?
Breitet sie die braunen Arme?
Brausen Flügel durch die Nacht hin?
Poltert dumpf der große Geist?

Psanschadana steht im Einbaum,
Regungslos das Ruder haltend.
Reißend wird die breite Strömung,
Laut her brüllt der Katarakt.

Felsen, Wirbel, Schäume, Abgrund,
Donner schlagen an die Sterne,
Psanschadanas Opferseele
Jauchzt hinan: Es ist vollbracht!

DER BLITZZUG

Quer durch Europa von Westen nach Osten
Rüttert und rattert die Bahnmelodie.
Gilt es die Seligkeit schneller zu kosten?
Kommt er zu spät an im Himmelslogis?
    Fortfortfortfortfortfort drehn sich die Räder
    Rasend dahin auf dem Schienengeäder,
    Rauch ist der Bestie verschwindender Schweif,
    Schaffnerpfiff, Lokomotivengepfeif.

Länder verfliegen und Städte versinken,
Stunden und Tage verflattern im Flug,
Täler und Berge, vorbei, wenn sie winken,
Traumbilder, Sehnsucht und Sinnenbetrug.
    Mondschein und Sonne, noch einmal die Sterne,
    Bald ist erreicht die beglückende Ferne,
    Dämmerung, Abend und Nebel und Nacht,
    Stürmisch erwartet, was glühend gedacht.

Dämmerung senkt sich allmählich wie Gaze,
Schon hat die Venus die Wache gestellt.
Nur noch ein Stündchen! Dann nimmt sich die Straße,
Trennt, was sich hier aneinander gesellt:
 Reiche Familien, Banquiers, Cavaliere,
 Landrat, Gelehrter, ein Prinz, Offiziere,
 „Damen und Herren", ein Dichter im Schwarm,
 Liebliche Kinder mit Spielzeug im Arm.

Nun ist das Dunkel dämonisch gewachsen,
In den Coupées brennt die Gasflamme schon,
Fortfortfortfortfortfort, glühende Achsen,
Schrillt ein Signal, klingt ein wimmernder Ton?
 Fortfortfortfortfortfort, steht an der Kurve,
 Steht da der Tod mit der Bombe zum Wurfe?
 Halthalthalthalthalthalthalthalthaltein –
 Ein andrer Zug fährt mitten hinein.

Folgenden Tags, unter Trümmern verloren,
Finden sich zwischen verkohltem Gebein,
Finden sich schuttüberschüttet zwei Sporen,
Brennscheren, Uhren, ein Aktienschein,
 Geld, ein Gedichtbuch: „Seraphische Töne",
 Ringe, ein Notenblatt: „Meiner Camöne",
 Endlich ein Püppchen, im Bettchen verbrannt,
 Dem war ein Eselchen vorgespannt.

DIE SPINNERIN VON SANCT PETER

Auf der Magdalenenspitze
In den Dünen von Sanct Peter
Sitzt in hellen Sommernächten
Stumm die schöne Frau Maleen.

Ihr zur Seite steht das Spinnrad,
Doch die Hände ruhn im Schoße.
Ihrer Augen Sehnsuchtsketten
Ankern in der wilden See.

Sieht sie einer aus der Ferne,
Macht er schaudernd Kehrt. Ihr Schatten
Bringt ihm noch vor Jahreswende
Unglück oder Tod ins Haus.

Gestern in der Julimondluft
Sah ich sie aus großer Weite.
Plötzlich zog mich toller Fürwitz,
In der Nähe sie zu sehn.

Tiefe Ruhe. Flutgewisper.
Nur die Düneneule flattert
Leise, wie mit Vampyrflügeln,
Wohlig durch die weiche Nacht.

Nah und näher, immer näher,
Zagen Schrittes, offnen Mundes,
Mit weit aufgerißnen Augen,
Komm ich endlich zu ihr hin.

Und mich dünkt, die dort ich finde,
Ist nicht mehr als eine Puppe,
Eine Puppe aus dem Vorstadt-
Wachsfigurenkabinett.

Da – entsetzlich! dreht sie langsam,
Lautlos-ruckweis wie ein Uhrwerk
Ihre Stirn nach meiner Stirne:
Grinst mich eine Leiche an?

Ohnmächtig brach ich zusammen,
Bis der Morgentau mich weckte.
Kalt und keusch, unendlich einsam
Lag das unbewegte Meer.

Märztag

Wolkenschatten fliehen über Felder,
Blau umdunstet stehen ferne Wälder.

Kraniche, die hoch die Luft durchflügen,
Kommen schreiend an in Wanderzügen.

Lerchen steigen schon in lauten Schwärmen,
Überall ein erstes Frühlingslärmen.

Lustig flattern, Mädchen, deine Bänder,
Kurzes Glück träumt durch die weiten Länder.

Kurzes Glück schwamm mit den Wolkenmassen,
Wollt es halten, mußt es schwimmen lassen.

Hafenlegende

Der Schiffer schaukelt aus dem Hafen,
Vom Steuer sieht er noch das Haus,
Wo er die letzte Nacht geschlafen,
Dann führt der Sturm ihn frisch hinaus.

Und Jahr auf Jahr verweht im Winde;
Wie hat er oft zurück gedacht,
Im Traum geschaut die alte Linde,
Die Haus und Weib und Kind bewacht.

Und draußen, fern in heißen Zonen
Häuft Reichtum sich um seinen Mast,
Die treue Arbeit muß sich lohnen,
Fast sinkt, zu schwer, die goldne Last.

Sein Anker fällt am Heimatstrande,
Dort hat der Krieg sein Land zerstört,
Im Dorfe riecht es noch vom Brande,
Sein Kind ist tot, sein Weib betört.

Und lange starrt er auf die Stelle,
Wo einst sein kurzes Lindenglück,
Wo einst ihm eine liebe Schwelle –
Dann speit er aus und kehrt zurück.

Und läßt ein Boot sich fertig machen,
Und rudert weg in Wahn und Weh.
Verlassen schwankt und treibt ein Nachen,
Mövenumschrien auf leerer See.

Sicilianen

Regentag im Sommer

Endlich der Schluß des ewigen Sonnenbrandes,
Der Regen wird den ganzen Tag regieren.
Bravo! Kaum wird ein Streifen des Gewandes
Der Menschen heut den Pflasterstein passieren.
Ich bin allein, Gottlob! es wird niemandes
Geschwätz mein Zimmer grausam profanieren.
Ein Sprichwort sagt, ich weiß nicht welchen Landes:
Im Regen geht der Pöbel nicht spazieren.

Mein täglicher Spaziergang

Nur ein paar Birken, Einsamkeit und Leere,
Ein Sumpf, geheimnisvoll, ein Fleckchen Haide,
Der Kiebitz gibt mir im April die Ehre,
Im Winter Raben, Rauch und Reifgeschmeide,
Und niemals Menschen, keine Grande Misère,
Nichts, nichts von unserm ewigen Seelenleide.
Ich bin allein. Was einzig ich begehre?
Grast ihr für euch, und mir laßt meine Weide.

———————

Der lange Tanz

Als die Frühmesse beendet war,
    Nahmen sich drei junge Weiber,
Dicht am Kloster, nicht weit vom Altar,
    Drei junge Kälbertreiber.

Die sechs fingen dort zu tanzen an,
    Und reckten die ranken Glieder,
Und sangen dabei Hallelujah
    Und Welt- und Hochzeitslieder.

Der Presbyter nahte in Eifer und Zorn
    Und seine Stimme bellte.
Doch der Singsang ging weiter in Distel und Dorn
    Und verhöhnte des Pfarrherrn Geschelte.

Der Priester schrie auf in heiserer Wut:
    Daß ihr bliebet durch Gottes Knüttel
Und des heiligen Märtyrers Magnus Blut
    Ein Jahr lang in solchem Geschüttel!

Da tanzten sie ein ganzes Jahr,
    Bald züchtig in zierlichem Reigen,
Bald wüst wie eine Bacchantenschar,
    Bald in feierlich finstrem Schweigen.

Nunquam dormio hieß ihr Klagegedicht,
    Das sie stets von neuem sangen.
Sie aßen nicht, sie tranken nicht,
    Sie tanzten, taumelten, sprangen.

Und als das Jahr vorüber war,
    Ritt vorbei auf einer milchweißen Stute
Der Erzbischof Herbert von Köln im Talar,
    Und dem wurde seekrank zu Mute.

Er löste schleunigst den tollen Graus,
    Er löst die verwunschenen Bänder,
Und führt die sechs ins Gotteshaus
    Vor des Hochaltars goldnes Geländer.

Sie fielen in tiefen Schlaf sogleich,
  Es zitterten fort ihre Leiber;
Es schliefen drei Tage lilienbleich
  Die sechs Weiber und Kälbertreiber.

Am vierten erschien aus dem Himmelsverlies
  Der heilige Magnus von Norden,
Der nahm sie mit ins Paradies,
  Da sind sie selig geworden.

Rast im Hungrigen Wolf vor Sonnenaufgang

Wir fuhren durch die Sommernacht
Bis in den frühen Tau.
Ein Lüftchen, das sich aufgemacht,
Verweht das Dämmergrau.

Und klappern ein ins Dorfkrugtor,
Es widerhallt der Stein.
Den Pferden steht die Krippe vor,
Der Kutscher schüttet ein.

Ich lehn indes im Bogengang
Und höre zum Willkomm
Am Balken Schwalbenzwiegesang,
Frischweg, schwatzselig, fromm.

Die Gäule traben wieder fort,
Der Fuchs verlor den Huf.
Mein Wagen rollt durch manchen Ort,
Wo blieb der Schwalbenruf?

Das verschüttete Dorf

Ein heißer Junisonnentag,
Wie Säulen grade stieg der Rauch.
Der feiste Friedensengel lag
Verschlafen unterm Faulbeerstrauch.

Die heilige Cyrilla ging
Am leeren Strande hin und her.
Es warf ihr Aureolenring
Ein Goldkränzchen aufs blaue Meer.

Sie setzte sich auf einen Stein
Und nahm zwei Zoll hoch das Gewand
Und tauchte ihre Füße ein
Ins Wasser auf den weißen Sand.

Da kam vom nahen Dorf gelärmt
Ein bunter, lauter Hochzeitszug.
Der schrie, betrunken und verschwärmt:
Komm mit uns in den Nobiskrug.

Und tanz mit uns, verrückte Gret,
Du findest manchen schmucken Mann,
Der mit dir in die Blumen geht
Und dir was Liebes sagen kann.

Die Heilige hob zum Himmel auf
Die keusche, jungfräuliche Stirn.
Zurück wälzt sich der wilde Hauf
Vom Ufer wie verworrner Zwirn.

Der Abend sinkt. Und seine Glut
Verglüht, verwelkt und sagt Ade.

Da schwimmen plötzlich durch die Flut
Zwei Stiere fernher durch die See.

Ans Ufer schnaufen sie voll Zorn
Und schütteln sich die Tropfen ab
Und wühlen dann mit Huf und Horn
Die Erde auf als wie zum Grab.

Die Erde aber fliegt weithin
Und deckt das Dorf geschwinde zu.
Und all der Greuellärm darin
Ist bald verhallt in Todesruh.

Der volle Mond steht wolkenrein,
Die Stiere stapfen rechts und links
Vom Fräulein mit dem Gnadenschein
Durch all die starre Stille rings.

Die Heilige hat zu guter dritt
Der mächtigen Tiere Hals umspannt.
So schreitet sie mit sicherm Schritt
Hinüber ins Legendenland.

DIE FALSCHMÜNZER

„Alles fertig? Nichts vergessen?"
Spricht der Alte zu dem Jungen.
Der kommt wie ein Luchs gesprungen:
„Nimm die Lupe: Sieh die Scheine,
Zwillingsbrüder, echt, ich meine,
Täuschend ähnlich und solid,
Findest keinen Unterschied."

Spricht der Junge zu dem Alten:
„Einen Blauen gib mir heute,
Denn ich kenne dumme Leute,
Die ihn ohne Ahnung wechseln,
Weiß die Sache gut zu drechseln.
Hulda schmollt. Doch zeig ich Gold,
Ist mir meine Hulda hold."

Spricht der Alte zu dem Jungen:
„Dummer Bengel, wirst du schweigen,
Sonst will ich den Stock dir zeigen.
Du besäufst dich, Lausepeter,
Protz, dein Trinkgeld wird Verräter.
Warte auf den ‚Kavalier‘,
Eh es dämmert, ist er hier.

Der versteht es, Geld zu wechseln,
Der versteht es wie die Grafen,
Macht die Rothschilds selbst zu Schafen,
Der bringt gutes Geld in Haufen,
Können dann die Welt uns kaufen.
Wechselt wie ein Herr Baron,
Kennt das Leben, hat ihm schon.

Das, was mir die Teilung einträgt:
Alles geb ich meinen Kindern,
Kein Gericht kanns je verhindern,
Denn ich trags ins Bankgebäude,
Das ist meine einzige Freude.
Werd ich mal gefaßt, nun gut,
Hab gesorgt für meine Brut."

Klingt ein Ministrantenglöckchen?
Klingling, das geheime Zeichen,

Gleich wird sanft die Türe weichen:
Kommt geschniegelt und gebügelt,
Tritt ein Herr, verstandgezügelt,
In die Werkstatt, hochgereckt.
He, „Monocle und Glas Sekt."

Achtung! Grandseigneursallüren!
Tadellos sitzt Rock und Weste,
Ein Minister jede Geste.
Handschuh „prima". Der Zylinder
Ist allein schon Goldsackfinder.
Und die „feinfein" Pantalons,
Damals Mode: Mit Galons.

Lachend spricht er zu den beiden:
„Hab viel Geld in meinen Taschen,
Lauter echtes. Nur nicht paschen,
Nur Geduld, und weg die Hände,
Aufgepaßt, jetzt kommt die Spende:
Ich: die Hälfte mit Verlaub,
Ihr: zwei Viertel, nehmt den Raub.

Kinder, waren das Kuriosa:
Einen Kellner in Monaco
Fand ich mit sehr leerem Tschako:
War zwei Tage in den ‚Laren',
Vite, muß 8 Uhr 40 fahren,
Tausendfrancsschein, changez, schnell,
Und verließ drauf das Hotel.

Auf dem Train nach Bordighera
Traf ich Miß Honoria Birndl,
War ein gar nicht übles Dirndl,
Machte Liebschaft mit der Lady,

Säuselt bald sie: ‚Dearest Edy‘.
Can You change me thousand Mark?
‚Oa, my love, here is die Quoark.‘

Dann war ich in Deutschland wieder:
Sattelplatz im Trippelgarten,
Wo die feinen Herren starten.
Abends Jeu. ‚Graf Honiglöwe.‘
‚Arthur von der Grünen Möwe.‘
Bank gehalten. Mitternacht:
Braunen Lappen losgemacht.

Auf dem Ball beim Herzog Fla-Fla …“
Schst, es knistern Trepp und Dielen –
„Hands off!“ Sechs Revolver zielen.
Und die drei sind rasch gebunden,
Aller Reichtum futsch, verschwunden,
Rrrrrutsch, vorbei die Herrlichkeit,
Eigentlich – es tut mir leid.

EIN TAG AUS DEM LEBEN DES
KLEINEN HERRN WULFF

Er ist grade drei Jahre alt
Und denkt noch nicht an meucheln und morden.
Ist er auch Liliput noch und Lamm,
Schwillt ihm zuweilen doch schon der Kamm.

„Lockwagen, Lockwagen“ war sofort,
Als er erwachte, sein erstes Wort.
„Nur Geduld, mein Wölfchen, ich muß ihn erst schmieren,
Dann kannst du mit ihm umher kutschieren.“

Nun ist er im Hemdchen, mit bloßen Beinen,
Entsetzlich! auf den kalten Steinen.
„Du kannst dir ja den Tod wegholen,
Schockschwernot, was sind das für Kapriolen."
Beim Waschen und Anziehn schreit er stark,
Ich hör es bis in mein innerstes Mark:
Auf meinem Zimmer, und das liegt weit
Von allem Tageslärm sonst gefeit.
Wenn er frühstückt, bleibt kein Rest,
Mit den Händchen hält er sein Milchkännchen fest
Und trinkt es wahrhaftig bis auf die Neige,
O Gott, es tropft aufs Schürzchen, ich schweige.
Dann geht der Spektakel munter los,
Im Lachen und Weinen ist er groß.
Die erste Post! Die muß er mir bringen,
Die läßt er sich von keinem entringen.
Kaum hab ich meine Briefe gelesen,
Hör ich schon wieder ein Teufelsunwesen.
Aus dem Papierkorb reißt er ein Kuvert.
„Nun, was willst du haben? Ein Hottepferd?"
So zeichn ich ihm ein Haus, eine Muhkuh,
Bis er mich endlich läßt in Ruh.
Aber ich komme trotzdem nicht davon,
Erst will er noch „haben" den Luftballon,
Der gestern flog über unsre Wiesen,
Den kann er nicht vergessen, den Riesen.
Was? Mehr? Nein, sag ich, jetzt hats ein Ende!
Hab keine Zeit! Geh, wasch dir die Hände!
Da legt er sein Köpfchen ins Genick,
Na, wer hält denn aus solchen Unschuldsblick.
So zeichn ich ihm ferner ein Viergespann,
Einen Wagen, und einen Jägersmann.
Er scheint sich auf etwas zu besinnen,
Ich danke dem Schöpfer – er läuft von hinnen.

Wohin sich wohl seine Füßchen wandten?
In die Küche zu den Lieferanten?
Besonders kennt er, und kennt sie genau,
Die alte Wendten, die Kuchenfrau;
Die alte Wendt, die Kuchenfrau,
Die kennt alle Menschen ganz genau.
Nun holt er sich Abels Puppe Mienchen,
Den Pudel, das Lämmchen und das Kaninchen;
Der Pudel, das Karnickel, und das Schaf
Sind alle aus Werg und Wolle brav.
Doch dem fehlt ein Auge, dem fehlen die Ohren,
Das Schäfchen hat gar ein Beinchen verloren.
Bald liegen sie alle im Zimmer verstreut,
Es scheint mit ihnen zu Ende heut.
Hinaus ins Freie, hinaus in den Garten,
Wo ihn die kleinen Piepvögel erwarten,
Und wo er die Rosen will beehren,
Und leider auch die Stachelbeeren.
Der gutmütige Sander, der Gärtner, hört böse
Das herannahende Tummelgetöse,
Und mit finsterm, mißtrauischem Sinn
Sieht er auf den zarten Zerstörer hin:
Denn der tobt mit Schaufel und mit Harke
Wie nichts Guts herum im saubern Parke,
Gräbt hier ein Loch, verschüttet dort Sand,
Macht überall Unfug, auf Beeten, im Grand.
Was? Weggelaufen? Wo ist denn der Bengel?
Aus dem wird sicherlich niemals ein Engel.
Er jachtert die Enten; und den Hühnerstall
Öffnet er, scheußlich, mit Knall und Fall.
Die liebe Ida sucht kreuz und quer
Und rennt vergebens hinter ihm her.
Geschrei? O jerum! er liegt in der Pfütze!
Sein neues Kleidchen, die neue Mütze!

Die liebe Ida trägt ihn ins Haus.
Hilf Himmel, wie sieht der Junge aus!

Zuweilen ist er recht eigensinnig,
Brüllt: „Nei–ihhn, nei–ihhn, ich will nicht, süß bin ich."
So gehts den Nachmittag weiter und weiter,
Bald störrisch, bald „lieb," bald heulend, bald heiter.
Endlich kommt der Abend heran
Und wir sind ihn los, den Purzelmann.
Er schläft; im rechten Arm hält er sein Mienchen,
Im linken das arme, kaputte Kaninchen.

Mein Sohn, tolle fort, so lang es geht;
Rasch sind die schönen Tage verweht,
Und weit liegt im Nebel, ach, weglos weit
Die Kinderzeit, die Kinderzeit.

DIE NÄCHTLICHE TRAUUNG

> „Da wachsen keine Rosen,
> Da wächst kein Rosmarein."

Tief liegt das Dorf in seinem Frieden,
Türen und Tore siegelt der Mond,
Das Kirchlein, ein wenig abgeschieden,
Ist sein langes Alleinsein gewohnt.
  Der greise Pfarrer und seine Gemeinde
  Schlafen sanft; und Wächter und Hund
  Denken im Traum selbst an keine Feinde,
  Alles schweigt wie Grabesgrund.
Und es flüstert *doch* wie von irgendwoher.

Das Dorf kauert an der Westseeküste,
Weit oben im Norden, im Jütenland.

Sinds Ruderschläge? Wers nur wüßte?
Mit der Flut strebt schnell etwas an den Strand.
    Gleichmäßiger Ruderschlag, wie auf Kommando;
    Wohl zwanzig Barkassen enttauchen dem Meer.
    Eine Stimme, vorn, ruft: „Avanti, Mirando!"
    Und zwanzig Barkassen fliegen her.
Steigt denn ans Ufer ein ganzes Volk?

Plötzlich stehn an des Seelsorgers Lager
Zwei Menschen mit grasgrünen Masken vor:
„Heraus," hebt an der eine Frager,
„Wir suchen dich, du bist der Pastor."
    Der andre spricht: „Sieh, tausend Zechinen,
    Hier in der linken Hand halt ich sie fest.
    Oder willst du den Dolch dir verdienen,
    Dann gibt dir meine rechte den Rest!"
Und Dolch und Zechinen wiegen gleich.

Der erste spricht: „Laß die Heiligen walten."
(Er radebrecht, sein Deutsch ist schlecht.)
„Du sollst jetzt eine Traurede halten,
Machs kurz und mach es schlicht und recht.
    Und gleich eine Leichenpredigt dran knüpfen.
    Heraus nun und rasch in deinen Talar.
    Dann darfst du wieder ins Bettuch schlüpfen,
    Doch erst komm mit an deinen Altar."
Und bebend folgt ihnen der alte Mann.

Wie sie draußen sind, sieht er von zahllosen Kerzen
Inwendig glänzen sein Gotteshaus
Und hört die Musik aller Lebensschmerzen
Aus dem gewaltigen Orgelgebraus.
    Er wankt, die beiden müssen ihn stützen,
    Er betet laut in die Nacht hinein:

Der Himmel wird mich vor Satan schützen,
O Jesus, laß mich nicht allein.
Und dann betritt er die Schwelle.

Er prallt zurück. Auf Gängen und Sitzen
Wartet der Hof? Geschmückt wie zum Ball?
Uniformen und Orden blenden und blitzen
Wie sonnenbeglitzerter Schneekristall.
    Viel Admirale und Generale
    Und noch manch andrer Offizier
    Füllen mit ihrem Galagestrahle
    Des schmucklosen Kapellchens enges Revier.
Und der Priester tappt wie im Traum nach vorn.

Er findet vor dem heiligen Schreine
Einen finstern Herrn, verwelkt und grau,
Bei ihm die Braut, wie im Heiligenscheine,
Jung wie am frühen Tag der Tau.
    Ihr stiert aus dem schwarzen Lockendunkel
    Ein Diamant von wahnsinnigem Wert,
    Über ihr bleich Gesicht irrt sein Gefunkel;
    Ihre lieben Augen sind tränenverheert.
Der Prediger hält seinen Trausermon.

Und gleich darauf, wie ihm befohlen,
Hält er mit tiefster Ergriffenheit
Eine Leichenrede. Er schluchzt verstohlen;
Denkt er an Gottes Gerechtigkeit?
    Der Myrtenzweig und die Gräberblume
    Verschlingen sich zum herben Kranz;
    Beide gepflückt aus der irdischen Krume,
    Blühn sie empor in den himmlischen Glanz.
Der arme Geistliche tappt zurück.

Er taumelt, wie von Schwindel befangen,
Sein Geist ist verwirrt, kein Amen der Schluß.
Knapp ist er dreißig Schritte gegangen,
Hört er einen Pistolenschuß.
    Da packt ihn die Angst, da packt ihn Entsetzen,
    Kaum tragen die zitternden Füße ihn fort.
    Wollen die Höllenwölfe ihn hetzen?
    Er hört sie heulen, er stöhnt: Mord! Mord!
Ohnmächtig fällt er am Gartenzaun hin.

Und er erwacht und schleppt sich zum Küster,
Der, gleich hochbejahrt, kindisch lullt und lacht,
Und erzählt, wie ein Irrer, ihm mit Geflüster,
Was er erlebt hat diese Nacht.
    Die beiden Greise trotteln versonnen
    Einem Teich vorbei im Zwielichtgefild;
    Der Teich steht still wie zu Stahl geronnen,
    Nun regt ihn ihr schlotterndes Spiegelbild.
Dann treten sie ein durchs Kirchenportal:

Das Morgenrot spielt zum Erbarmen
Um die junge erschossene Frau,
Die mit weit ausgebreiteten Armen
Vorm Altar liegt im Dämmergrau.
    Die Myrte ist ihr vom Haupt gerissen,
    Um ihre Stirn knittert ein Kranz von Stroh.
    Gibt es ein Großes Weltgewissen?
    Gibt es ein Vöglein, heißt Nirgendwo?
Ein Dreimaster schaukelt auf hoher See.

Kleine Legende

Heut bin ich durch Ried und Rohr gegangen,
Durchs Moor hindurch, ums Moor herum,
Luft und Land waren leer und stumm,
Dann hat ein Zischelwind angefangen.
Ich nahm, wie mans so tut im Schritt,
Ein ausgewachsen Schilfblatt mit
Und entdeckte, auf der innern Seite,
Zwei Vertiefungen in gleicher Weite,
Als hätte dort jemand hineingebissen,
Mit seinen Zähnen hineingerissen.

Ich kenne lange die tiefe Sage,
Das Volk erzählt sichs noch heutzutage:
Als der Heiland über den Kidron ging,
In der Leidensnacht ihn ein Zittern befing,
Da riß er aus des Bächleins Rohr
In seiner Angst ein Schilf empor
Und biß, wie vor Schmerz, in das Blatt hinein
Und prägte die Vorderzähne ihm ein.
Auf jedem Schilfblatt blieb seitdem
Der Einbiß als ein Wunder stehn.

Erst konnt ich nicht von der Stelle weichen,
Und küßte demütig das heilige Zeichen.
Dann stampft ich wild auf den brüchigen Grund,
Daß es erdbebte im ganzen Torfstichrund.
Und ich lief glutrot weg aus Ried und Rohr,
Bis ich mein Moor aus den Augen verlor.

DES GROSSEN KURFÜRSTEN REITERMARSCH

> Des Großen Kurfürsten Reitermarsch:
>   Von Cuno Grafen von Moltke.
> Bataillon Garde (Trio). 1806.
> Der finnländische Reitermarsch. 1630.
> Der Hohenfriedeberger.
> Der Torgauer.
> Wilhelmus von Nassauen. 1581.

Das Leben: „das betrunkne Weib", sagt Piper,
Kurt Piper sagts in seinem „Fegefeuer".
Als ich das las: was? stach mich eine Viper?
Ist es in meinem Hirn nicht ganz geheuer?
Da, eines Tages, grad sitz ich bei Riper
(Für gutes Pilsner zahl ich jede Steuer)
    Und fuhr allein in meinem Träumenachen,
    Da fing ich plötzlich furchtbar an zu lachen.

Das Leben: ein betrunknes Weib? Inmitten
Von „Tannhäuser und Faust"? Ich finds famos
Und hab nicht mehr mit mir herumgestritten
Und sage laut: Der Ausspruch ist grandios.
Das Leben torkelt stets mit schwanken Schritten,
Bald hier, bald dort, betrunken, uferlos.
    Wenn Shakespeare dieses Wort gesprochen hätte,
    Wir priesen es als eine Wunderstätte.

Shakespeare! Ja, wenn er heut gekommen wär:
Der Staatsanwalt hätt ihn sofort am Kragen,
Der Irrenarzt nähm gleich ihn ins Verhör,
Die Bühnen würden ihn mit Hohn wegjagen.
Der Philosoph? Und der Ästhetiker?
Sie würden sich im Schlafrock überschlagen.

Was täte wohl der Kritikus indessen?
Vor Fassungslosigkeit sein Hemd benässen.

Dreihundert Jahre schlang die Ewigkeit.
Heut wagt es keiner, ihn mit schmutzigen Fingern
Zu zerren in die Alltagsledernheit,
Die Götterstirn ihm patzig zu befingern.
Heut leuchtet seine Krone unentweiht,
Von Erzengeln umrahmt und Palmenschwingern.
    Was gibt uns Shakespeare? Seht: das nackte Leben,
    Wies jeder König, jeder Kuhhirt leben!

Er streut mit unerhörter Phantasie
Schicksale vor uns aus. Nichts ist Tendenz
In allen seinen Werken. Sein Genie
Siegt über jeder „Schule" Konvenienz.
Der heiligen Sterne Himmelsszenerie
Holt er herab und pflanzt Geleucht und Lenz
    In unsre Raps- und Runkelrübenprosa:
    Nam haec est nostra vita dolorosa.

Verstünde doch die Zeit den echten Dichter!
An Hebbel haben wir, an Kleist verbrochen,
Was niemals wieder – – Was sind das für Lichter,
Die plötzlich vor mir leuchten, prasseln, kochen?
Wen seh ich drohend stehn im Flammentrichter?
Mir fährt vor Schreck das Zittern in die Knochen.
    Ist das Bellona mit dem Fackelbrande,
    In schwerer Rüstung, schrecklichem Gewande?

Nein, ich bin nicht Bellona, nicht Meduse,
Die vor dir steht und deine Ängste schaut.
Sei nicht so zimper, albern und konfuse,
Pfui Deibel, seh ich deine Gänsehaut.

Verwandelt hab ich mich, ich bin die Muse,
Verwandelt hab ich mich zur Eisenbraut.
    Mein blankes Schwert soll heut den Text dir lesen,
    Du hättest ihn verdient mit Busch und Besen.

Stets hast du mich ein altes Weib genannt,
Mich eine böse Vettel nur gescholten.
Ich gab dafür dir lächelnd meine Hand
Und hab mit Liebe deinen Hohn vergolten.
Und unsrer Kinder Wut hab ich gebannt,
Wenn sie ob deines ewigen Spottes grollten.
    Nun aber, mein Poet, ist es genug,
    Sonst laß ich endlich rosten deinen Pflug.

Ich frage dich, was soll dein läppisches Jammern
Von Dichternot, du Waschlappen, und Sorgen?
So sperr sie doch in ihre Hungerkammern
Und denk nicht immer an den andern Morgen!
Du weißt, das Leben liegt in Ketten, Klammern
Und Hindernissen aller Art verborgen.
    Nun also! Glück und Unglück haben beide
    Denselben Wurzelstock im Daseinsleide.

Frisch in den Kampf! dann sollen meine Hände
Dich weiter segnen. Also hör mal zu:
Ich geb ein „Thema" dir als Gnadenspende,
Mach draus, ganz wie du willst, ein gut Ragout
Und führe Alles regelrecht zu Ende,
Dann ruh dich aus in Muff und Morgenschuh.
    Das Thema heißt, nimm deinen Gänsestengel:
    Der schwarze Engel und der weiße Engel.

Ich bin gespannt, was du zusammenbraust,
Das Thema fiel mir unwillkürlich ein.

Und wenn du auch mal übern Schwengel haust,
Ich breche dir dafür nicht Arm und Bein.
Nur bitt ich, trotzdem „logisch", wenn du baust;
Wies auch herauskommt, Stein muß stehn auf Stein.
    Dein Verstor auf! und laß, Ottavensinger,
    Die Lämmer und die Löwen aus dem Zwinger!

Ein Ballsaal: der so hell beleuchtet ist,
Als hinge hier die Sonne selbst als Lampe.
Wo „die Gesellschaft" ihr Ennui vergißt
Im Tanz, im Flirt, im Medisance-Schlampampe.
Gefächer, Männerlug und Weiberlist
An und um Säulen, auf Galerie und Rampe.
    Kurz: „gut und böse Menschen", frech und froh,
    In andern Ständen ist es ebenso.

Da tanzt die Liebe mit der Phantasie,
Der Strohkopf mit der klugen Baronesse,
Die dumme Baroneß mit dem Genie,
Ein schmucker Millionär mit der Komtesse.
Der Ehrgeiz und die Eitelkeit, tschumtschi,
Die tanzen auch mit auf der Kupplermesse.
    Herr Ehrgeiz und Frau Eitelkeit, fürwahr,
    Ein, glaub ich, gut zusammenpassend Paar.

Plötzlich: was ist? Bald hier, bald dort schrickt eine,
Schrickt einer auf. Schlug neben sie der Blitz?
Es zuckt was durch die ganze Tanzgemeine;
Der stiert, der springt wie rasend auf vom Sitz,
Als zöge jenen hastig eine Leine,
Als träfe diesen scharf ein Messerritz.
    Und eine Exzellenzendame fällt
    In Ohnmacht, wie von Schauder überwellt.

Es treibt sich unsichtbar umher der Tod
(Ich sehs) in unserm bunten Menschenschwarm.
Er langweilt sich, er zischelt sehr devot,
Und bringt allmählich Alles in Alarm.
Zynismen flüstert er, macht weiß und rot
Die Wangen aller, daß sich Gott erbarm.
    Herr Pfiff, ein artiger Anekdotenschmeißer,
    Merkt bald: ihn übertrumpft ein Zotenreißer.

Was näselt *mir* ins Ohr der Sensenritter?
Ich hör ihm zu, und hör sein Wort genau:
„Poete, bring dich hinters Hundegitter,
Denn du gehörst nicht in den Nabobbau.
Du wirst verlacht in diesem Goldgeflitter,
Und deine Aussichten sind hier sehr flau.
    Die Dichter sind, Freund Freiligrath muß pumpen:
    „Des Himmels Prinzen und der Erde Lumpen.“

Es hält nicht länger die Gesellschaft fest;
Ein Hasten, Schieben, Schubsen, Stoßen, Schrein,
Panik und Flucht aus dem verfluchten Nest,
Ein jeder will der erste draußen sein.
Ein fetter Garde à chevalleutnant, gepreßt,
Quietscht wie ein Ferkel. Ach, sein arm Gebein!
    Der Tod ist hämisch aus dem Saal verschwunden,
    Um gleich erst recht sein Dasein zu bekunden.

Fanfaren schmettern, gräßliche Fanfaren,
Und jählings, wie durch Bann, stockt das Gedränge
Und harrt entsetzt aufs „weitere Verfahren“,
Und schwitzt in seiner fürchterlichen Enge.
Ein Hoffräulein kann sich den Ruf nicht sparen:
„Mein Strumpfband rutscht!“ Schon prügelt sich die Menge.

Die Tür geht auf, und die Fanfaren schweigen,
Und jeder muß sich, gehts noch? tief verneigen.

Der Zeremonienmeister bahnt voran,
Ein Herr in „tadellosem" Frack, nur leider
Hinkt er ein wenig, dieser Kodex-Mann
Der hohen Feste und Parkettabweider.
Doch sonst tipptopp, wies keiner besser kann;
Ich wünschte sehr, ich kennte seinen Schneider.
 Sein Stab, tapptapp, klappt zweimal kurz und trocken:
 Paßt auf, der Höchste folgt mir auf den Socken!

Mors Imperator schreitet hinterdrein;
Ein Grinsen fletscht fatal aus seinem Munde.
Die Linke stemmt er in die Hüfte ein,
Sein hohles Auge lauert in die Runde.
Der handbreit gelbe Saum wirft grellen Schein
Von seiner Toga violettem Grunde.
 Den Schädel zirkelt eine Lilienkrone,
 Durchflochten, närrisch, von der Pferdebohne.

Ihm folgen, wie zwei schlanke Adjutanten,
Zwei Engel ohne Flügel, schwarz und weiß,
Vielleicht auch nur als bloße Figuranten,
Als Boten, Galopins auf sein Geheiß.
Vielleicht gar waren sie des Todes Tanten –
Ganz schnuppe, was sie zwang in seinen Kreis.
 Die Jugend und die Nacht, so hießen sie,
 Die, stets getrennt, sich dennoch trennten nie.

Die Nacht, schwer schwarz vom Scheitel bis zur Sohle;
Es schimmert nur ihr bleich Gesicht heraus,
Selbst Schal und Schuh sind dunkler als die Kohle
In einem fensterlosen Kellerhaus.

Sie träufelt wie aus heimlicher Phiole
Den Balsam ihrer Schwermut um sich aus.
　　Der sanfte Abendstern glänzt wunderbar
　　Als einziger Schmuck in ihrem Rabenhaar.

Es sinkt die Nacht, die Buchenwälder schweigen,
Ein rasches Bächlein mildert ihre Trauer.
Es sinkt die Nacht, Zypressenzweige neigen
Sich wie ein Netzhang über Grab und Schauer.
Es sinkt die Nacht, und schönre Welten zeigen
Uns der Unendlichkeiten erste Mauer.
　　Der Tag erwacht mit seinem Peitschenknall,
　　Es flieht die Nacht, es schluchzt die Nachtigall.

Die Jugend ist in weißen Stoff geschmiegt,
Weiß von den Schultern bis zu Strumpf und Schuh.
Wie sie das süße Antlitz seitwärts biegt:
„Komm, küsse mich, ich schließ die Augen zu.“
Die Jugend wiegt sich, schmiegt sich, fliegt und siegt,
Und läßt den Amorbengel nie in Ruh.
　　Ihr einziger Schmuck: im Blondhaar ein Opal,
　　Glimmt, mandelgroß, bunt wie der Morgenstrahl.

Der Morgenröte tänzelt sie entgegen,
Mit offnen Armen, ihre Augen lachen.
Der Acker dampft, es perlt der Sonnensegen,
Und tausend Blumen, dicht gedrängt, erwachen.
Der Kiebitz schießt Koppheister ihretwegen,
Ein Pfauenherr muß Kapriolen machen.
　　So jauchzt sie durch des Tages Schall und Hall,
　　Es naht die Nacht, es schluchzt die Nachtigall.

Auf einer Kurzseite des Saales steht
Der Tod; der Satan, eitel, hinter ihm.

Die Jugend und die Nacht, wie hergeweht,
Postieren links sich wie zwei Cherubim.
Verblüfft bestaun ich Alles als Poet:
Den Tod, den Teufel und die Seraphim.
 Der Tod läßt seine Zähne schnurren, schnalzen,
 Und Nacht und Jugend müssen vor ihm walzen.

Ist das ein Walzer, ist er voller Tücken;
Polka-Mazurka scheint es mir zu sein.
Die Hände gegenseitig auf dem Rücken,
So tanzen quer sie durch den Saal zu zwein.
Nichts reizender als dieses Graziepflücken,
Bald springen sie zusammen, bald allein.
 Der Teufel bläst dazu die Fliegenflöte:
 „Als eine Kröte eines Abends spöte."

Schluß. Beide wurzeln wieder auf der Stelle.
Da zeigt der Tod mit strenger Hand auf mich,
Und allsobald tritt zu mir an die Schwelle
Die Nacht. Was? Damenwahl? Und grade ich?
Klingt nicht von weitem die Armsünderschelle?
Mir wird auf einmal furchtbar seltsamlich.
 „Nein, nicht zum Tanze will ich dich hier holen,
 Gleich wirst dus sehn: Der Tod hat dich befohlen."

Und wie ein Schaf, das man zur Schlachtbank führt,
Wie einer, der zerknirscht zum Altar schreitet,
Gebeugt, von Trost und Gnade tief gerührt,
Als hätten sich viel Arme ausgebreitet,
Als hätt ich einen Zauberhauch gespürt,
So werd ich langsam, ja, wohin? geleitet.
 Ein von der Heilsarmee Geretteter?
 Es dreht sich mir der Sinn, ich weiß nicht mehr –

Da, plötzlich, weiß ich oder weiß ich nicht,
Herrgott, das ist ja meine Sterbestunde.
Nein, nein, ich will nicht, will nicht aus dem Licht,
Weg, Nacht, wegweg mit deinem gräßlichen Schlunde!
Das Alles ist nur ein verhext Gesicht!
Ich lebe, lebe noch! aus Herzensgrunde!
    Willst du mich lassen jetzt, verfluchte Nacht,
    Sonst pack ich dich! ich trotze deiner Macht!

„Vermeßner Narr, was sollen deine Phrasen,
Ich kenne das bei euch, euer Gewimmer.
Ihr übertrumpft an Angst den armen Hasen,
Macht euch den Übergang nur immer schlimmer.
Folg willig, sonst muß ich den Marsch dir blasen,
Und dann gehts schnell und ohne Abendschimmer.
    Weil du so gerne lebst, hier noch *ein* Kranz:
    Tanz mit der Jugend deinen letzten Tanz!“

Da hör ich schon den Walzer her: „Ach, Ernst“,
Von je hat mich die Melodie entzückt
Von Schwarz: „Ach, Ernst, was Du mir Alles lernst.“
Und wie ein toller Truthahn, ganz verrückt,
O Himmel, daß du mich noch mal besternst,
Eil ich der Jugend zu, berauscht, beglückt.
    Wir tanzen ein Terpsichoregebet,
    Daß ihr die Schleppe wie ein Fähnchen weht.

Ich flüstre heiß ihr zu: „Vergiß mich nicht.
Du weißt, wie lustig wir zusammen waren.
Jetzt soll ich weg aus Leben, Luft und Licht,
Es ist vorbei mit meinen blonden Haaren.
Nun kommt das Halleluja-Amtsgedicht,
Was soll ich unter schlappen Engelscharen.“

Die Jugend tuschelt eiligst mir ins Ohr:
„Nein, ich vergeß dich nicht, verliebter Tor."

Um meine Schulter legt die Nacht die Hand:
„Ich zeige dir den Wald Vergessenheit,
Da ruhst du traumlos in den Schlaf gebannt,
Da ruhst du aus für alle Ewigkeit,
Da siehst du nichts vom fernen Weltenbrand,
Und wie ein Steingrab ist für dich die Zeit.
      Der Baum, der deine müde Seele kühlt,
      Ist von der ewigen Liebe sanft umspült.

Sieh, Klatsch und Kleinlichkeit sind dann verschwunden,
Die dir dein heitres Herz so viel gequält,
Die dich zerfleischt mit ihren bissigen Hunden,
Mit ihren giftigen Zungen dich geschmält.
Geheilt sind alle deine Erdenwunden,
Kein Dolchstoß trifft dich mehr, wenn du gefehlt.
      Nimm Abschied nun von deinem Vaterlande,
      Und dann zerreiß ich deine Daseinsbande."

Da liegt vor mir das große Deutsche Reich,
Felsquadernfestgemörtelt Stück an Stück.
Und bräche auch einmal der Außendeich,
Wir schlügen schon die wüste See zurück.
Held Michel, träumt er manchmal noch so weich,
Wacht über seines Herdes Glut und Glück.
      Ein Deutscher war ich stets mit Herz und Hand,
      Und sag es stolz. Lebwohl, mein Vaterland!

Freilich, der alte Teutsche frömmelt heute;
Ein Kirchlein hier, ein Kirchlein dort, juchhe.
Laßt sie doch stehn: für viele arme Leute
Ist es der einzige Trost in Gram und Weh.

Ihr Tempelhüter und ihr Seelenbräute,
Wir schützen gern auch euern Unschuldsschnee.
  Am Ende wär ich selbst noch fromm geworden,
  Ich träumte schon vom Seraphinenorden.

Ein magisch Licht umschleiert meine Augen,
Und Schattenwellen und Gewölk erscheinen.
Wie möcht ich gern den lustigen Tag einsaugen
Und eine Frühlingssonne um mich meinen.
Die Kraft ist hin, zu nichts mehr will sie taugen,
Mein eigenes Gespenst muß bitter weinen.
  Was hör ich da? Was naht mit Tuttitönen
  Und überschallt mein Schluchzen und mein Stöhnen?

Takttrommelschlag und Schlachtmusik gellt her,
Trompeten, Tuben, Pauken, Hörnerschrei:
Bataillon Garde (Trio): Ans Gewehr!
Der Finnländer forcht Pulver nit und Blei!
Der Hohenfriedeberger, lorbeerschwer!
Der Torgauer bricht jeden Feind entzwei!
  Das tat die Nacht, eh sie mich übermannt,
  Ich küsse dankbar ihr dafür die Hand.

Mein Lieblingslied: Wilhelmus von Nassauen.
Dann folgt der schönste Reitermarsch der Welt:
Des Großen Kurfürsten. Ihr könnt mir trauen:
Er siegt bis übers höchste Sternenzelt,
Er jubelt mir ins Herz beim letzten Grauen –
Nun sinkt mein Schwert ins reiche Blütenfeld.
  Doch eh mein Sarg die Erde noch erreicht,
  Brüll ich empor, daß Alles rings erbleicht:
          Hurra das Leben!

Balladenchronik (1906)

Die kleine Kirche Jesusblödlein

Ich weiß ein Gotteshäuschen,
Hart hinterm Deich erbaut.
Sein Name „Jesusblödlein"
Ist keinem leicht vertraut.

Ein Bild überm Altare
Hängt da seit alter Zeit:
Ein großer Genter Maler
Erschuf es gottbereit.

Der lautre Christusjüngling:
Sein Auge strahlt ins Feld.
So ging in erster Jugend
Der Herr wohl durch die Welt.

Sein Antlitz ohne Strenge,
Voll zarter Blödigkeit,
Voll innigster Menschenliebe,
Von keinem Arg entweiht.

Die Sünden abzubüßen,
Hat es das Volk bestellt
Bei jenem großen Meister
Für eine Fülle Geld.

Weit vor dem heutigen Deiche
Lag Stadt und Dorf im Land.
Dann kamen wilde Fluten,
Worin die Marsch verschwand.

Und Alles war verschwunden,
Im Wellenkampf zerwühlt.
Das Bild allein schwamm oben
Und ist hierher gespült.

Da haben sie von neuem,
Dicht hinterm Winterdeich,
Ein Kirchlein aufgerichtet,
Da hängt das Bild zugleich.

Von Wettern oft umdunkelt,
In Ebbe, Sturm und Flut:
Das Bildnis leuchtet ruhig
In hoher Himmelshut.

Einst auf dem Deich, im Frühling,
Sah ich hinaus aufs Meer,
Das wie der Friede feiert –
Mein Herz war wüst und schwer.

Ich wandte mich ins Kirchlein,
Weit offen klafft das Tor,
Und schaute auf den Heiland,
Stand tief erregt davor.

Und seiner Augen Klarheit
Sank mir ins Herz herein.
Ich bog ihm meine Stirne:
Du sollst mein Hüter sein.

Gute Nacht (1909)

In Martin Luthers Sprache

Viel Gezeter und Gezause,
Jede Kanzel ist der Krieg:
Hochamt oder freie Predigt,
Wem wird endlich doch der Sieg?
    Hie Luther, hie Papist;
    Hie Antichrist, hie Christ.
Ach Gott vom Himmel sieh darein.

Hier die evangelische Lehre,
Dort der Kapellan, der Münch;
Luthers deutsche Sprache säubert
Das lateinische Getünch.
    Die Flamme leuchtet rot,
    Ecclesia in Not.
Ach Gott vom Himmel sieh darein.

In Sanct Jacob vorm Altare
Steht der Priester Hillebrand,
Streng die Messe celebrierend
Im gestickten Prachtgewand.
    Monstranz und Cingulum,
    Crux, Responsorium.
Ach Gott vom Himmel sieh darein.

Gloria Deo in excelsis –
Plötzlich singen hoch vom Chor
Zwei drei zarte Kinderstimmen,
Wie aus frischem Morgentor,

Kerndeutsch, im Mutterbann,
Da freut sich jedermann:
„Ach Gott vom Himmel sieh darein."

Mächtig singt es die Gemeinde,
Alle, Alle fallen ein,
Singt das ganze Lied zu Ende,
Und so wird es fürder sein,
Im deutschen Kirchenlaut,
Dem sich das Herz vertraut.
Ach Gott vom Himmel sieh darein.

Vun de erschröckliche Springflot
Christnacht 1717

Sieben Tage hats gedauert,
Sieben Nächte blieb das Wasser,
Bis der große Länderhasser,
Der stets vor den Deichen lauert,
Sich verlaufen hat, verloren,
Und sein altes Bett erkoren.

Tage, Nächte, düster, dunkel:
Wer wird all die Angst erlösen?
Einsam blinzelt eines bösen,
Giftigen lila Sterns Gefunkel.
Typhon-Orgel, Noah-Lieder,
Gischt, Tumult, Schaum, auf und nieder.

Viele Tausend sind ertrunken,
Unzählbares Vieh gestorben;
Städte, Dörfer sind verdorben,
Sind verspült und sind versunken.
　　Wo sind Korn und Milch geblieben?
　　Alles hat der Strom vertrieben.

Ach, die Nächte! Firstverklettert,
Halb verfroren auf den Dächern,
Nackt, im Frost von Nordsturmfächern,
Und im Balkensturz zerschmettert.
　　Tote Mutter treibt an Küsten,
　　Hat ihr Kind noch an den Brüsten.

Dort der Greis in seinem Bette,
Das zum Kahn ihm ist geworden,
Das ihn sicher mag umborden,
Fehlt ihm auch die Ankerkette.
　　Zitternd fleht er hoch zum Himmel
　　Auf der Fahrt durchs Fischgewimmel.

Schiffe poltern durch die Marschen,
Die sich her vom Meer verirrten,
Sich in Baum und Strauch verwirrten
Und im Sande dann verharschen.
　　Häusertrümmer, hell in Flammen,
　　Prasseln chaoswild zusammen.

Über Wind und Hagelstöße:
Welch Geschrei, Gekreisch und Jammern,
Die sich an die Sparren klammern:
Hilfe! Hilfe unsrer Blöße!
　　Pferdenüstern tauchen, schnaufen
　　Aus den wüsten Wellentraufen.

Den Altar der Kirchen klüften
Weit der salzigen See Gewalten:
Reißen Särge weg aus Spalten,
Heben Steine von den Grüften.
    Alte Knochen, neue Leichen
    Steuern eins im Sintflutzeichen.

Und in einer Morgenröte
Kommt geschwommen eine Wiege,
Und ein Kind im Wogenkriege
Liegt drin selig, ohne Nöte,
    Spielt mit seinem Puppenvater,
    Neben ihm ein schwarzer Kater.

Endlich ist die Flut verflossen;
Alles eilt nun, um zu landen,
Was noch lebend ist vorhanden,
Was der Schwall noch nicht zergossen.
    Und die Liebe, das Erbarmen
    Walten bald mit regen Armen.

Jenes Haus, wills grad zerkrachen?
„Heda! lebt hier noch die Sippe?
Keiner mehr an Herd und Krippe?
Wir sind da, euch Mut zu machen!"
    Tod und ausgeweinte Tränen –
    „Still doch! War das nicht ein Gähnen?"

Aufgeweckt aus tiefen Träumen,
Reckt ein Mädchen ihre Glieder,
Nestelt träg am offnen Mieder,
Mault, als könnt sie nichts versäumen:
    Bin ein büschen eingeschlafen,
    Nichts zu tun bei meinen Schafen.

Das Kind mit dem Gravensteiner

Ein kleines Mädchen von sechs, sieben Jahren,
Mit Kornblumenaugen und strohgelben Haaren,
Kommt mit einem Apfel gesprungen,
Hat ihn wie einen Ball geschwungen,
Von einer Hand ihn in die andre geflitzt,
Daß er blendend im grellen Sonnenlicht blitzt.
Sie sieht im Hofe hochaufgetürmt
Einen Holzstoß, und ist gleich hingestürmt.
Und wie ein Kätzchen, katzenleicht,
Hat sie schnell die Spitze erreicht,
Und hockt nun dort, und will mit Begehren
Den glänzenden, goldgelben Apfel verzehren.
Da, holterdipolter! pardauz! pardau!
Bricht zusammen der künstliche Bau.
Wie bei Bergrutsch und Felsenbeben
Haben Bretter und Scheite nachgegeben;
Wie alle Neun im Kegelspiel,
So alles über einander fiel.
Die Leute im Hofe habens gehört
Und laufen hin entsetzt und verstört;
Die Mutter liegt ohnmächtig, Gott erbarm,
Einem raschen Nachbarn im hilfreichen Arm.
Nun gehts ans Räumen der Trümmer von oben,
Vorsichtig wird Stück für Stück gehoben,
Vorsichtig gehts weiter in dumpfem Schweigen,
Der Atem stockt: was wird sich zeigen?
Da – sitzt in einer gewölbten Halle
Das lächelnde Kind wie die Maus in der Falle,
Hat schon vergessen den Purzelschrecken,
Und beißt in den Apfel und läßt sichs schmecken.

Der Kanarienvogel

Im einzelstehenden Arbeiterhaus
Müssen die Mieter schleunig hinaus:
Es zeigen sich plötzlich Risse und Spalten,
Mörtel und Kalk wollen nicht mehr halten,
Ein leises Knistern geht unheimlich los,
Die Einsturzgefahr wird riesengroß.
Die Bewohner können nichts mehr retten,
Alles bleibt drinnen, Möbel und Betten;
Kaum raffen sie noch ihr bißchen Geld,
Eh das Gebäude zersplittert, zerschellt.

Was fällt denn der alten Näherin ein?
Sie läuft noch einmal ins Haus hinein,
Um ihren Kanarienvogel zu holen.
Zurück! Schon poltern Gebälk und Bohlen,
Es lösen sich Fugen, Klammern und Schluß,
Daß der Bau krachend zerstäuben muß.
Stehn geblieben ist nur eine Wand,
Von unten bis oben; die widerstand.
Im vierten Stock hängt an der Mauer
Ein Kanarienvogel in seinem Bauer
Und jubelt und schmettert und trillert und singt,
Daß es frohlockend zum Himmel klingt.
Staub und Schuttwolke sind verflogen,
Die Frau ist aus den Trümmern gezogen,
Die treue Frau. Doch wie ein gefeiter
Singt oben und jubelt und tiriliert weiter
    Der kleine Kanarienvogel.

IHRE EXZELLENZ DIE ALTE GRÄFIN
OBEN AUF DER FREITREPPE

Das Automobil ist vorgefahren.
Und in den geschmacklosen, schrecklichen Schrein
Steigen vier junge Komtessen hinein.
Alle vermummt wie beim Femgericht.
Und gegen Insekten, Staub, Regen und Licht
Tragen sie schwarze Brillen sogar,
Und sind jetzt all ihrer Schönheit bar.
Ach, diese reizenden Mädchengestalten
Sind wüst verschwunden in Futter und Falten.
Ins Kloster, ins Kloster, ihr vier Komtessen,
Lebt wohl, ihr armen Chanoinessen.

Auf der Freitreppe oben, tief im Grame,
Steht eine alte Exzellenzendame.
Sie ruft indigniert und ruft ganz laut:
Von all diesem bin ich wenig erbaut!
Gräßliches Bild! Mir wird übel zumute,
Und nun noch dazu das infame Getute!
Pfui, der Geruch! Eau de Cologne her!
Ich rieche Benzin und Geschmier und Schmeer.
Vier adliche Füchse, das war ein Geleit!
O Gott, wo blieb meine alte Zeit!

Von dannen mit Stank und mit Ungestüm
Saust das fauchende Ungetüm.
Die alte Exzellenz geht verstimmt in den Saal,
Noch immer scheint ihr „das Bild" fatal.
Da lärmt ihr, kindertoll und verwegen,
Das jüngste, fünfjährige Gräfchen entgegen,
Umarmt ihre Hüften, sieht zu ihr empor,
Mit seinen leuchtenden Augen empor:

„Sie fuhren aus, sei doch nicht böse,
Ich bin ja noch da." Und im Spielgetöse
Neigt sie sich, wie zum Frieden bereit,
Und küßt ihm die Locken: „Die *neue* Zeit".

SEIFENBLASEN

Ich ging durch schwere Mitternacht;
Ins Gestern sank verloren
Die ewig-alte Menschenschlacht,
Eh neu der Tag geboren.

Der Dämmer rang, die Wolke wich,
Die Aussicht wurde heller.
Schon pflügt, der letzte Stern verblich,
Der erste Flurbesteller.

Ich sah ein lang Gemäuer stehn
Nicht weit von meinem Gange
Und eilte mich, es anzusehn,
In neugierigem Drange.

Das Tor klafft auf, ich trete ein:
Acht Särge, Leere, Stille,
Senkrecht, in Richtung, scharf zu zwein,
Wie ein versteinter Wille.

Ein neunter nur stand vorn allein,
Ein Särglein, schmal, für Kinder;
Der wollte wohl der Herold sein
Der Todesüberwinder.

Die Särge waren ohne Gruß,
Bar aller Liebesgabe.
Blos auf dem neunten steht am Fuß
Ein kleiner nackter Knabe.

Aus Marmor. Zart hält seine Hand
Ein Kalkrohr unterm Näschen;
Darauf, aus dünnstem Glas gebrannt,
Wölbt sich ein Seifenbläschen.

Im Bläschen spiegelte sich klar
Die junge Morgenröte.
Ein täuschend Bild, das sonderbar
Mein Schauern noch erhöhte.

Die Macht der Musik

An einem Maitag, weit von Haus,
Lag ich im Fenster schon hinaus
Des Morgens früh um viere.
Still träumt die Stadt, kein Hund ist wach,
Kein Rauch umkräuselt traut das Dach,
Noch schlafen Mensch und Tiere.

Auf einmal, unter mir vorbei,
Ging eine kleine Küchenfei,
Ein Kind von acht, neun Jahren.
Sie sieht mich nicht – dsching, tut und quiek,
Klingt her die Regimentsmusik
Im Schritt der Janitscharen.

Das Mädel stutzt. Der Korb am Arm
Faßt Eier, Wurst und andern Kram:

Mais, Reis und Pomeranzen.
Da gehts nicht mehr, sie setzt ihn hin,
Und nur zu tanzen ist ihr Sinn,
Und sie fängt an zu tanzen.

Fern die Musik, klingklang rumbum;
Sie tanzt und tanzt, rechtsum, linksum,
Reizend, wie Engel schweben.
Her, hin und her, sie ist allein,
Umblitzt vom ersten Sonnenschein,
Dem Trieb ganz hingegeben.

Mal kratzt sie sich den krausen Kopf,
Der Spatz machts so mit seinem Schopf,
Das tut sie nicht anfechten.
Doch plötzlich hört der Taumel auf,
Sie nimmt den Korb, setzt sich in Lauf,
Es fliegen ihre Flechten.

Hin zur Musik! Sie läuft, sie rennt,
Nur zu, nur fort, als wenn sie brennt,
Was sinds für Firlefanzen!
Die Wurst im Korb macht hoppsasa,
Die Eier hüpfen hopplala,
Und auch die Pomeranzen.

Wer weiß, wo jener Tanzplatz war:
In Kiel, in Rom, in Sansibar,
In Siebenbürgen, China?
Der Reim auf China liegt nicht fern:
Im Leben denk ich immer gern
Der kleinen Ballerina.

ANAKREONTISCHES LIEDEL

Immer bleibst du, wer du bist;
Nimm das Leben, wie es ist.
Wo du Rosen siehst im Garten,
Brich sie, laß sie nimmer warten.
Und im Sommervollmondschein
Laß dein Mädchen nicht allein.
Trinke in der Freundeskette,
Trink mit ihnen um die Wette,
Trinke bis ans Morgenrot,
Trinke bis an deinen Tod.

Diese Regeln sind nicht zierlich,
Aber auch nicht unmanierlich.
Jedenfalls, und das bleibt wahr:
Wer nicht bechert, bleibt ein Narr.
Wer nicht küßt Marie, Susanne,
Heute Bertha, morgen Anne,
Wer die Rosen läßt verwehn,
Eh er ihren Duft genossen,
Mag getrost zur Hölle gehn –
Denn der Himmel bleibt verschlossen
Allen denen, die auf Erden
Unbefriedigt Asche werden.
Immer bleibst du, wer du bist;
Nimm das Leben, wie es ist.

Die letzte Rose

Die Fahne der Vergessenheit,
Sie mußte lange wehen:
Auf meinen Wegen traf ich die,
Die lang ich nicht gesehen.

Woher, wohin, wie ging es dir,
Du hast so schmale Wangen.
Wenn Zeit du hast, komm mit. Bald hat
Sie mir am Arm gehangen.

An einem Flusse schritten wir,
Und in den alten Garten
Sind wir getreten, wo wir einst
Sehnsüchtig auf uns harrten.

Wir sprachen viel, wir lachten auch,
Erzählten uns Geschichten.
Wie anders damals. Heute wars
Ein mühelos Verzichten.

Wir kehrten in die Stadt zurück,
Von neuem riß der Faden.
Doch eh wir schieden, blieb ich stehn
Vor einem Blumenladen.

Die schönste Rose wählt ich aus,
Für sie die letzte Spende,
Und küßte ihr zum letzten Mal
Dankbar die lieben Hände.

Zwei Straßenbahnen kreuzten sich,
Als wir das Haus verlassen.

Wir stiegen ein – in Nord und Süd
Verschlangen uns die Gassen.

RABEN

Durch den blauen Morgenhimmel
Ziehen plumpe, schwarze Raben;
Wie Gedanken, schwarze, plumpe,
Durch die reine Seele ziehn.

Durch die reine Seele ziehn
Wie die plumpen, schwarzen Raben
Die Gedanken und verschwinden
In den blauen Morgenhimmel.

DAS GLÜCK

Der Rauch meines Herdes
Umzieht meine Linden,
Die von Schwalben umzwitschert sind.
Das ist das Glück.
Wünschst du noch mehr?
En gode Sigarr.

ARGER MORGEN

Sommernacht. Im Dämmergraun
Wälz ich mich auf meinem Lager.
Sprengt mein Blut den Adernzaun?
Bin ich noch der Weltentsager?

Wie gekreuzigt, Gott erbarm,
Lieg ich kläglich auf dem Rücken:
Komm, o komm in meinen Arm,
Komm, du *sollst* dich zu mir bücken.

Deinen Namen ruf ich laut –
Nein, nicht länger mehr ertrag ichs.
Auf! ins taubenetzte Kraut,
Und den Rosenhecken klag ichs.

Schicksal, mach mich heut nicht toll,
Führ mich heute seidne Bahnen!
Dein Bajazz, der Zufall, soll
Schwenken seine Kirmesfahnen!

Draußen! Wie der Morgengruß
Mich erfrischt mit seiner Kälte.
Emsig setz ich Fuß vor Fuß,
Als ob eine Flucht es gälte.

Was? Ein girrend Häherpaar?
Wie sie sich verliebt umkreisen!
Soll mein Steinwurf, ich Barbar,
Ihrem Glück die Wege weisen?

Wie erbärmlich! Laß die Welt,
Wo sie liebt, in ihrem Feuer;
Und vergiß im eignen Zelt,
Ja, wers kann, Cupidos Steuer.

Weiter eil ich, ohne Ruh,
Bis die frühe Stunde scheidet.
Wolken, deckt die Sonne zu,
Daß sie mir die Glut nicht neidet!

Sicilianen

Ein Frühlingsmorgen

Im Sonnenscheine schlief die Wetterfahne,
Aus Busch und Garten klang der Vögel Locken.
Wir freuten, ich und du, uns vom Altane
Des ersten zarten Grüns von unserm Roggen.
Hoch über uns, wie eine Karawane,
Zog seinen Weg ein Schwarm von Zirrusflocken.
Das Haus lag still im Schatten der Platane;
Mein Herz, mein Herz, hörst du die Friedensglocken?

Winterabend

Wie mag ich gern dem lieben Käuzchen lauschen,
Wenn einsam meine Schreibtischlampe brennt.
Durch Gartenruhe und durch Bäumerauschen
Bin ich von Stadt und aller Welt getrennt,
Und möchte wahrlich nicht mit einem tauschen,
Der nun im Smoking zur Gesellschaft rennt.
Viel netter ists, mit Annmarie zu plauschen,
Die, ach, so zärtlich meinen Namen nennt.

————————

In ein Stammbuch

Zuweilen lese ich die schönen Sachen,
Die feingekritzelt dir im Album stehn,
Und muß, Verzeihung, über manches lachen.

All diese Sprüche werden bald vergehn;
Und alle Namen, die sich unterschrieben,
Sie werden wie das Laub im Herbst verwehn

Und rasch verwirbeln, alle deine Lieben
Vom Herbst des Lebens schnell zum finstern Grabe
Enttaumeln und wie Spreu im Wind zerstieben.

„Zum Frohgedenken" mancher lustige Knabe
Schrieb sich hier ein, seis Liebster oder Bruder;
Es krächzt nach ihnen auch der alte Rabe,

Der gute Vetter Tod, des träges Ruder
Sie langsam steuert durch des Hades Fluten,
Auf Nimmerwiedersehn, so Mann wie Bruder.

In weiter Ferne, tief in Abendgluten,
Ersiehst du einmal noch die längst schon bleichen
In morschen Särgen, und dein Herz wird bluten.

Ich kanns verstehn, daß diese Liebeszeichen
Dir wert sind. Aber laß sie nicht von andern,
Dir gleichgültigen Menschen je erreichen.

Ein Spott ists, wenn von Hand zu Hand sie wandern.

LEBEWOHL AN MEINEN VERSTORBENEN FREUND, HERRN NATURALISMUS

Widerliches Wort: Gekose,
Leider reimt es sich auf Rose.
Immer auch die Herzenschmerzen,
Sanft beglänzt von Unschlittkerzen;
Und die lieben Sonnenwonnen,
Eingesargt in Pökeltonnen.

Nimm die Muse bei der Hand,
Drück sie feste an die Wand,
Küsse ihr den weißen Nacken,
Küsse ihr die frischen Backen.
Lachen wird ihr roter Mund,
Und besiegelt ist der Bund.

Leben Sie wohl! Ach, es war doch so schön,
als wir damals „zusammen" gingen,
Sie und Ihr alter Freund

1887–1897.   Detlev Liliencron.

Der Fischzug

Du hörst der Schmetterlinge Flügelschlagen,
So still ruht Baum und Blatt im großen Parke.
Auf fernen Steigen schurft des Gärtners Harke,
Der Spatz putzt auf der Sonnuhr sich den Kragen.

Bewegung. Menschen. Und ein Fangnetz tragen
Zum Teich hin Fischerarme, muskelstarke.
Vom Pfahle lösen sie die weiße Barke;
Der Zug beginnt, ganz wie zu Petri Tagen.

Indessen ist die Fürstin angekommen,
Hat in der Marmornische Platz genommen,
Der Page kniet und legt die Schleppe nieder.

Im Netze zappeln Karpfen und Karauschen.
Die Hoheit lacht; die Kavaliere lauschen.
Der Spaß ist aus – und tiefe Ruhe wieder.

HINÜBER

Lag ich jüngst im hohen Sommergrase,
Hatte gern das Menschenvolk gemieden.
Grade, grade über meiner Nase
Zog ein Schäferwölkchen hin in Frieden;
Zog im Blauen seine stille Straße,
Zog den Weg ins Land der Pyramiden.
Nickten Blumen, summten Himmelbrummer,
Summten langsam, langsam mich in Schlummer.

BEGRÄBNIS

„Laudat alauda Deum, tirili tirilique canendo."

Wenn letzter Donner fern verrollt
Nach dunkler Sommerstunde:
Schon winkt ein erstes Wolkengold
Dem regensatten Grunde:

Die Sonne küßt die Gräser wach,
Die lieben Lerchen singen,
Es trägt der Wind den blauen Tag
Empor auf kühlen Schwingen:

In solcher Stunde senkt mich ein,
Viel Müh ist nicht vonnöten,
Es wird die Erde hinterdrein
Mir rasch den Sarg verlöten.

Streut Rosen, Rosen in das Grab,
Und spielt Trompetenstücke;
Dann brecht mir meinen Wanderstab
Mit fester Hand in Stücke!

Es fiel ein Blatt vom Baum, es fiel
Durch fruchtbeschwerte Äste.
Nun geht zu euerm eignen Ziel,
Ihr meine letzten Gäste!

Zum eignen Ziel geht spielbereit,
Schwenkt hoch die Trauerfahnen,
Froh, daß ihr noch auf Erden seid
Und nicht bei euern Ahnen!

DRAMA

ARBEIT ADELT

Genrebild in zwei Akten

Personen.

Mister Smith, ein reicher Kaufmann, Deutsch-Amerikaner.
Mister Johnson.
John, Reitknecht.
Ein alter Diener.
Maria, Tochter Smith's.

———————

Zeit: 1872.

———————

Ort: New-York. In einem Hause der fünften Avenue.

———————

Zwischen den Akten liegen drei Monate.

———————

Erster Akt

Scene.

Ein reich eingerichtetes Zimmer. Abend. Mister Smith liest in der New-Yorker Staatszeitung. Auf dem Tisch eine Schale mit Aepfeln. Rechts, links und in der Mitte: Thüren.

Erster Auftritt.

Der Diener. Es ist draußen ein Herr, der sich nicht abweisen lassen will; ein Deutscher.

Smith. Du weißt, wie ungern ich gestört bin zu dieser Stunde. Merk' Dir's doch endlich. *(Kurz.)* Ich bin nicht zu sprechen. *(Der Diener will sich entfernen. Smith, über die Zeitung sehend.)* Was sagtest Du, ein Deutscher?

Der Diener. Ein Deutscher, Mister Smith.

Smith. Wie sieht er denn aus?

Der Diener. Wie ein gentleman.

Smith. Nun, meinetwegen. *(Diener entfernt sich.)* Daß ich nicht einmal die paar Abendstunden für mich habe. Zum Kuckuck, wer wird's denn sein. Nannte Bill nicht den Namen? Brachte er keine Karte? *(er sucht)* Nein ... Muß ich den Schlingel auf seine alten Tage noch erziehn *(wirft die Zeitung ärgerlich auf den Tisch).*

---

*(Ein Herr, im eleganten, unverkennbaren Civil eines Preu-
ßischen Offiziers, tritt ein. Er verbeugt sich vornehm.)*

Der Herr. Ich habe die Ehre, Mister Smith vor mir zu sehn?

Smith. Der bin ich. Darf ich um Ihren Namen bitten?

Der Herr. Mein Name ist Degen.

Smith. Und womit kann ich Ihnen dienen, Mister Degen?

Degen. Ich komme ... *(Verlegen.)* Ich komme ... man hat mir
gesagt ... daß Sie ... daß Sie gegen Ihre Landsleute ...

Smith (für sich). Ach Herrje, also doch ...

Degen. Daß Sie gegen Ihre Landsleute stets ... daß Sie stets so
wohlgesinnt wären, und ...

Smith. Nun?

Degen (verlegen, finster, mit der Demüthigung kämpfend). Und
ich bin in einer Lage ...

Smith. Nun, Mister Degen, so ist ja wohl Ihr Name, ersparen
Sie sich das Uebrige. Ich will Ihnen hier gleich kurz sagen,
daß es mir unmöglich ist, jedem meiner Landsleute mit
Geld zu ...

Degen (auffahrend und gleich wieder verlegen). Ich bin nicht
gekommen, Sie um Geld zu bitten! ... *(Er schlägt wie in Verzweiflung die Hand vor die Augen.)* Gott, Gott, ich bin doch
nicht zum Bettler gesunken ...

*Smith (ungerührt, aber er betrachtet sein Gegenüber mit Neu-
gierde).* Dann bitt' ich um Verzeihung, Mister Degen. Sie
wünschen also?

Degen (die Augen freigebend). Ich wollte Sie bitten, mir eine
Stellung zu verschaffen. Seit drei Tagen laufe ich schon umher, und suche und suche ...

Smith (lächelnd). Seit drei Tagen erst ... seit drei Tagen ... Wissen Sie, daß ich länger als drei Jahre gebraucht habe, ehe ich
... *(mit betonter Stimme)* ehe ich mein Abendessen verzeh-

ren konnte, o h n e daß mir Arme und Finger noch dabei zitterten von der vorhergegangenen Arbeit und Anstrengung? .... und w a s ich Alles habe durchmachen müssen? Bäcker, Prediger, Schornsteinfeger, Lehrer, Soldat ... *(Kleine Pause.)* Und wie lange sind Sie in New-York, in Amerika überhaupt?

Degen. Seit etwa vier Wochen, Sir.

Smith. Ihr Anzug sieht ja noch wie neu aus. Sie haben also, so muß ich schließen, noch keine schlimmen Tage gehabt.

Degen (bitter lächelnd). Für mein letztes Geld vorgestern habe ich mir ein Paar Glacé-Handschuhe gekauft ...

Smith. Ah, nobel geht die Welt zu Grunde. Heißt nicht so ein deutsches Wort? *(Kleine Pause.)* Nun, ich will Ihnen Recht geben: Goethe, wenn ich nicht irre, sagt: Von zwei Lumpen geb' ich dem besser gekleideten zuerst ein ...

Degen (auffahrend). Mister Smith, das ist unverschämt ... *(Dann seine Augen mit den Händen beschattend, den Kopf beugend.)* Und Sie wagen, einem Unglücklichen das zu sagen ... o mein Gott ... *(energisch)* Ich bin zu Ende. Ein Mann, der mir so höhnisch antworten kann ...

Smith (mit leiser Rührung). Das wollt' ich nicht, Mister Degen, das wollt' ich sicher nicht. Ich habe Sie nicht kränken wollen ... Wir sind in Amerika, bedenken Sie das ... *(Degen wendet sich, um zu gehen.)* Ich bitte, Halt! Sprechen Sie sich aus. Wer weiß, vielleicht kann ich Ihnen helfen. Vor Allem: Was waren Sie in Ihren alten Verhältnissen in Deutschland?

Degen. Preußischer Husar.

Smith. Preußischer Husar. Aber das wird Ihnen hier nicht viel helfen.

Degen. Ich bin doch deßwegen zu Ihnen gekommen: Ist die Anfrage nicht von Ihnen, daß Sie einen Bereiter wünschen?

Smith. Ah richtig. Aber nicht eigentlich einen Bereiter – wenn auch diesen – wünsch' ich, als vielmehr einen Reitknecht; einen Knecht bei meinen Pferden, der auch meine Tochter zu begleiten hätte bei ihren Ausritten in den Central-Park; und dann allerdings könnten wir ...

Degen. Einen Reitknecht wünschen Sie; aber es stand doch, oder ich müßte mich versehen haben, nur von einem Bereiter in der Anzeige.

Smith. Ich wüßte nicht, welchen großen Unterschied ich zwischen einem Bereiter und einem Reitknecht zu machen habe.

Degen. Der Unterschied dürfte denn doch in die Augen springen.

Smith. Gleichviel jetzt. Weshalb sind Sie herübergekommen?

Degen. Wegen Schulden.

Smith (verwundert). Wegen Schulden? Ein einfacher Husar wegen Schulden? ... Nun, das soll mir gleich sein. Haben Sie Ihre Papiere, Ihre Zeugnisse bei sich?

Degen. Ich habe Sie bei mir. Aber ich bitte, mir deren Vorzeigung erlassen zu wollen.

Smith. Dann: Ein für allemal: Nein.

Degen. M u ß es sein?

Smith. Aber nichts find' ich natürlicher; wenn ich Ihnen auch auf Ihr treuherziges Gesicht hin glaube ... Nun? ... Also ... Sie wollen nicht? ...

Degen (der die Papiere hervorgezogen hat, überreicht sie mit abgewandtem Gesicht).

(Während Mister Smith sie rasch durchsieht [mit Zeichen des Erstaunens], schielt Degen nach der Apfelschale.)

Smith (der während des Lesens Blicke auf Mr. Degen ab und zu geworfen hat; er beherrscht sich; ruhig). Hier steht ein andrer Name. Hier steht Graf Gyldenkralle ... *(etwas sarkastisch lächelnd)* Eine der Eitelkeiten Ihres Standes? Den Namen verändern, den Adel ablegen, wenn's schlecht geht ...

Aber ich versichere Sie, „der Graf" würde Ihnen hier nichts schaden. Wirklich nicht. Er ist ganz gleichgültig. Nützlich allerdings nur könnte er Ihnen sein, wenn Sie im Stande wären, hier mit gräflichem Reichthum aufzutreten. Dafür haben die guten Yankees denn doch eine kleine Schwäche. Aber so ... in Ihrer Lage ... Nun auch, was geht's mich an ... Also Mister Degen, so wünschen Sie genannt zu werden ...

Ich muß doch noch eine Frage thun. Wegen Schulden sind Sie hierher gekommen? Immer die alte Geschichte. Weshalb denn gerade hierher. Hier heißt es brutal: Hilf Dir selbst. Und das verstehn die wenigsten von ihnen ... Konnten Sie denn nicht anderswo in Militairdienste treten?

Degen. Das wollte ich. Nach Argentinien, nach Cuba ... aber das Geld reichte nur bis hierher.

Smith. Ihre Zeugnisse sind ja vorzüglich. Sie haben den Krieg mitgemacht, das eiserne Kreuz erworben, waren zweimal verwundet ... *(Nach einer Pause.)* Würden Sie mir den Namen Ihrer Frau Mutter nennen? Das Haus Gyldenkralle ist mir bekannt ... ich ...

Degen. Meine Mutter starb bei meiner Geburt. Sie war eine geborene von Dornberg; Anna von Dornberg ...

Smith (einen Augenblick im Kampf, dann ruhig). Anna von Dornberg ... Sie sind der Sohn Anna von Dornberg's? Wir sind gewissermaßen Landsleute ... Aber ich erinnere wenig von unserer Heimath. Mit zwanzig Jahren wanderte ich aus, und nun bin ich schon über vierzig hier. *(Sehr ruhig werdend; im alten Ton)* Nun ja; ich möchte Ihnen helfen. Mit Geld, – und das ist ja nicht Ihr Wunsch, und das ist e h r e n w e r t h von Ihnen! mit Geld kann ich es nicht. Aber – es hängt jetzt ganz von Ihnen ab – ich brauche, oder vielmehr meine Tochter braucht einen Reitknecht ...

Degen (hochmüthig). Reitknecht ... niemals.

Smith. So sind wir geschiedene Leute, Mister Degen. Ich weiß wohl, was in Ihnen vorgeht. Aber, bedenken Sie eins: Arbeit schändet nicht, Arbeit adelt – und ich würde dafür sorgen, daß es Ihnen bald besser ginge ...

Kein Mensch kennt Sie hier. Von Ihrer Grafenkrone sage ich Niemandem. Mein Wort darauf.

Degen. So nennen Sie mich: B e r e i t e r, und ich bleibe.

Smith. Sie würden mein R e i t k n e c h t. Und nun kein Wort weiter. Ich werde Sie hier einige Minuten allein lassen – und kehre dann zurück, um Ihren Entschluß zu hören. Für solange: Leben Sie wohl. *(Rechts ab.)*

Degen (den Kopf tief gebeugt). Reitknecht ... Reitknecht ... *(energisch)* Nein ... dann eher die Kugel ... ich kann, ich kann es nicht ... *(Er sieht nach der Apfelschale.)* Seit vorgestern hab' ich nichts gegessen ... *(wild)* Ich kann doch nicht betteln ... *(er senkt wieder das Haupt)* Ach, säß' ich bei Hiller ... mit den Kameraden ... der Sektkübel an der Seite ... wie fällt mir denn in diesem verdammten Augenblick der Vers ein.

Wo hört' ich ihn denn singen:
Unter den Linden ist es bei Hiller,
Da reden sie wenig von Jöthen und Schiller.
Da lachen und schwatzen und sprechen die Leute
Und lassen leben das lustige Heute:
Zwei Gardedragoner vom Tattersall,
Ein Hamburger Kaufmann vom Aspinwall.
Von einer Dame des Corps de Ballet
Lispelt entzückt ein Attache,
Und trinkt, in Gedanken der süßen Beiner,
Gemächlich zwei Flaschen Rüdesheimer ...
O mein Gott .... noch einmal bei Hiller ...
(Nach einer Pause; wie beschämt.)

Und jetzt hab' ich Hunger, gemeinen, wirklichen Hunger ... *(Er sieht wieder auf die Apfelschale.)* Wenn ich einen Apfel dort ... aber das ist ja Diebstahl ... ach was, ich k a n n's nicht mehr aushalten ... *(Er nimmt einen Apfel und beißt wüthend hinein.)* ⸻

Dritter Auftritt.

(Von links Maria; sie bleibt verwundert stehn.)

Maria (für sich). Was ist denn das?

Degen (nach einer tiefen Verbeugung; noch den letzten Bissen hinunterwürgend). Ah, mein gnädiges Fräulein, Mylady – O tausendmal bitt' ich um Pardon.

Maria (lachend). Bitte, lassen Sie sich den Apfel schmecken. Wozu sonst stehn sie hier ... *(Für sich.)* Aber wunderbar ist's doch ...

Degen. O, mille pardon! mein gnädiges Fräulein. Eine Fliege war mir in den Hals gerathen, so nahm ich mir die Freiheit, einen Apfel dort ...

Maria. Aber ich bitte, bitte ...

Degen. Gestatten gnädiges Fräulein, daß ich mich Ihnen vorstelle: mein Name ist Degen.

Maria (ihn scharf anschauend). Mister Degen ... sehr angenehm ... *(sie geht links ab).*

Degen (allein). Wie? .. Fort ist sie? .. Wenn das die Tochter wäre? Ich bleibe ... Ich werde Reitknecht ... Nein, diese Augen ... Diese wundervollen Augen! .. *(Er geht rasch auf und ab.)* Ich bleibe, ich bleibe ... Ich werde i h r Reitknecht ... Ich begleite sie in den Central-Park ... wohin, wohin immer. Ganz gleichgültig ... Ich bleibe ...

Vierter Auftritt.

(Mister Smith von rechts; er bleibt erstaunt stehn.)

Degen. Ich bleibe, Mister Smith, ich bleibe ... Ich werde Ihr
Reitknecht ... Ja, Arbeit schändet nicht ...

Smith (für sich). Das ist denn doch schneller, als ich dachte ...
(laut.) Gut denn, Mister Degen ... So bleiben Sie hier als
Reitknecht. Ich verspreche Ihnen, wenn Alles gut geht, Sie
sollen es nicht zu lange sein ... Aber, nennen Sie es eine
Laune, oder wie immer; nennen Sie es eine tiefe ernste Le-
benswahrheit: Arbeit adelt ... *(Langsam)* Und das ist auch
Ihre Ueberzeugung?

Degen (gerade, ehrlich). Ja, Mister Smith.

Smith (im veränderten Tone, ernst). Ich werde Sie von nun an
John nennen. *(Degen verbeugt sich langsam, erröthend.)* Sie
werden eine Kammer neben der meines alten Dieners haben. *(Degen beißt sich auf die Lippen.)* Sie werden mit diesem zusammen essen ...

Degen (auffahrend). Nein, das kann ich nicht. Zu viel ... zu viel ...

Smith (kalt). Hat in Deutschland Ihr Reitknecht mit Ihnen zu
Tisch gesessen?

Degen (gebrochen). Nein ... *(Für sich.)* Es sei, auch dies denn ...

Smith. Nun noch Eins! Ehe wir uns trennen als Herr – und
– Diener ... *(Degen beißt sich auf die Lippen.)* Welcher Art
sind Ihre Schulden? Wie sind sie entstanden? Und – wie
hoch ist die Summe? Erlauben Sie mir diese Fragen.

Degen (ehrlich). Ich war gewohnt, Schulden zu machen. Mein
Vater war reich, und stets wurden sie bezahlt. Da starb
mein Vater vor einigen Monaten und hinterließ mir nur die
schlimmsten Geldverhältnisse. Ich that Alles, um die Gläubiger zu befriedigen. Ich verkaufte das Gut, Alles ... Alles
... *(Kleine Pause.)* Aber es reichte kaum hin. Dazu kamen

eigene lästige Schulden ... Ich mußte meinen Abschied er-
bitten ... Und ich war so gerne Soldat ... Ich wanderte dann
aus ... Hierher ... Die Gläubiger ließen mich nicht in Ruhe
... *(Pause.)*

Smith. Und wie hoch ist die Summe? Bitte, in runder Zahl.

Degen. 40,000 Thaler.

Smith. Vierzig Tausend Thaler ... *(Etwas spöttisch.)* Allerdings,
allerdings ...

———————

Fünfter Auftritt.

*(Von rechts Maria. Degen macht ihr eine vornehme
Verbeugung, die sie ebenso erwidert.)*

Smith. Dein neuer Reitknecht, John nennt er sich.

*(Maria fährt stolz in die Höhe und sieht hochmüthig auf
Degen. Dieser beugt den Kopf in heftigem Kampf.
Smith beobachtet beide.)*

Smith (klingelt).

———————

Sechster Auftritt.

(Der alte Diener erscheint [Mittelthür].)

Smith. Hier, Bill, ist unser neuer Reitknecht John. Nimm ihn
mit Dir.

(Diener und Degen ab. Letzterer mit gesenktem Haupt, ohne sich umzusehn.)

Degen (wendet sich noch einmal, zieht ein kleines ovales auf Elfenbein gemaltes Bild aus der Brust. Bescheiden zu Mister Smith). Mister Smith! Noch eine Bitte. Dies ist das Bild meiner Mutter ... Ich könnte es ... im Stall ... verlieren ... Wollen Sie es mir aufheben? ...

Smith. Geben Sie es mir; es soll wohl aufbewahrt werden. *(Für sich.)* Ich werde es wie ein Heiligthum schützen ...

(Degen überreicht es; Smith beugt sich auf das Bild und erschrickt, hat aber sofort seine Fassung wieder. Degen und Diener ab.)

Maria (verwundert, lacht). Aber was ist denn das Alles? Ich fange an, lieber Vater, die ganze Sache nicht mehr zu verstehn ... Mein Reitknecht, mein Reitknecht, mein neuer Reitknecht. Und er machte mir eine so vornehme Verbeugung? Und ich erwiderte sie. Denk' ich daran, muß ich erröthen. Was ist es denn mit – die–sem Reit–knecht? Und nun zuletzt der Auftritt mit dem Bilde?

Smith. Immer unzufrieden, immer unzufrieden. Seit einem Jahre quälst Du mich, ich soll Dir einen Reitknecht verschaffen; das würde sich so hübsch machen im Central-Park. Und nun, da ich es endlich gethan habe, willst Du ihn ... Es ist einer von Deinen vielgeliebten Deutschen, liebes Kind. Er war Husar, hat den letzten Krieg mitgemacht und ist später, um hier besser sein Brod zu verdienen, ausgewandert.

Maria. Nun denn, liebes Väterchen, so behalte ich ihn. Ja, ich liebe die deutsche Armee. Bin ich doch selbst Zeuge gewesen in Deutschland ihrer Siegeseinzüge. Und ist er auch dabei gewesen?

Smith. Gewiß, ich sagte es Dir ja schon ...

Der Diener (durch Mittelthür). Mister Johnson.

Smith. Herein mit dem langen Backenbart.

Maria. Ach, der alte Johnson ... Ich fliehe, ich fliehe.

Smith (lachend). Ich send' ihn Dir nach ...

Maria (lachend). Gut, gut, ich spiele ihm 99 Mal: Long, long ago vor, und geht er immer noch nicht, noch einmal 99 Mal: Long, long ago ... Er kommt, er kommt ... *(rechts ab).*

Achter Auftritt.

(Mister Johnson durch die Mittelthür. Etwa 50 Jahre alt; sehr elegant; graugemischter, langer Backenbart.)

Smith (wie in Gedanken; zu Johnson). Aber 40,000 Thaler.

Johnson. W–h–y? .. Wären Sie heute länger auf der Exchange-Börse geblieben. Türken stiegen noch bis zwei Uhr. *(Er sieht sich um.)* Ah, and Miss Mary, where is the sweet little flower?

Smith. Ich glaube, sie würde erfreut sein, Sie begrüßen zu können.

Johnson. Ich eile, ich eile ... *(rechts ab.)*

Smith (allein). Nun sind es über vierzig Jahre her. Ich bin ganz Amerikaner geworden, und doch – mein Herz ist deutsch geblieben. *(Er sieht das Bild an.)* Ist das Zufall, Schicksal, ist es die Vorsehung, die mir den heutigen Tag gebracht hat? *(Er verfällt in Erinnerung.)* Ein armer deutscher junger Dorfschullehrer, der mit glühendem Herzen die Tochter seines Gutsherrn liebte ... und die Qual mit sich umhertrug ... Ich sah sie wöchentlich einmal im Schlosse; ich mußte sie mit der Violine begleiten ... Und es war ein heißer Junitag. Jasminen und Rosen lagen wie schöne Frauen auf den grünen Polstern; und Alles ein Duft, ein Friede ... und später stand ich am Teich, und starrte hinein und starrte, starrte, und die Nachtigall schlug so lang, so lang, als wollte sie nimmer ihren süßen Ton verlassen ... O deutsche Nachtigall ... Und dann, dann ... am Teich lag sie mir im Arm, und unsere Thränen flossen ... *(Pause.)* Am andern Morgen – wie fand ich die Kraft – war ich auf dem Wege nach Hamburg; und nun sind's vierzig lange Jahre her ... Einmal nur noch hörte ich von ihr; sie hatte einen Grafen Gyldenkralle geheirathet ...

Und all' die Zeit, und all' die Zeit: Arbeit, Arbeit nur, und Geldgewinn ... wo blieb mein Leben ... ein einziger schwerer Arbeitstag ... *(Pause.)* Ich will ihm helfen. Noch heute Nacht schreibe ich dem herrlichen deutschen Kaiser. Er in seiner Güte kennt das menschliche Herz. Ich schreibe ihm, daß ich die Schulden bezahlen will, und dann soll der hohe Herr und das Vaterland den schneidigen – so stand jawohl in einem seiner Papiere – den schneidigen jungen Husaren–Offizier wieder haben ...

Ich bin nicht engherzig geworden mit meinem Gelde. E i n m a l will ich es nicht kleinlich geben. Meiner Tochter bleibt das Hundertfache. Ich will ihm helfen ...

Bis zur Antwort aus Berlin wird er hier bleiben als mein Reitknecht. Laß es ihn für sein ganzes Leben erkennen: Arbeit schändet nicht ... Arbeit adelt. *(Er sieht lange auf das Bild.)* Anna ... Anna ... Ich habe Dich nicht vergessen. *(Er küßt das Bild.)*

Der Vorhang fällt.

———————

Zweiter Akt

Scene.

Wie im ersten Akt. Der alte Diener wischt Nippsachen etc. mit einem Wedel ab. Dann lehnt er sich, den Wedel unter den Arm schiebend, an einen Tisch.

Erster Auftritt.

Der alte Diener. Der arme Junge. Leid thut er mir. Daß ich nie ein Wort aus ihm herausbringe ... *(Kleine Pause.)* Ein Geheimniß muß dahinter stecken, sicher. Und damals, als er das Bild dem Mister Smith gab. Wer führt denn so hübsche kleine Bilder mit sich ... Ich habe Nachts oft vor seinem Bette gestanden. Zuerst war er immer noch im Felde, im Kriege. Durch die Zähne knirscht es durch: „Mit Zügen rechts schwenkt ... Zu Einem rechts brecht ab ... An die Pferde. Auf–gesessen ...“ Und was weiß ich Alles ... Einmal ward er ganz unruhig, seine Brust keuchte, er rief wie im Wachen: „Zur Attacke“ ... und: „Hurrah, Hurrah ...“ und seine Lippen bebten ...

Bat ich ihn am andern Morgen, er möchte mir vom großen Kriege erzählen, und sagte ich ihm unverhohlen, daß ich ihn Nachts habe Hurrah rufen hören, dann lächelte er trübe und ging an die Arbeit zu seinen Pferden ...

Was es nur ist mit ihm ... Er leidet ... Mit keinem verkehrt er, und was doch sonst ein echter deutscher Husar ist, der schäkert mit den Mädchens herum ... Weiß ich's doch selbst noch von früher, ehe ich mein altes Brandenburg verließ ... aus meiner Kürassierzeit ...

Und Abends lehnt er an der Stallthür, und ich merk' es wohl, er ist weit weg mit seinen Gedanken. *(Pause.)* Und nun die Beiden, die Beiden ... Ei, das darf ich nicht ausprechen, selbst nicht bei mir, im Stillen ... Aber wenn sie abreiten; unsere schlanke hübsche Mary vorauf, er hinterher ... wie das sich macht ... *(in Gedanken)* er – hinter – her ...

Und immer möcht ich ihm zurufen: Reit' doch an sie heran, Du darfst es ja, Du m u ß t es ja, das ist ja Dein Platz – von Rechtswegen. Das junge schöne Paar. Und dagegen der alte Johnson, der unsere Mary so gern sich erheirathen möchte wenn sie nur nicht anders dächte. *(Pause.)* Das Hurrahrufen im Traume hat aufgehört; er wälzt sich nicht mehr so viel umher, als ließe ihn die Unruhe nicht aus ihren Fingern ... Er ist so still geworden. Und vorige Nacht, als ich ihn einmal wieder im Schlaf beobachtete, nannte er nicht einen Namen ... Er nennt sie stets Mylady; das ist doch hier bei uns in Amerika nicht Sitte.

Zweiter Auftritt.

(Maria von links. Im aufgeschürzten Reitkleid.)

Maria. Gut, Bill, daß ich Sie treffe. Wollen Sie John sagen, er möge hier erscheinen. Sind die Pferde schon aus dem Stall?

Der Diener. Ich kann es nicht sagen, Miß Mary. Ich werde sogleich John rufen. *(Durch Mittelthür ab.)*

Maria. Es ist unmöglich ... Was will ich denn mit ihm hier; weshalb laß ich ihn rufen. Die Pferde sind ja schon gesattelt. Was sag' ich ihm nur, was frag' ich ihn denn? *(In Gedanken.)* Nein, nein, es ist unmöglich. Ich bin die Tochter des reichen Mister Smith, er ist und bleibt ein – Reitknecht.

Aber die treuherzigen, guten Augen. Wie er mich ansieht und spricht doch kein Wort; nur, wenn ich ihn frage ... *(Kleine Pause.)* Ob er mich liebt? ... Nein, nein es kann nicht sein, es darf nicht sein ... *(Kleine Pause.)* Weshalb er mich immer Mylady nennt? Und seine ganze Haltung, sein Benehmen. Wär' er nicht mein Reitknecht, er wäre der feinste gentleman ... *(Kleine Pause.)* Als er gestern plötzlich in der einsamen Allee an mich im Galopp heranritt; was wollte er denn? was hatte er denn? Und wie sah er mich an ... und dann ritt er wieder gehorsam hinter mir her ... Unmöglich, unmöglich, es darf ja nicht sein ...

Dritter Auftritt.

(Durch die Mittelthür John. Ohne Hut. Schwarzer enger Rock, vom Halse zugeknöpft bis zur Taille. Weißlederne Beinkleider. Kurze Stulpen mit Sporen. Unterm Knie handbreiter, hellbrauner Lederaufschlag. Stehkragen.)

John. Mylady haben befohlen?

Maria. Ja, ich wünschte ... ich wollte ... ich möchte wissen, ob Bessy noch lahmt?

John. Sie lahmt noch, Mylady! Ich habe Baroneß gesattelt.

Maria. Gut ... gut, gut, John ... *(Pause.)*

John. Und wann befehlen Mylady?

Maria. Nun, es ist ja Alles schon fertig; ich denke ... *(Streng, schnell.)* Ich wünsche von Ihnen zu erfahren, weshalb Sie gestern in der Allee an mich heransprengten, und .... *(Kleine Pause.)*

John. Mylady bitt' ich sehr um Verzeihung: Ich weiß nicht, wie es kam. Aber plötzlich, ich sah es deutlich, Bessy wurde scheu ...

Maria (lacht). Bessy scheu? Die gute, alte Bessy scheu?

John (nach und nach lebhafter werdend). Sie schlug und biß um sich und stieg ...

Maria (ernst und verwundert ihn ansehend). Sie schlug und biß um sich und stieg? ...

John. Kerzengerade stieg sie, und von der Stelle aus raste sie mit Mylady davon, hart an den Bäumen längs. Ich hielt's nicht aus, und gab meinem Pferde die Sporen und jagte an Mylady heran ...

Maria. Aber welche Phantasie ... Sollte der heiße Tag ... *(Ernst.)* Hören Sie, John ... Es hat das gestern in der einsamen Allee Keiner gesehn; aber es wäre doch möglich gewesen. Ein ander Mal zügeln Sie Ihre Phantasie, John. Sonst ... *(Sie sieht auf den Boden.)* Sonst muß ich Sie entlassen, John ...

John (ruhig, er sieht zu Boden). Ich werde meine Einbildungskraft nicht mehr die Schranken überschreiten lassen ... *(Leiser.)* Es soll nicht wieder vorkommen ...

Maria. Sie versprechen mir das, John? *(Sie will auf ihn zugehn; bleibt stehn; sieht ihn an; dann kurz.)* In zehn Minuten werde ich unten sein. *(Rechts ab.)*

John (ihr nachschauend). Ich halt' es nicht mehr aus; ich k a n n diesen Zustand nicht mehr ertragen. Und heute auf dem Spazierritt muß es heraus. Was war ich auch gestern der Feigling. Merkt' ich nichts in ihren Augen?

Zitterte mir aus ihnen nichts entgegen? wie Sehnsucht, wie Liebe ... Liebe ... Und ich bezwang mich doch, und ritt gehorsam wieder hinter ihr her, die Qual im Herzen ... *(Kleine Pause.)* Mag es kommen, wie es kommt ... willigt sie ein, sag' ich's noch heute Mister Smith. Ich fass' ihn bei seinen eigenen Worten: Arbeit adelt ...

Und hab' ich nicht gearbeitet; hab' ich mich nicht gedemüthigt? ..

Und wenn er nicht will, und Maria – ja sie liebt mich, – Maria will nicht von mir lassen, dann entführe ich sie und arbeite für sie Tag und Nacht. Ich weiß jetzt was Arbeit heißt. Ich brauche nicht das Geld von Mister Smith ... *(Kleine Pause.)* Wie kalt er ist; und doch zuckt es ihm immer um die Lippen; als wollte er sprechen, als wollte er mir ein gutes Wort geben, als wollte er sagen: Halt aus! Bestehe die Prüfung. Ach, dies verdammte Amerika. Und doch ist es die Schule für so Manchen; eine harte, harte Schule des Lebens ...

Ich vergesse mich hier ...

Vierter Auftritt.

(Durch die Mittelthür Mister Johnson.)

Johnson. Ah, John, das ist gut; da treff' ich doch Jemanden ... Bringen Sie mir ein Glas Eiswasser ...

John. Dort steht die Klingel, Sir. Das Wasserbringen ist nicht mein Geschäft. *(Durch Mittelthür ab.)*

Johnson. Ein stolzer Bursche ...

Fünfter Auftritt.

(Von links Mister Smith.)

Smith. Guten Tag, Johnson. Wie geht das Geschäft?

Johnson. Danke, gut. Und bei Ihnen?

Smith. Ausgezeichnet ...

Johnson. Ich bin heute gekommen, um endlich eine Sache in's Reine zu bringen ... Mit Ihnen ...

Smith. Ein Geschäft? .. Mit mir? ..

Johnson. Nicht eigentlich ein Geschäft. Bleibt denn euch Deutschen immer noch bis zum Grabe, auch hier bei uns, ein letzter Rest von Unpraktischkeit …

Ich liebe Ihre Tochter, Smith, Sie wissen das lange. Ich möchte nicht mehr warten.

Smith. Und mir würde es eine Ehre sein, der Schwiegervater Mister Johnson's zu werden. Sie wissen, wie hoch ich Sie halte … und Sie würden meine Tochter glücklich machen. Aber, Johnson, haben Sie's denn mit Mary in Ordnung gebracht?

Johnson. Das ist es eben …

Smith. Aber dann kann ich doch nichts thun … ich will meine Tochter nicht zwingen; ich kann das auch nicht: sie hat ihren eigenen Kopf, ihren eigenen Willen …

Johnson. Aber bedenken Sie, Smith: Seit drei Monaten liegt in Hoboken meine Dampfjacht unter Feuer, daß wir jeden Augenblick abfahren können nach Ihrem alten Europa. Ich will Deutschland sehen, wo sie nur von Lagerbier leben; ich will Berlin sehn, den großen Kaiser will ich sehn, will ihm die Hand schütteln …

Smith. Aber so reisen Sie doch, Johnson; es hindert Sie doch Keiner …

Johnson. Mary soll mitreisen, als meine Frau soll sie mitreisen, und meinen Schwiegervater will ich auch mit haben.

Smith. Sie wunderlicher Kauz. So machen Sie's doch kurz. Gehn Sie zu meiner Tochter; fragen Sie sie.

Johnson. Gut! Ich will zu ihr. Auf Wiedersehn, Smith, auf Wiedersehn. *(Rechts ab.)*

Smith (lächelnd). Er wird sich einen Korb holen, und mir wär's Recht, wenn er auch ein braver, kluger, energischer Vollblut-Amerikaner ist … *(Pause.)* Mit John muß das ein Ende haben … Wie ein Mann besteht er die Prüfung … Ich bin doch kein Tyrann, kein Sklavenhalter … Wenn nur endlich Antwort aus Berlin hier wäre; nun sind es bald drei Monate her. Aber in Deutschland, in Berlin geht man vorsichtig: Erkundigungen über Erkundigungen sind gewiß erst eingezogen, bei seinem Regiment, bei seinen früheren Vorgesetzten ... Doch nun endlich könnte die Antwort hier sein; ich erwarte sie stündlich. Und dann ist er frei. Ich bezahl' ihm die paar Tausend Thaler ... Und da sind wir Amerikaner doch den knickerigen Deutschen voraus: Wir geben groß; wir denken nicht mehr daran, ist's beschlossene Sache. Hier ist das Geld, Herr, und Gott segne Sie, Herr. Und dann ist's abgemacht.

Aber in Deutschland: D i e Verzögerungen, d i e Dankbeanspruchungen, d i e Abknappungen ... Und alle die vielen Erwägungen, ohne die der Deutsche nicht einschlafen kann. ... Jede alte Tante muß erst befragt werden: Ist er es auch werth, daß ihm geholfen wird ... könnte er nicht doch vielleicht wieder? .. Eine recht häßliche graue Feder im deutschen Adlergefieder ... *(Kleine Pause.)* Nun, ich muß sehen ... es könnte sein ... die Post muß jeden Augenblick kommen ... *(Links ab.)*

Fünfter Auftritt.

(Von rechts Maria.)

Maria *(lachend).* Endlich ist er mit seiner Erklärung losgeplatzt. Ich that sehr verwundert. Dann sagt' ich ihm: Mister Johnson, ich muß Zeit haben. Hier, blättern Sie in meinem Album; setzen Sie sich an den Flügel: Können Sie long, long ago spielen? Und fort war ich ... *(Kleine Pause.)* Nein, nimmermehr ... Er ist ein vortrefflicher, guter Mensch, aber lieben kann ich ihn nicht ... *(Sie blickt zu Boden.)* Ich habe John vorhin Wehe gethan, wie mir das in's Herz schneidet.

Johny, Johny ... o mein Gott ... es geht doch nicht, und – ich – liebe ihn ... *(Sie bedeckt die Augen mit den Händen.)*

Sechster Auftritt.

(Durch die Mittelthür John.)

John. Mylady!

Maria (auffahrend). J o h n?

John. Ich habe mich verhört? Ich sollte melden, wenn Alles in Ordnung? Oder hatten Mylady befohlen, unten zu warten?

Maria (resignirt). Es ist ja gleich, John ...

John. So werd' ich auf Mylady unten warten. *(Will abgehn.)*

Maria. John.

John. Mylady?

Maria. Ich habe Ihnen vorhin wehe gethan.

John (im Tone leiser Abwehr). Mylady! ..

Maria. Ich habe Sie gekränkt ... Ich ... ich ... war nicht gut.

John. Mylady haben zu befehlen; ich zu gehorchen.

Maria. Sie sehen ein, John ... *(leise)* Mister John ... *(laut)* daß eine solche Begebenheit wie gestern im Central-Park auffallen muß ... Danken aber will ich Ihnen von Herzen ... und ich muß noch einmal darauf zurückkommen ... Sahen Sie im Geist oder gar mit Ihren körperlichen Augen, daß mein Pferd durchging, daß ich die Bäume streifte ... Leiden Sie an derlei Gesichten? Haben Sie ein ähnliches Erlebniß früher gehabt; sind vielleicht selbst zugegen gewesen? ..

John. Ich habe mein ganzes Leben von Kindheit an, so zu sagen, auf dem Pferde zugebracht. Mein Vater gab mir den ersten Reitunterricht. Er war streng darin und verstand keinen Spaß. Und wie danke ich es ihm jetzt ...

Maria. Aber sahen Sie durchgehende Pferde ... sahen Sie, daß Jemand verunglückte bei solcher Gelegenheit ... und dann ist es Ihnen ein unauslöschlicher Eindruck geblieben, so daß Sie gestern etwa ...

John. Ja, auch das habe ich gesehn. Mit mir selbst ist mehr als einmal mein Pferd durchgegangen. Auf diese Weise bin ich sogar dem Tode, der Gefangenschaft entgangen.

Maria. Dem Tode? Der Gefangenschaft? O, das müssen Sie mir erzählen.

John. Es war in der Schlacht bei Marslatour.

Maria. Eine Schlacht, eine Schlacht.

John. Unsere Infanterie hatte sich fast schon verschossen, aber sie stand und wich nicht. Es waren schwerste Nachmittagstunden.

Mein Regiment hielt in einer Versenkung. Wir warteten mit jeder Minute auf den Befehl zum Einhauen. Weit vor uns, scharf den Gang des Gefechtes beobachtend, hielt unser Regiments-Kommandeur. Da ... Da – wir konnten's erkennen – fliegt ein Adjutant – die Quasten seiner Schärpe konnten ihm kaum folgen, so flitzte er heran – auf unsern Kommandeur los. Der prescht ihm entgegen, und – vorwärts ging es. Erst zogen wir noch ein wenig hin und her, um den günstigsten Punkt zu finden, auf den Feind, der uns nicht sehen konnte, wie ein Wolkenbruch loszubrechen ... *(lebhafter, leuchtender.)* Ah, mein gnädiges Fräulein, ein Reiterangriff! Das ist eine Gnade Gottes, wenn er's im Leben einem Manne verstattet. Der Körper wird zu Stahl in den Augenblicken ... Die Augen funkeln ... Zügel fest ... Die Fanfaren rufen, schreien, jauchzen. W e l c h e Musik ... Und weit vorgestreckt; mit kreisenden Säbeln, die wie Schleudern schwingen, prasseln die Regimenter aufeinander, ineinander. Sattelleere, Sturz und Staub, Klingenkreuz und Scharten. Trunken schwenkt die Faust den Raub flatternder Standarten.

Maria (begeistert). Ah, wundervoll ...

John. Und, Viktoria! .. Hoch, hoch über dem Gewoge leuchtet die eroberte Fahne. Ihr erster Träger küßt die Erde, zerstampft von unsern Hufen. *(Ruhiger.)* Doch ich wollte Ihnen von meinem durchgehenden Pferde erzählen: Es war bei jener Attacke. Gleich zu Anfang fiel mein Rittmeister; eine Kugel durch's Herz hatte ihn in den Sand gestreckt. Als ältester Offizier der Schwadron übernahm ich ...

Maria (erstaunt). Sie waren Offizier?..

John (ein wenig verwirrt; faßt sich schnell wieder). Gleichviel, gleichviel. Ich übernahm das Kommando. Meine Trakehnerstute, auf die ich mich verlassen konnte, übertraf sich heute selbst. Der Blitz hatte ihr seine Schnelligkeit geliehen ... Ich merkte es erst nicht; dann ward's mir klar ... Sie war mit mir durchgegangen. Wo blieben meine Leute? .. Und mitten bin ich zwischen feindlichen Geschützen. Ich sah kaum mehr, ich hörte kaum mehr. Ein Wischer, der mir, im günstigen Augenblick, von einem französischen Artilleristen nachgeworfen war, riß mir den Kolpak ab. Und die Kugeln flogen. Ich beuge mich tief auf die Mähne; liege wie ein Indianer auf der Seite meines Pferdes ... Bald bin ich mit ungeheurem Sprung in einem Viereck, und schon wieder hinaus. Ich durchrase, überspringe Gott weiß was, wen. Endlich, endlich macht die Stute den Bogen ... zurück. Hinter mir hat sich jetzt eine Jagd aufgemacht. Gierige Finger krümmen sich schon nach mir; tausend Teufel umschreien mich, aber sie galoppieren mich nicht aus den Schuhen ... und ich bin ...

Maria. Sie sind mit Ihrer Schwadron wieder zusammengetroffen ... und schlagen wieder drein ... immer vorwärts, immer vorwärts ... *(Kleine Pause.)* Und ich, ich habe Ihnen so wehe gethan ... O, hier meine Hand ... lie ... lieber John ... *(Er küßt die ihm dargereichte Hand sehr verbindlich, nicht zu kurz.)*

John (ernst). Mylady gestatten, daß ich an Ihren Ausritt erinnere.

Maria. Aber ich möchte ... *(Sie beißt sich auf die Lippe.)* ich
möchte, daß Sie mich nicht mehr begleiten ... *(Sie kämpft
mit sich.)* ich würde ... ich mache mir Vorwürfe ... *(Leise.)*
Mein Gott, er ist doch mein Diener ... *(Laut.)* Nein, nein
Mister John, Sie sollen, Sie dürfen mich nicht mehr begleiten. Ein Mann, der solche Tage erlebt hat ... es kann nicht
sein ... *(Sie kämpft.)* Sie müssen fort hier ... wir können
nicht mehr zusammen ...

John (leise). Ach was, zur Attacke. *(Er kniet vor ihr, ihre Hände
ergreifend.)*

Maria. Aber mein Gott ... Mister John ... John ... Johny, Johny
... Was wollen Sie, was thun Sie ...

John. Ich attackiere ... ich greife den Feind an ...

Maria (sich zu ihm beugend; er erhebt sich). Aber ... Sie sind ...

John. Ein preußischer Husar, der auf j e d e m Schlachtfeld
siegt ...

Maria. Johny, Johny ... Ich bin Dir ja gut ...

John. Und Du willst mit mir durch's Leben gehn? Mein Weib
werden? Mein liebes, holdes Weib?

Maria. Wohin Du willst, ich gehe mit Dir ... *(Sie umarmen sich
zärtlich.)*

Siebenter Auftritt.

(Von links Mister Smith.)

Smith (der sehr erstaunt die Umarmung sieht). A–h ...

John (während Maria ihrem Vater zu Füßen fällt). O, Mister
Smith ... Geben Sie mir die Hand Ihrer Tochter ... Wir lieben uns ...

Maria. Wir lieben uns, Vater, wir lieben uns ...

Smith. Aber, ich muß doch zur Besinnung kommen. Sie haben ja nicht einen Pfennig Vermögen, lieber John. Wie wollen Sie denn Ihre Frau ernähren?

John (mit Wärme). Haben Sie mir nicht gezeigt, was Arbeit heißt? Haben Sie mir nicht gesagt: Arbeit adelt, wie immer sie auch sei? Und da ich hier nicht mehr Arbeit leisten kann mit meinem Säbel, da hab' ich Ihr Wort behalten: und habe gearbeitet mit meinen Fäusten, und – Arbeit schändet nicht: mit jedem neuen Tag hab' ich es mir fröhlicher, frischer zugerufen, wenn auch mein Herz stumm wurde Ihrer Tochter wegen. Und, Mister Smith, hab' ich's Ihnen nicht gezeigt, daß ich arbeiten k a n n ... Ich hab' Ihnen treu *(mit etwas gesenkter Stimme)* gedient ...

Smith. Halt, Halt nun, John ... Sie sind nicht mein Diener gewesen ... Ich war wie Ihr Vater; ich habe Tag um Tag Sie beobachtet ... und nun denn, John, mein Sohn, mein lieber, neuer Sohn, mach' meine Tochter glücklich ...

Maria und John (vor dem Vater knieend, der ihnen die Hände auf's Haupt legt).

Achter Auftritt.

(Durch die Mittelthür der alte Diener. Er bleibt einen Augenblick verwundert stehn; dann überreicht er Smith einen Brief.)

Der alte Diener. Ein großer Schreibebrief aus Berlin, Mister Smith ...

(Während Smith den Brief rasch erbricht und liest, stummes Spiel von Maria und John. Bill bleibt an der Thür.)

Smith (lesend). Im Allerhöchsten Auftrage habe ich Ihnen auf Ihr Immediatgesuch vom 3. Mai dieses Jahres mitzutheilen … *(Einzelne Worte sagend:)* … Keine unehrenhafte Schulden … Seine Majestät … gerne … einen so tüchtigen Offizier … dem Vaterlande … der Armee … nichts dagegen zu erinnern haben … wenn sich … alle Schulden bezahlt sind … mir ausdrücklich noch befohlen … Arbeit adelt … *(Den Brief von den Augen nehmend.)* O, Kinder, Kinder … Der gute, der herrliche Kaiser … er sieht in's menschliche Herz, er fühlt mit uns … mit seinen Deutschen … *(Kleine Pause.)* Herr Graf, Sie kehren nach Deutschland zurück, in die Armee …

John. Mister Smith, was ist das?

Maria. Wie? .. Herr Graf … Und kein preußischer Husar ? ..

Smith. Graf und preußischer Husar, und Du bist – Gräfin Gyldenkralle.

Maria. John, John … Wie versteh' ich das? ..

Smith. Später, später, Kinder. Jetzt fallt Euch gefälligst wieder in die Arme.

    (John und Maria umarmen sich. Stummes Spiel.)

––––––––––

Neunter Auftritt.

(Von rechts Mister Johnson. Er erstaunt.)

Johnson (zu Bill). What's the matter, Bill?

Der alte Diener. A German count, Sir, a German count.

Johnson. The devil and a count.

Der Diener. Selbst a devil.

Johnson. Da muß ich doch … und ein wirklicher deutscher Graf mit G e l d? .. Da muß ich doch … Ein Amerikaner denkt immer groß … My reverence, Mister count … Und nun gestatten Sie mir, Ihnen und der schönen Mary meine Dampfjacht anzubieten; sie liegt seit drei Monaten in Hoboken unter Feuer.

Smith: Erst die Hochzeit.

Maria. Hochzeit, Hochzeit, o seliges Wort ...

John. Meine süße, liebe Maria ...

Smith. Und dann fahren wir alle nach Deutschland.

Der alte Diener. Und ich sehe noch einmal mein altes Brandenburg wieder. O Heimath, liebe, alte Heimath!

Der Vorhang fällt.
Ende.

ERZÄHLUNGEN

POGGFRED

KUNTERBUNTES EPOS IN 12 CANTUSSEN

Meinem Freunde
Richard Dehmel
zu eigen

ERSTER CANTUS

„O Boccaccio, göttlicher Schmetterling,
dies Häufchen Gemüse in Einer Schüssel;
das wär' was gewesen für Deinen Rüssel,
wenn nicht auch Dir der Spaß verging!"
Richard Dehmel.

Dies ist ein Epos mit und ohne Held,
Ihr könnts von vorne lesen und von hinten,
Auch aus der Mitte, wenn es euch gefällt.
Ja, wo ihr wollt, ich mache nirgends Finten,
Klaubt euch ein Verslein aus der Strophenwelt!
So sucht ein Kind im Kuchen nach Korinthen.
    Ob sie euch schmecken, kümmert mich fürwahr nicht;
    So lest denn mit Geduld! Meintwegen garnicht.

Zwar wähl' ich mir ein fremdländisch Gewand:
Ich greife zu Ottaven und Terzinen.
Doch werd' ich Dich, mein deutsches Vaterland,
Deshalb nicht weniger adrett bedienen.
Die Stanze ist mir nur der Zellenstand,
Den Honig bringen meine heimischen Bienen.
    Und der Terzinen Sankta Trinitas
    Dämmt die Gedankenflut ins rechte Maß.

Was thu' ich nun hinein in die Behälter?
Erinnrung? Traum? Erlebnis? Phantasie?
Ich habe Angst, mein Blut wird täglich kälter,
Zum Teufel geht allmählich der Esprit.
Zusammen schab' ich drum, eh immer älter,
Die schäbigen Reste meiner Poesie.
    Denn vor mir, eine greuliche Pagode,
    Hockt steif des Dichters „zweite Periode."

Oh, da wirds eisig, „objektiv" wirds da,
Der Springinsfeld setzt ruhiger den Fuß
Und ruft nicht mehr sein lustiges Hurrah.
Trübsinnig hört er fernen Sängergruß,
Am Ende kommt noch gar das Podagra,
Auf alle Farben fällt ein grauer Ruß.
    O Jemine, so sinkt die Kraft der Jugend,
    Verwandelt sich in wermutvolle Tugend.

Nein, nein! Noch nicht! Noch immer, kommts drauf an,
Sitz' ich im Sattel zweiundsiebzig Stunden,
Noch immer pfeif' ich auf Hans Biedermann,
An keine Regel, nur an mich gebunden;
Und was für Fallen mir der Schmerz ersann,
Noch hab' ich stets die Rettungsthür gefunden.

Noch fließen meines Lebens rote Wellen,
Und kunterbunt versprudl' ich meine Quellen.

Noch lieb' ich, fleißig mich im Tanz zu drehn,
Mit Freunden um den Ehrenpreis zu schwimmen,
Mit hübschen Mädchen durch den Wald zu gehn,
Die höchsten Alpenspitzen zu erklimmen,
Früh auf dem Anstand tief im Tau zu stehn,
Wie Hagen über Hundsvolk zu ergrimmen.
　　Ja, immer ist mir noch „Lex mihi Mars"
　　Bedeutend lieber als: lex mihi Ars!

Von meinen Schlössern fern und fern der Stadt,
Inmitten zwischen Wiesen, zwischen Hecken,
Liegt aller Welt und alles Lebens satt,
Spielt einsam unterm Blumenflor Verstecken
Ein simpel Häuschen, wie ein weißes Blatt,
Das keine Lästerzunge kann belecken.
　　Sein Name ist Poggfred, hochdeutsch Froschfrieden,
　　Denn Friede ist den Fröschen da beschieden.

Von einem Seitentürmchen seh' im Kreise
Ich meine Haide, meine Wälder liegen.
Aus meinem Garten tönt die alte Weise,
Wenn Wind und Wetter meine Bäume biegen.
Mein Herd empfängt mich wie nach lästiger Reise,
Die wilden Wolken laß ich weiterfliegen.
　　Willkommen, Einsamkeit, du vornehm Land,
　　Wie sind mir deine Sterne wohlbekannt!

Und all die lieben Plätze rings umher
In Knick und Torfbruch, Brache, Teich und Moor!
Die Nacht verflüchtigt sich; und Lucifer,
Der letzte Stern, verbleicht im Morgenthor.
Die Sonne trennt sich aus dem fernsten Meer,
Ein Reiher hebt sich schwer aus Schilf und Rohr
  Und schüttelt sich aus Flaum und Flunk den Tau,
  Der Tag ist da und zeigt ein mürrisch Grau.

Von jenem Turm aus sah ich diese Nacht
Die Erde, ja, die ganze Erde brennen.
Ein einziges Flammenchaos war entfacht,
Ich konnte Einzelheiten nicht erkennen.
Tief aus der wundervollen Feuerpracht
Erscholl ein Jammern, Fluchen, Schreien, Rennen.
  Die letzte Riesenlohe schoß herauf,
  Dann stürzten Tod und Leben wüst zu Hauf.

Und aus der Stille, aus dem Aschenkrug,
Als Qualm und Schuttstaub sich verzogen hatten,
Erschien ein Engel, dessen Rechte trug
Hochhaltend eine Fackel durch die Schatten,
Er nahm zum Himmel seinen graden Flug,
Als wollt' er dort den Thatbericht erstatten.
  Ich sah ihn fliegen, schweben, höher steigen,
  Um sich vor Gottes Antlitz zu verneigen.

Und Gott trat vor aus einer Ätherlücke,
Rechts vor ihm Christus, links saß Jupiter.
Und hinter ihm, auf einer rosigen Brücke,
Stand ungezählt der Heiligen frommes Heer.
Der Engel naht in hocherglühtem Glücke
Und überreicht den Rest der Erdenmär.

Der Allerhalter beugt sich lächelnd nieder
Und nimmt die Fackel, und verschwindet wieder.

Das Türmchen hab' ich selber aufgesetzt,
Es dient als Schmuck dem Häuschen und als Warte.
Bin ich in Poggfred, flattert windzerfetzt
Vom Söller trotzig meine Hausstandarte.
Wie hat es heimlich oft mein Herz ergetzt,
Wenn hin und her die Flaggenstange knarrte.
 Zuweilen murrt ein Donnern, fern und dumpf:
 Mein Nordsee-Küstenstrich kartaunt Triumph.

O Nordsee, Mordsee, o du Bild der Kraft!
Wie steht die Brandung an Norwegens Klippen!
Vom Raubzug kam der Wiking bärenhaft,
Die Robbenjacke panzert ihm die Rippen.
Wen bringt er mit in die Gefangenschaft?
Wen landet er? es scheinen noble Sippen.
 Prinzessinnen von Südsiciliens Thron
 Und einen jungen griechischen Königssohn.

Dort, wo der Fels weithin sich stieß ins Meer,
Steht ein Altar mit schwarzer Marmorplatte.
Die Platte glänzt, die Luft ist wolkenleer;
Viel gelbe, rote Rosen trägt der glatte,
Geschliffne Stein, sie spiegelnd voll Begehr,
Als fühlt' er seine Fracht, die farbensatte.
 Der Weihrauch steigt aus Becken rechts und links,
 Stümprig tönt die gestohlene Syrinx.

Geräte, Waffen, Purpur, Schmuck und Gold
Sind vor des Altars Stufen hingetragen.
Die Beute ists. Der listige Würfel rollt.
Gierige Blicke. Jubel. Mißbehagen.
Jetzt um die Weiber! *Die* fällt *mir* zum Sold,
Ich hab drei Dutzend Männer drum erschlagen!
    Nein mir! Und enggedrängt, ein Rudel Rehe,
    Erwarten sie des Schicksals süßes Wehe.

Nun bleibt der zarte Griechenknabe noch,
Sein schwarzes Auge düstert in die Menge:
Zu wem muß er, der Fürst, ins Sklavenjoch?
Da reckt sich einer edel im Gedränge:
„Dem Häuptling, mir allein gehört er doch!"
Und wendet sich zu ihm mit milder Strenge:
    „Zwei Königssöhne, komm! ich blond, du dunkel,
    Zwei Sterne stehen wir im Kampfgefunkel.

Auf *einem* Drachen, sei mein Freund, zusammen
Besitzen wir die Welt zu Ohdins Ehre!
Zwei Jarle sind wir, die von Göttern stammen!
Den einen schützt des andern Schlachtenwehre!
Zusammen wollen wir den Orlog rammen!
Zusammen pflücken wir die Siegesbeere!"
    Ein tausendstimmig Skaal brüllt durch die Ruder,
    Es blitzt der Humpen für den neuen Bruder.

So steh' ich oft in Träumen auf den Deichen;
Wie hab' ichs oft in Wirklichkeit gethan!
Und angenagte, angeschwemmte Leichen
Seh' ich, und manchen umgeschlagnen Kahn.
Und Trümmer, mörderische Schiffbruchzeichen,
Tanzen auf Wellenbergen im Orkan.

Der Regen stürzt, die Nacht fällt wie ein Tuch,
Der Sturm erstickt sogar Poseidons Fluch.

Doch was die Flut gebracht, die Ebbe nimmt
Und führt es wieder weg und sinkt und strebt.
Wie still es wird! Auf Wattenprielen schwimmt
Der Austerndieb; die Wimmermöve schwebt.
Der Seehund wärmt sich, und das Meerweib stimmt
So süßen Sang an, daß mein Herz erbebt.
    Ein weißes Wölkchen kriecht, hoch, hoch, im Blauen;
    Ich kenne dich: du schwillst zu neuem Grauen.

Und wieder kommt die Flut. Erst rillt sie an,
In langen Strichen perlt sie, und bedeckt,
Im Anfang langsam, bald den leeren Plan,
Bis sie das altgewohnte Ufer leckt.
Sie steigt und steigt zu ihrer höchsten Bahn,
Hat alles Leben wieder aufgeweckt.
    Und Welle wächst aus Welle und zerfließt,
    Und bäumt von neuem hoch und drängt und gießt.

Hinein ins Boot! Mein alter Schiffer sitzt
Am Segel; ich, am Steuer, luge aus.
Schräg liegt der Dullbord. Wie die Woge spritzt!
Klatsch! eine Ladung über Hut und Flaus.
„Ree!" Flattern! steif und straff! Den Blick gespitzt,
Pfeilgrad durchschneiden wir den Wassergraus.
    Um uns die wilde See wie Berg und Thal,
    Ein einziger, aufgeregter, flüssiger Stahl.

Die Dämmrung kommt. Wie schaurig wird die See!
Die Wellen poltern fort und fort, zerschäumen.
Gigantische Nordseewolken! Herrlich! „Ree!"
Ein letzter Lichtstreif gähnt aus dunklen Säumen.
Ein schwarzer Vogel senkt die Fittige
Und fliegt uns vor. Dem Tode zu? den Träumen?
    Der Himmel färbt sich immer abendblasser;
    Wohin das Auge reicht, nur Luft und Wasser.

O heilig Meer! Furchtbare Einsamkeit!
Wie fällt die Stickluft aller Erde ab!
In grenzenloser Abgeschiedenheit
Deckst du die Tiefe übers große Grab.
Begrabe auch die Wirren meiner Zeit,
Zieh in den feuchten Schlund den Haß hinab!
    Schick deine Brisenfrische Stirn und Sinnen;
    „Ree!" Flattern! Klar! Schon rundet sich das Linnen.

Ich hör die Stürme in den Schlaf herein,
Es schwankt mein Bett, es bangt mein Poggfredhaus.
Rüttelt der Sturm schon meinen Leichenstein?
Sinds Geister? Still, du mitternächtiger Graus!
Heda, was wollt ihr? Mahnen? Prophezeihn?
Ihr findet mich bereit zu jedem Strauß!
    „Froschfriede" heißt mein Schlößchen! Ruhig, Hunde!
    Bertouch, mein greiser Diener, macht die Runde.

Von meinen Ahnen einer hats gebaut,
Der zeitig schon die Menschen kennen lernte,
Der früh zurück sich zog aus Lärm und Laut,
Sich mit Behagen aus dem Klatsch entfernte,
Der vorm Alleinsein niemals sich gegraut,
Sich gern schnitt einsamer Gedanken Ernte.

Beim Glase hat er manche Nacht gesessen,
Um Leid und Lebensschmerzen zu vergessen.

Das ist Philosophie, warum denn nicht?
Ein Trinker, der sich selbst nur hat beim Weine,
Der erst zur Ruhe geht beim Morgenlicht,
Das ihm die Nase tupft mit Glorienscheine,
Und heimst er Zipperlein auch ein und Gicht,
Und werden stöckrig endlich auch die Beine:
      Ihm wars Plaisier, es hat ihn nicht verdorben,
      Und am Burgunder ist er dann gestorben.

Ich wohn' in meinem Jagdhaus freilich nur,
Wird mir einmal zu arg die wilde Welt;
Dann findet sie so leicht nicht meine Spur,
Ich hab ihr alle Schlüssel abgestellt,
Und abgestellt hab' ich auch meine Uhr,
Daß sie mir nicht die kurze Zeit vergällt.
      Denn mehr als Wochen mag ichs mir nicht gönnen,
      Sonst fürcht' ich, nicht ins Joch zurückzukönnen.

Doch die paar Wochen bin ich zu beneiden,
Mag nun Frau Holle ihre Kissen schütteln,
Mag mir der Sommermond Gesichter schneiden,
Mag mir der Sturm im Herbst die Fenster rütteln,
Mag Frühlingsregen blümen meine Weiden:
Stets wachen Riesen mit gewaltigen Knütteln
      Vor meiner Eingangspforte und besingen
      Den, der es wagen sollte einzudringen.

Eh noch die Sonne aus dem Meere steigt,
Wenn mir der Traum noch seine Männchen macht,
Wenn mir der Traum noch ferne Sterne zeigt,
Wenn mir im Traum ein Ungeheuer lacht,
In dunkler Wolke hold ein Engel geigt,
Hat ein Gefährt mir alles das gebracht,
    Was zu des Leibes Notdurft keiner mißt,
    Der nolens volens Gast auf Erden ist.

Um zehn Uhr kommt ein Reiter angesprengt,
An jedem Tage, das ist mein Courier,
Dem um die Schulter eine Tasche hängt,
Darin er Briefe birgt und Druckpapier;
Zuweilen ist sie übervoll gezwängt,
Daß schwer zu tragen haben Mensch und Tier.
    Oft, schließ ich auf und spreng' ich Lack und Schnur,
    Verschüttet mich die deutsche Litteratur.

Die deutsche Litteratur, was wird mir weh!
Doch hab' ich jetzt von ihr nicht zu berichten,
Nur das noch zu erzählen, daß als Fee
Mein alter Kammerdiener seine Pflichten
Bei mir versieht vom Kaffee bis zum Thee,
Und der versteht, bonnes grâces, nichts von Gedichten.
    Grüß Gott, Poggfred! Den Namen laß ich laufen;
    Sollt' ich ihn etwa Veilchenthälchen taufen?

Heut hatt' ich meine Flinte umgehangen,
Um ins Gehege auf die Pirsch zu gehn.
Als über eine Blöße ich gegangen,
Fand ich an einem Birkenstämmchen stehn
Dort einen Clown mit buntbemalten Wangen,
Wie wir im Zirkus alle ihn gesehn,

Wenn er uns Pudel vorführt oder Schweine
Mit andern schönen Künsten im Vereine.

Er blies auf einer Flöte, die er quer
Den Lippen hielt, aus Mozarts Don Juan
Das Menuett. Da, aus den Büschen her,
Erschienen Hand in Hand, wie ganz im Bann,
Cäsar und Hannibal, in Waffenwehr,
Auch Fritz, Napoleon, als Viergespann.
      Sie kamen im Kostüm herangezogen,
      Wie wir schon früh sie sehn auf Bilderbogen.

Sie waren hager, häßlich, schmächtig, klein,
Der Korse auch, wie zu Marengos Tagen.
Die tanzten nun und mußten Bein an Bein
Im Rokokogetrippelschritt sich plagen,
Und schauten mürrisch und verdrießlich drein,
Und fanden an der Sache kein Behagen.
      Der Clown blies ruhig seine Melodie,
      Und wie ein Affe folgte das Genie.

Ich bog mich vor, verwirrt, erstaunt, erstarrt,
Und ich sah Cäsar, und ich sah sein Glück,
Und wie er in Kleopatra vernarrt,
Und wie er sich vom Himmel riß ein Stück,
Wie Brutus an der Säule auf ihn harrt,
Und wie der Göttliche sank ins Nichts zurück.
      Ich dachte seiner ungeheuern Schulden,
      Und seine Gläubiger mußten sich gedulden.

Des großen Königs Auge flammt empor,
So sah er bei Kolin wohl in die Runde,
Und wie er einritt durch das Kränzethor
Nach sieben Jahren, mit der Kraft im Bunde.
Ich sah, wie er den letzten Blick verlor,
In letzten Schmerzen, in der letzten Stunde
    Nach Marc Aurelens Büste starr gewendet,
    So hat der größte Preußenheld geendet.

Der Imperator stand vor Moskaus Flammen
Und schaute noch einmal zurück ins Feuer,
Und seine Grenadiere ließ er rammen
Den Totensteg nach Frankreich, kein Bereuer.
Er rafft bei Waterloo sein Ich zusammen,
Und hat sein letztes Pulverabenteuer.
    Und auf Sankt Helena benagt sein Herz
    Ein Rattenvölkchen ohne Scham und Schmerz.

Den Punier sah ich auf dem Elefanten
Im roten Byssusturm, und eine Binde
Verdeckt das eine Auge dem Giganten,
Er streckt den Arm im scharfen Alpenwinde
Und zeigt den Weg, den lichtblau überspannten,
Der Himmel lächelt seinem Sonntagskinde.
    Er öffnet seinen Onyxring zum Trunke;
    Verfolgt, gequält erlischt ein Götterfunke.

Der Narr fiel aus dem Menuett indessen
In einen Marsch und wilden Kriegeston,
Nun muß sich Hannibal mit Cäsar messen
Und Friedrich boxen mit Napoleon;
Und, intressant, mit Fauststoß und Finessen
Sucht jeder Lorbeer sich und Ruhmeslohn.

Der Brandenburger schlug den Franzenstreiter,
Die andern stritten unentschieden weiter.

Da schrie dem Clown ich zu: Halt ein, du Schuft!
Und riß das Pfeifchen ihm von seinen Zähnen,
Und hieb den Kerl, und alles schwand in Duft,
Erschöpft muß ich mich an ein Bäumchen lehnen.
Und um mich her wards still wie Grab und Gruft,
Und nichts mehr ließ mich jenes Spukbild wähnen.
    Nur schwang den Krückstock noch der alte Fritze:
    Laß er hinfüro solche Schelmenwitze!

Zweiter Cantus

> „Er hat noch nie die Furchtsamen beglückt,
> der alte Gott.
> Er gab dir deinen Hunger, deine Hände:
> Greif zu und iß – dann dulde!"
>
> *Richard Dehmel.*

In dieses Lebens ewigen Kümmernissen
Weiß ich ein Schloß, Chateau d'amour genannt.
Von Rosen rings umsponnen und Narzissen,
Träumt dort ein einsam stilles Wunderland,
Tagüber läßt es tausend Fahnen hissen,
Scharlachen brennend wie der Herzensbrand.
    Nachts, wenn im blauen Schein die Berge hängen,
    Horcht Eros kichernd auf den Marmorgängen.

Und schöne Paare wandeln auf den Steigen,
Von Amoretten selig überflogen,
Versteckte Lauben üben sich im Schweigen,
Von kleinen Silberwolken überzogen,
Ein Schumannlied von hundert sanften Geigen
Klingt aus den Sälen durch die Säulenbogen.
    Und schwarzverhüllte, schwergeschiente Ritter
    Behüten streng des Gartens goldne Gitter.

Und sie hieß Fite ... Wie die Flocken toben
Und durch die Fenster rauh um Einlaß bitten!
Ein neues Scheitholz, in die Glut geschoben,
Giebt ihnen Antwort: das wird nicht gelitten.
Und auch dem Sturme, der mit seiner groben
Gewalt klopft, hat den Eingang abgeschnitten
    Behaglichkeit, die meinen Poggfredräumen
    Die weichen Polster rückt zu Trost und Träumen.

Und sie hieß Fite ... Kleines liebes Tier,
Wo kommst du jetzt nach dreißig Jahren her,
Und grade du aus aller Frauenzier,
Und grade du aus jenem Blütenmeer,
Das ich durchschwamm als loser Kavalier
Mit leichtem Sinn und glühendem Begehr.
    Was willst du? Noch einmal dein Köpfchen lehnen
    An meine Brust? Ich soll mich nach dir sehnen?

Und sie hieß Fite ... Einfacher hat nie
Sich je so ein Affairchen eingeleitet.
Ich ritt durch meiner Felder Poesie,
Da steht sie mit der Sichel und bereitet
Der Garben segenschöne Symmetrie,
Und meine Augen haben sie begleitet.

Kennt sie mich schon? Ich hab sie kaum beachtet,
Doch blitzschnell hat mein Herz nach ihr geschmachtet.

Was ist die Liebe? Ists ein heller Stern,
Der plötzlich leuchtet, den wir nie geschaut?
Ists ein Erinnern, das unnennbar fern
Uns däucht und nun in unsre Seele taut,
Jäh aus der Schale springt und einen Kern
Uns zeigt, so voller Süße, daß uns graut?
    Ich bin dir gut. Du bist mir gut. Nichts weiter.
    Dann klimmen wir hinauf die Himmelsleiter.

Was ist die Liebe? Nur ein schnelles Zittern,
Nur Hast und Drang zu flammendem Erguß,
Aus kurzem Wetterleuchten zu Gewittern
Führt uns den schwülen Weg *ein* heißer Kuß,
Es kracht im Forst, und unter tausend Splittern
Sprießt auf ein neues Reis, das ist der Schluß.
    Was darauf folgt, ist, mäkelt oder lacht,
    Philisterpunsch und der Gewohnheit Macht.

Was ist die Liebe? Komm, mein Weib, komm her,
Lehn dich an mich, ich lehne mich an dich
Und küsse dir die Hände, die ein Heer
Von Lebensgreueln wandten fürsorglich,
Mein bester Freund, mein Trost, wenn kummerschwer
Verzweiflung schrie, Verzagtheit mich beschlich.
    Im Sterben noch, bin ich zum Tode krank,
    Lall ich mein letztes Wort für *dich:* hab Dank.

Was ist die Liebe? Nur ein einziger Tag,
Gelebt, gejauchzt, gerast im Paradiese,
Dann folgen Bitternisse Schlag auf Schlag,
Wir seufzen: Hätt' ich doch ... o, die Bêtise!
Und was mir einer auch entgegnen mag,
Mir wird chokant die immer gleiche Lise.
　　Abwechslung muß ich haben. Und die Treue?
　　Kenn' ich denn kein Gewissen, keine Reue?

Und sie hieß Fite ... Kleine Reizende,
Wie zart du warst, wie blaß und schmal die Backen!
Am selben Abend schlugst du, ranke Fee,
Die dünnen Ärmchen schon um meinen Nacken,
Wir standen mondbeglänzt im Wiesenklee:
Komm an mein Herz, du sollst dich nicht mehr placken.
　　Als hättest du dich lang nach mir gesehnt,
　　Hast du dein Haupt an meine Brust gelehnt.

Und weißt du noch, wenn wir inkognito
Im fremden Städtchen, fremden Dorf uns schwangen
Im Liebeswalzer, lebenstoll und froh,
Und wie wir beide durch die Wälder sangen,
Uns, ganz nur uns, in dulci jubilo!
In Poggfred hielt ich heimlich dich gefangen,
　　Und mich, den Schließer, legtest du in Ketten,
　　Mein Arrestant schlief aus in Seidenbetten.

Seltsam Geschöpfchen, stehst du neben mir
Mit deinem kalten Blick, mit deinem Leuchten
Plötzlich aus dunklem Schleier, bist du hier?
Dein Eigensinn, dein Trotz, die oft mich scheuchten,
Und deine leidenschaftliche Begier,
Dein unheimliches Stummsein, die mir däuchten,

Als hätte dich ein kranker Stern verbannt,
In Wut auf unsre Erde dich gesandt.

Entsinn' ich mich, es war ein feuchter Tag,
Ein Frühlingstag, die Nachtigallen schlugen,
Du spielst mit meinem Damaskdolche zag,
Wer weiß, wohin dich die Gedanken trugen;
Du hebst dich blitzend, in den Silberschlag
Stößt du zurück ihn, deine Augen lugen
        Schräg, halbgeschlossen wieder, zu mir hin,
        Die Wahnsinnsaugen einer Mörderin.

Dann kam ein schnelles, kindliches Gelächter,
Daß ich entsetzt dir beide Hände hielt,
Als klebte Blut daran: Bist du ein Schlächter?
Was wolltest du, sprich! wer so furchtbar zielt,
Ist alles Lebens, aller Welt Verächter;
Hast du nach meinem Herzen hingeschielt?
        „Das Messer? Da! weg!" riefst du lachend aus,
        Und klirrend flogs in einen Rosenstrauß.

In eine Vase, drin viel Rosen prangen,
Fiel es hinein; die gelben und die roten
Verbargen gütig, liebreich, und verschlangen
Den gierigen, fürchterlichen Todesboten,
Und hielten ihn wie einen Schatz gefangen,
Und ihre Feuerfarbenprächte lohten.
        Du hingst an meinem Hals; wie eine Quelle
        Hört' ich dich schluchzen, eine leise Welle.

Und sie hieß Fite ... Warum kann ich nur
Die blassen grauen Augen nicht vergessen?
Ihr lichtbraun Haar, und wie sie stumm und stur
Die Finger pflegte um den Hals zu pressen.
Ihr liebster Schmuck war eine Blütenschnur
Von rotgefleckten Kapuzinerkressen.
    Dann war sie schön wie Lionardos Bilder.
    Doch Einmal sah ich sie noch schöner: wilder.

Zum Rennen war nach Hamburg ich gefahren,
Und hatte, wie sich das von selbst versteht,
Ein Spiel nachher gemacht mit Turfhusaren.
Ich war, es bleibt mir einmal ein Magnet,
Nicht grade hingegangen, um zu sparen.
Und daß ichs immer sage, ganz diskret,
    Nur fünfzig Pfennig nannt' ich spät mein Eigen,
    Doch mein Bankier weiß morgen schon zu schweigen.

So ging ich denn, der Sekt war mir bekommen,
Erleichtert und begeistert durch die Gassen,
Und hatte kreuz und quer den Weg genommen,
Und sah, es schlug drei Uhr, im ersten blassen
Frühschein die Stadt der lieben, guten, frommen
Beefsteakvertilger und gefüllten Kassen.
    So gegen vier, in jeder Metropole,
    Giebts wirklich Straßen ohne Saum und Sohle.

Es ragten über Brücken fort und Fleete,
Phantastisch, in geheimnisvollem Dämmer,
Neubauten, fern, wie Zinnen, Minarete,
Dumpf klang von weitem her Fabrikgehämmer,
Es heult der Schiffssirenen Dampftrompete,
Im Osten lagern rote Wolkenlämmer.

Ein kurzer, scharfer Wind kam mit der Sonne,
Nun ist ein guter Cognac eine Wonne.

Wo find' ich diese Wonne? Dann ein Bad,
Und dann zu Bett, und bis zur Mittagszeit
Geschlafen. Bin ich müde, ach! Es hat
Das Jeu mich doch erregt. Wie liegt so weit
Poggfred, und liegt so nah. Hätt' ich die Stadt
Erst hinter mir, daß Fite mir verzeiht!
    Glück in der Liebe, und ich *bin* verliebt,
    Unglück im Spiel. Was? Träum' ich schon? Wer giebt?

Und ich trat in ein Nachtkaffee hinein.
Was alles sitzt in solchem Nachtkaffee!
Louis, Verkommne, elend und gemein,
Schauspieler, ein verkappter Attaché,
Der Tingeltangelsänger Stutzenstein,
Herr Lieutenant, in Civil, von Igelsee,
    Und Gott weiß wer, wie nenn' ich Stand und Namen,
    Natürlich bunter Reihe mit den Damen.

An einem Marmortischchen neben mir
Saß ein pompöses Weib mit einem Herrn,
Siebziger sicher, der als Busenzier
Von Fabelwert trug einen Nadelstern.
Und dieses alte, öde Ekeltier
Trank mit ihr eine Flasche Haute Sauterne.
    Er hatte sich das Weib gekauft, nun ja,
    Die Welt ist einmal so: Pecunia.

Ein Sirup- oder Saffianmakler, denk' ich,
Mag er gewesen sein; was gings mich an.
Doch meine volle Aufmerksamkeit schenk' ich
Der Nachbarin; auch sie wirft dann und wann
Mir einen Blitz, und immer kühner senk' ich
Die Augen in der ihren Zauberbann.
    Es wurden uns, was soll ihr noch der Greis,
    Die Herzen und die Seelen siedeheiß.

Ein Lächeln, ganz verstohlen hin und her;
Verständnisvoller werden unsre Blicke.
Sie kokettiert mit mir, sie will noch mehr,
Sie bindet fester um mich ihre Stricke
Und sendet Fragen mir ein ganzes Heer,
Daß lebhaft Antwort ich hinüberschicke.
    Und zappelnd steck' ich in der Liebesmasche,
    Und hatte fünfzig Pfennig in der Tasche.

Ein letzter Wink. Sie hatten sich erhoben.
Ich hinterher. Wie? Ist ein Streit entstanden?
Etwas vergessen? Er kehrt um nach oben.
Und eh Sekunden zu Minuten schwanden,
Wars schon gethan. Nun laß den Alten toben!
Wo werden wir in unsrer Droschke landen?
    Ein wenig kleinlaut mußt' ich ihr gestehen,
    Daß ich zufällig nicht mit Geld versehen.

Sie lacht mich aus. Und wie zwei wilde Flüsse,
Die endlich, endlich ineinanderfließen,
Sind unsre Freuden, unsre Glutergüsse
Ein tosend wirbelndes Zusammengießen.
Halt ein, ich sticke! Küssen folgen Küsse,
Himmel und Hölle balgen ums Genießen.

Indessen rumpelt unser Kab gemächlich,
Worauf ich reime: Das ist nebensächlich.

Ah, ihre Wohnung! Alle Wetter auch!
Mit Pantherfellen, Bronzen und Liqueur.
Von heißer Platte zieht ein feiner Rauch
Aus Räucherwerk und Kiss-me-quick-Odeur.
Und was zum Leben, was zum Luxus Brauch,
Besitzt im Überfluß mein joli cœur.
  Und hier im Hause meiner Favorite
  Vergaß ich Poggfred und – die kleine Fite.

Vergaß sie eine ganze Woche lang
Und wachte auf im Venusberg und wollte,
Die Stirn mir reibend, weg aus diesem Zwang,
Doch Aphrodite litt es nicht und grollte,
Daß kläglich jeder Fluchtversuch mißlang,
Und wenn ich flehte, weinte sie und schmollte.
  Ich raffte mich zusammen: Morgen früh,
  Zum Geier, hört es auf, dies Impromptü.

Am letzten Abend, als ichs ihr gestand,
Daß ich durchaus nach meiner Heimat müßte,
Sah sie mich fragend, forschend an und schwand
Und kam zurück von einer fernen Küste,
Aus Gräcia, und trug ein reich Gewand,
Weingrün, das herrlich Hals ihr schloß und Büste.
  Mit Perlen war ihr schwarzes Haar durchflochten.
  Mein Herz, mein Hirn und meine Adern kochten.

Sie ließ sich nieder auf ein Tabouret,
Ich sinke zu ihr, ihre Knie umschlungen,
Sie streichelt mir den Scheitel, sagt Valet,
Ganz leise, und ich habe schwer gerungen.
Da seh' ich, in Gedanken? ein Stilet,
Und bin vom Boden jählings aufgesprungen.
    Denn in der Thür, was starrst du, Aphrodite,
    Steht fahl und totenbleich die kleine Fite.

Sie trug ihr einfach bäuerlich Gewand,
Wie damals ich sie fand am Herbstesthor;
Den Dolch, von meinem Schreibtisch, in der Hand
Gesenkt, wie spielend, tritt sie langsam vor
Und sieht mich an, ich steh wie festgebannt,
Schaut lächelnd, wie zu Sternen, irr empor.
    Ein Tigersatz, die Griechin schwimmt im Blute,
    Das alles blitzt im Zehntel der Minute.

Und sie hieß Fite ... Wie die Flocken toben
Und durch die Fenster rauh um Einlaß bitten!
Ein neues Scheitholz, in die Glut geschoben,
Giebt ihnen Antwort: das wird nicht gelitten.
Und auch dem Sturme, der mit seiner groben
Gewalt klopft, hat den Zutritt abgeschnitten
    Behaglichkeit, die meinen Poggfredräumen
    Die weichen Polster rückt zu Trost und Träumen.

Und sie hieß Fite ... Kleines liebes Tier,
Wo kommst du jetzt nach dreißig Jahren her,
Und grade du aus aller Frauenzier,
Und grade du aus jenem Blütenmeer,
Das ich durchschwamm als loser Kavalier
Mit leichtem Sinn und glühendem Begehr.

Was willst du? Noch einmal dein Köpfchen lehnen
An meine Brust? Ich soll mich nach dir sehnen?

Dritter Cantus

> „Klingklang: neues Glas! trinkt! wir schweben
> *über* dem Leben, an dem wir kleben!
> Hoch!"
>
> *Richard Dehmel.*

Ein warmer, wundervoller Tag der Ruth.
Ich streife, schußgehalten mein Gewehr,
Im Drillichkittel, mit dem Jägerhut,
Durch Stoppeln und an Knicken hin und her,
Durch Kohl, Kartoffeln, wies der Jäger thut,
Macht er im Herbst den Hühnern viel Beschwer.
    Die Hitze wächst, die Beute wuchs zu Hauf,
    Ich suche wieder plane Wege auf.

Und mich begleitet bald ein Frauenzimmer,
Ein Weib in togaähnlichem Gewand,
Stumm, ernst; wie sticht sie ab vom Sonnenschimmer!
Und ich geriet nicht außer Rand und Band,
Erschrak auch nicht, ihr Trugbild stört mich nimmer,
Bis ich den Blick von ihr doch mißlich fand.
    Wer bist du, fragt' ich, bist du die Meduse,
    Willst mich versteinern? – Ich bin deine Muse.

Und langsam sprach sie weiter: Höre mich,
Was schiltst du unaufhörlich meine Güte
Und machst mich lächerlich? Besinne dich,
Was soll dein Spott! Ich brach dir manche Blüte
Vom grünen Baum, und gab dir schwesterlich,
Und sah, wie deine Stirn begeistert glühte.

Und du, du schmähst mich eine alte Vettel,
Verlachst, wie du es nennst, den dummen Bettel.

Und sie verschwand, verworren blieb ich halten,
Gern hätt' ich um Verzeihung sie gebeten,
Doch wars zu spät, und meine Bitten schallten
In leere Luft; und hätt' ich auch Trompeten
Ihr nachgeschickt, Gekrach aus Wolkenspalten,
Sie wäre nicht zu mir zurückgetreten.
    Und ich ging sinnend fürder meinen Pfad:
    Bleib, Muse du, mein lieber Kamerad!

Zwar Dichter sein in Deutschland, ist die Zeit
Nicht längst vorbei, wer hört und liest Gesänge?
Wer ist zu stiller Einkehr noch bereit
In unsrer Tage wüstem Schlachtgedränge?
Und doch, wer sehnt sich nicht hinaus, weit, weit
In eines sanften Thales schattige Gänge,
    Einmal der Weltenwirrnis zu entlaufen
    Und sich im Dichtergarten zu verschnaufen.

Mir fällt aus Byron eben ein: „Denn wißt,
Den goldnen Fittich zarter Poesie
Zerzaust der Erde Sturm und Zank und Zwist.
Ein Paradiesesvogel, schmachtet sie,
Heimwärts zu fliehn; sie findet schnell und trist,
Ihr Flügel stimmt zum Erdennebel nie."
    So singt in Dantes Weissagung Mylord.
    Und noch von ihm ein andres hohes Wort:

„Poeten giebts, die ihre Poesie
Niemals geschrieben, und vielleicht die besten;
Sie fühlten, liebten, und dann starben sie,
Sie liehn der Welt ihr Feuer nicht, sie preßten
Den Gott zurück, von dem die Seele schrie,
Und kehrten lorbeerlos zu sternigen Vesten."
    Das sang der Britte, von Apoll gefangen,
    Und mir ist die Zigarre ausgegangen.

Nun brennt sie wieder. Und ich schreite zu
Und freue mich des letzten Sommertages,
Der Felder, die, in Wochenbettesruh,
Der Frucht befreit, befreit des Sichelschlages,
Die Scheunen füllten; und in Schrank und Truh
Liegt blinkerblank der Segen des Ertrages.
    Der Bauer fährt ins Städtchen und kauft ein,
    Der Thaler wandert und der Kassenschein.

Die Stare fliegen schon in ganzen Scharen
Und fallen in die hohen Pappelbäume,
Wies immer war seit undenklichen Jahren,
Eh sie nach Süden in das Land der Träume
Sich wegbegeben. Und bei seinen Laren
Schlurft sehnsuchtsvoll der Mensch durch seine Räume.
    An jener Esche mit den roten Beeren,
    Wer steht da, will er Almosen begehren?

Zurück, Diana, her zu mir! Sie wittert,
Sie sträubt ihr Nackenhaar; was hast du, Alte?
Was ist dir denn geheuer nicht? Sie zittert,
Als wenn der Vogel Rock sie fest umkrallte.
Nun wieder giebt sie wütend Hals; erbittert
Die Furcht sie? Her zu mir! Warte doch, halte!

Willst du wohl her, zum Donnerwetter auch,
Seit wann wird Ungehorsam bei dir Brauch?

Wie sonderbar! wie sieht der Wicht denn aus?
Der hat ja Flügel, hat sie festgenommen.
Nun, Lieber, sprich, wo bist denn du zu Haus,
Aus welchem Fabelland bist du gekommen?
Wer schickte dich, verlangst du Streit und Strauß,
Gehörst du zu den Engeln, zu den Frommen?
    Er glotzt mich an; genug nun des Gestarrs! –
    Ich bin Bewohner, hub er an, des Mars.

Nicht heute kam ich an, und auch nicht lange
Bin ich auf Erden, etwa hundert Wochen,
Doch wird mir hier noch immer angst und bange,
Und meine Schläfen, meine Adern pochen,
Und mir ist schwül auf diesem seltnen Gange,
Ich magre ab, denn keiner kann mir kochen.
    Mich sandte her, was mußt du mich erinnern,
    Mich sandte der Minister her des Innern.

Wie? Was? fragt’ ich; habt ihr Minister oben?
Doch möcht’ zuerst ich wissen: die Kanäle,
Die wir dort sehen, sind sie ausgehoben
Von Menschen? wollt’ ich sagen, welche Seele,
Nein, wollt’ ich sagen, sind Geschöpfe droben,
Die sie auswerfen? oder ists Geschäle
    Natürlicher Gewalt, durch Windeswut,
    Durch Feuerschrecken oder Ebb’ und Flut?

Und er: Den Ländern fehlt Bewässerung,
Wir leiden Wassermangel, und so haben,
Das ist Kommando bei uns, Alt und Jung,
Das ganze Volk, bald hier bald dort zu graben,
Je nach der zeitigen Erledigung.
Doch, merkst du nicht? ich will blos Rübchen schaben.
        Mit einem Wort: wollt' ich dir das beschreiben,
        Wo würde deine arme Denkkraft bleiben.

Nur das: wir graben nicht, das sind Maschinen
So wunderbarer Konstruktion, daß du
Sofort den Taumel kriegtest, wenn von ihnen
Ich dir erzählen wollt, laß mich in Ruh,
Ich kann dir mit Erklärung doch nicht dienen,
Du wähntest doch, es sei Theatercoup.
        Im Übrigen, im Allgemeinen, ach,
        Ists wie bei euch: viel Schmerz und Ungemach.

Wir keilen uns, daß uns der Rücken singt,
Wir haben Staatsanwälte, Schuster, Schreiner,
Pedanten, aber alles ist beschwingt,
Geheimrat, Plumpudding und Gravensteiner,
Auch Dichter, die uns aber unbedingt
Mehr sind als euch, denn ihr schätzt Penny a liner
        Entschieden höher; ein Reporterheros
        Ist ja bei euch berühmter als Homeros!

Und eure Gräber? Eine Pulvertonne
Sprengt lustig unsre Toten, simplement.
Nur *eine* Göttin haben wir, die Sonne,
Die bitten wir bei Auf- und Niedergang:
Gieb, Mutter, uns, so viel du kannst, an Wonne,
So viel dir möglich, unser Lebelang!

Und anders auch in unserem Getriebe
Behandeln wir das Futter und die Liebe.

Die Liebe, nein, wie lächerlich ihr seid,
Wie prüde! Ihr betrachtets ja wie Schande
Bei euch im Deutschen Reich, das heißt, verzeiht,
Wohl auch in jedem andern „feinen" Lande;
Die afrikanische Sphinx lag mir zu weit,
Ich hatte keine Zeit nach ihrem Strande.
 Die Liebe auf dem Mars ist nur Natur,
 Uns fehlen Tugendheld und Troubadour.

Doch ich verplaudre mich, ich wollte eben
Zum Fluge, als du kamest, mich bereiten,
In meine schöne Heimat mich begeben,
Wo sich viel Arme mir entgegenbreiten,
Wo, magst dus glauben oder nicht, das Leben
Vernünftiger ist als eure Nichtigkeiten;
 Und mehr des Friedens auch, trotz alledem,
 Verwirklicht sich in unserem System.

Du möchtest gar zu gerne einen Blick
In meine Wunderlandschaft thun, nicht wahr?
So beuge nur ein wenig dein Genick,
Sieh meinem Aufstieg nach, dann wirst du klar
Dort meine Ankunft schauen; nur erschrick
Nicht allzusehr. Leb wohl, Herr Erdbarbar.
 Und wieder dann als kleiner roter Fleck
 Verschrumpft sich dir der Mars zu Himmelsdreck.

Zu Himmelsdreck, pfui, scheußlich! Und es bauschen
Sich seine Flügel, und mit mächtigen Schlägen
Durchfurcht mein Freund die Luft, ich hör' ihn rauschen.
Empor, durch milde Abendröte, schrägen
Sich seine Schwingen, Rosenwölkchen lauschen
Auf seine Fahrt; aus Herrlichkeitsgehägen
  Taucht nun die Nacht, er segelt ruhig weiter,
  Und Flimmergold umglänzt ihn als Begleiter.

Zornfunkelnd blitzt der Mars; da, nicht zu sagen,
Erweitert sich der Stern, die Sonne gießt
Mit einem Mal ihr Licht aus, läßt es tagen,
Und wie sie so die fremde Welt erschließt,
Seh nackt ich einen schroffen Felsen ragen,
Der meilenhoch aus schwarzen Schlünden schießt
  Und dessen Fläche oben breit sich plattet,
  Von keinem Baum, von keinem Dach beschattet.

Inmitten steht ein kleiner Opferherd,
Von Quadern aufgesetzt. Sein weißer Rauch
Strebt kerzengrad ins Blau; und schützend wehrt
Als Polizei, das scheint hier Volksgebrauch,
Ein Ungetüm den Zutritt, scharf bespeert
Mit Stacheln rings um Rücken, Bein und Bauch.
  Nun reckt's den langen Schlangenhals empor,
  Der sich noch höher als der Qualm verlor.

Das Ungeheuer tutet, und es klingt,
Als bläst ein Nachtwächter ins Horn hinein;
Von überall her flattert, flügelt, springt
Ein Heer mit farbigen Fittichen, groß und klein,
Das munter durcheinander schmetterlingt.
Und von Geschöpfen schwirrt der Riesenstein,

Die emsiglich sich hier zusammenschaarten,
Neugierig meinen Gönner zu erwarten.

Und richtig, wieder kommt er mir in Sicht;
Schon stemmt er, wie die Vögel thun, die Füße,
Wenn sie sich niederlassen, vor. Da bricht
Der Jubel los, bis die Willkommengrüße
Vertönen in ein mächtiges Gedicht,
In eine Hymne, eine friedenssüße.
    Dann drängt sich das geehrte Publikum
    Begierig um den Reisenden herum.

Und er erzählt. So ists, wenn Anekdoten
Im Kreise vorträgt einer; alle hören
Andächtig zu, bis beim gelösten Knoten
Der Beifall klatschend tobt in Dankeschören,
Daß Wanst und Zwerchfell zu zerspringen drohten,
Doch ließ sich dadurch nicht der Sprecher stören.
    Was giebt zum Besten denn der Erdverächter?
    Endlos erschallt ein rasendes Gelächter.

Wie bei der Diebslaterne, deren Blende
Sich plötzlich vorschiebt, ists auf einmal dunkel;
Und wieder leuchtet nach der raschen Wende
Das Pünktchen feuerrot im Sterngefunkel.
Vorbei ist mein Geschichtchen und zu Ende,
Im Blattwerk über mir raunt ein Gemunkel:
    Geh mit Diana ruhig jetzt nach Haus
    Und schlafe tüchtig deine Märchen aus!

Den Herd erstrebe ich mit müden Schritten,
Und das Geheimnis all der tausend Welten

Legt mir die finstern Fragen vor und Bitten,
An wen? wer wird die Leiden einst vergelten,
Die täglich, unaufhörlich wir erlitten,
Die uns um manche schöne Hoffnung prellten,
 Vergelten einst mit ewigen Friedenstagen,
 Mit ewiger Vergessenheit uns schlagen?

Umsonst. Nur positiver Glaube rettet.
Doch ruhig wandle, wer nicht glauben kann,
Den Distelweg, ob auch von Neid umklettet,
Mit edelstem Gemüt, ein ganzer Mann,
Der Pflicht gehorchend, die allein ihn kettet,
Frei, stolz und stark, kein Weichling, kein Tyrann,
 Und thue Gutes, sei der Menschheit Stütze,
 Und meide vornehm Sündenpfuhl und Pfütze.

Ei, wie mir scheint, ich werde höchst moralisch.
Schenkt nicht die Erde so viel Seligkeiten,
Schrieb ich nicht eben etwas theatralisch?
Das macht sich so, wenn sich gewisse Zeiten
Einfinden; werden wir nicht klerikalisch,
Wenn wir auf Mittagshöh? Was, Albernheiten!
 Um Gotteswillen: Ich der heilige Anton?
 Nein, lieber Kesselflicker doch in Kanton!

So sei es denn. Ich esse noch und trinke,
Ich bin voll Fröhlichkeit, bin voll Humor.
Und eh in Mystik ich und Deutung sinke,
Komm' ich euch, Freunde, Skaal! das Kelchglas vor.
Da fällt mir ein, ich hasse jede Schminke,
Mir klingt ein altes Lagerlied im Ohr:
 Wie ziehen die Soldaten in den Himmel?
 Täusch' ich mich nicht, auf einem weißen Schimmel.

Wie kommen die Soldaten in den Himmel?
Auf einem weißen Schimmel
Reiten die Soldaten in den Himmel.
Kapitän, Leutnant,
Fähnrich, Sergeant,
Nimm das Mädel, nimm das Mädel,
Nimm das Mädel bei der Hand,
Soldate, Kamerade!

Vierter Cantus

> „Trotzig bellt ein Rehbock in der Ferne
> und ein Kuckuck lacht in meinem Walde."
>
> *Richard Dehmel.*

Erinnrung lieb' ich nicht, denn ist sie gut,
Fällt uns die Kappe „Schwermut" übers Haupt,
Und ist sie schlecht, gleich tobt uns dann das Blut,
Wir sind der frohen Stimmung schnell beraubt;
Drum bin ich immer sehr auf meiner Hut
Und hab' ihr Eingang selten nur erlaubt.
    Vergessenkönnen heißt die große Kunst;
    Der, der sie kann, erfuhr der Götter Gunst.

Doch läßt Erinnern sich nur schwer vermeiden,
Auf Schritt und Tritt folgt uns der Leichnam nach
Und starrt uns an: sie möchte gerne weiden,
Die dumme Kuh, es werden Bilder wach,
Die oft zudringlich sind und unbescheiden,
Es springt ein Pförtchen im Gehirn, ein Fach.

So heute Abend, als ich, wie mir schien,
Unwichtiges verbrannte im Kamin.

Zwei Worte sah zuletzt ich in den Flammen:
„Der Totenaufbau" und „Die zwölf Trakehner".
Die beiden paßten freilich nicht zusammen
Als Fetzen meines Tagebuches; jener
Nicht zu den Hengsten, diese auch verklammen
Sich mit dem Hügel nicht, sind nicht Entlehner.
    Der Reim hat mich geniert, das ist genant;
    Verzeihung! diese Strophe klingt mechant.

Der Reim darf nie genieren. Wie die Katze
Zierlich mit dem gefangnen Mäuschen spielt,
Spielt auch der Dichter bei der Reimeshatze.
Besser wohl *der* Vergleich: er schiebt und zielt,
Wie man Maschinen auf dem Bahnhofsplatze
Rangiert, bis alles seinen Stand erhielt.
    Entsetzlich, wenn der Reim sich unrein gattet!
    Das ist den höchsten Meistern nur gestattet.

Daß jenes manchmal etwas schwierig ist,
Darf niemand merken, das ist erste Regel.
Es wäre der Poet ein schlechter Christ,
Der nicht sein Boot mit gutgestelltem Segel
Gewandt läßt fahren wie ein Seeobrist
Und nicht sein Auge hat auf Riff und Pegel.
    Besonders soll bei Stanzen und Ottaven
    Der Leser freundlichst im Fauteuil einschlafen.

Doch retournons a nos moutons, das sind
Der Hügel und die Hengste. Diese zwo,
Als ich sie brennen sah, zeigten geschwind
Mir meine Villa, nicht in Mexiko,
Sondern am Elbestrand, wohin der Wind
Mich früher vielmal fegte subito.
    Ich liebte, liebe nämlich unser Hamburg,
    Betracht' es fast, als wär' es meine Stammburg.

Sie kostet hunderttausend Mark Courant,
Liegt auf der Landstraße nach Blankenese,
Zu Anfang Flottbeker Chaussee genannt;
Sie heißt, wer weiß weshalb, Cottage Therese,
Das war in Frühlingszeit vorweg mein Land,
Als ich mich noch nicht schund mit Exegese.
    O Hamburg mein, besonders o Charles Neale!
    Denn Ale und Porter trink ich gern und viel.

In Frühlingszeit! und dann die Metropole!
Ich meine Frühling hier dahin verstanden,
Daß ich noch jung war, mit der Tänzersohle,
Mit Blut im Herzen, wo noch Wellen branden,
Wellen der Leidenschaft, die Aureole,
Der Glutglanz meines Leichtsinns noch vorhanden.
    Wohin die Zeiten, wo sind sie geblieben,
    Als ich zugleich konnt' zwanzig Madels lieben!

Ich übertreibe, denn die Prüderie,
Der wir in Deutschland immer sehr gewogen,
Kann ich vertragen nimmermehr und nie.
Die schärfsten Pfeile sendet dann mein Bogen,
Denn häufig ist es nur Bigotterie,
Von falschen Ziehsystemen großgezogen.

Das nebenbei, nun komm' ich zu den Hengsten,
Auch mir hat die Geduld gewährt am längsten.

Nah meiner Villa wohnt als Nachbarin,
„Gleich links," Geheime Rätin Regentropf,
Kommerzienrätin; das liegt schon darin,
Faßt einer Handelsstädten an den Schopf.
Kommerz, Kommerz, o golden ist dein Sinn!
Sogar die Tugend trägt dort goldnen Zopf;
    Die Reiter selbst, wir wollen das beherzen,
    Wie Falke schreibt, sind „reitende Kommerzen."

Ich weiß nicht, was soll stets das Übelreden
Auf einen reichen Kaufherrn; hat der nicht
Durch seine Klugheit Speicher voll und Rheden,
Durch seine Vorsicht, durch sein Suchelicht?
Wenn vom Aequator schwimmt sein Schiff nach Schweden
Und wohin noch, ist das nicht ein Gedicht?
    Und wenn er klüger ist als andre, nun,
    Wir würden alle ja dasselbe thun.

Die Frau Geheimerat war überreich,
Sie hatte hundertneunzig Millionen.
Doch ihr Gemüt blieb vornehm, gütig, weich,
Trotz des Gefolgs von Grafen und Baronen.
Sie gab und schenkte ohne Rangvergleich
Fortwährend ungezählte Doppelkronen.
    Ein kleiner Schalk im Nacken stand ihr gut,
    Witz, Laune, und ein leichter Übermut.

Nur eines konnte nicht die alte Dame
Vertragen: daß ich bessre Pferde schirrte.
Das däuchte, seltsamlich, ihr eine Blame,
Daß mein Geläut am Schlitten heller klirrte,
Daß meiner Wagen, sie versank im Grame,
Lack-Eleganz den Pöbel mehr verwirrte.
 Wir nannten sie die Königin der Chaussee,
 Das wußten sie und ihre Hauslivree.

Wir haben alle unsre schwachen Seiten,
Wir Menschen; dieser sammelt Münzen, Pflanzen,
Der Meißner Porzellan, der Nichtigkeiten,
Ein andrer sieht gern Balleteusen tanzen,
Ein andrer wieder muß die Welt durchschreiten,
Und der hat nur Gefühl für seinen Ranzen,
 Der ist Cellist, und der Gedichteschreiber,
 Ich liebe Grogk von Rum, Hasard und Weiber.

Nun kommts: Ich saß, es war noch früh am Morgen,
An einem heitern Sommertag im Parke,
Und hatte wahrlich keine weitern Sorgen,
Als daß mich stört des Gärtners Kratzeharke,
Ich brauchte nicht zu hungern, nicht zu borgen,
Da sah ich auf der Elbe eine Barke,
 Ein winzig Boot; ein Mann aus Oevelgönne
 Ruderts, der Finkenwerder gern gewönne.

Kein Schiff ist sichtbar sonst, nur er allein
Zieht durch den Strom; so stand wohl jener Alte,
Der einst den Römern fuhr durch Dämmerschein
Im Einbaum zu, mit tiefer Kummerfalte,
Ein Seher seines Volkes, aus den Reihn
Der Edeln ausgewählt, zum Aufenthalte

Bei ihnen, um sie flehend zu bestimmen,
Den heiligen Fluß nicht feindlich zu durchschwimmen.

Und eine Stille wars, da schoß ein Satan,
Torpedodampfer, lautlos durch die Flut,
Von Wilhelmshafen kam der Leviathan,
Trotz seiner Kleinheit Leviathansbrut.
Er kam im allerschwärzesten Ornat an,
Bezaubernd sah er aus in seiner Wut.
    Unheimlich wars, es schien kein Kopf an Bord,
    So pfeilt er durch das gelbe Wasser fort.

Wie war der Friedensmorgen wundervoll!
Die Nachtigallen schlugen wie verrückt.
Da dacht' ich, ob ich heut nicht fahren soll
Den Sechserzug, die Hellfüchse, geschmückt
Wie Pferd und Muschelwagen von Apoll,
Wenn er den Himmel durch sein Pli entzückt.
    Bei Jakob will ich frühstücken. Holla,
    Anspannen, Zügel her! Hurrah, hurrah!

Um freie Bahn zu haben, muß ein Neger
Aus meiner Dienerschaft vorgalloppieren,
Bimbo auf meinem Schimmel Paukenschläger;
Der Mohr, der Gaul, den türkische Flitter zieren,
Sind jedem stets Bewunderungerreger,
Fahr' ich mit all dem bunten Zeug spazieren.
    Ich auf den Bock, die Welt ist mein, nun los!
    Zeus brüllt vor Freude aus dem Wolkenschooß.

O köstlich ists, im langen schlanken Trabe
So durch den Maienhag dahinzuflitzen.
Im Sonnenfunkeln schmollt der Tod am Grabe,
Wenn vierundzwanzig Silberhufe blitzen,
Die adeligen Rosse, Rad und Nabe
Ihn im Vorbei mit Kies und Sand bespritzen;
    Dann wird er böse sich nach mir erkunden,
    Doch lachend bin ich ihm schon längst entschwunden.

Das muß ich nachholen: sehr aufgestört,
Vernahm ich, sollte Frau Geheimrat sein,
Als sie von meinem neuen Kauf gehört.
Flugs in Trakehnen traf ihr Käufer ein,
Ihr Stallmeister; sie war erzürnt, empört
Und konnte mir den Handel nicht verzeihn.
    Ein Sonderzug bringt bald, kostbare Ware,
    Sechs Dunkelfüchse an, Prachtexemplare.

Bei Jenisch-Park, bei Teufelsbrück geschahs,
Den Vorreiter hat keine Schuld getroffen;
Da raste um die Ecke, ohne Maß,
Von Flottbeck kommend, scharf, in wildem schroffen
Tollkühnen Henkersjagen, Dieu nous grace,
Ein Ablenken war nicht mehr zu erhoffen,
    Der Frau Geheimrat funkelnd Sechsgespann
    In eins mit meinem, wie durch Hexenbann.

Und ein Geschling von Hälsen, Mähnen, Schwänzen,
Das wie das Chaos webert, wogt und ampelt.
Ich seh des einen Fuchses Lefzen glänzen
Weitauf, der Zähne Schnee; er schlägt, er trampelt.
Ein herrlich Bild! vergebt, ich muß es kränzen.
Und alles zuckt und zappelt, strebt und strampelt.

Der aufgeputzte Schimmel steht dazwischen
Steilhoch, wo hell- und dunkelgelb sich mischen.

Ich spring zu Boden, eile an den Schlag
Der gnädigen Frau, doch ist sie schon entstiegen.
Sie lächelt wie ein milder Januartag:
„Nur meine Schuld, Baron." Ich: „O, Sie siegen
Ein ander Mal. Nun zu den Hengsten! Plag
Mich Gott!" Sie: „Wie sie jämmerlich daliegen!"
    Indessen lag ihr Hoffräulein du jour
    Graziös und ohnmächtig im Sitzvelours.

In dieser heikelen Minute zogen
Grad über uns zwölf Schwäne durch das Blau.
Die Märchenprinzen? die einst fernher flogen,
Ihr Schwesterchen zu holen? Doch zu flau
War ihnen wohl das Hoffräulein; sie bogen,
Sie steuern fort; wohin, wer sagts genau?
    Merkwürdig, schon nach kürzest kurzer Zeit
    War alles flott, zur Weiterfahrt bereit.

Am Nachmittag besuchte ich die Damen,
Mich zu erkundigen, wie die Angst bekommen.
Die Herrin schien ein wenig noch zu lahmen,
Das Fräulein hatte Hoffmannstrost genommen,
Sie dankten mir für Vorfrag und Examen;
Und wenn auch noch natürlich stark beklommen,
    Bat mich die Rätin doch, sie zu verbinden,
    Mich morgen Abend bei ihr einzufinden.

„Herr Meier bückt sich tief: Ich bin so frei."
Es war Gesellschaft, eine große, volle;
Grossiers und Diplomaten, Maler Klei,
Baronin Obenaus und Gräfin Bolle,
Ein Litteraturprofessor, Doktor Brei,
Den seit elf Jahren die Idee, die tolle,
    Nicht losläßt, einen Dichter auszugraben,
    Fritz Semmelhack, den langweiligsten Knaben

Von anno Tobak; gräßlich, wirklich gräßlich!
Dann Tante Mimi, Herr Assessor Starz,
Die Opernsängerin, sehr alt und häßlich,
Frau Colorat, Herr Pastor Siebenschwarz,
In Hamburg fehlt der Prediger nie. Unpäßlich
Hatte sich nur gemeldet Bankier Harz.
    Ein General, Premierleutnant von Blander,
    Für Leutnants hab' ich bis ans Grab ein Tendre.

Ein Flor von hübschen Mädchen, lauter Rosen,
Und jungen Herrn, natürlich vom Kommerz.
Daß ich ihn nicht vergesse: Rentier Plosen,
Ein Bonvivant, war auch dabei, und Herz,
Der fromme Kaffeemakler. Hannchen Klosen
Verreiste leider gestern, o der Schmerz!
    Und außer diesen waren, Sternenlichter,
    Geladen auch zwei „hehre" teutsche Tichter.

Der eine, mittelgroß, sah einem Jäger
Nicht unähnlich, mit derben Schulterknochen,
Und blauen Augen; wars ein Pikenträger
Aus Landsknechtszeit? Dem mochte stürmisch pochen
Voll Leidenschaft der Puls; ein Harfenschläger
Der? hier? nein, niemals hätt' ich das gerochen.

Er trinkt und tanzt und lacht wie jedermann,
Und keiner merkt ihm was besondres an.

Der andre war ein Süßling, lang und schlank,
Er dreht sich hin, er dreht sich her, o je,
Die blasse Wangenfarbe macht mich krank;
Und gar die Löwenlocken, jemine!
Er flüstert, Augen hoch: „Ja, Gott sei Dank"
Und affektiert ein grauenhaftes Weh,
    Und lehnt gedankentief an eine Säule,
    Und düstert wie bei Tag die Kircheneule.

Den Pikenträger überrascht' ich heute,
Grad als er hinter grünen Samtportieren
Heiß einem Dämchen, der Komteß zur Peute,
Die Hände küßte, und sie mochts nicht wehren.
Er bittet: „Darf ich, meine holde Beute,
Wenn sie von mir jetzt ein Gedicht begehren,
    Darf ich, das ich am Morgen schrieb, dann sagen,
    Es ist an dich, ein wildes, darf ichs wagen?"

Und sie: „Das sollst du, Fred, du mußt, ich will,
Es weiß ja keiner –" eine Ampel schwankte,
Sie lag in seinen Armen, stumm und still
Vor Seligkeit; ein Palmenbäumchen rankte
Sich um die zwei, aus Eden ein Idyll,
Und eine Nachtigall im Garten dankte.
    Ich schlich mich weg, als hätt' ich Gift gesehn,
    Und blieb erst wieder am Büffette stehn.

Entzückenderes hab' ich nie geschaut,
Als dies Komteßchen: von des Ganges Fluten
Ein Hindumädchen, eine Hindubraut.
Der Himalaya-Augen dunkle Gluten!
Wie auf dem Helfant, dem sie sich vertraut,
Die kleinen Hände allerliebst sich sputen,
 Gold, Perlen, Blumen unters Volk zu streuen,
 Um am Gewimmel kindlich sich zu freuen.

Und diese Fürstentochter will ein Dichter,
Der Kerl, wie soll ich sagen, frech blamieren,
Dem ihre Gunst sie schenkte? Wär' ich Richter,
Ich ließ ihn peitschen, ließ ihn strangulieren.
Begreif' ihn, wer es kann, den Ehrvernichter,
Taktvoller sind Bekunkas und Baschkieren.
 Doch las ich irgendwo, daß die Poeten
 Aus Wahnsinn und Genie den Teig sich kneten.

Sei ihm verziehn. Am Ende auch: wer ahnt,
Daß, wenn nun sein Poem vom Stapel gleitet,
Daß er grad ihr die Huldigung geplant,
Daß grad für sie er seinen Teppich breitet,
Daß grad für sie er tausend Wimpel fahnt,
Für sie der Hölle Schrecknisse durchschreitet.
 Ich bin ein Gentleman, ich weiß zu schweigen
 Und stumm mich vorm Geheimnis zu verneigen.

Die Opernsängerin sang majestoso,
Ich glaube eine Arie von Gluck.
Assessor Starz gluckst würdevoll-pomposo
Sein Immerlied: Fern auf der Donaubruck.
Herr Plosen, stets ein bischen spirituoso
Auf Soireen, lallt: Mädel, ruck, ruck, ruck.

Bis Tante Mimi vorschlägt, daß Musik
Sich jetzt verwandeln soll in Versgequiek.

Der Pikenträger wird zuerst gebeten,
Und er verbeugt sich. Was? Ist das der Jäger,
Wo sind ihm Hirsch und Hasen? Sie verwehten;
Das ist ein veritabler Harfenschläger!
Bescheiden sprach er, ohne Lärmtrompeten,
Nur ganz zuletzt ward er zum Himmelsfeger.
    Und glühend schloß er: „Uns beschützt, bewacht
    Heimlich und huldvoll die herrlichste Nacht!"

Aus einem Raubzuge

Nahst du aus Ninive, schimmernde Schöne?
Nicht einen Schritt mehr, sofort machst du Halt!
Gleich auf den Thron hinauf, daß ich dich kröne!
Sperrst du dich, hab ich des Sultans Gewalt.

Trauernde, träumende indische Augen,
Trinkt ihr aus Herzen und Seele mein Blut.
Wenn sich zum Kusse die Lippen versaugen,
Sage mir, wird aus der Liebe dann Wut?

Wollen zwei Panther sich rasend zerreißen?
Feuer und Flammen entlodern der Haft:
Ringen und Raufen und Balgen und Beißen,
Sinkende Wimpern, entstürzende Kraft.

End ohne Ende. Nach kurzem Ermatten
Fliegen die Pfeile von neuem empor.
Fülle der Jugend und Sehnsucht erstatten,
Was sich verschwendrisch im Spiele verlor.

Grinsen der Schädelburg greuliche Zinnen
Deinen Triumph in die Lande, Despot?
Leichen, in Särgen verfaulendes Linnen?
Leben ist Alles! Verwesung der Tod.

Küsse mich, küsse mich, denk nicht ans Sterben,
Noch ist mit Rosen die Welt überdacht!
Heimlich beschützt uns vor Dorn und Verderben,
Heimlich und huldvoll die herrlichste Nacht.

Ein Schweigen fror durch die gedrängten Reihen,
Entsetzen packte alle Hörer an.
Der greise General, dem hundert Weihen
Bellona gab, in Ohnmacht fiel der Mann.
Assessor Starz schreit wütend: Das verzeihen
Die Deutschen nie, den Staatsanwalt heran!
    Auf Kanapees, auf Sesseln und auf Stühlen
    Siehst die Geladnen du in Krämpfen wühlen.

Indessen alle schwer nach Atem ringen
Und langsam aus der Lethargie erwachen,
Niest Tante Mimi; ihre Löckchen springen
Vor Aufgeregtheit, sie kennt keinen schwachen
Moment, die Sache soll ihr wohl gelingen.
Deutschland, ruft sie, soll wahrlich nicht verkrachen;
    Heran, heran der andre Strophenbauer!
    Der lag schon wie die Spinne auf der Lauer.

Der Längling tritt hervor, die Hand im „Busen",
Er streicht die Mähne, seine Augen „wallen",
Gleich kommt das Dichter-„e"; o helf„e"t, Musen!
Im Schwunge läßt er seine Rechte fallen.
Nur einen Reim noch hab' ich: Kellinghusen;
Einsam sind Haide dort und Buchenhallen.

Erhaben blickt er, und in süßem Ton
Beginnt sein Lied der lange Lyrasohn:

Die Linde

Im Abendwinde
Lispelt die Linde,
Er sitzet bei ihr,
Er tanzet, er springet,
Er wallet, er singet,
O Liebchen, mein' Zier.
Es krächzet der Nachtsturm,
Es kreischet der Wachtturm,
Der Mond scheinet hell.
O Liebchen, es taget,
Was hab' ich gewaget,
Hörst Hundegebell?

Ein Donnersturm bricht los, der Beifall braust,
Das Fahrzeug fährt jetzt wieder in der Richtung;
Wie der Orkan den Eichenbaum zerzaust,
Das böse Wetter droht ihm fast Vernichtung,
So jubelt Alles, lärmt und trinkt und schmaust,
Gerettet ist so Vaterland wie Dichtung.
    Tantchen Mimi gebührt die Ehrenrose;
    Heil ihr, bengalisch Licht, Apotheose!

Wo aber blieb der Jäger? schlich er fort,
Beschämt, geknickt? er muß es tief empfinden.
Wo blieb Komteß? mein Gott, ich fürchte Mord!
Sind beide in der Elbe schon zu finden?
Getrost! sie leben. Noch ein letztes Wort:
Ich sehe sie nach Othmarschen verschwinden,

Da kenn' ich Wege, heckenstill und gut,
Wo satt und matt sich küßt verliebtes Blut.

Fünfter Cantus

> „Tod ist des Lebens höchstes Unterpfand."
>
> *Richard Dehmel.*

Spring an, mein Roß aus Alessandria!
Ein sonderbarer Anfang, ich gestehs.
Wie jeder weiß, ist Freiligrath Papa
Der Zeile. Mein Gesang fängt, ach, ich sehs,
Mit Plagiat an, in absentia
Von Eigenem; o weh des Dichterwehs,
    Wenn die Vokabeln fehlen und die Reime,
    Doch wächst der Baum auch aus gestohlnem Keime.

Von meinem Fenster, einer Straße zu –
Nein, erst muß ich in Training mich befinden,
Dann läuft die Strophe munter, und in Ruh
Kann Stanze sich bequem an Stanze binden.
Auch muß ich vorher noch ein Rendez-vous
Dort unter Linden in den Frühlingswinden
    Abmachen; leider sind wir im Oktober,
    So bleib' ich denn Ottave-rime-Tober.

Die Königsstrophe hat sie Lingg genannt,
Und sehr mit Recht, sie schreitet königsstolz.
Es sieht sie nicht zu oft das deutsche Land,
Wenn auch die Herren Müller, Schulz und Scholz
Sie gerne wählen, um zum Goldschnittband
Den Stift zu schnitzen aus hochedelm Holz.
    Nur darf zu klinglingling nicht sein die Spende
    Drum: Trochäus zuweilen bis ans Ende!

Von meinem Fenster eine Straße schau' ich –
Nein, noch geht nicht der Versfall wie geschmiert;
Noch immer, glaub' ich, bin zu plump, zu rauh ich,
Und eh mein „Sang" unsterblich mich blamiert,
Versuch' ich, fingerüb' ich, bild' ich, bau' ich,
Bis Alles kombiniert ist, präzisiert.
    Dann soll ein kleines Schlachtbild sich entrollen,
    Bis dahin bitt' ich nicht zu laut zu grollen.

In dreien Kriegen war ich; in Gefechten,
Ich rechne nach, es können fünfzig sein.
Die Ruhmesgöttin sah ich Kränze flechten,
Aus Rosen nicht, aus Eingeweid, Gebein,
Zerschossenem, ich will nicht mit ihr rechten,
Denn großes Ziel verlangt auch große Pein,
    Bevor es durch des Geistes Macht errungen,
    Durch Lanzenstich und Kolbenstoß erzwungen.

Mein greiser Kaiser Wilhelm, dir Hurrah!
Bei Königgrätz einst küßt' ich dir die Hände.
Dein gütig Herz, wie stand es jedem nah,
Gutes zu thun, daß jeder Hülfe fände.
Dein gütig Herz! säng' ich ihm Gloria,
Ich müßte schreiben ungezählte Bände.
    Zu deinen Siegeskränzen, die mich grüßen,
    Leg' einen Dankeskranz ich dir zu Füßen.

Wer zieht heran? Wer bringt mir seltne Kunde?
Was seh' ich: meine alten Kameraden!
Seid mir willkommen aus dem Schlachtenbunde!
Zu einem Becher Blut seid eingeladen!
Du da, mein Hans, mit deiner Todeswunde,
Und du, und du: und weiter spinnt der Faden,

Der lang sich zieht: und mehr und immer mehr:
Wie kommt ihr jetzt, in dieser Stunde her?

Gezogen sind wir durch die Sommerhitze,
Gelagert haben wir im Winterwald.
Ein Rattenfänger, lockt die Helmturmspitze
Im Städtchen an die Fenster Jung und Alt.
Und Schritt vor Schritt, ob Sonne oder Blitze,
Ob in den Thälern sich der Nebel ballt,
 Wir fragten nicht: warum, wohin, wozu?
 Ein frisch Marschieren, gernbegrüßte Ruh!

Wie klopft mein Herz! Kommt, setzt euch hin im Kreise!
Die Trommeln hör' ich, hör die Hörner rufen.
O Gott, das ist die nie vergessne Weise!
Die Erde bebt! Gestampf von Fuß und Hufen!
Gewiehr! Musik! Das All geht aus dem Gleise!
Die Fahnen senken sich zu Siegesrufen!
 Ich schwenke meinen Helm! Hurrah, hurrah!
 Mein fressiger Degen blitzt Viktoria!

Wenn wir durch frohe Ehrenpforten ziehn,
Durch blattgeschmückte, putzt uns mancher Orden.
Nicht allen ist die Auszeichnung verliehn,
Doch alle waren gleich beherzt beim Morden
Gleich tapfer, daß die Feinde mußten fliehn.
Auch mir sind einige davon geworden,
 Mit Blut bespritzt, nicht etwa für Gedichte;
 Warum auch? das ist keine Weltgeschichte.

Für einen Dichter, doch ich schweige lieber,
Sonst käm' ich gar in den Verdacht noch – halt:
Aus meinem Fenster blick' ich oft im Fieber,
Im Fieber der Erinnerung. Es knallt;
Auf jener Höhe die Geschützeschieber,
Der Pferde Sturz, Mannschaft hilft aus, es galt!
    Und immer bin ich noch nicht recht im Schuß,
    Ich stanzle weiter. Muse, einen Kuß!

Die Deutschen nennen keinen Dichter Künstler;
Künstler sind Maler, Musiker, Athleten.
Und wäre auch des größten Königs Günstler
Ein Dichter, „schadt nix": Künstler sind vertreten
Im Zirkus, Flohtheater, und ein dümmster
(Der Reim ist falsch) Tenor wird dem Poeten
    Stets vorgezogen. Klagt nicht! eine Zeit
    Kommt auch für euch einst! Atmet auf! bereit!

Und wann, ich frag' euch, kommt einmal die Zeit,
Daß man statt eines Leitartikels Öde,
Bleibt mir mit Politik vom Hals, Neuheit
Von einem neuen Dichter hinnimmt? Spröde
Erwägt der Redakteur die Nützlichkeit.
Poet, du bist vertagt, verlassen, schnöde
    Wie einer, der in Hamburg wohnt, verloren,
    Wenn, Fluch, er ohne Regenschirm geboren.

Poet, ich würde sagen: Je m'en fiche,
Wenn Hinz und Kunz an dir herum bekehren,
Mit ihrem staubzerfreßnen Flederwisch.
Laß nicht von jedem Laffen dich belehren,
Sei du du selbst, dein eigen, frech und frisch,
Und laß den Teufel dich die Sache scheeren,

Wenn sie dir sagen, daß nach Schiller, Byron,
Und Gott weiß wem, die deutschen Dichter leiern.

Nur gar zu gern ist das ihr Bettelwort,
Wenn sie mit dir nichts anzufangen wissen.
Und schreien die Familienblätter Mord
Vor dir, so laß sie schrein, du kannst sie missen;
Denn die Familienblätter sind verdorrt,
Weil sie Geschlechtslosem die Fahnen hissen.
    Sei stolz, sei frei! schreib Dich, vergiß das nie!
    Und schreibst du Poesie, schreib Poesie!

Zwar vieles Geld kannst du von da erlangen,
Sie zahlen gut, die „Über Land und Meer"
Und wie sie heißen; brauchst dann nicht zu bangen,
Trägst du nach diesem, jenem heiß Begehr.
Zum Beispiel einen Hummer einzufangen,
Ich rate bei Jan Cölln, ist dann nicht schwer.
    Auch sitz ich gern bei Utesch und bei Kiel
    Mit meinem Holdchen mürrisch im Exil.

Noch lieber aber im Hôtel „zur Sonne".
Da wirtschaftet mit Energie Frau Meyer,
Der Grogk ist da wie eitel Lust und Wonne;
Trinkst du zu viel davon, sitzt du im Schleier,
Sitzt wie Diogenes in seiner Tonne,
Als Philosoph natürlich und Kasteier.
    Unübertrefflich ist das Beefsteak dort,
    Auch „Münchner Kindl" fand da sichern Port.

Zu Deeke, schlag' ich weiter vor, zu gehn,
Wenn wir nach gründlich liederlicher Nacht
Auf Caviar Hunger haben; gegen Zehn
Wird dort ein warmes Plättchen angebracht,
Um das sogar die Götter lungernd stehn,
So duftig übt es seine Zaubermacht.
    Charmante Wirtin, liebenswürdiger Wirt;
    Es hat sich oft mein Fuß dahin verirrt.

In Altona, nicht in Altohna, wohnt
Herr Deeke, und in seiner Nähe lastet
Sanft über unsers Klopstocks Grab und thront
Die Linde, wo gern jeder Fremde rastet,
Der diese Straße kommt; er ist belohnt
Durch heilig Land. Und in der Weste tastet
    Sein Finger nach dem Blei, um zu Papier
    Zu bringen, was die Steine reden hier.

Am Denkmal des berühmten Barden fand ich
Einmal ein hübsches Mädchen stehn, die schrieb
Den Spruch sich ab. Ein irgendetwas band mich,
Sie länger anzuschaun: hab' ich dich lieb?
Und eine schwere Rosenkette wand sich
Sofort um uns, gefangen sitzt der Dieb.
    In Ottensen, im Hause ihrer Tante,
    War sie, so jung sie war, schon Gouvernante.

Wie alle Weiber, wußte sie blitzschnell,
Weils Liebe galt, die Bahn sich frei zu machen.
Wir sahen uns zuerst im Dämmerhell,
Dann hörten uns verschwiegne Wege lachen
Und glücklich sein. Und Amor ist Rebell,
Dreist überrennt er Hindernis und Wachen.

Wir trafen uns und waren überselig
In meinen Räumen, jeder Schranke ledig.

Wie las sie vor! Zum ersten Mal im Leben
Versenkt' ich mit Entzücken mich in Goethe.
Wie hat sie Odem jedem Wort gegeben!
Die Sonne schien aus früher Wolkenröte
So „morgenschön". Anmutig sah ich schweben
Der Grazien Schritt zu einer Hirtenflöte.
    Bei solchen litterarischen Genüssen
    Sind Adam, Eva aufgelegt zu Küssen.

Zuweilen nahm ich sie als Pagen mit
Im Knabenanzug; meist in ferne Teile
Der Riesenstadt verlor sich unser Schritt.
Und frischgemut, durch vollgedrängte Zeile,
Durch leere Gassen, trieb sich unser Tritt
Ohn' jede Fährnis und besondre Eile.
    Des langweiligen Tages zu genesen,
    Half Leichtsinn uns, das lag in unserm Wesen.

Und eine stürmische Dezembernacht:
Die Luft ist warm und feucht und ungesund,
Die Seuche hat sich hämisch aufgemacht,
Sie nimmt den Sarg in ihren bösen Bund,
Ein Winterwetter und -Gewitter kracht,
Verlassen heult vom Kirchhof her ein Hund,
    Des Windes Harfenspiel treibt seine Hetze
    Durch Telephon- und Telegraphennetze.

Was focht uns an, daß wir in diesen Graus
Hinaus uns wagten? Wars nur Übermut,
Wars unbewußter Drang, daß wir das Haus
Verlassen mußten? Her mit Handschuh, Hut!
Und Gutenabend, kleine Fledermaus!
Es trieb geheimnisvoll uns unser Blut.
    Und kurz, der nächste Zug führt uns ins Land,
    Wir steigen aus auf Station Unbekannt.

Ein Städtchen nimmt uns auf. Vor einem Gitter
Stehn, uralt, eine Esche, eine Eiche,
Aus einer Schenke klimpert eine Zither.
Hinein! wir sind gewillt zu lustigem Streiche.
Hinein! Nur keine Furcht, ich bin dein Ritter,
Der Weg zu dir geht über meine Leiche.
    Wir lachen, und zwei Freunde, Arm in Arm,
    Sind gleich wir mitten unterm Gästeschwarm.

Arbeiter sinds, die hier behaglich trinken,
Verständig ist ihr Reden und Benehmen.
Der dort spielt Skat, der gabelt seinen Schinken,
Und keiner läßt den Abend sich vergrämen.
Der eine, der Musik macht, läßt die flinken
Finger nicht von den Saiten. So bequemen
    Wir uns in diesen Kreis und hören froh
    Bald Tingeltangellied, bald Bolero.

Der Spieler sieht uns unablässig an,
Und einmal nickt er uns vertraulich zu,
Zuweilen lächelt er. Was will der Mann?
Sein Auge läßt uns gar nicht mehr in Ruh,
Bis ich die Sache ernstlich übersann,
Am Besten wärs, wir schnallten uns die Schuh.

Da steht er plötzlich auf, o schlimmer Stern,
Zeigt auf uns, lacht, und sagt: Kiek, das 's 'n Deern!

Und alles schweigt, und alles stutzt und staunt.
Herr Wirt, die Zeche, bitte. Komm, Dorette.
Der Musikant, gleichmäßig gut gelaunt,
Setzt sich und trällert eine Chansonette,
Und während ein Getuschel rinnt und raunt,
Entwinden wir uns rasch der lästigen Kette.
　　Schon sind wir an der Thür, da hebt die Hand
　　Ein wüster, finnenübersäter Fant.

Platz da, ruf' ich. Doch frech höhnt er uns an.
Platz da, weg, oder! und schon warnt mein Stock.
Sein Messer blitzt im Nu, und es begann
Der Kampf. Getümmel um uns, und ein Schock
Von Fäusten droht und drängt an uns heran.
Zurück! Es fliegen Krüge, Bank und Bock.
　　Da trifft der Stahl, statt mich den Pagen tötlich;
　　Ich weiß nicht: Farben? schwimmt es schwärzlich, rötlich?

Ich bin alleine, auf dem Gasttisch liegt
Mein Page ausgestreckt mit bleichem Munde,
Liegt zwischen schmutzigen Karten, Würfeln, liegt
Inmitten umgestoßner Gläserrunde,
In Bier und Branntwein und Wurstpellen, liegt
In all dem Schlamm mit unrettbarer Wunde.
　　Erloschen ist sein Leben und verloren,
　　Und meine Augen wollen sich umfloren.

Die Linke hängt ihr schlaff vom Rande nieder,
Mein rechter Arm hält sie umkrampft, umspannt.
Das Lämpchen trübt auf die erstarrten Lider,
Rock, Weste, Hemd sind aufgerissen, Band
Und Shlips blutig, es schimmern weiß die Glieder,
Die zarten Brüste, weiß wie Marmorwand.
    Der Sturm giebt draußen lärmend, laut ein Fest,
    Mein Kopf liegt auf ihr stummes Herz gepreßt.

Nun keine Störung mehr! endlich Bataille!
Der Tuben Schreckenston. Von meinem Fenster
Auf eine Straße seh' ich; glaubts, auf Taille!
Ein Höhenzug, ein abendglanzbeglänzter,
Wasch' ich den Reim auch aus in meiner Balje?
Von blassen Cirruswölkchen ein bekränzter,
    Liegt vor mir, den von mir zwei Meilen trennen,
    Des Heerwegs Bäume sind kaum zu erkennen.

Und die Chaussee weckt mir Erinnerung,
Und jene Bäume werden wieder wach,
Die einst ... Es klopft? Den bring ich auf den Schwung,
Der jetzt mich stört, dem trampel' ich aufs Dach!
Herein! Ah, du ... und dann ein lustiger Sprung.
Um Gotteswillen, halt, gemach, gemach!
    „Is's wahr?" Sie lacht. Wie glänzt der Zähne Schimmer!
    Und Hut und Handschuh fliegen weit ins Zimmer.

Du kommst mir eigentlich recht ungelegen!
„Is's wahr?" sie fällt mir um den Hals geschwind,
Ja, ich bin heute auf ganz andern Wegen!
„Is's wahr?" sie küßt mich wie der Wirbelwind.
Ich schreibe Verse, die mich stark erregen!
„Is's wahr?" jetzt heult sie wie ein Waisenkind.

Was ist zu machen, Schuh wett' ich und Strumpf:
Die Liebe siegt, die Liebe spielt den Trumpf.

Es wird mir wohl verdacht, daß ich zu viel
Von Liebe rede; bleibt mir hübsch gewogen,
Erzürnt euch denn so sehr das Schäferspiel?
Bald kommt der Leichenwagen angezogen
Und hält vor meiner Thür, ich bin am Ziel,
Die Saite riß, es sprang der Fidelbogen.
    Die Liebe lebe, die mein Carmen preist,
    Ob sie nun Mary oder Mieze heißt.

Der Liebe ziehn wir Maske vor und Schleier,
So treiben wirs, um schamhaft zu bestehn,
Und predigen als Tugendpfandverleiher
Moral sogar. Laß dich einmal besehn,
Du holde Heuchlerin: Mord ist, beim Geier,
Fürwahr ein minder schlimmes Teufelslehn.
    Und doch, graunhaft: in all der Wüstenei,
    Wo blieben ohne dich wir, Heuchelei!

Mit diesem herzigen Spruch ging ich zu Bette
Und hatte einen Traum, der schwer mich plagte.
Als schleppten meine Füße eine Kette,
Zog ich im Zimmer hin und her und klagte,
Die Thür sprang auf, ich hörte eine Mette
Aus einem dunklen Kirchenraum, der ragte
    Im Dämmer säulenhoch; zunächst der Schwelle
    Schlief eine junge Frau der Klosterzelle.

Sie saß in einem seidengrauen Sessel,
Das blasse Haupt lag sanft zurückgebogen.
Oder war sie erlöst der Erdenfessel?
Ich schlich mich hin, zitternd, wie hingesogen,
Und muß durch ein Gebüsch der Heckennessel,
Das sich mir plötzlich hindernd vorgezogen.
    Ich sank zu ihr und weinte still: Vergieb!
    Sie aber schluchzte leis: Ich hab dich lieb.

Und sie erhob sich, und ein blauer Schein
Floß durch die Halle. Langsam schritt sie vor,
Schritt weg, und zweier Teckel krumm Gebein
Mit ihr; Gesang quoll rieselnd her vom Chor.
Die Arme breit' ich ihr: Ich bin allein!
Sie aber und die Hunde sind am Thor.
    Und meine Teckel weisen mir die Pracht
    Der treuen Zähne: Du, nimm dich in Acht!

Die Traumeswirren lassen mich nicht los:
Ich bin in Schleißheims Park, in Schleißheims Schloß
Septembernachmittag. Den Wald, das Moos
Durchsang, durchsprang mit mir mein Weggenoß:
Ein Münchner Madel liegt in meinem Schooß,
Die mir mein Herz mit Liebesriegeln schloß.
    Nun starrt ihr Auge trostlos in die Weite,
    Und was sie spricht, giebt rührendes Geleite:

„Du Fadling, geh, bleib do, bleib dengerscht do!
Was willst denn auffi in dei Preißenland?
I gilt nix mehr? I woaß! Bleib dengerscht no!
Mei Herz g'hert dir, i gib dir drauf mei Hand.
Host allweil g'sagt: du warst um mi so froh,
Die Luschtigst war i und fir di koan Schand."

Und ihre großen braunen Augen trauern,
Der Abend senkt sich, Gras und Laub erschauern.

„Was weinst denn so? Seffi! sieh doch! Die Leute!
Der ganze Wartesaal schaut auf uns her!
Nimm dich zusammen, bitte; nur noch heute!
Mach mir den Abschied doch nicht gar zu schwer!
Hör doch! Du thatst ja immer, was mich freute.
Komm! hör! es ist ja nicht auf nimmermehr!“
    Ein langer Pfiff. Der Zug faucht in die Nacht.
    So ist das Schicksal. Und ich bin erwacht.

Und schlafe wieder ein, und träume weiter:
Von Elephantenkampf, von Zwerg und Zwiebel,
Von Sichelwagen, Jakobs Himmelsleiter,
Von Läusesucht, von einem griechischen Giebel,
Von Eidechsen, von einem Sargbegleiter,
Und meine Mutter liest in ihrer Bibel.
    Ich sehe einen großen sanften Stern,
    Den Stern von Bethlehem, den Stern des Herrn:

Das Land lag wie aus Glas gesponnen um mich,
So rein, so klardurchsichtig war die Luft.
Ich stand auf einem sanften Haidehügel
In meiner Heimatinsel Schleswig-Holstein.
Rings Sonne; eine weite, leere Aussicht.
Die Himmelsschlüssel blühen überall,
Vergißmeinnicht und gelber Löwenzahn.
Der Tod hat sich ins Kraut zum Schlaf gestreckt,
Reumütig liegt die Sense neben ihm.

Kein Pflügerruf, kein Vogel läßt sich hören,
Kein Wagen ringt sich durch den dicken Sand,
Die Mühle selbst hält Rast: es ist Charfreitag.

Auf meinem kleinen Berge stehn drei Kiefern,
Ich schreite ab: sechs Fuß weit von einander.
An eine dieser Kiefern dann gelehnt,
Sah ich hinab in all die stille Landschaft
Und freute mich des wundervollen Friedens.
Ein Schwarm von Eintagsfliegen nur gab Leben,
Von feuchtem Ort im Wind hierher getrieben.
Er hob und senkte sich vor mir wie Rauch,
Glückselig in der Freude seines Daseins.
Mich drückt die Frühlingsluft, ich sitze nieder.

Der Mittag kam, ich saß noch immer da.
Die Sonne sticht, die Frühlingsluft wird schwerer,
Ich werde müde, Träume thun sich auf:

Aus den drei deutschen Kiefern werden Pinien,
Und die drei Pinien wandeln sich zu Palmen,
Und seltsam ändert sich um mich die Gegend:
Im Westen, Osten steigen Mauern auf,
Ein Tempel schimmert auf, ein Rathaus auf,
Fern eine fremde, nie gesehne Stadt:
Jerusalem! Die Burg Antonia,
Der Schloßbau von Herodes mit den Türmen,
Und Josaphat, das Thal mit seinem Kidron,
Gethsemane, der Ölberg, Golgatha!
Vor allen Thoren glänzen Villen, Gärten,
Springbrunnen klatschen in die Marmorbecken,
Und Säulenhallen stehn: Jerusalem!
Der Schmerzensweg, die via dolorosa –
Und zieht den Weg nicht eine große Schar?
Grad auf mich zu? Und zieht nach Golgatha?
Steh ich auf Golgatha, der heiligen Stätte?

Laut schiebt sich, stößt sich alles durcheinander,
Barone, Priester, Staatsanwälte, Bader,
Doktores: Pöbel aller Stände folgt
Dem blassen, zarten Mann, der vorne geht.
Von bernsteingelben Haaren eingerahmt
Ist sein Gesicht; und große braune Augen
Schaun traurig, starr, verlassen in die Menge,
Die tobend, lachend, lärmend ihn umdrängt.
Und plötzlich bin ich auch mit im Gewühl,
Und höhne, lache mit ...

Und der die bernsteingelben Haare hat,
Der blasse Mann schleppt sich mit einem Schragen,
Bis ihn die Kraft verläßt; er sinkt zusammen.
Ein andrer, stärkrer, nimmt die Last ihm ab,
Und weiter zieht der Zug nach Golgatha.
Und alles, was uns nun entgegenkommt,
Hält an: ein General, ein Bärenführer,
Die Purpursänfte einer Edeldame,
Der Bauer, der sein Kalb zu Markte treibt,
Mit Staatsdepeschen ein Courier aus Rom,
Die alte Semmelfrau von Jericho,
Ein Handwerksbursch, zuletzt ein Trupp Soldaten,
Der eben von der Felddienstübung heimkehrt.
Und alles lacht und johlt und kreischt und brüllt:

„Hurrah, da bringen sie den Judenkönig"
Und trollt sich weiter auf dem Weg zur Stadt.
Und eine Geierschar, in Wolkenhöhe,
Giebt, langsam kreisend, unserm Zug Geleit.

Zwei Zimmerleute fügen aus den Kiefern,
Aus den drei Kiefern, meinen lieben Kiefern,
Drei plumpe, rohbehaune, kurze Kreuze.

Wir stürzen uns auf Jesum, packen ihn,
Wir schlagen ihn mit Nägeln an die Äste.
Und ein Geschrei klagt gräßlich in die Welt
Hinauf, so gräßlich, wie's ein Mensch ausstößt,
Dem mit Gewalt ein großer rostiger Nagel
Durch Hand und Fuß gehämmert wird ...

Und Jesus senkt die bernsteingelben Haare,
Daß sie sein blutiges Gesicht verdecken:
„Mich dürstet!" Ein Soldat der deutschen Wache
Steckt den getränkten Schwamm auf seinen Spieß
Und läßt den Heiland in Erbarmen trinken.
Und Barrabas erscheint, der Gassendichter,
Der wegen Straßenraubs verurteilt saß,
Doch den das Volk losbat, und grinst hinauf:
„Ja, hättest du wie unsereins verstanden,
Den Leuten Spaß zu machen, alter Freund,
Du hingest nicht, ein schwerer Sack, am Holz;
Kerl, dein Genie hat dich ans Kreuz gebracht!"
Und Jesus senkt die bernsteingelben Haare,
Daß sie sein blutiges Gesicht verdunkeln.

Ein rabenschwarz Gewölk kriecht vor die Sonne,
Nur einen schmalen, grellen Lichtrand lassend,
Der dem Erlöser in die Augen blinkt.
Ein Blick der Liebe trifft uns, seine Quäler,
Ein Schimmer, der uns anglänzt wie erstarrt,
Und Jesus schreit, der Marterpfahl erbebt,
Schreit: Eli, Eli, lama asabthani.

Da: seht doch, seht! da jagt, von Straßenstaub
Verhüllt, jetzt wieder frei, jagt einer her,
In rasender Carriere jagt er her.
Sein Helm stürzt ab, sein Haar fliegt lang ihm nach.

Er spornt den Hengst auf unsern Blutplatz zu,
Er schwenkt ein weißes Tuch, er schwenkts, er schwenkts.
Er setzt die Zinken ein zum äußersten Sprung
Auf unsern Hügel, an der Kante kommt
Des Fuchses wilde Mähnenwelle hoch:
Der Adjutant von Pontius Pilatus.
Er und sein Syrer, wie getüncht von Schweiß,
Brechen zusammen, und ein Wort springt hörbar
Aus diesem wüsten Knäul von Mann und Gaul:
Begnadigt!

Stracks klettert einer das Gebälk hinan:
Er hebt die bernsteingelben Haare Jesu
Ihm von den Augen – er ist tot.

Auf meinem kleinen Berge stehn drei Kiefern,
Sie stehen noch; sechs Fuß weit von einander.
An eine dieser Kiefern angelehnt,
Sah ich hinab in all die stille Landschaft,
Und freute mich des wundervollen Friedens.
Ein Schwarm von Eintagsfliegen nur gab Leben,
Glückselig in der Freude seines Daseins ...

Und wieder wirrer werden meine Träume:
Was will bei mir denn Monsignore Retz?
Kommt da nicht anspaziert Herr Dichter Seume?
Ein schlankes Mädchen schwingt sich am Trapez?
Wo bin ich? Welche rätselhaften Bäume?
Und mittendrin stürm' ich bei Königsgrätz?
    Jetzt bin ich gar in Düsseldorf bei Krause;
    Fand je ich eine angenehmre Klause?

Und weiter ziehe ich hinauf den Rhein:
„Sancta Maria," Köln, „am Kapitol."
Du mystisch Kirchlein, tret ich bei dir ein?
Was, Fredegunde? Und mit Vitriol?
Begießt sie mich? Da brummt Hans Klapperbein:
Verbeuge dich und sage Lebewohl!
 Und endlich wach ich auf, vom Unsinn satt,
 Die Sonne spielt auf meiner Lagerstatt.

Und nun Trompeten, Trommeln, Schwerterstunden!
Bringt mir den Helm, die Schärpe! Zorn und Zank!
Die Weiber ins Verlies, bis sie die Wunden
Uns waschen. Dank, ihr Himmlischen, habt Dank!
An meines Hengstes Schweif den Feind gebunden!
Heraus die Plempe! An die Fleischerbank!
 Die Dörfer brennen, heulend stürmt die Wut,
 Der Abend stirbt, getaucht in rote Glut.

Nicht will ich quälen lang mit Greuelthaten,
Wie sie der Krieg, der scheußliche, gebiert,
Nicht allzulang will ich im Blute waten.
Saht ihr den Sterbenden? sein Auge stiert:
Wasser! Wasser! Die Sonne will ihn braten.
Ist denn die ganze Welt verroht, vertiert,
 Wird nie des Friedensengels Stab auf Erden
 Der einzige Schlichter allen Streites werden?

Niemals, seit Kain Abel hat erschlagen;
Tief ist der Sinn, den dieser Mord erzählt.
Schlug Brutus Cäsarn, edleres zu wagen?
Neid wars, und Scheelsucht hat ihn wüst gequält.
Ich lese immer wieder mit Behagen,
Was Marc Anton rief, als vor ihm entseelt

Der göttliche Julius lag, mit launiger Galle:
Ja, ehrenwerte Menschen sind wir alle!

Nie wird die Herrschsucht ihre Faust ablassen,
Die sie auf anderer Nacken hat gelegt;
Vereinzelt säumt ein Schwärmer durch die Gassen,
Der Liebe predigt, segnet, sänftigt, pflegt,
Und wird verlacht, sie schneiden ihm Grimassen,
Bis sich das Volk mit ihm ans Kreuz bewegt.
    Der Friede ist für Kinder ein Gedicht;
    Werft nur die Waffen nieder, ich thus nicht!

Die große Schlacht gleicht einem Sintflutmeere,
Das wild bewegt ist, einem Götterkampf;
Wie Hagelwetter prasseln Spieß und Speere,
Der Staub vermischt sich mit dem Wolkendampf,
Schild klirrt an Schild, und Wehre blitzt auf Wehre,
Die Erde bebt von Ruf und Roßgestampf.
    Doch nicht der Schlacht gilt heute meine Ode,
    Ich nehm' aus ihr nur eine Episode.

Der Mittag kam. Wir waren vorgedrungen.
So furchtbar klang ein einziger Knall und Schall,
Als hätten lautlos zwei im Sand gerungen,
Lautlos, bis endlich einer kommt zu Fall,
Die Arme um des Gegners Hals geschlungen:
Erdrosselung, Ersticken überall.
    Der General, dem ich am Bügel reite,
    Läßt seinen Gucker gleiten an die Seite:

„Noch immer ist der Hügel nicht besetzt,
Dort lauert auf uns eine Wetterhölle,
Bis wir hinaufgekommen sind, zerfetzt;
Und oben erst verlangen sie die Zölle
Höhnisch von uns. Kartätschen sinds zuletzt.
Und gäbs Lawinen oder Felsgerölle:
	Tambour battant! Was warten wir und zaudern,
	Wir können jetzt nicht über Plato plaudern.“

Da plötzlich wimmeln droben Mann und Pferd,
In Emsigkeit wächst Schanze rasch an Schanze,
Die Bäume fallen, und ein Kugelherd
Wird aufgeworfen, Lanze drängt an Lanze,
Kokett stützt sich der Ritter auf sein Schwert:
Beliebt es euch, ich bin bereit zum Tanze.
	Ja, es beliebt; beginnt den Stein zu schmeißen!
	Wir klettern gut und werden euch zerreißen.

Der Abend kam. Die Höhe ist genommen;
Fragt nicht, wie stark, unglaublich der Verlust!
Wir hatten sie, wir haben sie bekommen,
Die Kugel sitzt in manches Kühnen Brust.
Wir sind durch eine See von Blut geschwommen,
Uns selber nicht des Schrecklichen bewußt.
	Ich hob im Sattel mich, ich warf die Hand:
	Der König lebe und mein Vaterland!

Am Tagesende ritt mein General
Mit mir durch Traum und Tod und Schlaf und Leben,
Die Hingemähten ruhten gelb und fahl,
Und zwischen Erd und Wolken sah ich schweben
Die Sterbenden, den Raben bald zum Mahl.
Durch meine Seele zitterte ein Beben.

Der General blieb ruhig, blieb ein Mann,
Er lächelte; sah ich erregt ihn an?

An einer Stelle kamen wir vorbei,
Da drückte Leich' auf Leiche, eng geschichtet,
Ein Turm von Leibern, Fetzen, Blei und Brei,
Von Freund und Feind zum Walle rasch verdichtet,
Als Schutzwehr in der Riesenbalgerei,
Vielleicht auch hat der Teufel sie errichtet.
 Spitz lief sie zu wie eine Pyramide,
 Es hätte sich entsetzt selbst der Pelide.

Und ihren Gipfel krönt ein alter Zuave,
Mit langem grauem Bart, mit bunten Litzen
An seiner Jacke. Grimmig hält der Brave
Die Fahne mit der Linken, denn besitzen
Will er sie noch im Tode: Cave, cave,
Zerschmettert sei der Dieb von tausend Blitzen!
 Die Rechte streckt sich wie ein Flintenlauf,
 Zur Faust geballt, drohend zum Himmel auf.

Die Sonne geht, gleichgültig allem Morden,
Sie siehts auf anderen Planeten auch.
Die Biwakfeuer flackern; still geworden
Ist rings der Hexensabbath. Dampf und Rauch
Der Brände qualmen; und Hyänenhorden,
Die Plündrer, brechen auf aus Rohr und Strauch.
 Es kommt die Nacht und küßt auf ihrer Runde
 Den letzten Erdenschmerz von mancher Wunde.

Und aus den Wunden sinkt der sanfte Saft
Und sickert durch und feuchtet warm die Erde;
In Wurzelwerk und Fasern wächst die Kraft
Und dehnt sich stark beim nächsten Frühlingswerde,
Und reckt den Weizenhalm zu hohem Schaft,
Und gierig frißt im üppigen Gras die Heerde.
    So wirkt des Menschenblutes teurer Dung
    Und macht den alten Boden frisch und jung.

Und Frühling kommt; er muß, er muß sich zeigen!
Mit seinen Freuden springt er durch die Lande,
Und um den Maibaum flattert froh der Reigen.
Des Erntekindes Stirn im Silberbande
Taucht nächtens hoffnungsheimlich aus dem Schweigen,
Der dichtgedrängten Frucht zu sicherm Pfande.
    Ja, Frühling kommt, der Sommer bräunt die Nuß,
    Der Herbst macht reichen Segens den Beschluß.

Dann ziehn vom Feld zur Scheuer volle Wagen,
Der Mähder nimmt, schweißtriefend, seinen Krug
Und gönnt sich einen Schluck; aus offnem Kragen
Trotzt seine freie Brust dem Windesflug,
Und wieder läßt er scharf die Sense schlagen,
Die schwerste Arbeit ist ihm kaum genug.
    Die Ähre fällt, die Garbe steht gebunden,
    Und Kriegsgeheul und Greuel sind verwunden.

O Friede du, mit deinen Seidenschwingen,
Wann spannst du sie von Pol zu Pole aus,
Daß klar ein einzig süßes Engelsingen,
Schalmeibegleitet, tönt durchs Weltenhaus,
Daß schreiend, nach verzweifelt letztem Ringen,
Sich in den Abgrund stürzen Gram und Graus?

Nun, Götter, frag' ich, was ist euer Plan?
Ihr schweigt? Und alles wäre, ach, nur Wahn?

Ich schlief mit meinem General, durchfroren
Vom Tau, auf offnem Feld, der Mond schien hell.
Einmal erwacht' ich, meine Augen bohren
Sich in die Schatten ein, da seh ich grell,
Vom Lagerflackerlicht à jour erkoren,
Den Zuaven auf dem Leichenhochgestell:
    Die Rechte droht, steil wie ein Flintenlauf,
    Zur Faust geballt, grausig zum Himmel auf.

SECHSTER CANTUS

> „Und du sahst vor seinem Zelt
> sterben den Philisterfürsten;
> aber Leben braucht die Welt,
> laßt uns nach dem Geiste dürsten!
> Denn es weht von allen Hügeln
> immer neu sein ewiger Segen;
> lerne nur dein Herz beflügeln
> und er wird auch dich bewegen."
>
> *Richard Dehmel.*

Aus Trotz begönn' ich gern auch diesen „Sang"
Mit Evchen wieder; doch es wär zu viel
Der Ehre diesem heftigen Lebensdrang.
Es stößt der Sturm ins süße Glockenspiel,
Ich höre schrillen Ton im Harfenklang,
Und rauh und borstig kratzt mein Gänsekiel:
    Ich weiß, der Deutsche ist kein Don Juan,
    Ich weiß, der Deutsche ist ein Saufian.

„Und sie hieß" – nein, halt an, um Gotteswillen,
Das wird uns Landsleuten denn doch zu arg!
Erhängt ihn, gebt ihm Belladonnapillen,
Hinein mit ihm, hinein, marsch, in den Sarg,
Da mag er seinen Liebeshunger stillen,
Den nie er züchtiglich vor uns verbarg.
    Ich, ich der deutsche Leser, will durchaus:
    Bleib uns mit Amor endlich nun zu Haus!

Und auch: Der „Hamburgsche Korrespondent",
Am dreiundzwanzigsten November war es
Im Jahre dreiundneunzig, macht ein End
Mit mir und findet, daß im Repertoire es
Bei mir nicht lammfromm sei und nicht decent,
Und wünscht, daß mir ergeh' wie Abailard es:
    Ach, Heloise, ja, bin ich entmannt,
    Dann werd' ich deutscher Dichter erst genannt.

Ein deutscher Dichter, Lyriker zumal,
Ich glaube, lieber wär' ich Eckensteher,
Gefangner König, Buschmann in Transvaal,
Ein Sklave lieber, lieber Tütendreher,
Glutschürer, Teufelsknecht im Höllenthal,
Und lieber Vogelscheuche, Galgenweher,
    Als Lyrax, Lyrifax, Lyriculus,
    Des Vaterlands verlachtester Verdruß.

Und wenn sie noch darüber lachten! Nein!
Die alten Tanten müssen skandalieren;
Und Staatsanwalt und Büttel im Verein,
Doch sonst so kluge Leute, drangsalieren,
Schwimmt nicht der Vers im süßesten Wasserwein
Und kann er die „Moral" nicht parfümieren.

Ohhh, diese „sittlichen" Poetenmäher,
Ich kenne jemand, prüfen wir ihn näher!

Professor Doktor Wolff, Emil, so heißt er,
In Schleswig wohnt er, ist Magister dort,
In „Oberlehrerdramen" ist er Meister,
Gedichte leimt er auch, salbt Wort an Wort,
Wie jeder Deutsche, aus dem ältesten Kleister,
Mit allem Epigonensenf an Bord.
    Emil, Emil, kein Drache speit so giftig.
    Was that ich dir? Ist deine Wut denn triftig?

Hochmütiger Bakelschwinger, kannst du nie,
Auch im Genuß nicht, den Präceptor lassen?
Legst du die ganze Welt denn übers Knie,
Willst du den Herrgott selbst in Regeln fassen?
Laß andern doch ihr armes Tirili,
Und bleibe hübsch in deinen Schulstaubklassen!
    Zum ersten Mal, durch dein Geschwätz, verlor
    Beinah ich, hols der Satan, den Humor.

Verläumdet hast du mich, das war nicht fein;
Lies schnell, was Mark Aurel darüber sagt!
Erst steckst du, ein Anonymus, mich ein,
Dann hat die Zeitung nicht mein Wort gewagt.
So recht! Das ist ein schön Vermaledein,
Ist Antwort dem verwehrt, der angeklagt.
    War denn die Angst so groß vor euern Leuten,
    Daß du, dein Blatt die Gegenstimme scheuten?

„Und sie hieß," Freunde, und sie hieß Lisette,
Und war die Vielgeliebte meines Ahnen,
Ging demnach, Freunde, nicht mit mir zu Bette.
Aha, ruft ihr, ja, zeigst du solche Fahnen,
Dann mag das Holdchen heißen Henriette,
Lisette, gut, das lieben wir Germanen!
    Ein Mädel, unserthalb der Hottentotten,
    Wir wollen nur nicht deine eignen Lotten.

Mein Ahn erzählt, daß beide, er und sie,
Daß ihre Liebe gar zu heiß gewesen.
Da hab' er sich gesagt: Zum Nordpol flieh,
Um abzukühlen dort und zu genesen.
Gedacht, geschahs, daß ihm sein Wunsch gedieh,
Es führt ihn durch die Luft ein Zauberbesen,
    Und er erwacht und treibt allein im Eise,
    Auf einer großen Scholle ging die Reise.

Ich lasse besser selber ihn berichten
Von seiner wunderlichen Vikingfahrt,
Von dem, was er gesehn, von Spukgeschichten,
Von Abenteuern sonderlicher Art;
Denn thäte ich den Kram zusammendichten,
Man würde rupfen Haare mir und Bart,
    Wenn *ich* es wagte, solchen Kohl zu schreiben.
    Mein Vorfahr, komm! *Du* sollst die Farben reiben.

Die Sonne sank, es schrumpft die letzte Helle;
Wie Blinkeraxt aufblitzt aus schwarzem Blut,
So blitzt aus dunkelrotem Meer die Welle.

Zuweilen zischt der Wind ein Wort der Wut,
Der erste Stern springt vor aus Himmelsthüren,
Und über alles stülpt die Nacht den Hut.

Und auf dem dunkelroten Meere rühren
Geheimnisvolle weiße Berge sich,
Die Einsamkeit und Grausen mit sich führen.

Der Mond tritt vor aus fahlem Wolkenstrich,
Ich merkte bald: auf jener Berge einem
Fuhr ich, und einsam. Meine Stirn erblich.

Mich friert; ich kann nicht denken mehr, nicht weinen,
So fürchterlich droht mir der Todesschlund,
Und die Meduse kann nicht so versteinen.

Wohin ich trieb auf diesem Eisesrund?
Wie kann ichs wissen, wer giebt Auskunft mir?
Wahnsinn, zieh gnädig mich auf deinen Grund!

Entsetzen! Auf mich los watschelt ein Tier,
Ein großes Tier! Latscht es auf Gummischuhn?
Und eine Bärin ists in Zottelzier.

Ich spring' ins Wasser, nein, was soll ich thun!
Da fällt mir eine Jägermäre ein:
Verstelle dich, die Leiche läßt sie ruhn.

Und sie kommt näher, nah, und wie ein Schwein
Beschnüffelt und beschnuppert sie mich armen,
Und legt sich brummend neben meine Pein.

Und schurrt mich an sich; Himmel, hab' Erbarmen!
Und deckt mich zu mit ihren Vorderpfoten,
Daß ich an ihrem Pelze muß erwarmen.

So schlief ich unter ihren gütigen Poten,
Und träumte süß, von Paradiesespracht,
Von Freudenfeuern, die auf Zinnen lohten.

Am andern Morgen bin ich spät erwacht,
Auf einer Insel. Wo sind Eis und Schnee?
Wohin hat sich die Bärin aufgemacht?

Hier haucht die Hoffnung aus ihr langes Weh,
Denn solche Öde, solche „Ledernheit"
Sah ich noch nie. Lieb Leben du, ade!

Doch was ist das? Da wimmelts weit und breit.
Was sinds für Männer? sind das Lyriker?
Was soll die ängstliche Beweglichkeit?

Wie Knaben in der Pause, Plapperer,
So durcheinander; sie besprechen sich?
Ists gar das große Heer der Kritiker?

Djawoll, djawoll! sie sind es brüderlich:
Der eine hört den andern ab, ma foi,
Sie ochsen auswendig, das freute mich!

Der Marlitt „Werke", ah, hurrah, hurrah,
Die müssen sie, eins nach dem andern, lernen,
Und Wort für Wort, o asa foetida!

Zuweilen schaun sie flehend zu den Sternen,
Ob nicht Erlösung kommen will. Nein, nein,
Sie dürfen niemals sich von hier entfernen.

Und unter ihnen, mit dem Glorienschein,
Stand Nicolai, und nicht weit davon
Hauptpastor Goetze; welch ein Stelldichein!

Doch wer schreibt dort ein wütend Distichon?
Professor Doktor Wolff, Emil, gewiß,
Er ists, er sucht just ein Epitheton.

Genug, ich laß ihn in Amphipolis,
In Sparta, Mantineia, in Athen,
Und flüchte mich vor seinem Wanzenbiß.

Da stürzt ein Kritikaster, kein Mäzen,
Mit Zorn auf mich, und schreit mich tobend an:
„Der *denkt* Terzinen jetzt! könnt ihrs nicht sehn?

Hahhhh, Danten macht er nach, der Versemann;
Was eignes können nie die Dichter bringen,
Fragt ihn nur aus, er eilt von hinnen dann."

O je, wie komm' ich weg aus diesen Schlingen!
Da fühlt' ich sanften Druck an meiner Hand,
Und konnte leicht mich in die Lüfte schwingen.

Und ließ mich nieder in ein Fabelland,
Auf einen weiten Rasen, der geschickt
Englisch geschoren war. Ich stand gebannt:

Kein irdisch Gras, so hatt' ichs nie erblickt,
So frisch, so grün. Auf einer andern Welt
Muß ich wohl sein, die selig mich erquickt.

Und um den Rasen rings, wie hingestellt,
Durchsichtig, blüht ein Birkenfrühlingsschmuck,
Den Saft und Kraft zu holdem Dasein schwellt.

Ein Bächlein murmelt wo gluckgluckgluckgluck,
Erwartungsvoll will durch die Stille hin
Sich etwas regen; kommt das Männchen Puck?

Ich höre einer Drehorgel Beginn,
Fern, ferneher, der Zephyr trägt die Töne;
Sie spielt: Ich bin die kleine Kielerin.

Und aus den Bäumchen vor tanzt eine Schöne,
Unschuldig, nackt, mit höchst graziösem Pas,
Ein Kind, mit schwarzem Lockenkranzgekröne.

Sie wiegt und biegt sich, lacht: „Da bin ich ja!
Kennst du nicht deine erste Liebe mehr?
Ich neun, du zehn, ich hieß Virginia."

Ich staun' entzückt ihr zu, doch hinterher
Sind andre Tänzerinnen bald erschienen,
Und sie verschwindet ohne Wiederkehr.

Ein Wogen ists von Braunen und Blondinen,
Sie winken mir und sind verschwunden schon.
Wer wirft zuletzt mir Kußhand zu von ihnen?

Die Landschaft bleibt, doch sitzt nun auf dem Thron
Der Sommer, meine Birken hängen steif,
Die Sonne brennt, der Frühling ist entflohn.

Und ernste Frauen kommen, früchtereif;
Sie gehn an mir vorbei mit großen Blicken,
Und sind verzittert wie ein Nebelstreif.

Kaum seh ich noch der letzten ruhiges Nicken,
Ich stütze meine Stirne in die Hand,
Ich fühls, Gedanken wollen mich umstricken:

Wen von den Frauen hab' ich einst gekannt?
Doch blieb mir keine Zeit, viel nachzudenken,
Oktober hat die Fäden ausgespannt.

Wie sich der Birken braune Blätter senken!
Und auf die Wiesenflur sah ich hervor
Ein einzig Weib die sichern Schritte lenken.

Herb war ihr Angesicht, Herbst war ihr Flor;
So schritt sie kerzengrad an mir vorüber,
Bis sie sich auch am Waldessaum verlor.

Und um mich, in mir ward es wintertrüber,
Und ganz allein, ich stand im Schneegestiebe,
Da spür' ich einen zarten Nasenstüber:

„Ja, ja," zirpt wer, „die Jugend und die Liebe.
Doch giebts auch andre angenehme Zeiten,
Als immerwährend Knospen, erste Triebe.

Noch eine Freude will ich dir bereiten,
Ein Bild aus wildester Erinnerung,
Es mag dir, ein Phantom, vorübergleiten."

Und wieder um mich ist die Landschaft jung,
Die Birken blühen, Rasen treibt und Klee,
Darin sind Hürden, Hecken wie zum Sprung.

Trara, ein Jagdhorn, und en cavalier
Sprengt aus den Birken eine Reiterin,
Die Peitsche wirft sie, fängt sie auf: Gardez!

Ihr Herrenhut grüßt lachend zu mir hin.
Zwei Doggen, rechts und links, ein Edelpaar,
Flankieren sie mit stummem Mördersinn.

Und wenn sie springt, springt mit gesträubtem Haar,
Doch immer lautlos, ohne Hals zu geben,
Zugleich die Dogge, ihre Sklavenschar.

Ein wundervolles Bild: dies tolle Leben!
Das Weib, der Scheck, die beiden stummen Hunde,
Wie sie den Plan, im Kreise stets, durchbeben.

Da plötzlich tritt ein Mann in ihre Runde,
Er hebt den Arm, der einen Hammer hält,
„Aschtoret!" klingts und „Thor!" aus Einem Munde.

„Laß mich, Aschtoret, wieder in die Welt!"
Doch sie: „Nie laß ich, Thor, dich von mir ziehn."
Der Hammer fliegt, die schlanke Lilie fällt.

Es strömt ihr Blut, der Mann liegt auf den Knien,
Zu Boden rissen ihn die beiden Doggen,
Er brüllt, er wehrt sich, sie zerreißen ihn.

Die Pulse wollen mir, der Herzstrom stocken;
Komm, Winter, rasch! Schnee, hüll mich ein, geschwind!
Und es begraben mich viel tausend Flocken.

Doch wunderbar, im weißen Wirbelwind:
Ist das mein letzter süßer Erdentraum?
Noch einmal machte mich die Schönheit blind:

Madonna unter dem Akazienbaum.
Er steht in Blüthe, schwüle Jahreszeit,
Der Himmel blaut bis an den Meeressaum.

Und meine Herrin, hoch gebenedeit,
Säugt unser Töchterchen, die kleine Abel,
Und strahlt von rührendster Holdseligkeit.

Der ganze Garten weihraucht venerabel,
Und alle Blumen müssen sich verneigen;
Weit, weither tobt, tollt, grollt die Sündenbabel.

Weh, durch des Junis mittagliches Schweigen
Stößt jäh ein Lärm ins Horn, und Pforten schlagen,
Gestampf und Kiesgeknirsch, ein geller Reigen.

Barbaren – Menschen – nahn auf Sichelwagen,
Die Pfeile überschütten schon den Platz,
Und nackte Schwerter drohn und Spieße ragen.

Der Mutterbrust entreißen sie den Schatz,
Ich bin an ihrer Seite blitzgeschwind,
Doch bin verloren in der Hufenhatz.

Es trägt mich in die Luft ein großer Wind
Und läßt mich nieder, fern in Felsenschlüften,
Da stürz' ich hin und weine wie ein Kind.

Wie still ists hier in diesen finstern Klüften!
Hoch muß ich sein, vielleicht in Gottes Sphären,
Von unten tief dringt Grabgesang aus Grüften.

Und über mir schwebt über Land und Meeren
Ein Riesenvogel; dessen Flügel reichen
Von Pol zu Pol, gekrümmt wie Krebsesscheren.

Doch seiner Kraft und seines Schmuckes Zeichen
Sind an den Enden festgekeilt im Eise,
Er kann die Sonnenbahnen nicht erreichen.

Und darum sucht er gierig seine Speise
In unsern volkbesetzten Erdenthalen
Und weidet Menschen, Kinder bis zum Greise.

Er nagt im Wolkendunstkreis unsrer Qualen,
Die unaufhörlich aus den Gründen grausen,
Aus thränenüberströmten Opferschalen.

Es schwillt herauf zu mir ein dumpfes Sausen
Und Stampfen, wie von hunderten Geschwadern,
Die rasend durch den Morgennebel brausen.

Und Feuer, Qualm und Schreien, Zank und Hadern,
Das alles lähmte albschwer mir die Glieder,
Ein Strom von Gift durchströmte meine Adern.

Ich schloß die Augen, offen sind sie wieder,
Und wieder seh' ich jenen Vogel schweben,
Doch schiel' ich nur, halboffen sind die Lider.

Und er erhob sich unter Wolkenbeben,
Gelöst ist jetzt sein Flügelpaar vom Eise,
Ach, könnt' ich mit ihm in sein Ätherleben!

Als er nun zog die ungeheuern Kreise,
Fand ich von ihm mich mit emporgetragen
Und rauschte mit ihm seine Weltenreise.

Ich sah die Sterne durcheinanderjagen,
Als ob im Himmel goldne Kugeln schnellen,
Wie Gaukler thun an Sommerjahrmarktstagen,

Auch wie in warmen Nächten durch die Wellen
Ein Nachen leuchtend furcht auf Funkenschäumen,
Die rings das Boot durch ihren Glanz erhellen.

Mein Auge starb in überhellen Räumen.
Und da saß Mose, der Gesetzegründer,
Umzirkt von purpurblauen Wolkensäumen.

Titanenkräftig blickt der Gotteskünder,
Ein erster Heiland aus dem Menschenpfuhle,
Mit seinen Brauen bändigt er die Sünder.

Und jetzt: ein Nordlicht krönt das Himmelsthule:
Der Nazarener wars im Lichterscheinen –
Tief tauchte der Koloß von seinem Stuhle.

Unsagbar war die Milde, die dem Reinen
Das schöne, heimatstille Antlitz prägte,
Nach innen sah ich seine Schmerzen weinen.

Doch hinter ihm, als er sich fortbewegte,
Schritt grinsend, blutbespritzt der Menschenschnitter,
Deß roter Mantel scharf die Erde fegte.

Am Firmament unzählige Gewitter,
Ein Feuermeer im ganzen Weltenkreise,
Dann sank die alte Nacht, ein bleiern Gitter.

Ich fuhr erschrocken auf nach dieser Reise,
Und fand mich auf der höchsten Alpenspitze,
Verlassen und allein wie eine Waise.

Verlassen? Stand nicht auf dem Platz der Blitze,
An eine Flaggenstange festgebunden,
Ein Mann, ein Schemen, auf dem Donnersitze?

Erwartet der hier seine letzten Stunden?
Den Tod? Umschrien vom Sturm, von Kannibalen?
Am Folterpfahl die letzte seiner Wunden?

Wer bist du? rief ich. „Du – und deine Qualen,
Dein Körper, deine Seele! siehst dus nicht?
Dein Leben mußt du hier zurückbezahlen."

Da trat ich zu ihm hin, wie dicht ans Licht,
Und starr' ihn an, und steh wie eine Säule:
Dann sollst du, Bube, mit mir ins Gericht!

Er aber reißt sich los mit Wutgeheule,
Und wirft mich nieder, würgt mich, kniet auf mir,
Wir kämpfen, doch er knebelt mich im Knäule.

Ich fühle seines heißen Atems Gier,
Stoßweise schreit er rasend auf mich ein,
Indessen er mich anglotzt wie ein Tier:

„Nie gabst du deinem Glück ein Stelldichein,
Vom Leichtsinn ließest du dich stets bethören,
Des Weibes Keuschheit war dir leerer Schein.

Charakter fehlte dir, *Dir* zu gehören;
So wars ein jämmerliches Schwanken nur,
Und Wahnsinn mußte endlich dich zerstören."

Fern ließ zu mir empor ein Ordensschwur
Den Hohenfriedeberger Marsch erschallen,
Da sprang ich auf, als hätt' ich Kraft vom Ur,

Und ließ den Teufel in die Gründe fallen,
Daß klatschend er von Zack zu Zacke schlug,
Im Echo muß ein greulich Wort verhallen:

„Selbstmörder –". Schuld aus eignem Lug und Trug,
Das Los von dem, der niemals Halt gewonnen;
Die Sinne schwanden mir wie Rauch im Zug.

Doch eh mein Geist den schwarzen Weg genommen,
Fühlt' ich von weichen Armen mich umschlungen,
Und eine süße Stimme sprach: „Willkommen!

Jetzt hast genug du mit dir selbst gerungen,
Hier reicht ein reines Weib dir Trost und Treue,
Die Liebe hat den bösen Feind bezwungen."

Und himmlisch quoll das Thränenlied der Reue.

Siebenter Cantus

> „Raum! Raum! brich Bahnen, wilde
> Brust!
> Ich fühl's und staune jede Nacht,
> daß nicht blos Eine Sonne lacht;
> das Leben ist des Lebens Lust!
> Hinein, hinein mit blinden Händen,
> du hast noch nie das Ziel gewußt;
> zehntausend Sterne, aller Enden,
> zehntausend Sonnen stehn und spenden
> uns ihre Strahlen in die Brust."
>
> *Richard Dehmel.*

Die Pforte zu, den Riegel vorgeschoben!
Sind schon die spanischen Reiter ausgelegt,
Wolfsgruben, tiefe Gräben ausgehoben,
Mit Pallisaden alles eingehegt?
Verhack, Verhau! Schießscharten unten, oben!
Ringsum die Bäume fallreif eingesägt!
    Bertouch, mein Alter, du allein bleibst hier,
    Ich möchte mich mal ausruhn vom Turnier.

Nimm mir die Waffen ab, kühl mir die Wunden,
Ich strecke mich aufs Bismarcksofa hin,
Und bin allein mit meinen Teckelhunden,
Mit Männes und Herrn Didels Knurrersinn,
Und fröhlich gehn die menschenleeren Stunden,
Kein Zeitungswisch bringt meinem Spott Gewinn.

Die Post selbst stapel tagelang ich auf,
Und laß der Welt gelassen ihren Lauf.

Denn Umschau, Rückschau, Einkehr möcht' ich halten,
Die Jugend floß ins breite Meer hinaus,
Die schönen bunten Flügel muß ich falten,
Der zarte Sonnenstaub fiel ihnen aus;
Nach heißem Tag ein abendlich Erkalten,
Ein Sehnen wie nach Heimat, Vaterhaus,
    Nach Ruhehäfen, sichern Ankerplätzen,
    Nach Abschiednehmen von des Lebens Schätzen.

Leiste Verzicht! So heißt das Donnerwort,
Und ist doch sanft, beruhigend und milde,
Und in uns Menschen klingt es immerfort,
Denn wir gehören zur Entsagergilde.
Die Blume blüht; wie bald ist sie verdorrt!
Und runzlig wird das lieblichste Gebilde.
    Herr Gott, ich merke, und das ist vertrackt:
    Ich werde alt: ich schreibe schon abstrakt.

Darum Concreta her! Dees is mei Freid!
Vielleicht ein Stückchen aus dem Paradies?
Die Hände unterm Nacken, lieg' ich breit
Auf meinem Sofa, denk' an das und dies,
Schau' in des Himmels ewige Ewigkeit,
Blau ist er heut, blaublau wie ein Türkis.
    Halt, bei Türkisen werd' ich Strophenschmied
    Und sing mir schnell ein klein Türkisenlied.

Mein Lieblingsstein, der blaue Edelstein;
Als Diadem, ich brauchte nicht zu sparen,
Umbog er einst, ein blauer Heiligenschein,
Ein Haupt, rings kraus umglänzt von blonden Haaren.
Du blauer Stein, in himmelblauen Reihn,
Du wolltest mir die Schönheit offenbaren.
    Die weiße Stirn, die dieser Kranz geschmückt,
    Vor der hab' ich mich selig einst gebückt.

Oft ging ich als Harun al Raschid aus,
Im Stadtgewühl, beim Scheine der Laternen.
Mit eingedrücktem Hut, im derben Flaus
Wirst du das Volk am besten kennen lernen.
Es macht mir Spaß, in Schenke, Kaffeehaus
Zu sitzen, in verräucherten Tavernen.
    So fand ich eine Kneipe „Zum Korsaren“,
    Mit Ale und Porter, die geschmuggelt waren.

Und Ale und Porter kann ich immer trinken,
Wenn edel sie zu haben sind und echt;
Der Trank bleibt edel, kann ich auch nicht sinken
An all und jede Brust, die mit mir zecht.
Denn oft sitzt mir ein Pferdedieb zur linken,
Und rechts ein Wilddieb oder Schinderknecht.
    Hauptsächlich, wie der Name das schon zeigt,
    Ist diesem Krug das Schiffervolk geneigt.

Ein kleiner, sehr gewandter Ganymed
Vermittelt zwischen Toonbank und den Gästen.
„Zum Donner!“ „Gleich, Herr, gleich,“ wie das so geht,
Begleitet oft von hahnebüchnen Gesten.
Zuweilen endet, kommt ein Trinker spät,
Gelächter rasch mit Hieben, eisenfesten.

Wie Hekuba herab auf Ilium,
Schaut vom Büffet die Wirtin, starr und stumm.

Sie strickt, schenkt ein, und strickt, schenkt ein, und strickt,
Und ihre großen braunen Augen sehn
Gleich gleichgültig auf den, der eingenickt,
Auf den, in dem sich tausend Wirbel drehn,
Auf den, der lacht, und den, der finster blickt,
Und den, der glaubt noch auf dem Strich zu gehn.
    Nein: Wirtin war sie nicht. Ich hört' es bald:
    „Die junge Witwe, drüben da vom Wald."

Vom Walde da, vom Fluß, vom Berg, vom Thal;
Ich sah die Augen nur, die großen, braunen,
Die so viel Kummer bargen, so viel Qual,
Und doch so ruhig blickten, ohn' Erstaunen,
Jedweden fremd begrüßten im Lokal,
Abhold den Scherzen und betrunknen Launen.
    Aus Mitleid wird die Liebe oft geboren;
    Folgt Mitleid, ist die Liebe bald verloren.

Und Mitleid hatt' ich mit dem armen Ding,
Das hier vertrauern mußte und versauern,
Das wie der flügellahme Schmetterling
Hilflos verkam in dumpfen Bierhausmauern
Und, kaum mehr zappelnd, sich ins Netz verfing,
Wo still die Spinnen Not und Schande lauern.
    Wie kam es, daß mich ihre Augen fragten
    Und daß „Ich helfe dir" die meinen sagten.

Nichts weiß ich heiliger in allen Landen
Als das Genügen einer treuen Ehe,
Wenn Mann und Frau mit immer sichern Banden,
Bis eines stirbt, Wonne vereint und Wehe,
Nach schwerer Tagesfahrt am Bettchen landen
Des Lieblings, daß ihm nachts kein Leid geschehe:
    Ein Lichtreich ists, wo goldne Kerzen brennen,
    Wenn Mann und Frau nichts stören kann, nichts trennen.

Doch lieber eine Kugel durch die Brust,
Einsiedler werden auf dem Ararat,
Selbstpeiniger sein wie weiland Doktor Fust,
Ewig verbannt ein Fisch im Kattegat,
Als unglücklicher Ehemann, bewußt
Ein Leben führen, wies kein Teufel hat.
    Der Gattin wegen hat sich wer entleibt,
    So las ich jüngst. Dank: ich bin nicht beweibt!

In luftiger Vorstadt, ferne dem Gedränge,
Liegt ein bescheiden Häuschen eingereiht,
Darin ein Laden ohne viel Gepränge,
Wo Garn und Zwirn zu haben jeder Zeit,
Auch Wolle, Nadeln, Spitzen, Bettvorhänge
Zu kaufen sind, und feinste Handarbeit.
    Die junge Witwe führt den Bänderkram,
    Sie fühlt sich wohl, verschwunden ist ihr Gram.

Zuweilen überrasch' ich sie bei Tage;
Wie freundlich ist des milden Auges Glanz,
Aus dem nicht mehr wie früher schwere Klage
Blume an Blume flicht zum Leidenskranz.
Hier schnellt mich oft des Lebens närrische Wage
Aus Trübsal hoch zu lustigem Firlefanz.

Die schöne Frau erfüllt mir jeden Wunsch;
Wie braut sie wundervoll den Eierpunsch!

Und ihre weiße Stirn hatt’ ich geschmückt
Mit einem Kronenkranze von Türkisen,
Die blonden Härchen, ach, ich war entzückt –
Nun, Bertouch, du? Was giebt es für Avisen?
„Professor Doktor Wolff kommt angerückt.“
Emil kommt her? Was sagst du? Laß ihn spießen!
    Er will mir Vortrag halten über Ethik,
    Moral und Kunst und, gräßlich, auch Ästhetik.

Wie kam denn der durch unsre spanischen Reiter?
Gleichviel, er ist nun einmal da. Als Gast
Ist er für uns natürlich ein Geweihter;
So gieb ihm ein Diner auf seiner Rast,
Und stimm’ ihn wohlig, mach’ den Doktor heiter,
Paß auf, was er dir kundgiebt als Scholiast.
    Sekt liebt er nicht; der, glaub’ ich, schafft ihm Weh.
    Erquicke ihn darum mit Fliederthee!

Mir aber, Lieber, bringst du Pommery her,
Zwei Flaschen, ich will heute lustig sein.
Auf meines Lebens Höhe will ich leer
Sie trinken, meiner Jugend gilts allein.
In Scherben dann das Glas! und – „nimmermehr“
Klingt mir als trübes Schlußwort hinterdrein;
    Ich schreite still und ernst den Berg hinab,
    Und vor mir, offen, gähnt mein hungrig Grab.

„Der Herr Professor hat sich wegbegeben."
Gut, Bertouch; auch *den* Quäler bin ich los!
Zünd' mir die Lichter an; von meinem Leben
Will ich dann träumen, meinem Schicksalslos,
Visionen haben, in den Lüften schweben:
Die Geister kommen, und es wird grandios!
    Geh nun zur Ruhe, Treuer, gute Nacht,
    Zu frischem Tage sind wir bald erwacht.

Wo sind die Sterne? Ferne Blitze lohten,
Ich atmete in schwachen, matten Zügen,
Bedrängt vom Odemstrom der Wetterboten.
Erwartungsvoll, daß mich die Götter trügen
In eines Traumes bunt verschlungne Knoten,
Trank schlaflos ich aus der Erinnrung Krügen.
    Und in die Thüre treten zwei herein,
    Die müssen oben aus dem Himmel sein.

Narzissen hält die eine in der Hand,
Sie trägt ein langes violettes Hemd,
Die andre drückt sich Lilien ans Gewand,
Ans lange, schwarze; beide sind mir fremd.
Als hielte sie gemeinsam fest ein Band,
So stehn sie da, leicht Arm an Arm gestemmt.
    Und beide sehn mir lächelnd ins Gesicht,
    Seltsam umstrahlt von blauem Phosphorlicht.

„Du kennst mich nicht?" sprach leise erst die eine;
Die andre: „Hast du mich so schnell vergessen?"
Da sprangen meine Teckel auf die Beine
Und kläffend hoch an beiden, wie besessen
Vor Freude. Drauf die erste: „Und La Reyne
Ist tot? Wie würde die sich an mich pressen!

Das Tier vergißt genossne Liebe nie,
Der Mensch ist undankbarer als das Vieh."

Und über ihren Häuptern, glanzumflogen,
Verwölbten sich die Lilien und Narzissen
Zu einem reizenden gothischen Blumenbogen,
Und immer leuchtender aus Dämmernissen
Sah ich den Schautanz „Serpentine" wogen;
Mir aber drückten Centner mein Gewissen.
 Sie schwanden, und aus Lüften klang ein Klagen:
 Wir haben mit dir einst dein Leid getragen.

Ich streckte meine Arme aus: Bleibt hier,
Vergebt mir! Seht, heiß blutet meine Wunde.
Was sind die Erde und der Mensch auf ihr,
Sagt, sagt es mir in dieser stillen Stunde!
Kocht alles nur in ewiger Lebensgier,
Kocht ewiges Verderben nur im Grunde?
 Winkt uns kein Palmenwald nach all den Qualen?
 Verfaulte Reste nur, vergossne Schalen?

Und Flügel fühlte ich, und ihnen nach
Flog ich empor in reinere Regionen,
Fand mich auch bald als Ariel in mein Fach,
Als kennt' ichs seit undenklichen Äonen;
Und strich umher nun unter einem Dach
Mit Cherubim und sittsamen Dämonen.
 Der Teufel freilich nähm' mich Huckepack
 Und steckte mich in seinen Feuersack.

Doch rascher noch als er schöss' ich koppheister,
Säh Satanas ich um die Ecke biegen.
Im Äther tumml' ich mich wie selige Geister,
Laß wie der Vampyr mich auf Stürmen wiegen,
Und bin befreit von allem Schmutz und Kleister,
Und kann mich an die Sonnenschultern schmiegen:
 Ich bitt' dich flehentlich, Herr Zebaoth,
 Schick mich nicht wieder weg in Not und Kot.

Dort unten schwankt die Seele hin und her.
Bald will sie dies, bald will sie das beginnen,
Bald sich verschwistern mit dem Strahlenmeer,
Aus Lebensüberdruß sich selbst entrinnen,
Sich wütend stürzen in ein Faß voll Theer,
Bald wieder heilige Himmelshemden spinnen.
 Ich bin des ewigen Zwiespalts mir bewußt;
 Echt deutsch, ein Grübler selbst an Gottes Brust!

Der Wind, der alte gute Püsterich,
Pfiff einen Kameraden mir zur Seite.
Wer warst du, bist du? frag' ich; kenn' ich dich?
„Titus Labienus giebt dir das Geleite,
Cäsars Hetman und Bruder Liederlich."
Verräter, rief ich, scher dich weg ins Weite!
 „Nur sacht," erwidert er, „mit deiner Schere;
 Sieh schnell hinunter, dort sind seine Speere."

Und durch den gallischen Urwald sah ich gehn
Den göttlichen Julius an des Heeres Spitze,
Und sah den langen hagern Hals ihn drehn,
Und seine Augen schossen kalte Blitze.
Die Schiene ließ die nackten Kniee sehn,
Den Griechenhelm schob er zurück vom Sitze;

Ein Lagermensch, breitknochig, häßlich, wild,
Nie war er wählerisch, trug ihm den Schild.

Bild: Caterina Sforza im Gefechte:
Von ihrer Brut den Jüngsten in der Linken,
Schwingt hoch den Flamberg die empörte Rechte.
Den Zaum im Zahn, sie will nicht untersinken,
Löst sich im Kampfe ihre rote Flechte
Und fließt aufs Panzerhemd wie Feuerblinken.
　　Nun, Borgia, pflück dir Rosen, wenn du kannst,
　　Sonst schlägt sie *dir* die Rippen in den Wanst.

Laterna magica: Napoleon!
Gelb, mager, Römer wie zu Rivoli.
Ein Maultier ist einstweil sein Purpurthron:
Sankt Bernhard! Schwindelnde Gebirgspartie.
Italien hat er in Gedanken schon,
Sein Genius träumt, und Traum ist Poesie.
　　Am Abgrund zieht er lächelnd seine Bahn:
　　Schauderndste Tiefe, höchster Kaiserwahn.

Laterna magica: Der Ocean wühlt
In langen, langen Wellen unter mir,
Ein fremder Ocean, der nichts umspült,
Leer, einsam, ohne Fisch und Fabeltier.
Es dämmert, donnert; hab' ich Angst gefühlt?
Was da! Tief unten wogt, grad im Nadir,
　　Ein Panzerschiff, System Dracunculus,
　　Ich sah ein Weltmeer auf dem Sirius.

Laterna magica: Ein freundlich Städtchen
In Schleswig-Holstein. Mondschein. Sonntagsnacht.
Vom Tanz führ' ich nach Haus das liebe Gretchen,
Der heiße Sommertag hat Ruh gemacht.
Wos dunkel ist, küss' ich das süße Mädchen,
Das Mädel mich. Wir nehmen uns in Acht,
    Denn viele Menschen, leider, sind noch auf
    Und hindern unsrer Liebe letzten Lauf.

Wir sind am Ziel. Du, Kleine, ich bleib hier;
Die Mutter schläft, komm doch noch mal heraus!
„Nein, nein, das geht nicht; nein, mein Jaromir."
Och was! manzu! es sieht uns keine Maus.
„Ach nein, die Mutter! ich hab' Angst vor ihr."
Dann schleich' ich hinterher dir in dein Haus.
    „Das geht nicht, nein; na warte, ich will sehn;
    Vielleicht, ich komme, ja, bestimmt, um zehn."

Glock zehn, Glock elf, Glock zwölf, Glock eins, Glock zwei,
Herrliche deutsche Vollmondsommernacht!
Im Garten einer Villa, bis Glock drei,
Verloren wir uns und sind aufgewacht
Von Orgelton und Trauerlitanei,
Und aus dem Schlößchen wird ein Sarg gebracht.
    Sechs Männer tragen langsam ihn und schwer,
    Ein einzelner schwankt schluchzend hinterher.

Wir haben hinter Rosen uns versteckt,
Die Nachtigallen fangen an zu schlagen,
Vorsichtig haben wir den Hals gereckt,
Das Mädchen schauert, will mich zitternd fragen,
Die Blumen hat ein Flüsterwind geweckt,
Es dämmert, heller, es beginnt zu tagen.

Die Morgenröte spielt sich in den Traum,
Beleuchtet über uns den Lindenbaum.

Und, ein verschobnes Herz, ein Lindenblatt,
Hellgrün, voll Tau, tropft auf die Bahre nieder,
Die ohne Schmuck ist, keine Zierde hat.
Und greller sticht Jasmin hervor und Flieder;
Der Sarg, die Männer sind schon nah der Stadt,
Die Sonne steigt, die Lerchen jubeln wieder.
    Komm, Mädchen, laß uns weggehn; frisch und rot
    Ist unser Leben, welk und weiß der Tod.

Hoch, Freunde, hoch die hochgeschürzte Lust!
Der Walzer wirbelt und die Röcke fliegen!
Die Geige kreischt! Juchhei aus voller Brust
– – – – – – – – – – – – – –
Zwei Mörder schleichen: Herbst und Winter siegen,
Ich bin des Alters plötzlich mir bewußt,
Ein unabsehbar Schneefeld seh ich liegen.
    Und ein Soldatenlied klingt fern mir her:
    Schön ist die Ju-u-gend, sie kehrt nie mehr.

ACHTER CANTUS

> „Ein Stern mit hellen Gleisen
> hat es der Welt verkünd't,
> den Kindlein und den Weisen,
> wie man dies Blümlein find't.
> Nun ist uns nicht mehr bang,
> seit aus der dunklen Erde
> solch köstlich Knösplein sprang.“
>
> *Richard Dehmel.*

Es strömt die Flut aus der Unendlichkeit,
Das Wasser wächst, es zieht zu Thal und Gründen,
Begießt das Land, so breit es kann, so weit,
Um in die Gräben trockner Marsch zu münden,
So hoch es kann, sich in Vermessenheit
Mit Bergeshaupt als Sintflut zu verbünden.
    Kein Wind, kein Wetter hält die Urkraft auf,
    Kein Wind, kein Wetter hindert ihren Lauf.

Es hat den Höhepunkt erreicht. Es sinkt
Und drängt und treibt zurück. Die Wasser ebben,
Bis die Unendlichkeit sie wieder trinkt.
Aus fernsten Bächen, vom Gebirge schleppen
Sich Stein, Geröll und Schutt, die Sandbank blinkt;
Es fallen, heben sich verschlammte Steppen.
    Kein Wind, kein Wetter hält die Urkraft auf,
    Kein Wind, kein Wetter hindert ihren Lauf.

Es schwillt und wächst, es ebbt das Menschenleben,
Ein Tag bei jedem ist die höchste Flut;
Dein ehern Schicksal hat ihn dir gegeben,
Den Tag, und unaufhaltsam muß dein Blut
Den Weg zurück, dir hilft kein Widerstreben,
Du siehst die letzte Sonnenabendglut,

Ob hundert Jahre dir der Himmel sandte,
Ob eine Stunde nur dein Flämmlein brannte.

Und ja: was flutet und was ebbt nicht immer?
Dein Herz vor allem ist der Tummelplatz,
Wo auf und ab, in Angst und Hoffnungsschimmer,
Im Schwerschritt bald, und bald im Freudensatz,
Der Wechsel ewig macht den Seelenstimmer,
Der Wechsel Ruhe zeitigt oder Hatz.
    Im Hin-und-Her rinnt deines Herzens Blut,
    Im Hin-und-Her verrinnt dein Lebensmut.

Mein Herzblut rann, die Hochflut ist erreicht,
Strom ab: bis meines Lebens letzter Tag
In die Unendlichkeit zurück sich schleicht,
Bis ohne Spur im gierigen Wellenschlag
Auf dunklem Grunde langweilig verbleicht
So vieler reicher Stunden Fruchtertrag.
    Doch Ebb und Flut sind jeden Augenblick
    Noch mein! bis sich gesättigt mein Geschick.

Zwar ist die Lendenkraft nicht mehr so wild;
Des Alters Ruhe, Überlegenheit,
Steht lächelnd vor dem furchtbarn Fieberbild,
Das überschoß in Trotz und Brünstigkeit.
Jetzt geh' ich durch das herbstliche Gefild,
Ein Segnender, der wirren Welt so weit,
    Daß ich nichts höre mehr von ihrem Rasen,
    Ganz fern nur klingt mir ein Retraiteblasen.

Und doch, noch mächtig strömt zuweilen her
Die große Flotte, die auf meinen Adern
Durchfurcht der Leidenschaften rotes Meer;
Sie kämpft im Einzelkampf und in Geschwadern,

Und entert, trümmert, siegt, sinkt ohne Wehr,
Je nach dem Ausgang, wie sichs trifft beim Hadern.
     Denn Ebb und Flut sind jeden Augenblick
     Noch mein! bis sich gesättigt mein Geschick.

Wir nennens Übergang, wenn schon das Haar
Erbleichen will und dennoch Trieb und Wille
Sich oft gebärden wie ein Jünglingspaar;
Doch ach, rasch aufgesetzt Großmutters Brille,
Und flügellahm wird bald der falsche Aar,
Das Ganze war dann eine Faschingsgrille.
     Wie? Ebb und Flut sind jeden Augenblick
     Noch mein? bis sich gesättigt mein Geschick?

Sie sinds! Dem Satan Dank! Alt ist nur der,
Der andern, sich, sein Alter gern versteckt,
Der immer ist sein eigner Gläubiger,
Mit Angst vor Gram und Grab sich immer schreckt,
Des ewigen Gespenstes Märtyrer,
Das ihm die ekelgrünen Zähne bleckt.
     Fällt mir nicht ein!!! Ich bleibe frisch und jung
     Und mach durch Feld und Wald noch manchen Sprung.

Wars in Paris, wo ich zuerst sie sah?
Das schöne Mädchen mit den Dulderaugen?
Wild riefen meine Sinne gleich Hurrah,
Die soll zu süßem Liebesspiel mir taugen.
Allein ich war ihr nur soso lala,
Sie mochte nicht aus meinem Becher saugen,
     Den ich mit Weinlaub ihr entgegen hielt;
     Sie hat mich halb verächtlich angeschielt.

Ein Zufall wars, ein kleiner Scherz, nichts weiter,
Daß meine Freunde ihr nachher verrieten,
Ich sei, wirklich, Salto-mortale-Reiter,
Der seinem Namen Rücksicht müsse bieten,
Mit meiner Sippe deshalb ein Entzweiter,
Sonst aber reich versehn mit Geldkrediten;
 Sie wüßten das aus ganz bestimmter Quelle,
 Nur augenblicklich hätt ich keine „Stelle".

Ich lachte, als ich das von jenen hörte,
Zuerst wars mir fatal, doch ließ ichs gelten,
Als ich bemerkte, daß sies nicht empörte,
Im Gegenteil, ich schien aus andern Welten
Ihr nun zu sein, an dem sie nichts mehr störte;
So kams, daß wir uns ziemlich rasch gesellten.
 Den Weibern ist ein „Künstleehr" immer echt,
 Und kommt er aus dem Zirkus, dann erst recht.

's ist wunderbar! Je leerer solch ein Fant,
Je länger er die Locken trägt, die Nägel,
Tenort er „himmlisch" nur, schwatzt Zuckerkand,
Und ist er auch dabei der größte Flegel,
Sie sind dann bis zur Wut in ihn verrannt;
Wo bleiben Schopenhauer, Kant und Hegel!
 Verrückt macht sie der dümmste Pianist,
 Hat er nur Haar und Hände wie Franz Liszt.

Ich wußte meine Rolle gut zu fassen,
Ich lehrte reiten sie auf meinen Pferden,
Und brauchte bald nicht ängstlich aufzupassen,
Sie konnt' allein schon mit sich fertig werden;
Als käm sie aus dem Lande der Zirkassen,
Saß sie im Sattel wie auf Mutter Erden.

Sie überritt des Teufels Knickebein;
Talent zum Reiten muß geboren sein.

Mein „Honorar" war holder Liebeslohn.
Nachts, durch ein Pförtchen, fand ich einen Garten,
Stets säuselt dort ein Aeolsharfenton,
Und niemals ließ sie lange auf sich warten;
Dann saß ich bei ihr unterm Gnadenthron,
Um den sich tausend Amoretten schaarten.
    Die Pforte und den Garten werd ich nie
    Vergessen. Manon? Hm, comme ça comme ci.

Nur eines machte Sorge mir zuweilen,
Sie ritt zu toll, ihr gabs kein Hindernis,
Sie schien den eingeholten Sturm zu speilen,
Der Blitz war gegen sie ein Schattenriß,
So blendend, o entzückend, war ihr pfeilen,
So sehr ich krauser Stirn mich auch befliß,
    Was konnt ich machen? doch als Feigling nicht
    Vor ihr erscheinen? als ein Leichenlicht?

Es war ein Wintertag, der Märzschnee schmolz,
Und an den nackten, schwarzen Stämmen rann
Die Feuchtigkeit und malte grün das Holz;
Schon wäscht und koppelt Freya ihr Gespann,
Die ersten Frühlingsfahnen flattern stolz,
An Baum und Pflänzchen putzt der Wurzelmann.
    Erstaunt erwachen Fledermaus und Kröten,
    Die Knaben schnitzen erste Weidenflöten.

An solchen Tagen ritten wir zu zweit,
Die Whiteheartstute sie, ich meinen Senner,
Den Sennerhengst Lippspringe. Weit und breit

Gab unsern Pferden ersten Preis der Kenner.
Wir trabten. Zwischen beiden schien ein Streit,
Wer wohl von ihnen sei der beste Renner.
 Flach ausgefächert lag vor uns das Land,
 Ein linder Wind fängt Manons Nackenband.

Fern zieht der Fluß, er treibt mit großen Schollen,
Grad auf ihn zu geht unser starker Trab,
Wir wollen wenden, aber was heißt wollen!
Die Tiere schrammen ab: Lebwohl, schab ab!
Hengst, Stute legen sich ins Zeug und tollen,
Es breitet sich vor uns das nasse Grab.
 Mit letzter Kraft versuchen wir zu hemmen,
 Mit aller Macht die Gäule abzuklemmen.

Vergebens! Ehe die Sekunde sich
Erneut, ein Sprung, klatsch, sind wir drin im Fluß.
Uns, unsern Rossen reißt sich fürchterlich
Das Eis ins Fleisch; der greulich kalte Guß
Sticht, schneidet uns wie Dolch und Messerstich,
Der niederträchtigste Willkommenskuß.
 Die Vorderhufe schlagen immer wieder
 Sich Bahn. Umsonst. Es zieht Neptun sie nieder.

Noch immer weiter arbeitet der Huf,
Auf morscher Decke festen Halt zu fassen,
Wo knirschend sich das Treibeis Türme schuf
Und sich zu Mauern schob und festen Gassen;
Von neuem brichts! Weithin schallt unser Ruf,
Der Trost des Echos selbst hat uns verlassen.
 Die Krähen nur, die äsend mit uns trieben,
 Sind mürrisch, flügelplump, uns treu geblieben.

Wir konnten zu einander nicht gelangen,
Es dehnt sich mehr und mehr der Zwischenraum,
Ich sehe Manon mit schneeweißen Wangen,
Sie hält sich noch im Sattel und am Zaum,
Da sinkt sie, von den Wogen aufgefangen,
Aus Schlamm und Schilfgrund steigt ein schwarzer Schaum.
    Mein Hengst drängt sich ans Ufer, klettert, trieft,
    Und steht, und meine Rettung ist verbrieft.

Zwölf Ellen weit von mir ringt noch die Stute,
Erkämpft die Küste, rückenleer, und zittert
Und schüttelt sich, als stünde sie im Blute,
Und jagt kopfhoch, die offne Nüster wittert,
Jagt sie landein mit wagerechter Rute.
Es blitzt, ein erster Frühlingsdonner knittert,
    Zerreißt den Wolkenflor. Ein Märzgebet
    Steht rings die Welt mit Veilchen übersät.

Ja, ja, „das sind so Sachen, sind so Sachen."
Abscheulich, daß der nimmersatte Tod
Dazwischenkommt mit seinem Riesenrachen.
Und doch, er macht den Schluß von aller Not;
Er schleift, gutmütig ist dabei sein Lachen,
Uns in sein Endreich aus dem Erdenkot.
    Da fällt vom Tod mir noch ein Liedchen ein,
    Poetisch ist er stets, Hans Klapperbein.

Ein Kaufmann, der sich dreißig Jahr' gequält,
Mußt' immer wieder in den Schlamm zurück,
Ein Selfmademan, der Sturm hat ihn gestählt;
Er klettert immer wieder Stück um Stück,
Bis er sich endlich zu den Reichsten zählt,
Bis seiner Klugheit sich gesellt das Glück.

Da denkt an Frieden er und häuslich Leben,
Sieht sich verwundert um in Hatz und Streben.

Behaglich richtet er ein Haus sich ein,
Er nimmt ein Weib, vortrefflich war die Wahl,
Wie mundet nun der selbstbezahlte Wein,
Gastfreundschaft schmückt ihm seinen Freudensaal,
Er kann, aufatmend, *darf* sein eigen sein,
Den Gästen schwingt er fröhlich den Pokal:
  Seht, endlich will ich meine Glieder strecken,
  Durch eigne Kraft mit Seide mich bedecken.

An ferner Küste hat er noch zu thun,
Zum letzten Mal muß er die Koffer packen,
Dann will er endlich von der Arbeit ruhn,
Sich nicht mehr mit Geschäftsbilancen placken,
Dann schüttelt er den Staub sich von den Schuhn
Und lüftet sich das Hemd am straffen Nacken.
  In froher Hoffnung auf den ersten Erben
  Verläßt er Weib und Haus, Geschirr und Scherben.

Leicht ist gethan, weshalb er ferne weilt,
Gold fließt zu Gold, er rafft den Schatz zusammen,
Ein Telegramm hat plötzlich ihn ereilt,
Sein Herz schlägt laut, die Stirn steht ihm in Flammen:
Hurrah, ein Sohn! Den hat mir Gott erteilt!
Ein weit Geschlecht wird von mir niederstammen!
  Er chartert sich den ersten besten Dampfer,
  Frech durch den Ozean furcht der Wogenstampfer.

Ists auf dem Missisippi eine Wette,
Gilts Tod und Leben, wer der Sieger ist?
Zur Höllenglut heizt er die Kesselstätte,
Daß sie die Haut vom Leib den Trimmern frißt.
Ventil? Ah was! bald klirrt die Ankerkette,
Dann streut er Trinkgeld, er ist Weltgrossist.
    Der Steamer jagt durch Zephyr und Teifun,
    Er übertrumpft das schnellste Wasserhuhn.

Im Buge steht der Großkaufmann und starrt
Den Wellenwirrwarr an, der ab und auf
Und auf und ab das Schiff umlärmend narrt
Und zischend spritzt zum höchsten Mastenknauf;
Die Planke kracht in ihren Fugen, knarrt,
Und nimmt doch immer ihren sichern Lauf.
    Die Sonne über ihm und Mond und Sterne
    Verändern sich und tauchen in die Ferne.

Ein erster blasser Ufersaum, ein Strand
Wird sichtbar, immer sanfter weht der Wind;
Wenige Stunden, und er ist an Land
Und wird, ans Herz gepreßt sein erstes Kind,
Der Mutter dankbar küssen Mund und Hand,
Glückselig, wie die lieben Seligen sind.
    Kaum hälts ihn ab, den Sprung in See zu wagen,
    Um Heim und Herd noch rascher zu erjagen.

Endlich! Ein Wagen reißt ihn fort nach Haus,
An einem Blumenladen läßt er halten:
Zwei Rosen, vorwärts! zerrt er sich heraus,
Ein Zwanzigmarkstück für den Gärtneralten.
Zu, Kutscher! Vorwärts! Mit dem schönen Strauß,
Vorwärts! daß links und rechts die Menschen prallten.

Vor seiner Villa hält der Wagen an,
So kurz: es bäumt sich knirschend das Gespann.

Ein Diener zeigt sich, neigt sich, steht verstört.
Sein Herr drängt ihn bei Seite, stürmt die Thüren.
Ruft, sieht sich um: hat keiner mich gehört?
Ruft noch einmal, kein Leben ist zu spüren;
Herrgott, was hat sich gegen ihn empört,
Was will ihm heimtückisch die Kehle schnüren?
Das Haus wie ausgestorben, wie verlassen:
Mein Weib! Mein Kind! Er fühlt sein Blut erblassen.

Er stößt den Saal auf! Da: im Sarge liegen,
Im offnen, seine Lieben, weiß gekleidet,
Starr, still in Blumen; an einander schmiegen
Sich Kind und Mutter – wie er sie beneidet!
Er nähert sich. Er kniet. Hsch. Hsch. Verschwiegen
Küßt er sie zärtlich, seufzt tief auf, und scheidet,
Und hat die beiden Rosen noch geschenkt,
Dann hat er schluchzend sie ins Grab gesenkt.

Ja, ja, „das sind so Sachen, sind so Sachen."
Doch nun genug von Sorge, Qual und Pein,
Wir wollen wieder lustig sein und lachen.
Zerrissen ist der Schuldentilgungsschein!
Bezahlt ist alles; weg die Rechnungsdrachen!
Wir hatten heute kolossales Schwein:
Denn neunmalhundertneunzigtausend Pfund
Vermachte mir ein Freund aus Trapezunt.

In Poggfred bin ich, Schnee liegt rings umher,
Der Weihnachtsabend ist herangekommen,
Ein voller Wagen hält geschenkeschwer,
Für viele Kinder ist er angekommen.
Zu unsrer Freude und des Christkinds Ehr
Ist über Bethlehem der Stern entglommen,
    Fern aus den Wäldern klingt ein leiser Sang,
    Der klingt so süß, der klingt so liebebang:

        „Es ist ein Reis entsprungen
        Aus einer Wurzel zart;
        Wie uns die Alten sungen,
        Von Jesse kam die Art.
        Und hat ein Blümlein bracht
        Mitten im kalten Winter
        Wohl zu der halben Nacht.“

Aus meinen Forsten einen Tannenbaum
So mächtiggroß wie möglich ließ ich bringen,
Dann schufen Bertouch, ich, den Wintertraum
Und ließen alles prächtig wohlgelingen;
Ein Honigkuchenruch durchzieht den Raum,
Die Tische sind bedeckt mit bunten Dingen,
    Die Kerzen leuchten und die Glocke tönt,
    Herein, herein! hier ist die Welt versöhnt.

Ich hatte weit das Völkchen holen lassen,
Aus Tagelöhnerkaten, Haidehütten,
Die scheuen Kleinen aus den dürftigen Klassen,
Der Waschfrau kränklich Kind von dunstigen Bütten:
Sie alle soll die Liebe heut umfassen,
Sie alle soll die Fülle heut umschütten.
    Ich selber nahm aus dem befangnen Schwarm
    Ein lütt Zigeunermädel auf den Arm.

Halbjährig ist das Wurm, sie trappelt, trampelt,
Die braunen Händchen zittern, langen, greifen,
Sie macht ein Karpfenmäulchen, strappelt, strampelt,
Und wie erstaunt die schwarzen Augen schweifen,
Heb ich sie lichterhoch! Und wie sie ampelt!
Ho, jemine, kann schon ihr Finger kneifen!
    Sie kreischt vor Lust, das war ihr erstes Juchzen;
    Du, Dirnlein, käm dir später nie das Schluchzen!

Ach, schenken, schenken, könnt' ich immer schenken!
Und lindern, wo die Not, die Armut haust!
Und braucht' ich nie mein Geld erst zu bedenken,
Wo ein Verzweifelter den Bart sich zaust!
Und könnt' ich alle Krämerhälse henken:
Pfeffer in euern Schlund! und meine Faust!
    Könnt' allen ich ein Tannenreis entzünden:
    Seid froh, vergeßt für ewig eure Sünden!

Ist das ein Durcheinander: wie sie spielen
Und schleppen, ziehn, trompeten, trommeln, geigen!
Beschwert sind Stühle, Sofa, Teppich, Dielen,
Ein jedes schirmt und schützt für sich sein Eigen;
Mariechen, oh, seh ich nach Ännchen schielen,
Ei, ei! Doch was ist das? Und tiefes Schweigen:
    Ein Engel mit gesenkten weißen Flügeln,
    Der kommt wohl eben her von Gottes Hügeln.

      Seht! der jetzt hier vor euch steht,
      Ist ein Engel aus dem Himmel,
      Von den Sternen hergeweht,
      Ach, ins irdische Gewimmel.

Manches hab ich angeschaut,
Ganz zuletzt die Weihnachtsbäume,
Und darunter aufgebaut
Tausend wachgewordne Träume.

Mit Knecht Ruprecht ging ich viel
Vor den schönen Christkindtagen,
Immer neu war unser Ziel,
Seinen Rucksack half ich tragen.

Unsrer Gaben Fülle lag
Fest verschlossen in Verstecken,
Daß nicht vor dem Jesustag
Naseweischen sie entdecken.

Ein Klein-Lottchen konnt' ich sehn,
Mit dem Brüderchen, dem Fritzen,
Suchten emsig auf den Zehn
Schlüsselloch und Thürenritzen.

Kinder, ward der alte Mann
Böse, zeigte schon die Rute!
Doch ich that ihn in den Bann,
Bis ihm wieder lieb zu Mute.

Und nun trägt vom hellen Baum
Jeder seinen Schatz in Händen,
Und er läßt sich selbst im Traum
Die Geschenke nicht entwenden.

Ganz besonders diesmal fand
Märchenbuch ich und Geschichten,
Denn ich stamme aus dem Land,
Wo die Menschen alle dichten.

Bleibt ihr artig, kleine Schar,
Wird Knecht Ruprecht an euch denken,
Bringt euch auch im nächsten Jahr
Einen Sack voll von Geschenken.

Und dann steht ihr wie im Traum
Und noch einmal seht ihr wieder
Kerzenglanz und Tannenbaum
Und hört alte Weihnachtslieder.

Die Fenster auf! Der Engel hebt die Hacken,
Langsam erhebt er zu den Sternen sich,
Wir biegen unsre Köpfe in den Nacken,
Hoch, höher schwebt er, silberweiß; ein Strich
Verschimmert an des Mondes Sichelzacken,
Die ganze Erde ruht so feierlich.
Aus Poggfreds Wäldern, rings, wie Friedensklang
Klingt wunderbar ein Knabenzwiegesang:

Sanctu Dominus Deus Sabaoth,
Pleni sunt coeli et terra gloria tua,
Hosianna in excelsis!

Neunter Cantus

Noch immer hat des Winters weißer Tod
Sein Hemd zum Bleichen übers Feld gelegt,
Noch hat sich nicht der Frost, der Behemot,
Der eingekrallt im Flußbett schläft, geregt,
Und eine ungeheure Stille droht
Mit halber Wimper, lauernd, unbewegt.
    Doch unterm Schnee in Wald und Gartenkrume
    Minieren Krokus schon und Osterblume.

O Einsamkeit, violenblauer Friede,
Versiegle meines Hauses Eingangsthor,
Daß keiner komme, selbst wenn ich verschiede.
Ich will allein sein, heute wie zuvor;
Ich bin ein armer Lebensinvalide,
Der froh ist, legt er sich aufs letzte Ohr.
    Genug, genug! ich sah nur Haß und Hast,
    Sah untersinken auch den kühnsten Mast.

Da öffnet sich die Thüre, und herein
Tritt auf mich zu ein Weib an meinen Tisch.
Sie hält im Arm mein einzig Töchterlein
Und steht erröthend, edel, träumerisch.
Das Kind kreischt lustig in den Lampenschein,
Die Mutter lächelt sanft und rosenfrisch.
    Schnell leb' ich wieder, denn es kam das Glück,
    Und Muth und Kampflust kehren mir zurück.

Mama, Papa in Sesseln am Kamin,
Wo ein gewaltiger Buchenklotz verbrennt,
Mein Kindchen lass' ich tanzen auf den Knien.
Dann meine Taschenuhr: Hör, wie sie rennt,
Paß auf, Tiktak, jetzt läuft sie nach Berlin,
Tiktak, Hurrah, potz tausend Element!
    Mein Töchterchen horcht ganz verwundert, und –
    Jetzt soll die Uhr in ihren kleinen Mund.

„Kommst du? Wir wollten dich zum Dinner holen;
Errathe, was es giebt! Du ißt es gern."
Wie? Mäuse mit gebratnen Stiefelsohlen?
Ein Kätzchen, hm? garniert mit Nudelstern?
Vielleicht ein Gulasch von Giraffenfohlen?
Rumpsteak vom Fuchs? Gefüllter Gurkenkern?
    „Curry und Reis mit vielem parmigiano."
    E'l mondo subito va cosi piano.

Die kleine Abel liegt im Bettchen jetzt,
Lacht uns noch einmal an und schlummert ein.
Still haben wir uns an den Tisch gesetzt
Und schlürfen einen leichten Moselwein
Und essen Entenbraten; und zuletzt
Bringt Bertouch uns die „Krone" noch herein:
    Curry und Reis mit Parmesanerkäse!
    Gebt mirs am Sterbetag und ich genese.

Nun gab die Nacht dem Tag den Schwesterkuß,
Die junge Mutter träumt von unserm Kinde,
Die kleine Abel träumt vom Sirius,
Sie träumt, daß sie es gar zu seltsam finde,
Jetzt hier zu sein; es macht ihr viel Verdruß,
Ihr Stirnchen runzelt sich wie Eichenrinde.

Sie schläft, ganz matt noch von der langen Reise.
Ja: man gewöhnt sich schwer in neue Kreise.

Auch Bertouch träumt. Und meine Teckel träumen.
Ich bin als einziger im Hause wach.
Was spinnt sich her zu mir aus Himmelsräumen?
Welch feines Tönen her vom Weltendach?
Ich geh ans Fenster: Hoch auf Nebelsäumen
Rollt sanft der Mond, die Sterne rollen nach.
    Dort jene schneegetürmte Wolkenspitze
    Erinnert mich an höchste Alpensitze.

Erinnert mich an einen Alpengrat,
Wo eine Platte bot dem Schlößchen Stütze,
Das da sein sturmvoll-einsam Dasein hat,
Bedeckt mit ewiger Regenhaubenmütze.
Hinauf zwängt sich ein einziger schmaler Pfad,
Im Zickzack, wie in Stein gehaune Blitze.
    In grauenhafte Tiefe stürzt die Flucht,
    Der Blick erlischt in schwarzer Felsenschlucht.

Doch einmal sah ich dieses Schlößchen liegen
Im allerklarsten Sommersonnenschein,
Zwei Adler sah ich kreisend drüber fliegen
In ruhevoller Hoheit, weltallein.
Italiens Lüfte sah ich mild umschmiegen
Des Gletschereises eingeklemmte Pein,
    Im Lorbeergarten kerzende Cypressen,
    Die Pinie läßt den Föhrenwald vergessen.

An diesem heitern Tage saßen oben,
Auf der Terrasse, klar vom Licht umblaut,
Drei Gentlemen, die Gläser hoch erhoben,
Und lärmten, übermütig, überlaut,

Und stießen an: Laßt uns den Geldsack loben!
Mammonia, lachten sie, heißt unsre Braut.
    Wir können jeden unsrer Wünsche stillen,
    Der Satan selber tanzt nach unserm Willen!

Ein Grubensturz? Sie merkens nicht, sie zechen.
Ein dünner Dampf zieht auf aus jenem Thal.
He! Mehr noch! Laßt die Flaschenhälse brechen!
Ein rotes Flämmchen zuckt; ists ein Signal?
Sie spein auf Armut, Qual und Not, die frechen.
Wer steigt empor aus unterirdischem Saal?
    Und klimmt von Zack zu Zacken, Stuf zu Stufen,
    Und steht vor ihnen: Wer hat mich gerufen?

„Ihr Herren, seht, ein schwacher Straßengreis,
Dems nie gelang, der nie Besitz gehabt,
Dem nie das dürre Reis ward frisches Reis,
Den nie ein einziger freier Tag gelabt,
Der fleht euch an um kleinen Wegepreis,
Ihr seid mit Glück und Gnaden ja begabt.
    Seht die verdorrte Hand, seid gut und hold,
    Sie bittet schüchtern um ein wenig Gold."

Da sprangen sie von ihren Stühlen auf
Und schmissen die Champagnergläser klirrend
Ihm an den Kopf: Sauf zu, Kanaille, sauf!
Der schwere Silberkübel flog ihm schwirrend
Am Ohr vorbei: Pack dich, du Hundsfott, lauf!
Der Bettler, aus dem Bart die Scherben wirrend,
    Stand ruhig, blieb; der wüste Schloßherr schrie:
    Die Hunde los! Elendes Lumpenvieh!

Da: Wunder! Aus den Lappen schlüpft gewandt
Ein Stutzer, hm, na jä, mit weißer Binde,
Frack, Chapeau claque, neumodisch-elegant.
Es schält sich aus dem schäbigen Flickgewinde
Ein allerfeinster Stoff, höchst imposant.
So steht er als ein Herrscher vorm Gesinde
     Und hebt die Hand, die Finger stieben Funken,
     Sarkastisch höhnt er: „Nun paßt auf, Hallunken!

Du da, mit deinem Hirn aus Kleisterbrei,
Zwar gab der Himmel deine Flachheit dir,
Ich will dir helfen aus der Döserei:
Da, nimm Verstand! so viel, du dummes Tier,
Daß du jetzt nie mehr wirst von Zweifeln frei
An Gottes Langmut, Christi Heilspanier.
     Dein ganzes Leben soll dich damit plagen,
     Die Stirne dir mit Folterqualen schlagen.

Und du mit deiner faden Albernheit,
Dich soll, so lang du atmest, immer quälen:
Sind meine Freunde von Beständigkeit?
Kann ich auf meine Auserkornen zählen?
Betrügt mich nicht das sicherste Geleit?
Wo find' ich Wahrheit, Treue? Wen mir wählen?
     Vor denen, die du liebst, sollst du erzittern,
     Verrat und Hinterlist und Tücke wittern.

Und dich, den Schloßherrn, will ich also strafen:
Dein ungeheurer Reichtum ist nur Kot,
Nicht eine Nacht mehr sollst du ruhig schlafen
Vor Hunger, Schande, Geldblamage, Not,
Vergeblich siehst du aus nach einem Hafen,
Umsonst ersehnst du jeden Tag den Tod.

Und deine Schulden sollen dich zerfressen,
Mit Greuelarmen dein Gehirn umpressen.

Euch allen Dreien soll dies Dasein dauern,
Gebt acht, Messieurs, geschlagne hundert Jahre;
Ihr seid gefangen, Schufte! Aus den Mauern,
Die ich euch zog, erlöst euch nur die Bahre.
Und seid ihr endlich tot, wird keiner trauern,
Ins Grab sinkt stinkend ihr als faule Ware.
    Addio, meine Herren, bleibt's gesund!
    Ich tauche wieder in den Höllenschlund."

Ein rotes Zünglein leckt vor seinen Füßen,
Er schwindet langsam weg in die Versenkung,
Noch einmal lüftet er den Hut zum Grüßen
Mit sehr fataler, maliziöser Schwenkung:
So müssen alle, die mich narren, büßen,
Ich mache jedem meine Gegenschenkung!
    Ein leises Donnern, fünf Sekunden lang,
    Die Uhr schlägt eins, die Welt geht ihren Gang.

Die Welt geht ihren Gang. Ich sitze nieder
In meinen Sessel am Kamin beim Feuer:
Familienvater, würdevoll und bieder.
Die See ist ruhig, gradaus steht mein Steuer.
Was tummeln sich mit einem Male wieder
In meiner Seele alte Abenteuer?
    Zuvörderst eine Upmann, Espeziales;
    Den Frieden birgt sie mir des heiligen Grales.

Ich will das einzige Glück mir nicht mehr rauben:
Das traute, höchste Glück: mit Weib und Kind.
Drum aus den Ecken her, wo sie verstauben,
Der Liebesbriefe rotgeschnürt Gebind.
Und in die Glut hinein die süßen Tauben,
Dort tötet sie der heiße Flammenwind.
    Wies brennt! Wies schwelt! Der Funken Angstgehasche!
    All Lebens Ende ist ein bischen Asche.

Herr, dieses Aufeinander, diese Reihe!
Die schwarzen, braunen Augen, blauen, grauen!
Der Lippen Küssedrang! Prosa, verzeihe!
Der Reigenschritt auf frischbeblümten Auen!
Die Kraft, die Jugend gaben uns die Weihe;
Ich kann den langen Zug kaum überschauen.
    Wann jauchzte ich den letzten Balzerschnalzer?
    Wann tanzte ich den allerletzten Walzer?

Ich weiß es wohl: Ein Tag im Juni war es,
Noch zeigten Wald und Feld die letzten Blüten,
Ein Kranz lag um den Scheitel deines Haares,
Der wollte dir den Mädchensinn behüten,
Doch an den Stufen seines Brautaltares
Wird dir der Lenz dein Opfer reich vergüten.
    Fern klang ein Tambourin, die Sonne sticht,
    Am andern Morgen schrieb ich ein Gedicht:

        Das schönste Mädchen von der Welt,
        Echt Mecklenburger Rasse,
        Sitzt endlich mit mir unterm Zelt
        Auf Oestmanns Elbterrasse.

Dies flimmergrüne Augenpaar,
In Rotdorn und Syringen,
Es ist ja Frühling ganz und gar
Und alle Menschen singen.

Der dicke Zopf, dies schwarze Haar,
Ich muß es wütend packen,
Der Minnegöttchen muntre Schar
Spielt ihr um Brust und Nacken.

Und dieses Nackens herber Guß,
Stolz wie bei Königinnen!
Gleich taumel' ich von Kuß zu Kuß
Und bin nicht mehr bei Sinnen.

Die Schellentrommel scholl so dumpf,
Die Fidel schrie dazwischen,
Wir machten fix uns auf den Strumpf,
Uns in den Kreis zu mischen.

Und schleiften ohne Ballhandschuh,
Halli, hallo, la Leben!
Ein Viertelstündchen immerzu
Ein einzig Drehn und Schweben!

Nun essen Spargel wir und Kalb,
Hammel à la Soubise.
Da schlägts vom Turme neun ein halb,
Wir wandern durch die Wiese.

Wir steigen in die Eisenbahn,
Die Zeit liegt an der Kette,
Und bald kreist Amor Guardian
Um unser Flammenbette.

Und schlummert sie ermattet ein,
Vom Liebespfeil getötet,
Dann leid' ich endlos süße Pein,
Bis sich der Morgen rötet.

Nächtliche Stille überall,
Nur Flüstern und Geraune;
Komm, Tag, mit deinem Hall und Schall,
Blas in die Lärmposaune!

Der Sohn, den du mir, Nacht, bescherst:
Aus seinen Enkeln wieder,
Vielleicht am jüngsten Tage erst
Wird Einer Seifensieder,

Vielleicht ein großer Schlachtenheld,
Der alles wird entzünden,
Vielleicht wird er der Erdenwelt
Den ewigen Frieden künden.

Weg mit dem Plunder auf den Kohlenrost!
Die Locken kräuseln sich im Brand wie Schlänglein,
Parfüm entflieht aus mancher Amorspost,
Ein Rosabrief dreht sich zum Flaggenstänglein,
Viel hundert Schwüre sind der Lohe Kost,
Zu Ende ists mit all den lieben Englein.
    Im Telegrammstil bringt die nächste Strophe
    Nur ein Novellchen noch – O ziere Zofe!

Banquier-Palazzo. Herrschaft ist verreist.
Gut. Dienerschaft geht aus. Ein Kätzchen nur:
„Heut Abend. Komm. Um acht. Bin so verwaist."
Ich kam. Das Herrenzimmer. Cour d'Amour.
Das Bismarcksofa. Stürmisch, zärtlich, dreist.
Kuß pflückt den Kuß. „Ach, laß!" „Laß!" Moll und Dur.
    Der Morgen. Abschied. Exit Nachtvisite.
    Ein langer Weg nach Haus – O ziere Lite!

Zerstört ist alles. Kehricht. Katzenjammer
Durchfröstelt mich: Bin ich nun altes Eisen?
Gehör' ich nunmehr in die Rumpelkammer?
Nunmehro in den Ratsstuhl zu den Greisen?
Hol' mich der Styx, ich schwinge noch den Hammer!
Ich mag und will noch nicht nach Pfahlburg reisen!
    Ich zahle lachend meinen Erdenzoll;
    Sind mir nicht Herz und Hirn noch übervoll?

Nicht übervoll von Glück in meinen Lieben?
Genieß ich nicht den Rausch der Vaterfreude?
Ist nicht mein Testament schon unterschrieben?
Steht nicht solid und festlich mein Gebäude?
Was will ich denn? Den Erdboden durchsieben,
Worin ich wurzle? Prahlen: „ich vergeude"?
    Zufriedenheit ist wie ein zarter Schleier,
    Was zupft und zerrt und zaust daran der Geier!

Der Geier heißt bei mir die Langeweile,
Bei Tage Geier, in der Nacht Hyäne,
Denn scheußlich ist der Schlund der Langenweile,
O scheußlich: nie sich gleich, stets gleich, ich gähne.
Ich sterbe noch einmal vor Langerweile!
In meinem Innersten, hör' auf, Sirene,

Was singst du mir vom freien Tod das Lied –
Wer klopft mir auf die Schulter wie Granit?

Ich springe auf und stehe wie ein Baum,
Mit grenzenlosem Staunen stier' ich, gaffe:
Das bronzefarbne Wams mit gelbem Saum
Umschließt ein blauer Gürtel mit Agraffe.
Wie märchenhafter Diamantentraum
Vibriert am Gurt ein Dolch als Schmuck und Waffe.
  Ein Wahngeschöpf? Woher? Er spricht wie wir,
  Spricht vornehm, kalt, in höfischer Manier:

„Du kennst mich nicht. Ich bin vom Sirius.
Ich komme, um dein Töchterlein zu holen,
Das ihr beschmutzt mit euerm Erdenkuß.

Gieb sie mir her! Ihr habt sie uns gestohlen!
In gutem soll ich oder mit Gewalt
Sie wiederbringen, wurde mir befohlen."

Was willst du, *was*? Bist du von Sinnen? Halt!
Mit einem Satze bin ich an der Thüre
Und spanne meine Arme vor den Spalt.

„Und zögst du Riegel vor und zögest Schnüre,
Laß doch dein lächerlich Gebaren sein,
Nimm dich in Acht, daß ich dich nicht berühre!"

Da sah ich seiner Augen fremden Schein,
Und grauenhaft! sie gingen wie zwei Röhren
Ihm ins Gehirn nach hinten tief hinein.

Sein Blick wird, lichterspielend, mich zerstören,
Seh ich noch länger hin; ich fall' aufs Knie
Und muß, gebückt, starr, seine Worte hören.

Ich fühls, er beugt sich zu mir. Lautlos schrie
Mein Herz, mir trocknete mein Adernquell,
Doch sprach er sanft, es klang wie Melodie:

„Liebst du dein Kind, so segne den Appell,
Daß ich in unser herrlich Reich sie rufe.
Du zitterst? Nun, so höre mich, Gesell:

Die Erde ist nur eine Schinderhufe,
Voll Schmutz und Dünger, Schweiß und Schwierigkeit,
Sie steht im All auf sehr geringer Stufe.

Du kennst das Leben: lauter Angst und Streit!
Ihr kennt es alle! Euer Wunsch ist immer,
Erlöst zu sein aus dieser Peinigungszeit.

Wir lauschen euerm Schreien und Gewimmer,
Wir sehen eure nackten Arme flehn
Zum hohen Himmel, auf zum Ätherschimmer."

Er schwieg. Ich schwieg. Ich hört' ein seltsam Wehn
Durch meine Wälder raunen, um mein Haus,
Und wagte nicht, ihm ins Gesicht zu sehn.

Dann sprach er weiter und sein Wort ward Graus,
Und einzeln ließ er sie wie Tropfen fallen,
Wie finstres Drohn klang seine Stimme aus:

„Die Menschen, jeder, haben Raubtierkrallen.
Erbärmliches Gesindel! Ekle Wichte!
Lieblosigkeit, Neid, Habsucht bei euch allen!

Herrschsucht, Gewalt sind eure Blutgerichte,
Der arme Dumme wälzt sich wie das Schwein,
Der reiche Kluge prunkt allein im Lichte.

In diesem Pfuhle soll dein Kind gedeihn?
Nein, sie ist unser! Uns gehört ihr Leben!
Mach Platz! geh! laß mich in ihr Zimmer ein!"

Er schob mich weg, ich mußte mich ergeben,
Gebrochen waren Wille mir und Kraft;
Ein Häufchen Schatten, folgte ich mit Beben.

Die Mutter schlief in seliger Tempelhaft,
Im keuschen Tempel ihrer Opferliebe,
Und ruhig floß ihr Herzenspurpursaft.

Sanft, im verknüllten Bettchen, im Geschiebe
Der Spitzen schläft mein Mädel, angehaucht
Vom rosigen Engel ihrer Daseinstriebe.

Sie atmet. Sie erwacht. Ihr Köpfchen taucht
Empor. Sie breitet ihre Ärmchen weit,
Und ist die kleinste reizendste Durchlaucht.

Zeigt sie dem Vater ihre Munterkeit?
Sie sieht nicht mich: Herrgott, sie lächelt ja
Dem Andern zu in seinem Strahlenkleid.

Der neigt sich tief vor ihr con grazia,
Sie hascht nach ihm, sie streckt die Händchen vor,
Er nimmt sie auf, an seine Brust, und – ah:

Mein Kind! Mein Kind! Er richtet sich empor.
Sie fügt um seinen Hals die schwachen Finger,
Ich will – ich – will – und bin ein welkes Rohr.

Ein Schwert! Ich ringe! röchle! Mein Bezwinger
Steht baumfest. Nein! Ich schling mich um ihn! Eitel.
Ich spring ihn an – ach, ein gebrochner Ringer.

Mir steigt der Wahnsinn glühend bis zum Scheitel!
Am Boden lieg' ich, angeschraubt, in Ketten,
Versuche mich zu heben – alles eitel!

Die Schläfer brüll' ich auf aus ihren Betten!
Anita, unser Kind! Wach auf! Mord! Mord!
Quält mich zu Tode, kann ich *sie* nur retten!

Der Räuber aber schreitet ruhig fort,
Belächelt leidig meine Seelenwunden,
Die Mutter schläft und träumt am Himmelsbord.

Der Räuber, seine Beute sind verschwunden.

So lag ich Stunden wohl in dieser Nacht;
Allmählich endlich komm' ich zum Besinnen,
Und habe weit die Augen aufgemacht.

Am Fenster steh' ich, starr' ich: Was beginnen?
Die lieben Sterne leuchten immer noch;
Vom Sirius seh' ich ein Geflimmer rinnen.

Von meinem Nacken fällts wie schweres Joch.
Dem Diebe nach! Doch ach, ich kann nicht fliegen.
Vielleicht ist er im Holz, ich find' ihn doch!

Schon bin ich unterwegs, auf Waldesstiegen,
Und komme atemlos an ein Rondel,
Wo blaß, versteckt, zwei Marmorsphinxe liegen.

Zwei Lebensbäume, jeder ein Juwel,
Einst hergepflanzt aus fernstem Orientlande,
Stehn kerzengrade hier wie auf Befehl.

Sie überragen eine Tannguirlande,
Die krüpplig, stark verfitzt, sie fest umzäumt,
Der Wind erstickt in ihrem Schutzgewande.

Hier hab' ich oft bei Tag, bei Nacht geträumt,
Der Platz ist für Mysterien wie erkoren,
Hier hab' ich manche Wirklichkeit versäumt.

Cypressen, Sphinxe schlafen wie verloren
Im grellen weißen Wintermondenschein,
Den Unterbusch und schwarz Gesträuch umfloren.

Ein wunderlicher Kerl sitzt auf dem Stein,
Die Beine hat er überkreuz geschlagen.
Wer bist du? sprich! was will dein Stelldichein?

Er grinst: „Dear Sir, was soll ich Ihnen sagen,
Ich bin, hört hört, Depeschenüberbringer,
Ich muß von Stern zu Stern als Bote jagen."

Was, Sternbriefbote bist du? Wolkenspringer?
Gleich nimm mich mit auf deinem Himmelsfluge:
Zum Sirius! Siehst du meinen Zeigefinger?

„Still, Monseigneur! und laß nur dein Geluge.
Am Sirius land' ich morgen Abend an,
Erst hab' ich mehr zu thun auf meinem Zuge.

Der Stern der Vorsicht kommt zuvörderst dran,
Der Stern der Indiskreten kommt zu zweit,
Und viele andre Sterne folgen dann.

Willst du dich mäßigen in der Ewigkeit,
So nehm' ich dich auf meiner Reise mit,
Und auch zum Sirius bringt uns gute Zeit.

Drum, wie gesagt, verehrter Abderit,
Wenn du mir fest versprichst, Geduld zu haben,
So sollst du mit auf meinem Lüfteritt."

Und ich versprach dem sonderbaren Knaben,
Ihn nicht mit Ungestüm noch Trieb zu quälen
Und artig mit ihm durch die Welt zu traben.

Wir fliegen schon. Den wir zuerst uns wählen,
Den Stern der Vorsicht haben wir erreicht.
Ich will von ihm ein Frescostück erzählen.

In Säcken schwingen hier an Ästen leicht
Die Menschen, zugenäht bis an den Hals,
Den loser, lauer Zephyrwind umstreicht.

Den Finger halten sie am Munde als
Gebotne Pflicht: schier endlos ist ihr Schweigen,
Mir schiens wie lässiger Spaß des Carnevals.

Auch Moltke hing in diesem drolligen Reigen;
Im Leben heißt es Vorsicht, schweigen können,
Man kann den höchsten Glücksberg dann ersteigen.

Auf daß wir andre Welten bald gewönnen,
Denn langweilig war dieses dumme Hängen,
Bat ich, mir einen Wechsel rasch zu gönnen.

Mein Führer ließ sich auch nicht lange drängen,
Wir hielten auf dem Stern der Schwätzer Rast,
Wo sie die Zungen durch die Zähne zwängen.

Ein Nagel, der genau vors Gatter paßt,
Hält diese Zungen so verflixt durchstochen,
Daß es zu Ende ist mit ihrer Hast.

Jetzt können sie nur Gift im Herzen kochen,
Sie sind gezwungen, stets das Maul zu halten,
Von keinem wird ein Wörtchen mehr gesprochen.

Indiskretion in tausend Mißgestalten,
Hier büßt sie. Schleunigst weg von diesem Spiel!
Und schon erhob er seine Flügelfalten.

Gedankenrasch ereilten wir ein Ziel:
Ich sah ein einziges Gefild sich dehnen,
Besät mit Häusern, all in Einem Stil.

An diese Häuser fand ich Menschen lehnen,
Fast lauter alte Leute, Männer, Frauen,
Die keiner Hoffnung Blume mehr ersehnen.

Ich sah sie alle in den Abend schauen;
Der lag im letzten Sonnenuntergang,
Zufriedenheit beschirmte ihre Brauen.

Vernichtet hatten sie den Herzensdrang,
Den Schmerz, die Liebe, Haß und Lustgefühl,
Und wunschlos schlief in ihnen jeder Klang.

Wir schossen weiter durch das Sterngewühl
Und landeten in einem Eibengarten,
Der schatteneinsam stand und frühlingskühl.

In alten gotischen Bronzestühlen, harten,
Mit steilem, überhäupterhohem Rücken,
Sah ich unzählige junge Mädchen warten.

Sie waren tot. Es spielte ein Entzücken
Um ihren Mund, die sechzehnjährig starben;
Ein Seufzen schienen sie zu unterdrücken.

Mit Mohn von matten, rosahellen Farben
Umschlang ein Kranz ihr leichenruhig Haupt,
Das erste Liebesträume einst umwarben.

Da sah ich sie, die mir mein Herz geraubt,
Als ich ein Schüler war, die dann gestorben,
Die, ach, wie lange schon, im Sarg verstaubt.

Sie schlief hinüber frisch und unverdorben;
Nun saß sie hier in ihrem Unschuldshemd,
Um die ich, selbst ein Kind, so heiß geworben.

Sanft küßt' ich ihre Stirne, zage, fremd,
Da öffnete die Augen sie zu mir
Und ihre Ärmchen hielten mich umklemmt.

Dann wieder schloß sich ihre Wimpernzier,
Die Arme fielen schlaff auf ihren Schooß,
Und wie vorhin saß leblos sie vor mir.

Mein Wegbegleiter drängte mitleidlos,
Er riß mich höhnisch weg aus meinen Thränen,
Und wieder ging die stürmische Reise los.

Wir sanken tief und flogen zwischen Schwänen
Und wilden Gänsen; ah, die Erde winkt,
Wir nähern uns dem Sterne der Hyänen.

Das erste, das an meine Ohren dringt,
Ist Schnattern zahmer Gänse, die nach oben
Den Brüdern Antwort geben aus Instinkt:

So fein ist ihr Gehör. Ein wirres Toben,
Ein wüstes summendes Geräusch erklang,
Aus dem schon drohend einzelne Flüche schnoben.

Jetzt teilte sich um uns der Dünstehang,
Und wir erschauten im gedämpften Licht
Der Straßenflammen einen Gassenstrang.

Und eine große Stadt kam zu Gesicht.
Ein scheußlicher Gestank von Äsern, Leichen,
Quoll zu uns auf, ummantelte uns dicht.

Nun konnte alles unser Blick erreichen,
Mord, Unzucht, Roheit, jede Menschenqual,
Ich fühlte meines Lebens Rot erbleichen.

Hinweg aus diesem einzigen Schlachtersaal!
Nein, ich ertrug nicht länger diese Pein.
Hinweg, hinweg aus diesem Greuelthal!

Und plötzlich tiefe Stille nach dem Schrein,
Wir flogen über nächtige Wälder fort,
Und Poggfred zeigte unten schwachen Schein.

Da lag mein lieber alter Zufluchtsort,
Am Fenster konnte ich Anita sehn,
Sah ihre wildgerungnen Hände dort.

Ich sah ihr loses Haar im Winde wehn,
Sie schrie nach unserm Kinde auf zu Gott,
Ich hörte ihre Bitten und ihr Flehn.

Mich rettet meines Führers scharfer Spott,
Und pfeilschnell schossen wir in höchste Fernen,
Befreit vom ewigen irdischen Schafott.

Wir taumeln zwischen wunderbarsten Sternen,
Die Rädern gleich, wie Feuerwerk getrieben,
Viel Spritzer schleuderten aus ihren Kernen.

In diesem Wuste sind wir dann geblieben
Auf einem Doppelstern: der eine trug
All jene keuschen Seelen, frommen, lieben,

Die kindlich schreiten hinterm Sklavenpflug
Der Erde, gottvertrauend auf Ihn bauen
Und herzensrein sich halten, sanft und klug.

Wenn diese sich hier in die Augen schauen,
Verneigen sie sich und der Palmzweig sinkt,
Zum Gruße sinkt er, wie vor schönen Frauen.

Ein „Have, pia anima" verklingt.
Wir sind am zweiten Sterne angelangt,
Wo eine graue Regenstimmung ringt.

So ernst sind hier die Menschen, daß mir bangt;
Entsagung les' ich ab von ihren Zügen,
Auch ihre letzte Freude ist verprangt.

Sie tragen an der Stirne ein Genügen:
Befreit sind von Enttäuschung wir und Wahn,
Erlöst aus Tand und Band, aus Trug und Lügen.

Und weiter schwebten wir auf unsrer Bahn,
Und hielten auf dem Sterne der Philister.
O laß uns weg von diesem öden Plan!

Skat, Politik, Gegröhl und Bier: Geschwister.
Geschwister: Subalterngedankler, Drohnen,
Angst, Ungeschmack, wie end' ich das Register!

Schon sind wir dort, wo andre Geister wohnen:
Bei denen, die auf Erden untergingen,
Die ständig kämpfen mußten mit Dämonen.

Die endlich stürzten mit gebrochnen Schwingen
Und mit zerschossner Stirne unterlagen,
Weil sie nicht durch den Pöbel konnten dringen.

Euch lieb' ich! und ich kenne eure Klagen!
Das Viehzeug konnte niemals euch verstehn,
Von feigen Heuchlern wurdet ihr erschlagen.

Lebt wohl! Vergeßt! Ihr wart ja Gotteslehn!
Hier seid ihr los von euern Folterbütteln,
Könnt unentweiht die große Flamme sehn.

Was konntet ihr sie denn nicht von euch schütteln,
Die Froschgesellschaft, diese Kunstvandalen!
Sie totschlagen mit guten Heckenknütteln!

Lebt wohl! Ich sehe eine Sonne strahlen,
Das ist der Sirius! Da will ich hin,
Zurückerobern, was die Räuber stahlen.

Wir landen. Es umschleiert sich mein Sinn
Vor all der Pracht, die hier den Morgen schmückt.
Ich sehe, daß ich nicht auf Erden bin.

Von Hügeln, regenbogenüberbrückt,
Steigt ab ein Zug; auf einem Einhorn vorn,
Mit einem Lächeln, das die Welt beglückt,

Zieht meine Tochter her; aus Hand und Horn
Streut rechts und links sie Blumen auf den Pfad.
Wie schnell sie wuchs an diesem Gnadenborn!

Unübersehbar, bunt, ein Pfauenrad
Von Farben, bläulichgrün folgt hinterdrein
Ein sonderbares Volk im Prunkornat.

Da sah ich ihrer Augen fremden Schein,
Und grauenhaft! sie gingen wie zwei Röhren
Weit ins Gehirn, bei allen tief hinein.

Das wollte mir Verstand und Sinn zerstören.
Doch dacht' ich nur, mein Kind mir zu erstreiten,
Und ließ mich nicht durch solchen Spuk bethören.

Ich springe vor! ans Einhorn! Ewigkeiten!
Sekunden! Kampf! Gelächter! Harlekin!
Das Meer! O Fürstin! Ungeheure Weiten.

– – – – – – – – – – – –

Da wach' ich auf und sitze am Kamin
Im tiefverschneiten alten Poggfredhaus,
Und lass' entsetzt die bösen Träume ziehn.

Es ist todstill. Ich höre eine Maus.
Der Wind klopft einmal leise an mein Thor
Und wirft die dumme Phantasie hinaus.

Dann schnell' aus meinem Sessel ich empor
Und eile in den Nebenraum geschwind,
Da schläft die Mutter ruhig wie zuvor:

In ihren Armen schlummert süß mein Kind.

Zehnter Cantus

> „Mein Volk soll *fröhlich* seine Toten ehren!"
> *Richard Dehmel.*

Ist unser Leben eine Rennbahn nicht,
Wo jeder jeden sucht zu überholen?
Und wenn der Vordermann den Hals sich bricht,
Wird voller Frohgefühl der Nächste johlen.
Er stürmt mit rücksichtsloser Zuversicht
Ans Ziel, erreichts mit seinen Siegersohlen,
    Erreicht es nicht, denn eine Nasenlänge
    Schlägt ihn sein Hintermann im Hufgedränge.

Ich glaube, dieses Thema hatten wir
Schon als Tertianer auf; ganz richtig, ja.
Drum: eh ich wiederkäue wie ein Stier,
Erzähl' ich lieber die Historia
Von einem unbekannten Wett-Turnier,
Das ich vor Jahren irgendwo besah.
    Es zeichnete der Ort durch nichts sich aus,
    War eingerichtet wie bei uns zu Haus.

Tribünen, Sattelplatz, Steinmauer, Gräben,
Turfgigerln, Jockeys, elegante Wagen,
Sehr wichtige Männerchen mit Flaggenstäben,
Rotweingesichter, fettig vor Behagen,
Und magre Menschen, die ihr Alles gäben,
Vermöchten sie den Gegner totzujagen.
    Die misera Plebs darf rings den Platz umsäumen,
    Die Straßenjungen hocken auf den Bäumen.

Kurzum, wir kennen alle den Klimbim,
Wir schauten manches Mal dem Rennen zu,
Und ritten selbst vielleicht den Ibrahim,
So hieß mein Hengst, vielleicht den Kakadu,
Vielleicht den forschen Wallach Isegrim,
Vielleicht die vive Stute Blindekuh,
    Und setzten auf Kujon dreihundert Louis,
    Und dann gewann, verdammt, der Pui-Pui.

Bei jenem Run, von dem vorhin ich sprach,
Stand im Programm nur noch das Herrenreiten.
Am Start nun, der mir in die Augen stach:
Was muß ich sehn? leb' ich zu andern Zeiten?
Ob im Gehirn mir eine Schraube brach?
Werd' ich verrückt für alle Ewigkeiten?
    Am Start, wo unsre Gentlemen schon halten,
    Seh ich, weiß Gott, unglaubliche Gestalten:

Mazeppa, Seydlitz, Ziethen sind erschienen,
Der wilde Jäger hat sich eingefunden.
Und diese dort, mit ihren grausigen Mienen?
Die Reiter Sankt Johannis, des Profunden,
Die Vier, in königlichen Hermelinen:
Pest, Hunger, Krieg, umringt von ihren Hunden,

Und bummlig sitzt auf seinem Klapperklepper
Mynheer der Tod mit seinem Sensenschnepper.

Und alle diese warten mit den Herren.
Halloh! Wer kommt denn da noch angekrochen?
Ein Droschkengaul? Sie schieben und sie zerren.
Potztausend! Seht die ausgetretnen Knochen!
Sein Lenker sucht den Lärm zu überplerren;
Hat die Tarantel denn den Kerl gestochen?
    Was will der unglückselige Lyrikus
    Hier auf der Rennbahn mit dem Pegasus?

Ein rasendes Gelächter schwillt im Kreise
Und pflanzt sich bis zum letzten Stehplatz fort.
Der arme deutsche Dichter schauert leise
Und wünscht sich weg von dem verflixten Ort.
Sein Wams ist flickig wie nach böser Reise,
Backpflaumenähnlich ist er ausgedorrt.
    Doch jetzt ermannt er sich und trabt gelassen
    Zu Jenen hin durch die planierten Gassen.

Und stellt getrost sich mit in ihre Reihe,
Und achtet ihrer spöttischen Lippen nicht.
Graf Pest begrüßt ihn: „Höre mal, verzeihe,
Was bist denn eigentlich *du* für ein Wicht?"
Der Hunger schnarrt: „Jestatten! Ich verleihe,
Herr Bruder, Ihnen eine Beefsteakschicht."
    Hans Ziethen schimpft: „Hinaus den Lendenlahmen!
    Die Kracke paßt durchaus nicht in den Rahmen!"

Nu los! Der erste Start gelang sogleich;
In wundervoller Linie bleibt der Schuß.
Die Tete nimmt Baron von Himmelreich;
Sanft zuckelt nach, o weh, der Pegasus.
Mazeppa spielt dem Freiherrn einen Streich:
Sein Pferd geht durch, als brennt's ein Teufelskuß.
 Hans Joachim von Ziethen, das Genie,
 Der schlägt das Feld, natürlich, a tout prix.

So treibt sichs fort. Das liebe Publikum
Macht lange Hälse, furchtbar intressiert,
Und wird allmählich vor Erstaunen stumm,
Und ist nachgrade etwas indigniert,
Das heißt, es nimmt „die Sache" äußerst krumm,
Weil seine Wetten nicht all right plaziert.
 Hans Ziethen hält noch immer hoch den Kranz,
 Doch Seydlitz packt schon seines Fuchses Schwanz.

So treibt sichs fort. Jetzt aber kommen wir!
Wir, wir, des heiligen Johannes Reiter!
Das schwarze, weiße, rote, falbe Tier
Sind um den „großen Preis" die ersten Streiter.
In einer Flucht frontieren alle vier.
Voran der Hunger, Peter Pest ist Zweiter,
 Scharf hinter ihnen jagt der Krieg, brandrot,
 Da überflügelt sie Rittmeister Tod.

Und wie der Araber Fantasia, schwenkt
Er in der Rechten hoch die blanke Hippe.
Die Linke läßt den Zügel, schlägt und schlenkt:
„Mir nach! Die Mähren sollen an die Krippe!"
Und wie er so das Ganze lockt und lenkt,
Verschwindet alles hinter dem Geripppe.

Das Publikum geberdet sich wie toll
Und haut dem bookmaker das Leder voll.

Was's das? In Lüften geht das Rennen weiter,
Baron von Himmelschimmel ganz zuletzt.
Vor ihm Mazeppa, Ziethen und Begleiter,
Die Pferde sind schon gründlich abgehetzt.
Jetzt kommen des Evangelisten Reiter,
Jetzt der erlauchte Knorpelmann, und jetzt –
    Der Dichter! vorneweg! die Lyra klingt,
    Allmächtig ist sein Flügelroß beschwingt.

Hinauf, hinauf in immer höherm Flug,
Bis du empfangen wirst von Sternenchören:
Wie je dein Herz in Seligkeiten schlug,
Und durften Schmerz und Elend dich zerstören,
Hier fallen irdische Freuden, irdischer Trug,
Niemals wird dich Gemeinheit mehr empören,
    Ein dunkler Flammenmantel deckt die Zeit,
    Still leuchtet drüber die Unsterblichkeit!

Nach einigen Tagen sah den Platz ich wieder;
Er lag charfreitagleer und einsam da,
Die Haubenlerchen schwirrten auf und nieder,
Ein Bauernmädel trillerte Trala,
Der Kuhhirt sang den Kühen seine Lieder,
So war es einstens in Arkadia.
    Fern rumpelt eine städtische Droschke her;
    Wen brachte die wohl in dies Gräsermeer?

Ein grauer Strich, verliert sich die Chaussee;
Der Strich ist eingefaßt mit weißen Steinen,
Und Telegraphenstangen stehn im Klee.
Ein deutscher Klub in Kremsern, mit den Beinen
Eng aneinander, kommt durch die Allee;
Oh „Generalversammlung" in Vereinen!
    Gesang und Fahnen, Bier und Cervelat,
    In jedem Wagen kloppt man seinen Skat.

Geschmacklos. Aber dort der einzle Mann,
In greisem Haar, er sieht sehr vornehm aus,
Er geht im Grase, bückt sich dann und wann;
Ein Wiesensträußchen pflückt er sich fürs Haus.
Da hat er seine stille Freude dran,
Es dünkt ihn schöner als ein Modestrauß.
    Ja solch ein liebunschuldig Feldbukett,
    Das macht wahrhaftig manche Schmerzen wett.

Ich sitze, unter Bäumen, nun im Krug,
Und um mich ist ein holder Gartenfriede.
Ich schau den Wolken zu, dem Schwalbenflug,
Und fühle mich langweilig und solide.
Bringt mir zur Stelle einen rissigen Pflug,
Ich hämmr' ihn selbst zu Stande in der Schmiede!
    Die Knaben meines Wirtes spielen „Rennen",
    Auf einem Beet seh' ich Geranien brennen.

Demütig, karg liegt vor mir dies Stück Land,
Ein altes Weib verscheucht vom Weg die Gänse,
Ein Bierfuhrwerk wird eben ausgespannt,
Ein Tagelöhner kommt mit seiner Sense;
Was? Maler Henry, der hier Skizzen fand?
Ein Knecht latscht nach dem Stall mit Gurt und Trense.

Weit, weit, kaum sichtbar kreisen Mühlenflügel,
Ein Türmchen kuckt neugierig übern Hügel.

Bei mir vorüber schwappt ein Düngerwagen,
Die Jauche tropft und hinterläßt die Spur,
Das Gold wird auf den Acker hingetragen,
Da hilft es kräftig weiter der Natur.
Bald läßt der Frühling zarte Hälmchen ragen,
Im Sommerwinde rauscht die braune Flur.
    Mit Hitze wechseln Regen und Gewitter.
    Es schwillt die Frucht, der Herbst schickt seine Schnitter.

Drei Pappeln stehen müde dort am Wege;
Wie kommts, daß sie mich melancholisch machen?
Denk' ich daran, daß sie im Sturmgefege
Wie Ruthen Gottes unsern Pfad bewachen?
An ihr geheimnisflüsterndes Gerege,
Wenn ungezählte Sterne sie bedachen?
    Sie sind mir Poesie, ich kanns nicht deuten,
    Daß sie mein Herz mit Schwergefühl erfreuten.

Zu Ende geht ein glühend heißer Tag,
Der Horizont zeigt milchiggelbe Streifen,
Kein Blitz frohlockt, es labt kein Donnerschlag,
Wie hör' ich gern des Himmels Orgelpfeifen!
Zu viele Sonne macht uns matt und zag,
Durch frische Wetter läßt sich besser schweifen.
    Den Abend tröstet die erflehte Nacht;
    Der Tag trank Blut wie in der Völkerschlacht.

Der Tag, jeder, ist eine große Schlacht;
Und hab' ich, fröhlich kämpfend, sie genossen,
Was thuts, sink' ich in die willkommne Nacht,
Ob ich entführt bin auf Walkürenrossen
In Walhalls schildeblankbeblitzte Pracht,
Ob ich ins selige Nichts zurückgeflossen.
     Noch leben wir! Drum auf nach Poggfred-Haus!
     Dort schlürfen wir noch manchen Becher aus.

ELFTER CANTUS

> „Denn ich weiß, du bist Astarte,
> deren wir in Ketten spotten,
> du von Anbeginn, du harte
> Göttin, die nicht auszurotten.
> Aber Ich war weich wie glühend Eisen;
> darum sollst du mich in Wasser
>   tauchen,
> bis mein Wille läßt sein siedendes
>   Kreisen
> und der Stahl wird, den wir brauchen!"
> *Richard Dehmel.*

Parbleu! Nimmt denn dies Einerlei kein Ende?
Will die Ottave mich zu Grabe läuten?
Verfluchte Muse, bändige deine Hände!
Was soll der ewige Klingelklang bedeuten!
Du häufst mir Bände stapelhoch auf Bände,
Daß ich mich schämen muß vor Land und Leuten.
     Ich mag nicht mehr, ich hasse den Parnaß!
     Und richtig zieht mich schon das Tintenfaß.

Doch plötzlich steh' ich wie der Marabu,
Auf einem Beine, finster, sehr nachdenklich;
Es sträubt mein Schopf sich, wie beim Kakadu,
Hahhh! ein Gedanke! göttlich! überschwänglich!
Jetzt nur den Reim! o komm, du alte Kuh!
Na nu? Mir wird so bänglich, so bedränglich.
　　Den Reim, den Reim! My kingdom for a Reim!
　　Ich krieg' ihn nicht; da kleb' ich schön im Leim.

Das ist denn doch! Bertouch! Den Wagen vor!
Vielleicht find' ich, holla, den Reim bei Pfordte;
Da feuchtet mir der Pommery den Humor,
Für meine Leber just die beste Sorte.
Er schickt mich an den Himmelsrand empor,
Er treibt in Hamburg mich an sanfte Orte,
　　Zum Beispiel ins Theater, und uijeh:
　　Nachher natürlich chambre separee.

Wie schade, daß Herr Wolff in Schleswig ist;
Wär' er in Altona, dem wackern Städtchen,
Dort war er früher einmal Belletrist,
Umgehend brächt' ich ihn zu hübschen Mädchen,
Ich brächt' ihn hin, seis mit Gewalt, mit List,
Und ließ ihn spinnen da sein artig Fädchen.
　　Ich wette aber, daß er echappierte,
　　Sein „Lied der Treue" mir dafür servierte.

Bei Leibe nicht: Das wäre *zu* entsetzlich!
Da bleib' ich lieber doch für mich allein.
Denn seine „Werke" sind nicht sehr ergetzlich,
Die Langeweile gähnt zu viel hinein.
Auch ist mein armes Hirn nicht unverletzlich,
Drum Vorsicht! es erläge sonst der Pein.

Die Rechnung, bitte! Auf! Ins Stadttheater!
Sie spielen Tütenmeiers Urgroßvater.

Na schön! In Poggfred endlich sitz' ich wieder.
Wie frisch der Morgen nach der lustigen Nacht!
Die schnelle Fahrt! Herrlich, wie auf und nieder
Der Nebel stieg und fiel! Und dann die Pracht
Der Sonne! Und die hellen Lerchenlieder!
Die haben mich ins alte Gleis gebracht.
     Ausleben, Mensch! Ausleben, ungemessen!
     Doch sollst du nie den Lebensernst vergessen.

Der Ernst des Lebens. Furchtbar ist sein Schweigen.
Wie starrt es dich aus allen Ecken an:
Dein läppisch Thun! dein feiges Niedersteigen
In Schlamm und Schmutz, der roh dich überrann.
Bleib aufrecht, daß sie nicht mit Fingern zeigen:
Seht den! er ist nicht mehr sein Steuermann.
     Gieb Acht! Besinne dich! Trag deine Stirne
     So unbefleckbar wie die Gletscherfirne.

Doch wir sind Menschen! Und von neuem fallen
Wir von der eisigen Höhe immerfort
Zurück ins Thal in arge Pantherkrallen.
Ach, dieser Pantherkrallen sanfter Mord!
Hörst du der Bestie Wutgeschrei verhallen?
Du kämpftest, siegtest! und den Schreckensort
     Verläßt du, aufstrebend in reine Sphären.
     Wie lange wird dein Aufenthalt da währen?

Wahrhaftig! meine Trägheit ist bezwungen.
Du, Frauenzimmer du, was willst du denn?
Ein Ritter, hab' ich frech mit dir gerungen!
Gehörst du, Muse, zu den Furien?
Na, meinetwegen! Also losgesungen!
Womit willst du mich heut belästigen?
    „Ein Deich, ein Abschied, Sintflut, Erdenruhe,
    Zuletzt zwei kleine Kinderfausthandschuhe."

Lautlose Stille drückt den Meeresspiegel,
Der unabsehbar, Hochflut, vor mir gleißt,
Worin sich, wie in ungeheuerm Tiegel,
Flüssig Metall zu weißem Schilde schweißt.
Die Sonne hängt, ein großes goldnes Siegel,
Am Himmel und verwahrt den Großen Geist.
    Am Abend schmilzt sie in die See hinab,
    Dann schließt der Mond als Siegel Nacht und Grab.

Ich stehe auf dem Außendeich und schaue
Auf diesen grenzenlosen toten Frieden,
Und schau hinauf ins unbegrenzte Blaue,
Wo Zeus einst runterschmiß die Titaniden;
Ich hätt' es ansehn mögen, dies Gehaue,
Das war gewiß kein simples Seifensieden.
    Mein Auge wendet sich ins Inselland
    Und wird durch einen Eilwagen gebannt.

Er fährt in grader Linie auf mich her,
Auf klinkerhartem Wege rollt sichs gut;
Ah, a la d'Aumont! Vornehm! „aber sehr"!
Die raschen Pferde sind von edelm Blut.
Das glitzert wie ein Diamantenheer:
Geschirr und Schecken, Speichen, Hut und Glut.

Ein Dämchen räkelt sich im Fond commod,
Ihr Kleid ist weiß, ihr Sonnenschirm ist rot.

Noch immer steh' ich auf der breiten Krone,
Der Viererzug kommt näher, näher, hält;
Hält unter mir. Ich steige wie vom Throne
Hinab; und sehe, glotze, ob der Sirius fällt?
Ein Märchen? Ob ich in Golkonda wohne?
Ja, Mädchen, *du*?? Woher in aller Welt?
    Sie springt heraus, eh ich mich noch besann;
    Weit unterwegs ist schon das Viergespann.

Wir gehen beide auf den Deich nach oben,
Langsam, ich hab sie fast hinaufgetragen,
Und stehen tief in Seligkeiten droben
Und fühlen sprachlos unsre Herzen schlagen.
Da spricht sie traurig, sommerglanzumwoben:
„Ich muß für immer Lebewohl dir sagen."
    Ich schwieg – dies Wort entschied mein ganz Geschick;
    Noch seh' ich ihren langen Schmerzensblick.

Einst schenkt' ich ein Paar kleine Fausthandschuh'
Aus Mitleid einem Proletarierkinde,
Und hörte lächelnd seinem Stammeln zu
Im eisigen Dezemberweihnachtswinde.
O dieses Kindes Himmelsblick! O du,
O hätt' ich so von *dir* ein Angebinde,
    Mit solchen Augen, solchem Wimpernsaum,
    Von dir, von dir solch einen Unschuldstraum!

Sie löste sich von mir mit frommen Händen,
Ich hob die Stirn und starrte in die Weiten;
Da seh' ich einen Kahn mit schwarzen Wänden,
Ein breites Fahrzeug durch das Wasser gleiten.
Ganz ruhig schwamm es in den Glitzerbränden,
Delphine spielten ihm zu beiden Seiten.
    Es war so breit wie eine Kohlenschute
    In Hafenstädten auf der Speicherroute.

Plump, ungeschickt, aus düsterm Stamm gezimmert.
Zwölf ernste Rudrer schlugen gleichen Schlag
In langen Pausen; wie das leise wimmert!
Ein hagrer Mann, der Führer, stand am Stag,
Ein wenig hat sein gelber Bart geflimmert,
Und schaute finster in den holden Tag.
    Ein Tabouret prunkt hinten, ein Geviert,
    Mit blauem Band und Goldfranzen verziert.

Der finstre Mann steigt aus, und an die Hand
Nimmt er mein Alles, führt sie in den Prahm,
Und giebt Befehle. Und er stößt vom Strand.
Ich will ihr nach, nach! ich bin gliederlahm.
Ich bin gebunden wie mit Hexenband,
Ich bin betäubt, zerknirscht von Scham und Gram.
    Indessen währt die Fahrt, ein Trauerzug,
    Der mir das Liebste in die Ferne trug.

Aus all dem dunkeln Holz, aus Bank und Bord,
Aus jenen dreizehn nächtigen Gesellen,
Erglänzt sie mir auf ihrem Sessel dort.
Der rote Schirm, das weiße Kleid erhellen
Um sie den Platz wie einen Gnadenort,
Der Zephyr schickt ihr seine Fächerwellen.

Die dreizehn ziehen klagsingend die Bahn;
Klar, glockenrein liegt drüber ihr Sopran.

Sie schwindet. Und wo Meer und Himmel sich
Verbinden, klingt noch immer der Gesang
Von ihr, von ihr! und klingt so feierlich,
Bis auch der letzte liebe Ton verklang.
Nun spielt ein Wellchen, hart am Uferstrich,
Das flüsternd, fein am Deichring klatscht entlang.
    Ich fiel ins Gras und barg mein Angesicht,
    Mir schwanden Sonnenlicht und Sinnenlicht.

Als ich erwachte, ging die Mitternacht,
Nicht Sterne waren, nicht der Mond zu sehn,
Und eine Schwüle lag mit starker Macht.

Ich sah mich um: Seltsames muß geschehn:
Es zuckten Flämmchen auf der See, wie Lichter,
Wie Irrlichter, bald kommend, bald im Gehn.

Wie Oriflammen, lebende, bald dichter,
Bald weiter von einander, sprangen, schossen
Sie in die Höh, bald umgekehrt wie Trichter.

Sind sie verfaulten Seeblumen entsprossen?
Nun theilen sie sich ab in gleiche Räume,
Gestickt ins Meer, und treiben ihre Possen.

Die See gerät in leichte Wirbelschäume;
Ganz unvermittelt ist es Tag geworden,
Ein einziger Blitz zerriß die Nebelsäume.

Von Süden kam er her und fuhr nach Norden,
Und plötzlich drang die Sonne prall und grell
Heraus, als wollt sie mir die Augen morden.

Und heult es nicht von fern her wie Gebell?
Ein böser Sturm stößt wütend in die Wogen
Und schimpft und zetert wie ein Zaungesell.

Und eine Riesenwelle kommt gezogen,
In Einer Länge, turmgroß, und die Kralle
Fällt nicht, bleibt immer gleichmäßig gebogen.

Hoch über diesem ungeheuern Schwalle
Hob in der Mitte sich ein Drachentier,
Mit endlos dünnem Hals, voll Gift und Galle.

Im offnen Entenschnabel prahlt die Zier
Gräßlicher Zähne; seine Vipernzunge
Streckt sich heraus mit mörderlicher Gier.

Am Deiche hebt die Welle sich im Schwunge,
Und stürzt und platzt, und nieder kracht der Lurch
Und bäumt sich noch einmal zum letzten Sprunge

Und reißt mein Schleswig-Holstein mittendurch.

Wo schwimm' ich denn? In welchem wilden Wasser?
Ich seh' ein bergig Eiland, schroff und klein:
Da muß ich hin, ich armer pudelnasser.

Da steht ein hoher Turmbau, ganz allein,
Gewaltig ragt er auf im festen Land
Und spottet der Zerstörung, Stein auf Stein.

Als triefend ich erstiegen Sand und Strand,
Erreich' ich ihn, der Weg war nicht zu weit,
Und dring' ins Thor, wo ich viel Menschen fand.

Die retteten sich aus der Flüssigkeit;
Juristen warens, Büttel und Minister,
Die fanden *hier* selbst noch zum „Schreiben" Zeit.

Dekrete wurden aufgesetzt, Register
Und Titel angelegt: „Es hat die Flut
Sich nunmehr zu sistieren!" Thank you, Mister!

Das Wasser aber dachte absolut.
Zuletzt schrieb ein Kanzleirat: „Nunmehr hat –"
Da hat beim Wickel ihn die Wogenwut.

Hinweg, hinweg! Wo ist ein Ararat!

Und wieder schwimm' ich, dräng' ich mich durch Leichen,
Durch Trümmer jeder Art, die mich umringen,
Um endlich sichern Boden zu erreichen.

Ich kämpfe, kämpfe! Zu! Es *muß* gelingen!
Und meine Rechte greift nach Weidenzweigen,
Ich kann den Fuß auf eine Insel schwingen.

Ein dichter Nadelwald mit vielen Steigen
Empfängt mich. Mühsam kletter' ich hinan
Die Höhen, die sich bucklig vor mir zeigen.

Rings, überall ein einziger großer Tann.
Darin stieß ich auf eine Pyramide;
Die hat gebaut der älteste Tyrann.

Würfel auf Würfel! Fest, wie Glied zu Gliede,
Nach oben sich verjüngend, treppengleich.
Und auf der höchsten Stufe wohnt der Friede.

Ich überblickte bald mein Marmorreich,
Ich konnte auf die Wipfel niederschauen,
Ein ausgedehntes Föhrenwälderreich.

Fern drüberweg sah ich die Wasser grauen,
Die langsam steigen, enger mich umschweifen,
Neptun hält mich in seinen feuchten Klauen.

Die Abenddämmrung kam. Hellgelbe Streifen
Säumten den Horizont. Ein Adler flog
Und setzte sich zu mir, ganz nah, zum greifen.

Wie sich der Königsvogel an mich bog!
Ich sollte meinen Mut nicht sinken lassen!
Die Nacht brach an, ein stummer Nekrolog.

Jetzt will ein einziger Brand die Welt umfassen.
Wild lohte eine Feuersbrunst empor,
Beleckte fast schon meine Steinterrassen.

Wer steht denn neben mir? zischt mir ins Ohr:
„Hat diese Plattform nicht für Dreie Platz?"
Es ist Freund Hein; er grüßt und neigt sich vor

Und nennt die Sintflut eine Hasenhatz,
Sein Knochenfinger zeigt nach einer Stelle,
Und höhnisch klingt das Wort des Nimmersatts:

„Siehst du Atlantis tauchen in die Welle?“
Und Tod und Adler schwanden in die Glut.
Da kam, wie letzter Trost, die Morgenhelle.

Ich stand allein in dieser Höllenwut,
Nur sang ihr Lied auf einer Tannenspitze
Froh eine Drossel, wie in treuster Hut.

Um mich: Qualm, Strudel, Blasen, Gischt und Blitze.

Wohin, wohin mich wenden? Ich bin matt.
Da steur’ ich einem Felsen zu im Schaume.
Find’ ich hier endlich eine Ruhestatt?

Bang halt’ ich Umschau vor dem engen Raume:
Auf einer Seite kämpften zwei Athleten,
Zwei Löwen würgten sich am andern Saume.

Auf eine Schlange wär’ ich fast getreten;
Die bog sich über eine Zacke nieder
Und schlang die Löwen erst, dann die Athleten.

Und wieder stürzt’ ich mich ins Meer, schwamm wieder,
Und landete auf einem öden Fleck,
Und reckte, streckte meine müden Glieder.

Zwei Menschen standen da in Tang und Dreck,
Die balgten sich um einen Affenknochen,
Mir wollte der Verstand stillstehn vor Schreck.

Es war um mich geschehn, wenn sie mich rochen.
Ein König war es, und ein Bettelmann,
Dem faul die Läuse durch den Schafspelz krochen.

Nun hielt der Hunger beide gleich im Bann;
Sie packten, schlugen sich auf Tod und Leben,
Daß mir der Frost durch alle Rippen rann.

Ich konnte mich vor Angst nicht mehr erheben,
Und fiel zurück und wurde lakenbleich,
Und wollte in mein Schicksal mich ergeben.

Vor meine Sinne schoß ein Farbenreich.
War ich auf tiefsten Meeresgrund gesunken?
Lieg' ich in Algen eingebettet, weich?

Rochen beschnüffeln mich, Polyp und Unken,
Ein Haifisch schnappt nach mir, ich bin verloren.
Wo bin ich? Bin ich tot? Ich bin ertrunken.

Da schimmert was! Es saust mir in den Ohren!
Wie eine Blase wirbl' ich hoch im Teich,
Und fühle lebend mich, wie neugeboren.

Es zieht die Kraft mich in ihr Eisenreich,
Die Höhen blinken, wo die Tiefe lag,
Ich wache auf, und lieg' im Gras am Deich

An einem göttlich schönen Maientag,
Wo keiner denkt an Tod und Friedhofruhe:
O Blütenschmelz, o Sonne, Finkenschlag!

Ach, Friede, Friede, Freude – Erdenruhe.

Ich bin ein Spökenkieker, das muß wahr sein,
An meiner Küste trifft sich das zuweilen.
Ich schau' ins offne Meer, die Luft muß klar sein,
Da seh' ich wunderbare Segel eilen.
Und wer nicht mit mir fühlt, muß ein Barbar sein,
Ich kann ihn nicht von seiner Prosa heilen.
    Halloh! Schon wieder Stanzenwäscherei?
    Hol doch der Teufel diese Drescherei.

An einem solchen schönen Frühlingsmorgen
Stand ich schon einmal hier an dieser Stelle.
Ich war noch jung, ich hatte keine Sorgen,
Für meine Schulden gab es eine Quelle:
Mein alter Levy mochte gern mir borgen;
Wie war ich oft in seiner Wechslerzelle!
    Er liegt in Mainz, in Gott ruhend, begraben,
    Ich hatte wirklich gern den alten Knaben.

Es war der herrlichste der Frühlingstage,
Der wunderlieblich die Schalmeien blies.
Es bleibt mir, ich beschwör' es, keine Frage:
So denk' ich mir das erste Paradies;
Noch fehlen Wunsch und Schmerz und Pein und Klage,
Noch fehlen Flinte, Tomahawk und Spieß,
    Noch lieben Hund und Katze sich herzinnig,
    Beim Lämmchen wohnt der Löwe biedersinnig.

Ich stützte mich auf meinen Stock und schaute
Auf diese grenzenlose Oceanstille:
Kein Vögelchen, das sich zu fliegen traute,
Kaum wagt im Grase ihr Gezirp die Grille.
Da, hör' ich recht? Ganz fern, wie Geisterlaute:
Kommen Najaden? Eine Meeridylle?

Ich sperre Mund auf, Augen auf und Ohr,
Und biege atemlos zur See mich vor.

Es klingt ein Knabenchor weither, weither
Wohl über tiefe, tiefe Stromesbreiten,
Die Vikingharfe rauscht weither, weither
Erinnerung aus alten, alten Zeiten,
Doch dein Gesang, hoch her, weither, weither,
Schwebt über Harfenton und Chor und Saiten.
Das Alles zieht, schwellend, weither, weither
Wohl über stille, stille Wasserweiten.

Und näher schwillts. Und aus der Ferne graut:
Ein Schiff? Taucht eine Muschel auf? Ein Floß?
Ein Thron aus Laub und Rosen aufgebaut,
Voran fliegt königlich ein Albatros.
Inmitten, nackend, steht die schönste Braut,
Umringt von Amors Troß und Tulpensproß.
    So naht sich, immer singend, mir der Zug,
    Der zierlich meine heiße Sehnsucht trug.

Sie steigt, allein, ans Land und überreicht
Zwei Winter-Kinderfausthandschuhe mir,
Und lächelnd spricht sie und verneigt sich leicht:
„Dies letzte Angebinde schenk' ich dir."
Und wendet sich und geht, ich bin erbleicht,
Und tritt an Bord in ihre Blumenzier.
    Die Fausthandschuhchen kosten grad drei Groschen,
    Ob *sie* das sagte, ist in mir erloschen.

Es klingt ein Knabenchor fernhin, fernhin
Wohl über tiefe, tiefe Stromesbreiten,
Die Vikingharfe rauscht fernhin, fernhin
Erinnerung aus alten, alten Zeiten,
Doch dein Gesang, hoch her, hoch hin, fernhin,
Schwebt über Harfenton und Chor und Saiten.
Das Alles schwindet, zieht, fernhin, fernhin
Wohl über stille, stille Wasserweiten ...

Ich bitt' dich, Muse, olles Frauenzimmer,
Bist du zufrieden? He? Dann laß mich los!
Das ist ja Alles fades Versgewimmer,
Mir steckt im Hals ein großer Strophenkloß.
Entläßt du jetzt nicht deinen Stanzenschwimmer,
Dann werd' ich endlich wirklich fuchsfurios.
    Hurrje, mir tropft der Schweiß von Stirn und Haaren;
    Bertouch! Den Gig! Ich will nach Hamburg fahren.

Zwölfter Cantus

> „Ich bin arm, du bist reich,
> darum bau ich dir ein Schloß
> aus meinen purpurnsten Träumen.“
> *Richard Dehmel.*

In meinem Lohholz lag er, an der Eiche,
Kühl durch die Stille plätscherte das Wehr,
Die Blätterschatten huschten auf der Leiche.

Wer war der Fremde, und wo kam er her?
Der sich, antik, den Dolch ins Herz getrieben.
War ihm der Lebensweg zu lebensschwer?

Wer waren seine Freunde, seine Lieben?
Kein Brief, kein Zeichen seiner letzten Stunde?
Doch! Auf dem Zettel da steht was geschrieben:

„Ich machte auf der Erde meine Runde,
Ich bin durch vieler Herren Land gezogen,
Ich sah nur stets die große Menschheitswunde.

Gleichgiltig treiben Wolkenzug und Wogen;
Bringt auch die Schwalbe ab und zu den Frieden,
Nie baute sie an meinem Fensterbogen."

Ich hätte gern den blutigen Ort gemieden,
Doch bannte mich die Pflicht, ich blieb und bog
Mich nieder zu dem Mann, der hier verschieden.

Um die gebrochnen offnen Augen flog
Und zitterte noch das verglaste Leid,
Der letzte Schmerz, der sie ums Licht betrog.

Still! Seine Seele floh ihr Pilgerkleid,
Ich sah, sie küßte seine weißen Wangen,
Bereit zum Fluge in die Ewigkeit.

Doch eh sie in die Ewigkeit gegangen,
Umschwebte sie den Ort noch, webernd, wehte
Auf einen Ast, da saß sie wie gefangen.

Mir graute, denn es summte wie Gebete,
Als schwächte jeden Laut ein dichter Flor,
Ich hörte anfangs nicht, um was sie flehte.

Dann klang mirs immer deutlicher zu Ohr,
Es war kein Flehn, es waren ruhige Sätze,
Sie sang: „Leb wohl, mein edler Garde du Corps.

Das Leben gab dir alle seine Schätze:
Kraft, Mannheit, Schönheit, vornehme Geburt,
Des Reichtums goldbeperlte Fischernetze.

Was rittest du nicht fröhlich zum Buhurt?
Genossest nicht den Zufall deiner Rechte?
Was suchtest du nach Grund bei jeder Furt?

Ach! Grübelei zerfraß dein Hirngeflechte,
Beständig gabst du dich Gedanken hin,
Das machte dich vom Ritterherrn zum Knechte.

Die Schärpe, deines Muts Begleiterin,
Den Helm, den Küraß schobst du in die Ecke.
Und wem zu Liebe? Wonach stand dein Sinn?

Wie Don Quixote zogst du, armer Recke,
Ein Narr der Freiheit, über Berg und Thal,
Bis du, dein eigner Sklave, kamst zur Strecke.

Was trieb dich denn nach Spanien, Mann der Qual?
Da schoß Don Amor dir ins Herz den Pfeil,
Du aber warst ein tumber Parsifal.

Leb wohl, du zolltest deinem Fleisch sein Teil,
Die Erde wird dein Irdisches zerstören,
Ich aber schwebe auf zu meinem Heil."

Die Seele wich; es wollte mich empören,
Wie schamlos sie von ihrem Bruder schied.
Muß selbst der Tod noch Sittenpredigt hören?

Verklungen war das sonderbare Lied,
Da schob sich vor die Sonne feuchtes Grau,
Ein plumper Nebelballen sank rapid.

Ich kenn mein nordisch Wetter sehr genau,
Und hab mich dran gewöhnt; doch seit ich denke,
So schnell wie heute fiel noch nie der Thau.

Und immer dunkler wurde das Gesenke,
Bis Finsternis mich manteldicht umschloß;
Da plötzlich färbt ein Bild die Wolkenbänke:

Granada! Auf befranztem Berberroß
Seh ich Aïscha, Abul Hassans Kind,
Der Gothenfürstin Egilone Sproß.

Mit ihren schwarzen Haaren spielt der Wind,
Ein Stahlhelm schützt sie vor den Sonnenstrahlen,
Wie Schnee der Sierra gleißt ihr Brustgebind.

Ihr brauner Hals trägt reich an Milchopalen
Ein schwarzblau Band; die Arme sind geschmückt
Mit Saphirspangen, die den Himmel prahlen.

Die Menge neigt sich, bis zum Knie gebückt;
Ihr Zelter, Andalusiens Edelstute,
Bäumt auf, von seiner stolzen Last entzückt.

Plötzlich: Was giert sie unterm Eisenhute?
Die straffe Hand, weshalb? ergreift den Speer,
Der eben zierlich noch am Zaume ruhte.

Erspäht ihr Funkelblick ein Christenheer?
Ists Don Tellez, der sie zum Kampfe reizt?
Der fremde Don mit Augen wie das Meer.

Ists Liebe, ist es Ruhm, wonach sie geizt?
Ah, Weiberlaunen! Wie die Lippen spielen!
Wie sie graziös sich nun im Sattel spreizt!

Sie lacht! Die märchennächtigen Augen zielen,
Nach wem? Sie lacht, sie wiegt sich, und sie lacht,
Und galoppiert auf bunten Krokusdielen.

Sie galoppiert durch ernste Lorbeernacht,
Durch frohe, frühlingstolle Mandelbäume,
Der Gießbach stürzt durch Goldorangenpracht.

Sie fällt in Schritt, und fällt in Traum und Träume;
Verheißung, wem? Wem gilt ihr Mondesblick,
Nach Tag und Thau und Abendrotgesäume?

Venus geht auf; es knüpft sich ein Geschick.
Lautlos. Es lärmen nur noch die Fontänen.
Träg blinzelt Sphinx hinauf ins Sterngestick ...

Ich bin nicht mehr im Land der Sarazenen:
Mein Frösteln mahnt, daß ich in Holstein bin,
Wo sich die dicken, dummen Nebel dehnen.

Die Sonne, eine matte Siegerin,
Dringt mühsam wieder durch die Wolkendeiche;
Ich nehm' ihr Licht mit Dank und Ruhe hin.

In meinem Lohholz lag er, an der Eiche;
Wer mag der Fremde sein, wo kam er her?
Die Blätterschatten huschten auf der Leiche.

Kühl durch die Stille plätscherte das Wehr.

Schluss

> „Erst wenn der Geist von jedem Zweck genesen
> und nichts mehr wissen will als seine Triebe,
> dann offenbart sich ihm das weise Wesen
> verliebter Thorheit und der großen Liebe."
>
> *Richard Dehmel.*

Nur ein paar Blätter aus dem Lebenstanze,
Aus meinem Wirbelsturme fing ich ein;
Nur ein paar Blüten aus dem Schicksalskranze,
Aus Meinem Kranze, legt' ich Reih zu Reihn,
Schob zu Terzine sie zurecht und Stanze,
Vielleicht nur eines Jahres Lust und Pein.
    Erinnrung, Traum und Phantasie, drei Schemen,
    Beglänzten sie mit ihren Diademen.

Zwar: was ist Schicksal? Jedes Erdenleben!
Und wenns so nichtig ist und inhaltlos,
Wie meines war, wozu erst Verse weben?
Ich finde das wahrhaftig selbst kurios.
Der Eintagsfliege Auf- und Niederschweben,
Das nennt der Mensch „Schicksal" und thut sich groß.

Doch alle Deutschen, wie bekannt, sind Dichter,
Darum erlaubt auch mir den alten Trichter!

So schrieb ich denn getrost drauf los, hurrah,
Was mir der Tag, was mir die Stunde schenkte;
Bald sang mein Herz falleri fallerallerallera,
Bald, wenn die Seele sich auf Halbmast senkte,
Trug ich der Trauer schwarze Tunica,
Bis wieder mein Humor die Mütze schwenkte.
  Auf a-a-a reimt sich auch Altona,
  Der Sinn für Kunst ist nicht weither allda.

Wozu auch Kunst? Wem giebt die Kunst Genuß?
Wer hat für große Kunst den großen Sinn?
Das „Volk"? Vom König bis zum Rustikus
Taxiert sie fast ein jeder auf Gewinn,
Gewinn an nützlichem Gedankenfluß!
Nur Wenigen ist sie die Priesterin.
  Die Kunst dem Volke! brüllt der Agitator.
  Die Kunst den Künstlern! quakt der Deklamator.

Das alte Streiten! Und es wird erst enden,
Wenn einst der letzte Mensch auf Erden stirbt.
Drum will ich schleunigst mich zu anderm wenden,
Das minder mir den Appetit verdirbt.
Professor Wolff mag euch Aesthetik spenden;
Der löst die Frage, wenn er sie umwirbt.
  Er spinnt euch mit der Meisterschaft der Schule
  Die schönsten Paragraphen von der Spule.

Sein Freund, Professor Doktor Alfred Biese,
Auch Rutenschwenker am Gymnasium,
Wie Wolff, und als Ästhetikax ein Riese,
Nur nicht wie jener Herr so ehrlich dumm
Im Karrendienst der Bücheranalyse,
Giebt gleichfalls gern ein Privatissimum.
    War Emil großschnauzig, krähwinklig, klein,
    Er war doch nicht, wie Alfred, hundsgemein.

Komm rasch mal her! Siehst du die Peitsche hier?
Damit will ich dir um die Löffel schlagen
Für deine lügenhafte Schandmanier,
Du Backfisch-Schöngeist mit dem Theetisch-Kragen.
Wie? schriebe *ich* nun, daß in Grogk und Bier
Du stets besoffen seist? Und *du* willst wagen,
    Mir Goethes Wort von Günther aufzumutzen?
    Du hämischer Gesell, mich zu beschmutzen?

Ganz gleich, ob dir durch Ohrenbläserei
Der „lieben Freunde“ dein Geschwätz entstanden,
Ob deinen Wechselbalg die Ziererei
Und Prüderie als Hebammen entbanden,
Ob bei den „Vorgesetzten“, ein Lakai,
Du gerne möchtest als Liebkindchen landen:
    Mir hat kein Mensch Moral zu predigen,
    Das kann ich besser selbst erledigen.

Kritik heißt: sachlich eine Sache packen,
Und nicht persönlich seinen Stank zu geben.
Es steht dir frei, so viel du willst zu schnacken,
Dein dummes Zeug ans Himmelszelt zu kleben,
Dein süßliches Gesäure auszubacken,
Doch noch einmal: Hand weg von meinem „Leben“!

Sonst – nun, ich will nicht weiter mit dir rechten;
Ich lasse mir die Kunst von Niemand knechten.

Freiheit der Kunst! Freiheit der Kunst vor allen!
Frei sei sie wie der Cowboy im Far-West!
Laßt euch den gräßlichen Vergleich gefallen;
Wenn nicht, dann hol euch allesammt die Pest!
An Bucking-Bronchos und Revolverknallen
Denk' ich, an Lynchen und Banditenfest,
    An Lasso, Pferdediebstahl und Prairie!
    Freiheit! Da lebst du, echte Poesie.

„Der Kunst die Freiheit" und „die Cowboysippe"?
No, Sir: das geht selbst mir zu weit fürwahr!
O tertium-comparationis-Klippe,
Ich scheiterte an dir, ein Vershusar,
Der sich schon hundertmal brach jede Rippe
Im Rennen mit der edeln Richterschaar.
    Doch immer steh' ich noch auf beiden Beinen,
    Und lache, und die Professoren weinen.

Satis superque! „Lieblich lacht der Lenz,"
Der alte Wintersmann zog ab nach Norden
Und hat beim Kimmernkönig Pol Audienz;
Der schenkt ihm seinen Stern zum Robbenorden.
Dann trinkt er Thran, und zwar in Permanenz,
Bis endlich Thules Kaiser er geworden.
    Der Frühling, dieser liebenswürdige Junge,
    Zeigt hinterher ihm seine Zwitscherzunge.

Der Buchfink trillert herrisch seine Liebe,
Die Nachbarn tauschen Gartenwunsch und -gruß,
Bettzeug und Teppich kriegen draußen Hiebe,
Ol Vadder Hansen sünnt sick all vör't Hus,
Die rothe Tulpe prunkt im Beetgetriebe,
Der Lyrifex besteigt den Pegasus,
    Die Schwalbe jagt die Gassen auf und ab,
    Der Tod versteckt sich in ein leeres Grab.

Jetzt, Richard, hätt' ich gern *Dich* an der Seite,
Dich Treusten! daß du mit mir fühlst die Welt,
Aufatmest mit mir nach dem wüsten Streite,
Der Kunst und Leben auseinanderspellt,
Und mit mir lachst in jauchzendem Geleite,
Wo Sonnensturm die schlaffen Segel schwellt.
    Komm, Richard! fernhin geb' ich dir die Hand:
    Komm, Freund, ich zeige dir mein Heimatland.

Ich bin im Wald an meiner Lieblingsstelle:
Durch eine Wiese, die von jungen Eichen
Umstanden ist, klungklingklangt eine Quelle.
Die Stille fuhr dem Weltlärm in die Speichen,
Hier ist des Paradieses Geisterschwelle,
Wo Engel sich die kühlen Hände reichen.
    Ein Bienchen, oh der wählerische Rüssel,
    Schwankt zwischen Teufelsmilch und Himmelsschlüssel.

Der Abend sinkt. Die Frösche quaken leise.
Im Birkenwäldchen sinnt ein frommer Platz.
Zu Neste fliegt die letzte kleine Meise;
Noch schwingt der schwanke Stiel des Weidenblatts.
Und enger ziehen sich die Schattenkreise;
Wer wartet da im Busch auf seinen Schatz?

Es schiebt der Mond sich durch die weißen Stämme
Und macht sich schmal, als säß er in der Klemme.

Wer nähert sich? Wer kommt auf scheuen Sohlen?
Schon liegt das Mädchen an des Liebsten Brust.
Ich stehe abseits, einsam und verstohlen;
Sie schien des holden Weges kaum bewußt.
Es öffnen sich die schämigen Violen
Und schäkern mit der milden Sternenlust.
    Ganz ferne noch ein schwacher Peitschenknall,
    Dann singt ihr Siegeslied die Nachtigall.

Des Dirnleins Haupt liegt sanft zurückgeneigt,
Ihr Auge blickt zum Himmel wie verklärt,
Die Nachtigall verstummt, und Alles schweigt.
Wie ein Verräther kommt der Wind und fährt
Erkältend, rauh durchs Blätterwerk und zeigt
Ein zitternd Gitter um den Opferherd,
    Auf dem ein Flämmchen eben geht zur Ruh,
    Die Morgenröte schaut gelassen zu.

Der Tag ist da, ich bin an alter Stelle:
Auf jener Wiese, die von jungen Eichen
Umstanden ist, durchklungen von der Quelle.
Die Stille fuhr dem Weltlärm in die Speichen,
Hier ist des Paradieses Geisterschwelle,
Wo Engel sich die kühlen Hände reichen.
    Die Sonne scheint durchs jungfräuliche Grün
    Auf Glockenblumen, die wie Kinder glühn.

Und meine Seele wird so klar und gut,
Unschuldig wie das Gras, worauf ich stehe;
Ruhig bewegt sich meine Herzensflut,
Versunken sind die vielen Ach und Wehe.
Mir wird so froh, so seltsam wohlgemut,
Als ob mir Überirdisches geschehe.
 Nur einmal klingt mir noch ein Sehnsuchtsleid,
 Ein Lied fernher, schon aus der Ewigkeit:
  Na so wollnmrnochemal, wollnmrnochemal,
  Heirassassa,
  Lustig sein, fröhlich sein,
  Rassassassa!

Verflüstert ist es. Keine Störung mehr.
Neid, Rache, Bosheit läutern sich in Reinheit.
Den Menschen, wie sie schütteln Gift und Speer,
Vergebe ich, vergesse die Gemeinheit.
Verzeiht auch mir! Wollt ihr? Wir sind bons freres!
Wir alle bilden ja die große Einheit.
 Selbst Emil: komm! gieb mir den Bruderkuß!
 Und damit end' ich. Punktum. Löschblatt. Schluß.

  D. v. L.

Der Buchenwald

Folgende Angaben befanden sich in dem vom statistischen Büreau herausgegebenen „Handbuch des Grundbesitzes im deutschen Reiche. 1. Das Königreich Preußen. Die Provinz S. 188.":
„Acker und Wiesen 578 Hektare, Wald 98, Wasser 2. Summe:
678 Hektare. Name des Gutes: Restin. Name des Besitzers: Heinrich Baron von Restin. Rittmeister a. D. Grundsteuerreinertrag:
15 345 Mark."

Das war eigentlich Alles, was man über den Besitz und die
Vermögensverhältnisse des Barons wußte. Auszüge aus dem
Schuld- und Pfandprotokoll waren nicht zu erlangen. Die Pro-
tokollata lagen verschlossen auf dem Amtsgericht. So mußte
sich die nachbarliche Theilnahme – Theilnahme ist fast in allen
Fällen Neugierde – damit begnügen, vielerlei Gerüchte über die
Finanzen des alten Herrn zu hören und zu verbreiten. Das wußte man sicher, so einfach der Alte wirthschaftete, so verschwen-
derisch mußte, nach den großen Summen, die er verbrauchte,
zu urtheilen, sein einziger Sohn, der als Premier-Lieutenant im
5. Garde-Regiment zu Fuß in Berlin stand, leben.

Der Rittmeister Heinrich Hasso, Baron von Restin war der Sohn
eines bei Leipzig gefallenen preußischen Majors. Der früh Verwai-
ste stand dann unter der Obhut einer energischen und praktischen
Mutter. Durch das Andenken an seinen Vater bewogen und einer
Familien-Ueberlieferung folgend, trat Heinrich Hasso, nachdem
er eine gute Prüfung bestanden, in das Regiment des so rühmlich
Gefallenen. Die lange Friedensperiode jedoch und das langweilige
Leben in einer mausefallenkleinen Garnisonstadt veranlaßten ihn,
um seinen Abschied zu bitten. Ehe er den Steigbügeltrunk an die
Lippen setzte und mit Thränen von seinen Kameraden und seiner
Schwadron Abschied genommen, hatte er geheiratet.

Wir haben ein hübsches Wort in unserer Alltagsprache: „Er
trägt seine Frau auf Händen." Mit vollem Rechte konnten dies
die Menschen vom Rittmeister behaupten, der in denkbar glück-

lichster Ehe lebte. Ziemlich heruntergekommen durch das jahrelange Einerlei in der kleinen Landstadt, thaute er nun erst – er stand bereits in den Vierzigen – an der Seite seiner klugen und gebildeten, kaum zwanzigjährigen Frau, auf. Neigungen, Bevorzugung einzelner Fächer menschlicher Thätigkeit und menschlicher Gedankenarbeit in ihren Resultaten, kleine Liebhabereien für dieses oder jenes Lebensnützliche oder Angenehme, traten, von seiner Frau gewissermaßen in ihm entdeckt und in stiller Weise gehegt und gepflegt, hell zu Tage.

Gleich im ersten Jahre ihrer Ehe waren sie nach Italien gegangen, und hatten in Rom und den nördlichen Städten sechs Monate, bis in Deutschland der Frühling ganz eingezogen, gelebt. Eine Fülle neuer Eindrücke war ihnen hier auf allen Wegen entgegengetreten.

In einer warmen Juninacht – einer Nacht, wie sie uns Eichendorff in seinen hübschen kleinen Liedern mit so vollendeter Meisterschaft gezeichnet hat – trafen sie wieder auf Schloß Restin ein. Nachdem der Thee genommen, standen sie am offenen Fenster des Arbeitszimmers des Rittmeisters, das nach der Rückseite lag, und sahen in die Gartenruhe hinaus. Hinter dem Parke, im Halbkreise, wie eine feste Mauer den ersteren begrenzend – in Wirklichkeit liefen Garten und Wald ineinander – dunkelte ein herrlicher Buchenforst. Nicht nur im Kreise, sondern in der ganzen Provinz war er wegen seiner Schönheit bekannt.

Mit seiner ganzen Seele hatte von jeher der Baron ihn geliebt und die erdenklichste Sorgfalt ihm gewidmet. Täglich, wenn er in Restin war, ging er dorthin. Man behauptete in der Umgegend, daß er jeden Baum kenne. Einzelnen von ihnen hatte er Namen gegeben wie: Heili Book, Domsäule, Kratzbürste, der Philosoph. Zahlreiche Vögel nisteten ungestört im Walde, und vor allem schien es dem prächtigen, schwarz und gelb gefiederten Pirol, dem sonst so scheuen, hier zu gefallen. Im Juli und August sah es überaus reizend aus, wenn jene Vögel in den Kronen, sonnenüberfluthet, gaukelten.

Wie oft hatte der alte Herr in den Sommertagen seiner Kinderzeit hier gespielt; in späteren Jahren, wenn er auf Ferien in Restin war, sich scheu in den Schatten zurückgezogen, und jenen Träumen und Träumereien nachgehangen, die unsere Seele und unser Herz umspinnen, wenn wir in die Jünglingsglutenzeiten unbewußt hinübergehen. Und so sehr war ihm sein Wald ans Herz gewachsen, daß er eine tiefe Sehnsucht empfand, wenn er nicht wenigstens ihn aus den Fenstern seines Schlosses erblicken konnte. Auch in Italien hatte er überall jene Sehnsucht empfunden, und die Vergleiche, die er zwischen den Pinien, Cypressen, Orangenhainen und seinen nordischen Stämmen anstellte, fielen durchaus nicht zu Gunsten der ersteren aus.

Es war schon Mitternacht vorüber, als der Baron seiner Frau vorschlug, mit ihm in Garten und Wald zu gehen. Sie that es mit Freuden, und bald waren sie auf dem Wege. Im Parke brach er einen weißen Syringenzweig und steckte ihn der Baronin ins braune Haar. Seinen Arm auf ihre Schulter legend, gingen er und sie wie Brautleute. Die Nacht war schön. Sie lag wie versteint im Mondenlicht. Bald traten sie in die Buchen. Nichts regte sich. Ohne zu sprechen, gingen sie langsam die gewohnten Wege. Beim „Kiekut" blieben sie stehen und sahen über die nachtstillen Felder hinaus. Wie glücklich sie waren. Giebt es im Leben, wie man sagt, kurze Stunden eines wirklichen, weltabgewandten Glückes, so wurde es jetzt empfunden. Ein tiefer Friede küßte im Vorbeiziehen die beiden guten Menschen.

*   *

*

Nach vier Jahren genügsamen Lebens wurde ihnen ein Sohn geboren, der mit großen schwarzen Augen in die Welt blickte. Wie sonderbar! Der Rittmeister hatte wasserblaue, und von denen seiner Frau hatte er oft scherzend gesagt: „Luischen, Deine Augen haben ja die Farbe meiner Dragoner-Uniform." – – –

Der Arzt hatte am siebenten Tage nach der Geburt des Knaben sich vom Rittmeister verabschiedet, da er nicht mehr nöthig sei: und am folgenden Tage lag die junge Frau todt neben ihrem schreienden Söhnchen.

Zwischen dem Sterbe- und Begräbnißtage hatte die Dienerschaft ein Grauen überlaufen, wenn sie den Baron sahen oder hörten. Neben dem Zimmer, wo sein todtes Weib lag, hatte er sich eingerichtet. Die Zwischenthür war geöffnet. Hier aß und trank er, stark wie gewöhnlich. Kam ein Diener oder die Wärterin herein, so sagte er: „hsch, hsch." Ja, er pfiff, in der Stube auf- und abgehend, Cavallerie-Signale. Charles, der Kammerdiener, hatte, wie er in der Küche erzählte, etwas „Schreckliches" gesehen. Wie er Abends zu seinem Herrn gegangen, hätte der Baron die Todte auf den Armen getragen. Er, Charles, sei schnell wieder hinausgetreten. Und dann war die Dienerschaft leise hinaufgeschlichen und hatte gehorcht und durchs Schlüsselloch gesehen. Aber die Lampe drinnen war ausgelöscht. Ein leises Wimmern nur ließ sich hören.

Am Beerdigungstage war die Gruft der kleinen Kirche in einen Wald verwandelt ... Als der Sarg hinabgesenkt war und die Leidtragenden sich entfernt hatten, ging der Baron an das Bett der Verstorbenen. Er kniete und preßte das Haupt in die Kissen. Die linke Hand lag unter der Stirn, mit der rechten tastete er auf dem Platze neben sich ...

Die Menschen sterben nicht an gebrochenem Herzen. Es giebt darin keine Ausnahme. Auch der Baron starb nicht. Der Junge hat die Augen des „Italieners," sagte sich der Rittmeister, wenn er die Augen seines Sohnes, der wie alle aus seinem Geschlechte, Hasso hieß, erblickte. Und er hatte nicht nur die Augen des Italieners. Es sprach sich schon jetzt in dem ganzen Gesicht des zehnjährigen Knaben eine schlagende Ähnlichkeit aus.

„Der Italiener" wurde im Schlosse das Bild eines der Vorfahren des Rittmeisters genannt, das mit andern Ahnenbildern im Speisesaal hing. Man nannte ihn so, weil er tiefschwarze, stechende kleine Augen hatte. Die Baronin, die täglich beim Diner diesem Bilde gegenübergesessen, hatte behauptet, der Italiener mache Augen, so rachebefriedigt, wie wenn er gerade seinen Todfeind vor sich auf dem Scheiterhaufen sähe.

„Der Italiener" hatte zu Ende des 17. Jahrhunderts gelebt. Es war damals nichts Auffallendes, daß er in vier Staaten gedient hatte. Das lag im Charakter der Zeit. Es ging von ihm die Sage, daß er rachsüchtig und grausam gewesen sei. Auf der einen Seite von ungeheurer Habsucht, hatte er zugleich die Leidenschaft des Spiels in so hohem Grade, daß er Alles, bis auf das Gut Restin verspielte. Durch einen Sturz mit dem Pferde war er gestorben. Das Gut Restin war vom Vater auf Sohn bis zum heutigen Tage vererbt. Meistens auf tüchtige Menschen, die ihren Königen und dem Vaterlande ihre Kräfte geweiht, oder auf solche, die in der bekannten norddeutschen Gedankennüchternheit auf dem Hofe geblieben waren, auf fast gleicher Stufe stehend wie ihre „Unterthanen".

*   *
*

Eine Verwandte des Rittmeisters, ein altes Fräulein, hatte in den ersten zehn Jahren die Erziehung Hassos geleitet. Von hellem Verstande und leichtester Auffassungsgabe, hatte sich der Knabe wie spielend die ersten Steine gelegt zum späteren Aufbau seines Wissens. Der Hauslehrer, wie später die Lehrer auf dem Gymnasium blieben in einem Erstaunen über die unglaublichen Fähigkeiten des jungen Menschen. Andererseits aber hatte er einen so „bösen", schadenfrohen, grausamen Charakter, daß er von Keinem geliebt wurde. Seine Hauptwissenschaft war die Mathematik. Er wäre ein Rechenmeister ersten Ranges geworden. Als Knabe wollte er Kaufmann werden: Geld zu verdienen schien ihm schon damals die Hauptsache im Leben. Später ließ er sich überreden, nachdem er ein glänzendes Examen auf der Universität abgelegt, Offizier zu werden. Er trat in ein Garde-Infanterie-Regiment ein, wo man bald seine Fähigkeiten und seinen Fleiß erkannte. Schon nach den ersten drei Lieutenantsjahren machte er das Examen zur Kriegsacademie in unerhört glänzender Weise. Bald wurde er, nach Beendigung der drei nöthigen Jahre, zu trigonometrischen Vermessungen verwandt und hatte später Kommando auf Kommando. In einem Jahre, so durfte der 29jährige Premier-Lieutenant hoffen, würde er als Hauptmann in den großen Generalstab versetzt werden.

Aber, wie als Knabe auf der Schule, als Student auf der Universität, so auch in seiner militärischen Laufbahn: Keiner liebte ihn. Selten war er mit den Kameraden zusammen. Nie hatte man gehört, daß er einen dummen Streich verübt. Er hatte „keine Lust am Weibe", er trank nicht, er verschwendete nicht, im Gegentheil, er war geizig. Dagegen hatte er eine Leidenschaft: er spielte. Er spielte, wo es sich machen ließ, wo es sich traf. Dann funkelten die kleinen schwarzen Augen unheimlich. Dann vergaß er Alles. Schon blieb er nicht in dem Rahmen seiner Standesgenossen; er spielte, wo sich ihm Gelegenheit bot, und kam dadurch in schlechte Gesellschaft. Mehr als einmal war er schon aus diesem Grunde in unliebsame Affairen verwickelt gewesen, aus denen er mit genauer Noth entkommen. Mehr als einmal hatte er vor seinem Vorgesetzten deshalb gestanden. Sein alter Oberst meinte, daß zwar ein „kleines jeu" zu den Annehmlichkeiten des Lebens gehöre, doch wo die Grenzen nicht innegehalten würden, sei die Ehre leicht verpfändet.

Es half nichts. Hasso spielte nur um so toller. Er kam endlich in bedeutende Geldverlegenheiten. Zwar hatte der Vater bis jetzt alle die „unbegreiflichen" Schulden seines Sohnes bezahlt. Aber nun war ein Ende. Mit Schrecken gewahrte eines Tages der alte Herr, daß sein Gut verpfändet, und ihm nur der Wald noch übrig geblieben sei.

*   *

*

Es waren nur wenige Wochen seit jener traurigen Entdeckung vergangen, als ein Brief Hassos eintraf. Er enthielt die gewöhnliche Bitte um Geld. Die Summe, um welche Hasso bat, war, im Vergleich zu dem früher Gewünschten, eine ungewöhnlich große. Am Schlusse stand eine Nachricht, die den alten Herrn auf das Heftigste erschütterte:

> „...... ist es klar, daß, wenn Du diesmal nicht die ebenerwähnte Summe beschaffen kannst, ich untergehen muß. Kurz vor meinem Avancement zum ‚Hauptmann‘. Ich halte mich nicht länger. Auf diesen Brief unmittelbar wird ein Bekannter von mir aus Berlin bei Dir eintreffen, den ich freundlich aufzunehmen bitte. Er kennt meine Verhältnisse und Geldangelegenheiten genau. Komme ihm mit Vertrauen entgegen, dann wird er Rath wissen; gehe darauf ein, was er Dir vorschlägt – sonst ist Alles verloren ......“

Der Alte hatte kaum mit dem Lesen geendet, als der Diener die Karte eines Herrn überbrachte:

Alfred Lächmeyer.

Dr. jur.

Und ohne, daß es dem Rittmeister noch gelungen war, den tiefen Kummer und Schrecken aus seinem Gesicht zu verscheuchen, stand schon ein elegant gekleideter Herr vor ihm. Im Augenblicke des Eintretens hatte dieser Herr sein Monocle fallen lassen, mit der linken Hand leicht über einen fein gekräuselten schwarzen Schnurrbart gestrichen, und eine schnelle und tiefe Verbeugung machend, sich mit den Worten eingeführt:

„Ich komme, Herr Baron, um mit Ihnen, wenn Sie es gestatten, über eine Geldangelegenheit, die Ihren Herrn Sohn betrifft, zu sprechen. Derselbe beehrte mich mit seinem Vertrauen. Ich begehe die Indiscretion, Ihnen zu sagen, daß ich von dem Herrn Lieutenant durchaus eingeweiht bin in Ihre augenblickliche finanzielle Lage, und daß ...“

Der Baron unterbrach ihn:

„Ich möchte, daß dies lieber zwischen Vater und Sohn verhandelt würde. Eine Mittelperson ist mir nicht genehm."

„Dann werde ich mich zurückziehen. Nur muß ich erwähnen, daß ich selbst bedeutend in dieser Angelegenheit interessirt bin, und es mir deshalb erwünscht wäre, dennoch, ehe ich mich beurlaube, noch einige Worte sagen zu dürfen."

Der Baron nickte zustimmend. Der Doctor fuhr fort:

„Lassen Sie mich kurz sein, Herr Baron. Die Sache ist folgende: Ihr Herr Sohn führt einen musterhaften Lebenswandel; er berechtigt durch seinen Fleiß und seine Talente zu den größten Hoffnungen. Nur eine Leidenschaft besitzt er: das Spiel. Das hat ihm unendlich viel Geld bis jetzt gekostet. Sie selbst werden das am Besten wissen. Viele der Herren Offiziere kommen, um nicht Wucherern in die Hände zu fallen, zu mir. (Herr Lächmeyer wickelte das Band seines Monocle auf und ab um den Zeigefinger.) Ich bin ihr Vertrauensmann. Ich schaffe ihnen Geld zu billigen Zinsen. Ich ordne die Sache mit den Eltern. (Herr Lächmeyer machte eine Pause.) Der Herr Lieutenant war vor einigen Tagen bei mir. Er kam sofort zur Sache, und setzte mir mit großer Klarheit auseinander, wie die Angelegenheit stünde. Ich war, was ich sonst bei den Herren oft nicht bin, mit einem Schlage bekannt mit Allem. Und ich will mich nun kurz fassen, Herr Baron: die Schulden Ihres Herrn Sohnes sind enorm. (Er nannte die Summe.) Sie Herr Rittmeister können dieselbe nicht mehr aufbringen, wenn Sie sich nicht entschließen, Ihren Wald zu verkauf ..."

Der Baron fuhr, wie von plötzlichem wüthenden Schmerz außer sich in die Höhe. Doctor Lächmeyer blieb ruhig sitzen, klemmte sein Monocle ins Auge, und betrachtete sein Opfer „mit Gefühl". Der Schuft war auf diese Scene von Hasso vorbereitet. Er hatte längst ausgekundschaftet, daß ihm der Buchenwald – das Geschäft mit dem Abnehmer war schon fertig – das doppelte einbringen mußte, wie die Schulden des Sohnes, die er in der Hand hatte.

Noch immer stand der Baron, starr und blaß. Der Doctor fuhr fort, fast in klagendem Tone:

„Sehen Sie, bester Baron (das ‚Herr‘ fiel schon weg), man muß sich in so Vieles im Leben schicken, zumal wenn es sich um das Sein oder Nichtsein des einzigen Kindes handelt. Die Schulden des Lieutenants sind, soweit ich sie übersehe, ja, ich weiß es gewiß, nicht ganz ‚reinliche‘.“ Der Baron zuckte zusammen. „Es handelt sich darum, daß Ihrem Sohne der Abschied ...“ Der Rittmeister fiel ihm in die Rede: „Mag er gehen; ich kann mich auf Weiteres nicht einlassen, und ich glaube, daß hiermit, Herr Doctor, unsere Unterredung ein Ende haben dürfte.“

Es trat eine Pause ein. Der Doctor erhob sich und ein wenig aus der Nähe des alten Herrn tretend, sagte er (der Ton klang süß):

„Noch Eins, Herr Baron, Ihr Sohn hat schlechte Schulden gemacht, er würde infam cassirt, wenn ...“

Nun war es zu Ende mit dem Rittmeister. Er schrie: „Ins Zuchthaus mit ihm ...“ –

Doctor Lächmeyer hatte sich entfernt; der Baron lag regungslos im Lehnstuhl, lange, lange. –

Am Nachmittage brachte ein Bote einen Brief von der nahen Bahnstation:

Geehrter Herr Baron!
Bis heute Abend 9 Uhr 51 Minuten bin ich auf der Station Frissow. Vielleicht läßt sich noch bis dahin ein Arrangement treffen.

Euer Hochwohlgeboren ergebenster
A. Lächmeyer. Dr.

*   *
*

Es war spät am Nachmittage geworden. Die Octobersonne war schon untergegangen. Der Baron ging mit hastigen Schritten in seinem Cabinet auf und ab, wohl eine Stunde schon. Die Uhr hatte er aus der Tasche genommen und sie auf den Schreibtisch gelegt. Oft beugte er sich, um die Zeit zu erkennen. Tiefe Qualen hatte er in diesen wenigen Stunden durchgekämpft ...

Welch' ein Unterschied zwischen Vater und Sohn. Der Alte: ein schwärmerischer Naturfreund, voll echter wahrer Liebe zu Mensch und Thier, zu Feld und Baum, den tausend schlimme Erfahrungen nicht von seinem Standpunkt vertreiben konnten. Dabei mit ziemlich schwerer Auffassungsgabe, einfachem Gedankengang – eine Mittelnatur. Sein Herz war rein und fleckenlos wie seine Ehre. Dagegen der Sohn: Glänzend begabt, fleißig, aber grausam. Auf der Jagd ein Mörder, kein Jäger. Im Walde berechnete er die Blätter eines Baumes ohne jedes Verständniß für das, was man „innige Freude an der Natur" nennt. Aber auch körperlich, welcher Unterschied. Der Vater: ein norddeutsches gutmüthiges Gutsbesitzer- und Soldatengesicht mit rothen vollen Wangen und langem Flachsschnurrbart. Hasso dagegen wurde mit jedem Jahre dem „Italiener" ähnlicher. Ihm fehlte nur der spanische Zwickelbart, wie jener ihn trug. Stechende schwarze kleine Augen, gelb-blasser Wachsteint, schwarze Haare. Die weißen Zähne spitz, wie bei einer Maus.

Zwischen den Beiden hatte niemals eine Annäherung stattgefunden. Sie sahen sich so selten wie angänglich. Ihr Briefwechsel war auf das Nothwendigste beschränkt. Ohne gegenseitiges Verständniß und Interesse waren sie im Leben nebeneinander hergegangen. –

*   *

*

Es war 9 Uhr geworden. Der Rittmeister ging noch immer auf und ab. Tiefster Seelenschmerz zeigte sich auf dem alten guten Gesicht. Zuweilen streiften seine Augen ein kleines Bild, das über seinem Schreibtisch hing. Es war ein auf Elfenbein gemaltes Pastellbildchen in Medaillonform: Ein stilles Frauengesichtchen, mit blauen Augen: die klug und fröhlich in die Welt schauten ... Endlich sah er fest und lange auf das Portrait: „Deinetwegen" sagte er leise.

Nun war der Entschluß gefaßt. Es war die höchste Zeit. Er bestellte den Jagdwagen, und führte, bald unterwegs, die Zügel selbst. Die Station Frissow war, in gewöhnlichem schlanken Trabe, in einer guten halben Stunde zu erreichen. Die Uhr zeigte fünf Minuten nach halb zehn. Um 9 Uhr 49 Minuten kam der Zug auf der Station an. Zwei Minuten waren nur Aufenthalt. So war die größte Eile geboten. Der Rittmeister, der sonst seine Pferde schonte, wo und wie er nur konnte, peitschte heute auf die Thiere, daß sie in rasender Eile den gewohnten Weg dahinflogen. Der Kutscher sah entsetzt auf seinen Herrn. Die letzte Strecke vor der Station lief die Landstraße neben den Schienen. Als der Wagen hier angekommen, brauste der Zug heran. Nun galt es! Von seinem Sitze aufspringend, schrie und schlug er auf die Pferde. Der Hut flog ihm vom Kopfe. Es war wie im alten Rom beim Wagenrennen. Die Pferde thaten das Aeußerste. Sie kamen mit dem Zuge zugleich bei dem Haltepunkte an. Der Baron war schon vom Wagen. Barhaupt, in tödtlicher Angst stürzte er auf den Perron. Der grauköpfige An- und Abläuter auf dem Bahnhofe dachte bei sich: „De ol Herr vun Restin is wull dull worn." Nur ein Reisender hatte auf den Zug gewartet, Herr Lächmeyer. Er war schon eingestiegen und lehnte aus einem Coupéfenster erster Klasse. Wie er den Rittmeister kommen sah, warf er die „Scherbe" ins Auge.

„Nun," sagte er tonlos, als der Athemlose bei ihm angekommen war, „so erregt, Herr Baron?"

„Nehmen Sie den Wald" keuchte der Unglückliche.

„Ah, nun, ... Ihr Wort in Ehren; Ihr Herr Sohn ist gerettet. Ich komme in den nächsten Tagen, um Alles zu ordnen."

Der Zug setzte sich in Bewegung.

Erst spät in der Nacht kam der so tief Geschlagene in Restin wieder an. Er hatte Abschied genommen von seinem lieben Walde.

*   *

*

Ein milder, weicher Novembertag. Stiller, melancholischer Regen, wie im Frühling. Der Südwind drang in die offenstehenden Fenster des Arbeitszimmers des Rittmeisters:

Vom Walde herüber drang ein eigenthümliches Geräusch: Axthiebe, das Zischen und Pfeifen einer kleinen Dampfmaschine, Schreien und Fluchen der Fuhrknechte, Sägelärm. Es mußte wüst dort aussehen.

Der Baron hörte es, jeden Ton. Zuweilen griff er an sein Herz, die Axtschläge trafen es unbarmherzig. Mit dem Bilde seiner Frau in der Hand ging er in diesen für ihn schwersten Tagen, im Zimmer auf und ab. Er streichelte das Portrait; es war ihm dann, als wenn er ihre Hand auf der seinigen fühlte, und wenn er es küßte, schloß er die Augen.

Zuweilen versuchte er, die gewohnte, kurze Pfeife zu stopfen, aber der Tabak lief über oder der Finger blieb minutenlang im Kopfe stehen ...

*   *

*

Mit knapper Noth war der Baron dem Konkurse entgangen. Durch einen Zufall begünstigt, hatte er sein Gut verkauft, und war nach dem freundlichen Görlitz gezogen. Kurz nachdem er sich dort niedergelassen, hatte ihm der Regiments-Commandeur Hasso's in schonendster Weise den plötzlichen Tod des letzteren angezeigt. Der alte Herr erfuhr niemals, daß sich sein Sohn, in äußerste Bedrängniß gerathen, durch neue und nicht sehr „reinliche" Schulden, das Leben genommen.

Am Todestage hatte im Militair-Wochenblatt gestanden:

Baron von Restin, Premier-Lieutenant vom 5. Garde-Regiment zu Fuß und kommandirt zur Dienstleistung bei dem großen Generalstabe, unter Beförderung zum Hauptmann und Überweisung zum großen Generalstabe, in den Generalstab der Armee versetzt.

Der Dichter

Mein Freund erzählte mir:

Vor einigen Jahren verkehrte ich in Hamburg viel in einem Restaurant, das mir aus dem Grunde so unterhaltend war, weil dort Menschen aus allen Erdteilen ein- und ausgingen, wenn auch nicht wie in südlicher gelegenen Städten der Fez oder eine auffallende Nationaltracht auftauchten.

Ich hatte das behagliche Gefühl, völlig vereinzelt und unbeachtet in dem großen Fremdenmischmasch verweilen zu können.

Nicht zum wenigsten war mir dies Wirthshaus besonders noch dadurch lieb geworden, daß allabendlich in einem der Säle auf einer bühnenartigen Erhöhung sich eine Streichmusik einrichtete, die – über den Geschmack ist nicht zu streiten – mein Herz erfreute und mich oft mitten in dem Wirrwarr in Träume wiegte; nirgends ist man einsamer als in Weltstädten – und bei diskreter Streichmusik.

Seit einigen Abenden war mir ein Herr aufgefallen, der entweder in tiefen Gedanken – oder dachte er an nichts? – vor sich hin starrte, oder zahlreiche kleine, aus einem Notizbuche ausgerissene weiße Blätter beschrieb. Die ihn Umsitzenden, wie das in einer Großstadt zu sein pflegt, hatten kein Auge für ihren nachdenkenden oder schreibenden Nachbar. Vielleicht ein flüchtiger Blick, ohne irgend welche Neugierde; dann ließ man ihn sitzen.

Aus einer entfernten Ecke beobachtete ich meinen Interessanten. Schrieb er nicht, so schob er mit Daumen und Zeigefinger der Linken seinen kurzgehaltenen, sorgfältig beschnittenen schwarzgrauen Schnurrbart auseinander, stier vor sich hinblickend; oder er legte, den rechten Arm mit der linken Hand stützend, das Haupt in die Rechte. Zuweilen fuhr er aus dieser Lage auf und starrte, wie abwesend, in seine Umgebung. Er schien nichts zu sehen, sondern war augenscheinlich mit inneren Bildern beschäftigt. Wie von der Tarantel gestochen, begann er emsig zu schreiben, sich tief, wie mit kurzsichtigen Augen auf seinen Zettel neigend; unglaublich schnell kritzelte er; dann plötzlich hielt er wieder inne, um das, was er geschrieben, meistens auszustreichen. Schien ihm eine Wendung, ein Satz, ein Gedanke zu gefallen, so nahm er das Zettelchen dicht an das linke Auge und las oft drei, vier Minuten an den Worten.

Spielte die Musik, so wurden seine Bewegungen schneller, heftiger. Er wiegte den Kopf, zog die Stirn in drohende Falten, legte, als wenn er pst, pst sagen wollte, den Finger auf den Mund, oder sprach gar einige leise Worte vor sich hin. Dann wandte er auch wohl schnell den Kopf nach einer Seite, als ob er eben gerufen wäre.

Meine Neugier war rege geworden: Ein harmloser Geisteskranker, dachte ich. Der Kellner antwortete mir auf mein Befragen, ob er jenen Herrn kenne: „Der macht hier jeden Abend von neun bis zehn Uhr Reimverse". So. Also „Reimverse". Ein Dichter folglich; ein Dichter in seiner Arbeit, in den Augenblicken der göttlichen Eingebung, in tiefster, innerster Erregung, und, wie mir schien, in oft augenscheinlicher Bedrängniß, das ihn Bestürmende in rechte Worte zu fassen und rasch zu Papier zu bringen. Oder war der Mann ein Charlatan, ein Wichtigmacher, Einer, der durchaus der Welt interessant erscheinen möchte?

Meine Neugier, auch Theilnahme, wenn ich das blasse, abgehärmte Gesicht betrachtete, wuchs. Kurz und gut, ich benutzte den Augenblick, als sein Nachbar bezahlte und fortging, um mich auf dessen Platz zu setzen. Auf jeden Fall wollte ich versuchen, die Bekanntschaft des Sonderlings zu machen.

Als ich, an seinem Tische angekommen, mich neben ihm niedergelassen hatte, las er die vor einigen Sekunden weggelegte Zeitung meines Vorgängers. Er schien eifrig den Feuilletonquark zu verfolgen.

Ich hatte Zeit, ihn in der Nähe zu betrachten. Just so stellte ich mir von je her einen deutschen Dichter vor: den Hals umgab ein Klappkragen von zweifelhafter Weiße; der Rock war abgetragen; der ganze Mann sah verhungert aus; natürlich würde er im vierten Stockwerk wohnen; seine Haare „wallten" öldurchtränkt in langen Strähnen über den Rockkragen.

Ein tiefes Mitgefühl für den Unglücklichen faßte mich. Denn unglücklich mußte er sein, das las ich aus seinen kummervollen Zügen. Wenn ich ihm behülflich sein könnte, fiel mir ein, sei's auch nur im Erträglichermachen seiner äußern Lage …

Noch heute Abend mußte ich seine Bekanntschaft machen. Ich sann über die Worte nach, wie ich ihn anreden wollte. Vielleicht, wenn er die Zeitung wegschob: „Gestatten Sie, mein Herr?" Oder auch: „Wie voll es heute wieder ist!" Oder: „Die Bedienung fängt an, recht mangelhaft zu werden."

Und während ich einen einigermaßen vernünftigen Anfang überdachte, ließ er die Zeitung aus der Hand gleiten und sah in die Menge.

Ich platzte sofort los: „Mein Herr, Sie scheinen ein Dichter zu sein." Du lieber Himmel, wie unsinnig! Das Wort war aber einmal gefallen, und nicht wieder rückgängig zu machen. Er hatte auch vollkommen verstanden und antwortete: „Ja das bin ich! Ich bin der Dichter Franz Mäurer." Er hatte die Augen groß auf mich gerichtet und schien von mir zu erwarten, daß ich anbetend zu seinen Füßen sinken würde, eins seiner Sonette oder was es sonst von ihm war, herzusagen. In der That war es mir in diesem Augenblick peinlich, den Dichter Franz Mäurer nicht zu kennen. Der Dichter schien enttäuscht und sah gleichgültig in den Saal, als ich, statt der von ihm sicher erwarteten Antwort, sagte: „Mein Name ist Martens."

„Aber Sie sind auch ein Dichter?"

„Keineswegs! Ich bin Besitzer einer Nagelfabrik."

„So interessiren Sie sich für die Literatur?"

„Gewiß thue ich das und mit ganzer Seele."

„Ah," seufzte Herr Mäurer, „ah, allerdings ein seltener Fall ... in Deutschland ... allerdings ..."

Wir waren bald in ein lebhaftes Gespräch über die literarischen Größen unserer Zeit vertieft. Herr Mäurer ließ mich kaum zu Worte kommen. Sein hartes Urtheil über wirklich anerkannte Novellisten und Romandichter, sowie sein unglaublicher Ungeschmack machten, daß ich an dem Manne ganz irre wurde.

Als ich nach längerer Zeit gewissermaßen von ihm Erlaubniß erhielt, zu sprechen, bat ich ihn, neugierig geworden durch seine sonderbaren Kritiken, ob er es mir gestatte, einen Einblick in seine Dichtungen zu thun. Herr Mäurer machte eine triumphirende Miene, stand auf und zog mich aus dem Saale mit den Worten: „Kommen Sie, kommen Sie, Herr Martens! Sie sollen von mir lesen und hören."

Die ganze Scene hatte natürlich kein Mensch bemerkt. Eine von den zahllosen Annehmlichkeiten der Großstadt.

„Sie gehen mit, Herr Martens; keine Widerrede! Ich bitte, trotz der vorgerückten Stunde mich in meine Wohnung zu begleiten." Dann ging er wieder auf literarische Fragen über. An einem Laternenpfahl blieb er stehen und sagte gedehnt: „Wissen Sie, daß ich Homer langweilig finde, namentlich in der Voß'schen Uebersetzung, und die ist immer doch noch die beste. Sehen Sie sich, beim Himmel! den Achill an! Ein Schlächterbursche. Nein, Achill ist mir eine widerwärtige Figur."

Er sagte wirklich „Figur".

Ich war im Begriff, ihm heftig zu erwidern, aber er ließ mir keine Zeit; plötzlich sprang er von Achill zu „Hermann und Dorothea" über. „Erlauben Sie, wenn mir Homer langweilig ist, so ist es mir ‚Hermann und Dorothea' erst recht. Mag's an den Hexametern liegen, oder woran immer: Es ist mir langweilig. Ich begreife nicht, wie Goethe ein solches Philistergedicht schreiben konnte."

Ich war nahe daran, Herrn Mäurer einen Faustschlag in's Gesicht zu geben, besann mich aber, und sagte:

„Meine Zeit erlaubt es mir leider nicht, länger Ihren Gesprächen zu folgen; außerdem ist es bald Mitternacht, und morgen früh muß ich ..."

„O, ich bitte, Sie kommen nicht fort," erwiderte er hastig; und dann klang es wie flehend: „Sehen Sie, nun eben, ach, seit wie langer Zeit, höre ich ein freundliches Wort, fühle ich Theilnahme. Mein Gott, ja, ich schwatze Ihnen zu viel; aber wenn man, wie ich, gezwungen ist, die göttlichsten Gedanken (er warf einen Blick in die Sterne) stets bei sich behalten zu müssen, da thut es so wohl, wenn ..."

Herr Mäurer schwieg, und schweigend gingen wir eine gute Strecke. Plötzlich blieb er stehen und sah mich an: „Ich merke, Sie sind neugierig, weshalb Sie mich im Saal so nachdenklich gesehen haben. Dort dichte ich!" Die letzten Worte sprach er mit gehobener Stimme. Dann fuhr er fort: „Ich muß Ihnen sagen, daß ich zwar in recht angenehmen Verhältnissen lebe, jedoch um diese meiner Frau und Tochter und mir selbst zu erhalten, muß ich arbeiten, und diese Arbeit besteht in Romanschreiben für kleine Blätter. Dies Geschäft bringt mir ein recht gutes Stück Geld ein. Ich betreibe es täglich von acht Uhr Morgens bis in den Spätnachmittag. Vollständig wie im Schlafe. Doch ich erzähle Ihnen später davon ..."

„Aber, Herr Mäurer, weshalb ruhen Sie dann nicht von Ihrer Arbeit aus, statt Abends mit und in der Welt zu leben, zu dichten ..."

„Aber das ist ja meine Erholung; da kommen mir die göttlichsten Gedanken."

Wir waren an einem hohen Hause, einer sogenannten Miethskaserne, in einer engen, abgelegenen Straße stehen geblieben. Die Gegend gehörte nicht zu den besten.

Herr Mäurer sagte: „Wenn ich nicht so glücklich wäre, einmal einen Menschen gefunden zu haben, mit dem ich mich aussprechen kann, würde ich Sie sicher nicht gebeten haben, Herr Martens, mit mir drei Treppen hoch zu steigen."

Es war dunkel im Hause. Ein unangenehmer Kohl- und Fettgeruch – in so später Stunde – machte sich bemerkbar. Auf der zweiten Treppe stolperten wir über einen Betrunkenen. Irgendwoher klang Klaviermusik. Der Fledermauswalzer wurde ziemlich gut gespielt. Dazwischen klang es wie Gläserklingen und Gelächter. Wir waren in seiner Etage angekommen. Er zog leise an der Thürklingel. Es kam Niemand. Er zog stärker. Ein weibliches Wesen öffnete und sprach laut: „Na, endlich Franz, wo bleibst Du denn so lange?"

Die Stimme verstummte, als ich als Begleiter erkannt wurde. Noch immer standen wir im Dunkeln. Ich hörte hin- und hertrippeln. Die Musik verstummte plötzlich, ebenso das Gläserklingen und das Gelächter.

Eine Thür wurde geöffnet, und wir traten in ein großes Zimmer, aus dem die letzten Reste eines Abendessens rasch weggeholt wurden. Ich sah, daß eine Zwischenthür klaffte, hinter der wir durch den Spalt beobachtet wurden. Eine fette Stimme sagte ziemlich laut: „Herrgott, wen hat er denn da wieder aufgegabelt!"

Ich hatte wenig Zeit, mich in der Stube umzusehen, denn Herr Mäurer begann sofort, nachdem wir an einem großen Tische Platz genommen, mich mit seinen „Dichtungen" bekannt zu machen. Es war mittelmäßiges Zeug, ohne jede Ursprünglichkeit. Die berühmten Dichterworte: wallen und kosen, wiederholten sich beständig. Es kos„e"ten nicht nur die Tauben, die Spatzen, die Menschen, sondern auch einmal die Kaninchen. Es „wallten" nicht nur die Haare, die Nebel, die Tannen, die Lüfte, sondern auch die Gefühle. Ich hörte schon lange nicht mehr auf die mit vielem falschen Pathos vorgetragenen Gedichte, sondern sah mich in dem Raume um. Alles schien wie besäet mit Papierschnitzeln, auf denen wahrscheinlich die „göttlichsten Gedanken" gekritzelt waren.

Die „göttlichsten Gedanken" war sein Lieblingsausdruck.

Vor einem öden Schreibtisch stand ein harter schäbiger Stuhl. Hier war die Fabrik der „spannenden" Romane, der „sinnigen" Novellen. Hier sklavte der arme Herr Mäurer täglich viele Stunden lang, um Frau und Tochter zu ernähren und in recht „angenehmen Verhältnissen" zu erhalten.

Plötzlich wurde der Versedrechsler im Lesen unterbrochen. Dieselbe Stimme von vorhin rief aus der Thürspalte „Franz!"

Franz sprang sofort auf und eilte, sich bei mir entschuldigend, in's Nebenzimmer, dessen Thür aus Versehen angelehnt blieb. Ich hörte, wenn auch im Flüsterton gesprochen wurde, deutlich: „Warst Du bei Baron Meier? Hast Du die dreißig Mark von ihm erhalten?"

„Nein, ich war nicht da, Agnes, ich war *nicht* da. Ich ertrage es nicht mehr; diese ewige Bettelei; ich ertrage es nicht mehr! Ihr könntet wohl auskommen mit dem, was ich für Euch verdiene ..."

Ich räusperte mich, es wurde nicht bemerkt. Die Frauenstimme fuhr leidenschaftlich fort:

„O, Du Feigling! Verhungern läßt Du uns! Verhungern!"

Dann sagte sie leise, aber in scharfem, befehlendem Tone: „Wen hast Du da mitgebracht? Er ist gut angezogen; forsche ihn aus; wenn er wohlhabend ist ..."

Jetzt wurde mir denn doch die Sache zu arg. Ich sprang auf und schloß mit Geräusch die Thür.

Gleich darauf erschien Herr Mäurer. Er sah blaß aus, und sich in den Stuhl zurücklehnend, sagte er tonlos:

„Ach, Sie glauben nicht, wie schrecklich das ist, Tag um Tag acht bis zehn Stunden gedankenlos Romane schreiben zu müssen. Und sehen Sie hier" (er zeigte mir eine Masse Briefe und Papiere, die er einer Schieblade entnahm):

„Siebenzehn Blätter bestellen zum Geburtstage Seiner Majestät Gedichte. Und immer kommt darin vor: Heldenkaiser – Lorberreiser. O, wie ich mich schäme, unsern guten, herrlichen Kaiser stets so anzuleiern! Aber es fehlt mir in der That die Zeit, mich ernstlich zusammenzunehmen. Bedenken Sie: Siebenzehn Blätter! Und die Gedichte dürfen doch nicht alle gleichlauten. Freilich, freilich, da hab' ich so mein Methodchen ... Für morgen ist ein Polterabendscherz bestellt; für übermorgen zwei Grabgedichte; für Donnerstag Ansingung des Bureaupersonals an ihren jubiläumfeiernden Chef; und so fort und so fort. Aber es bringt Geld. Die Masse thut's ... Hier, nehmen Sie mit, da können Sie einmal zu Hause lesen, was von mir von den Redaktionen verlangt wird ..."

Unglaublich! ... Ich nahm diese Briefe mit nach meiner Wohnung.

Einige mögen hier folgen:

Sehr geehrter Herr!

Wir theilen Ihnen mit, daß wir Ihren Roman für den Abdruck in unserem Blatte accepptiren, jedoch mit dem Vorbehalte einiger unerläßlicher Aenderungen: Louise darf nicht sterben, werther Herr; sie kann sich vielmehr mit Eduard sehr wohl versöhnen und ihn heirathen. Auf den guten Schluß kommt immer sehr viel an; das Publikum will sich nicht verstimmen lassen. Wir haben erfahrungsmäßig jedesmal, wenn der Roman ohne Hochzeit endete, eine Anzahl Abonnenten verloren. Ferner der Titel! Der muß uns *ganz* überlassen bleiben. Sie haben „Streiflichter" gewählt, aber diese Bezeichnung ist völlig unmöglich, viel zu kurz und den weniger Gebildeten verdächtig. Wir nennen den Roman: „Das Geheimniß des Polizisten oder: Ein Opfer des Zeitgeistes". Auch vermissen wir die Namen „Werner" und „Walter". An diese hat sich das deutsche Lesepublikum nun einmal gewöhnt. Sie dürfen in keinem Roman, in keiner Novelle fehlen. Wollen Sie ferner den „Maler" nie vergessen.

Ihrer gefälligen Rückäußerung entgegensehend u.s.w.

Ein anderer lautete:

Keinerlei Tendenz, werther Herr, das ist die erste Bedingung. Unser Blatt soll möglichst in jedem Hause seine Stätte haben, es darf also das Gebiet der politischen und sozialen, insbesondere aber der religiösen Fragen absolut niemals berührt werden. Sensationell, das ist die Hauptsache, spannend, wühlend. Wir pflegen per Tag 326 Zeilen Roman zu geben. Sie würden uns also sehr verpflichten, wenn Sie Ihre Arbeit so einrichten wollten, daß dieses Quantum jedesmal mit einer Frage oder dergleichen schließt, z. B.: Die Thür öffnete sich! Wilhelmine fuhr mit einem Schrei zurück, sie war leichenblaß geworden. Adolar stieß sich das Messer in den Busen!

Das veranlaßt diejenigen, welche Einzelnummern kaufen, nun auch die folgende zu nehmen. U.s.w.

Ein dritter:

Werther Herr! Remittiren anbei dankend Ihre Sendung. Druckten wir das, so würde man uns steinigen. Der verlobte Rittmeister scherzt Abends um elf Uhr mit der Gouvernante im Garten, während gegen den Schluß des Romans sogar herauskommt, daß Comtesse Ida die illegitime Tochter der Geheimrätin ist. Das geht durchaus nicht – unsere Zeitung wird von Backfischen gelesen, da hat man Rücksichten zu nehmen. U.s.w.

Ein vierter:

Werther Herr! Besten Dank für Ihre willkommene Einsendung. Der Roman gefällt uns so sehr, daß wir eine andere Arbeit zurückstellen, um mit der Ihrigen den neuen Jahrgang zu beginnen. Nur eine kleine Bitte möchten wir Ihnen ergebenst vorlegen: Das mittlere Kapitel, das erste des zweiten Bandes Ihrer Erzählung, spricht am meisten an. Wir bestimmen es daher zum

Anfang und ersuchen Sie, die dadurch nöthig werdenden kleinen Aenderungen schleunigst vornehmen zu wollen, da das erste Stück schon gesetzt ward. Haben Material für dreizehn Nummern, alsdann bitten gefälligst höflichst um Fortsetzung u.s.w.

Ein fünfter:

Geehrter Herr Mäurer!
Wir danken bestens für das uns übersandte Manuskript, obwohl wir leider den Druck desselben ablehnen müssen. Reflexionen, geschichtliche oder gar politische Rückblicke, überhaupt Betrachtungen irgend welcher Art, Gedanken insbesondere, sind vollständig ausgeschlossen. Das Publikum will unterhalten, aber nicht belehrt sein; es ist daher auch ganz unstatthaft, die Werke unserer großen Tondichter in den Rahmen der Erzählung hineinzuziehen, indem man einfach sagt: Chopins Sonate, Opus soundsoviel oder dergleichen. Wer das nicht versteht, ärgert sich, und das müssen wir strengstens vermeiden. Bedarf es einer poetischen Reminiscenz, so bleibt man bei den Volksliedern, wie: „Steh' ich in finstrer Mitternacht", „Mädel ruck, ruck, ruck an meine grüne Seite", oder dergleichen. Das kennen alle. U.s.w.

Ein sechster:

Ihre Novelle, geehrter Herr, hat uns sehr gefallen, so daß wir dieselbe nicht gern ausschlagen möchten. Sieben und dreißig Romane und Erzählungen müssen kontraktmäßig der Ihrigen vorangehen, so daß der Druck erst in drei Jahren stattfinden kann. An Honorar zahlen wir per Druckbogen 50 Pfennig; für diesen Preis überlassen uns die Verleger von Romanen den Stoff, ehe er als Buch erscheint; wir brauchen daher nicht theuer zu kaufen u.s.w.

Ein siebenter:

Aber Geehrtester! Bedenken Sie doch, daß unsere Zeitung nur in frommen Familien gelesen wird; sie wird streng von den Pastoren überwacht. Ihre Erzählung gefällt uns sonst recht gut: wollen Sie also die natürliche Tochter des Barons Felseck von Sternenstein heraus nehmen, so acceptiren wir.

Ein achter:

Wir senden hiermit, werter Herr, Ihre Erzählung mit dem Bemerken ergebenst zurück, daß wir gerne gesonnen sind, sie zu acceptiren, wenn Sie sich entschließen können, noch stärker aufzutragen. Sie können bis an die äußerste Grenze des Erlaubten gehen, jedoch so, daß wir nicht mit der Staatsanwaltschaft in Konflickt kommen. Wenn Sie übrigens schreiben im dritten Kapitel: „Der junge Schneiderssohn in seiner ausschweifenden Sinnlichkeit begehrte die blonde Komtesse Aurelie" – so ist das vielleicht doch zu starker Tabak. Das müssen Sie mildern oder poetischer fassen. U.s.w.

Die Operation

Der Zeiger rückte gegen Mitternacht.

In den großen Räumen des Krankenhauses war es still. Nur die am Morgen dieses Tages Geschnittenen wimmerten. Sonst war Alles still.

Plötzlich entstand eine Bewegung, wie wohl der Wind sich plötzlich in todtstummer Nacht erhebt, zischelt, raunt, stärker wird.

Die Nachtwärterinnen gingen nicht mehr so geräuschlos. Die gedämpfte Stimme der Oberin wurde hörbar. Auf den Treppen huschte es eilig auf und ab. Zuweilen klang es deutlich in die

Zimmer der Kranken: „Heinrich, Jürgen, Bernhard: aufstehn."
Oder: „So machen Sie doch schnell, Heinrich." Heinrich, Jürgen,
Bernhard waren die Wärter.

Nur schienen sich Wasserhähne geöffnet zu haben: Es
rauschte. In den Räumen zur ebenen Erde: in den Operationssä-
len wurden Thüren auf und zu gemacht. Das Geräusch des strö-
menden Wassers dauerte gleichmäßig fort durch alle Unruhe.
Aus dem verworrenen Getöse der Stadt löste sich ein bestimmter
Ton: Ein Wagen näherte sich, fuhr durch's Thor und hielt vor der
Haupthür des Klinischen Instituts. Mit großer Vorsicht wurde
ein junges Mädchen herausgehoben und auf einer Bahre, die mit
einer feuerrothen Decke belegt war, in's Innere getragen. Alles
leitete ein Assistenzarzt des berühmten, genialen Chirurgen,
dem die Klinik gehörte. Der Assistenzarzt war der Verlobte der
jungen Dame. Während diese von den Wärterinnen gebadet und
an der zu schneidenden Stelle – es galt Leben oder Tod – rasirt
wurde, trat ihr Verlobter in das Arbeitszimmer seines Chefs. Die
beiden Herren hatten ein kurzes Gespräch: „Nun, wie Sie wollen. Ich mache eine einzige Ausnahme, und auch nur aus dem
Grunde, weil Sie selbst Arzt sind. Aber bedenken Sie wohl, daß
Sie kaum im Stande sein werden ... Es ist Ihr Fräulein Braut ..."
„Ich bin bereit." „Gut denn. Bleiben Sie so lange bei mir, bis wir
gerufen werden."

*   *
*

Indessen waren die Vorbereitungen zur Operation beendet.
Die Kranke wurde wieder in die feuerrothe Decke gehüllt, sorgsam auf die Bahre gelegt, dann in den Operationssaal Nr. 7 – den
größten – hinaufgetragen und hier – noch triefend vom Wasser
– auf einen mit gelbem Wachstuch behangenen Tisch gelegt. Das
Factotum des Chefarztes war um sie beschäftigt. Er machte ihr
eine Morphiumeinspritzung in den linken Oberarm. Aber die

Müdigkeit wollte nicht gleich kommen: Sie sah und hörte Alles um sich her. Viele Glühlichter verbreiteten Tageshelle. Ueber einer Lampe – wie beim Haarkünstler – wurde eine Zange heiß gemacht. Ueberall an den Wänden plätscherte in Becken das Wasser. Auf den zwei Zoll dicken gläsernen Fensterbänken und auf den gläsernen Vorsprüngen lagen in peinlicher Ordnung und in peinlicher Sauberkeit Hunderte von Messern, Zangen, Pinzetten, Hämmern, Meißeln, Scheeren. Verbandzeug, Eiterbecken, Watte, große Hafen mit Sublimatwasser – Alles war in reichlicher Masse vorhanden. Eine kleine dreieckige Flasche und eine Guttaperchamaske zeigten sich auf einem kleinen Sondertische. Die Flasche enthielt eine Flüssigkeit von wundervoll dunkelbrauner Farbe, Chloroform.

Die Wärter und die Wärterinnen hatten sich bis über die Knöchel reichende Gummischuhe angezogen: Bald wird sich der steinerne Fußboden in einen See verwandeln. Auf den Haaren – später auch die Aerzte – trugen alle achteckige Conditormützen: Daß kein Staub in die Wunden falle. Immer wieder wusch sich Alles die Hände ... Der erste Wärter tauschte einen Blick mit den Uebrigen. Dann verschwand er, um gleich darauf mit den Aerzten wieder einzutreten. Diese, ohne Rock, trugen die Hemdärmel hoch aufgekrämpt. Ein ganz klein wenig hatte dies Alles Aehnlichkeit mit den Vorbereitungen zu einer großen Schweineschlachterei.

Der Chef verbeugte sich vornehm vor der Kranken und stellte ihr dann – allerdings ein wenig unnöthig – die zahlreich erschienenen Hülfsärzte vor. Ihr Verlobter, so war verabredet, sollte erst eintreten, wenn sie in der Narkose lag.

Nun trat der Chef ihr zu Füßen. Die Assistenten vertheilten sich – der grobe Vergleich bittet um Vergebung – wie die Kanoniere um ein Geschütz. Ein Blick zwischen dem Leiter und seinem Famulus, dessen Augen unausgesetzt an denen seines Herrn hingen ... „Wollen Sie recht tief athmen ... Bitte langsam zu zählen ..." Wieder ein Blick zum Chefarzt hinüber. Dieser sagte: „Fertig!" Die feuerrothe Decke fiel. In diesem Augenblick trat der Verlobte in den Saal. Ein scharfer Sturmstoß des bösen Nordwestes, der sich aufgemacht, rüttelte sekundenlang an den Fenstern.

*　　*

*

Gerade vom Himmel in die Wiege hinunter senkt eine Göttin die Kunst. Die Kunst des großen Feldherrn, des großen Arztes, des Baumeisters, des Musikers. Tritt Fleiß und besondere Geschicklichkeit hinzu, wird der Künstler zum Meister …

Es herrschte Grabesstille. Der Sturm, der in die Fenster gesehen, hatte sich entsetzt rasch entfernt. Vom nächsten Kirchthurm schlug es Mitternacht …

Der Meister war an seinem Werke. Das Auge erglänzte ihm in erhöhter Schönheit …

Der erste tiefe, furchtbare Schnitt war ausgeführt. Zwei Assistenten hielten mit kleinen Harken die Lappen auseinander. Ungehindert konnte der Chef arbeiten. Nun klangen seine Commandos, ruhig, fest, sicher: immer nur einzelne Worte … Zwei Aerzte hielten die Pulse der Kranken, die andern flogen, um das Gewünschte blitzschnell von den Fensterbänken zu holen …

Aus dem bloßgelegten Knochen floß Eiter und Schmutz in großer Menge. Ein durchdringender Geruch verbreitete sich im Saal, ein Verwesungsgeruch: Zwei Wärter und drei Wärterinnen mußten sich für Sekunden an die Wand lehnen. Alle übrigen wurden blaß. Nur er, der Meister, blieb unerschüttert.

Der Verlobte der jungen Dame stand nach wie vor abseits. Aus dem Arzte – so sehr er dagegen kämpfte – kam der Mensch zum Vorschein. Eine unbeschreibliche Rührung fluthete ihm durch's Herz, und oft mußte er seine ganze Kraft zusammen nehmen, um die Messer nicht aufzuhalten. Als der Schmutz und der Eiter flossen, kam ihm, ohne daß er sich Rechenschaft geben konnte, ein tiefer Ekel ... und in diesem Augenblick betäubte ihn der Geruch. Er fiel ohnmächtig nieder, um erst, als Alles vorbei, wieder zu erwachen ...

Der Meißel, der Hammer setzten sich an die entzündete Stelle ... Es klangen die Schläge, feste, schnelle Hammerschläge. Wie der Bildhauer an dem Ueberflüssigen einer Statue hämmert, so schlug der große Arzt. Sein Auge lag ruhig auf dem Knochen; die Hand schlug wie auf einen gleichgültigen Stein.

Endlich war Alles vorbei. Wie aus einem Gewirre von Stimmen erwachte das junge Mädchen. Sie hatte nicht den geringsten Schmerz gespürt. Einmal, und dessen erinnerte sie sich deutlich, hatte sie gefühlt, daß ihr die warme Frühlingssonne auf den Rücken schien – da war sie gebrannt worden; und einmal hatte einer Clavier gespielt auf ihrem Rücken; es war eine sanfte, wohlthuende Bewegung, die sie gespürt – da war sie gemeißelt worden ...

*   *

*

Auf dem Eise war die schöne Braut gefallen. Lachend hatte sie sich erhoben; auch nicht den geringsten Schmerz hatte sie gefühlt. Ja, nicht einmal ein blaues Fleckchen war nachgeblieben. Aber plötzlich, nach Wochen, empfand sie ein heftiges Stechen in der linken Schulter. Der Hausarzt hielt es für eine Erkältung, und in der That, nach wenigen Tagen schien Alles vorüber zu sein. Allmählich aber fiel ihr auf, daß sie nicht den Rücken gerade halten konnte. Zuerst erzählte sie Niemandem davon. Als ihr aber das Aufstehen immer beschwerlicher wurde und sie fortwährend leichte Schmerzen fühlte, wurde abermals der Hausarzt herangezogen. Dieser, nun ängstlich geworden, rief den berühmten Operateur zu Hülfe. Das lag ihm klar, daß seine Patientin eine Eitermasse belästige.

Und der große Meister, der den inneren Menschen kannte wie das Zifferblatt seiner Uhr, erkannte die Ursache sofort.

Schon für den folgenden Tag bestimmte er die Schneidung. Als er aber, wie von Unruhe getrieben, noch einmal bei der Kranken gewesen, ordnete er schon für die nächsten Stunden die Operation an.

*　　*
*

Zum ersten Mal nach dem Geschehniß saß an ihrem Bette ihr Verlobter. Er hatte ihr einen Korb voll dunkelrother Rosen mitgebracht und ihr diesen wie in freudigem Uebermuth über die weiße Bettdecke gestreut. Aber als er nun die abgemagerten Hände in die seinigen nahm, empfand er – er konnte sich wieder keine Rechenschaft deshalb geben – einen leisen Anflug des Widerwillens, des Ekels.

Sie, von denen die Aerzte es wie ein Wunder betrachteten, daß sie lebe, erholte sich von Tag zu Tage. Die Wunden, durch eine zweite Operation unterstützt, schlossen sich mehr und mehr. Die ausgezeichnete Pflege im Krankenhaus that das ihrige. Aber je weiter sie wieder frischer im Leben auftauchte, um so mehr konnte ihr Verlobter sich einer steigenden Abneigung gegen seine Braut nicht erwehren. Ein ihm nicht Erklärbares, das ihn wie mit starken Haken langsam von ihrem Bette fortzog, suchte er vergebens zu überwinden. Eines Tages, schon war die Uebersiedelung in das elterliche Haus beschlossene Sache, als er in's Krankenhaus ging, war es ihm kaum noch möglich, die Thür zu ihrem Zimmer zu öffnen. Sie lachte, eine schöne Rose in der Hand haltend, ihn glücklich an. Er aber, von Dämonen geleitet, wagte es nicht, an sie heranzutreten. Er stammelte ungeschickte Entschuldigungsworte und sagte ihr endlich ohne jede Rücksicht, daß es ihm nicht mehr möglich sei, an der Verlobung festhalten zu können, daß er …

Und dann war er verschwunden.

Die Arme lag zuerst wie vom Schlage gerührt. Dann begannen ihre Finger, hastig die Rose zu zerpflücken. Ihre Nerven begannen einen Tumult: leise strichelten sie um und an der linken Seite des holden Gesichtchens. Plötzlich streute sie die Rosenblätter über ihr Haupt, und riß dann mit größter Gewalt die Verbände ab. Diese wie Tücher schwenkend, sprang sie aus dem Bette und auf die Fensterbank und warf sich hinunter auf den tiefliegenden gepflasterten Hof. Sie zerschmetterte sich den Schädel und war auf der Stelle todt.

*   *

*

Den Aerzten blieb ihr Wahnsinnsanfall ein ewiges Räthsel. Der Verlobte verschwand schon am nächsten Tage aus der Stadt. Jeder fand dies natürlich. Selbst der dicke Commercienrath meinte: „Ja, ja, das hätte ich auch so gemacht;" obgleich er sicher dem Sarge gefolgt wäre.

Es giebt Stimmungen und Empfindungen, deren Ursprung uns völlig unklar ist. Es werden Geheimnisse bleiben, die nie ergründet werden können. Hatte in diesem Falle das ekelhafte Bild des fließenden Eiters den ersten Anstoß gegeben?

Das abgeerntete Kartoffelfeld

Ich besuchte nach langen Jahren einen alten Freund. Er war von jeher von der ruhigen, vernünftigen Göttin des Reichthums begünstigt gewesen. Umsomehr befremdete es mich, ihn nun, wenn auch in unmittelbarer Nähe einer Großstadt, in einem

Dorfe zu finden. Er wohnte in dem winzigen Hause eines Handwerkers. Als ich an der Hausthür mich noch einmal nach außen wendete, erblickte ich als einzige Aussicht ein ungeheures, sich bis an den Horizont heranziehendes abgeerntetes Kartoffelfeld. Nur das verwelkte, vertrocknete, zertretene Blatt lag zwischen der aufgewühlten braunen Erde. Es war ein trostloser Anblick. Oede und traurig, lebensmüde und verzweifelnd wollte es mich überkommen.

Ich trat ein. Mein Freund empfing mich mit derselben Liebenswürdigkeit, wie ich es seit jeher bei ihm gewohnt gewesen. Auch seine Haltung, seine Kleidung war „patent" wie immer.

– – – – – – – – – –

„Aber wie ist es möglich, daß Du in diese Gegend Dich verlieren konntest? Du, der Aesthetiker, Du, der Du nur glaubtest, an den oberitalischen Seeen leben und sterben zu können, Du wohnst hier im langweiligen, kopfhängerischen Norden. Und dazu, *diese* stete Aussicht."

Je nun, wir Menschen häuten uns. Das Leben wurde mir widerlich. Da fand ich auf einem Spaziergange dies Kartoffelfeld und miethete mir die zufällig leer stehende Wohnung. Du glaubst gar nicht, wie mich dies Kartoffelfeld beruhigt. Es sagt mir immer und immer wieder, wie leer und hohl und langweilig die Menschen sind. O, diese Schablonenmenschen. Und nun diese köstliche Einsamkeit. Wie wohl das thut.

„Ich vermisse Deine vortrefflich ausgewählte Bücherei, lieber Freund."

Unsinn, Unsinn. Ich kann nur noch Goethe und Geschichte lesen. Und sonst halte ich mir die fünf, sechs guten Zeitschriften Deutschlands, in denen ich eine Novelle von Theodor Storm oder Conrad Ferdinand Meyer oder Wilhelm Jensen finden kann. Das sind denn auch die einzigen.

„Nun, Du großer Liebhaber der Poesie, liest Du keine Gedichte mehr?"

Wie, was! Den Unsinn! Höchstens Theodor Storm und Gottfried Keller. Bleibe mir doch mit dem ganzen übrigen Kram vom Halse. Es ist ja empörend, welche Fülle von wässerigen Gedichten über uns ausgegossen wird.

„Verfolgst Du denn nicht unsere neueste Literatur?"

Soll ich etwa wie die vielen Hunderttausend Nähmamsellen aller Stände „Fortsetzung folgt" lesen? Pah, die sogenannte neueste Literatur: Schwadroneure sind es; weiter nichts.

„Ich kann Dir ganz und gar nicht beistimmen. Wir leben in einer gerade für die Literatur höchst interessanten Zeit. Ueberall gährt es, und wenn auch noch nicht der ‚große' Dichter geboren ist, so ..."

Mir einfach widerlich, und damit schließe ich mein Urtheil. Heute herrscht nur Gambrinus im skatkartenbesetzten Mantel, also die Verständnißlosigkeit und Mittelmäßigkeit und Urtheilslosigkeit ...

„Halt, halt! Ich folge Dir nicht mehr. Aber gehst Du denn viel in's Theater? Jedenfalls."

In's Theater? Dahin bringt mich kein Mensch mehr. Sieh Dir doch die Zustände an: Die heilige Posse, die Operette, das französische Stück, und in wenigen guten Theatern die Klassiker, aber nur bis 1820 etwa. Wenn ich auch die Götter Shakespeare, Schiller und die wenigen noch unendlich schätze, so will ich doch auch endlich einmal ein Drama neuerer Zeit sehen. Aber da sind wir wieder auf meinem Standpunkt: Es giebt keine Dramatiker in Deutschland. Oder, wenn es welche giebt ...

„Ja, womit vertreibst Du Dir denn die Zeit? Liest Du Zeitungen?"

Das sollte mir einfallen. Dies ewige Parteigezänk ...

„Nun, was denn ..."

Das will ich Dir sagen: Ich esse und trinke so gut wie irgend angänglich, trinke den besten Wein und rauche vortreffliche Cigarren. Dann mache ich lange Spaziergänge, um mir tüchtigen Hunger zu schaffen, und schlafe dann vorzüglich.

– – – – – – – – – –

Ich befand mich wieder unten an der Hausthür. Wie ist es möglich, daß sich ein Mensch so verwandeln kann ... Endlos, trostlos dehnte sich das ungeheure Kartoffelfeld vor mir aus. Ein feiner Staubregen rieselte herunter. Mich fröstelte. Meine Seele war wie zugeschnürt. Breiteten sich Arme vom Kartoffelfeld nach mir aus? ... Viele, viele Arme? Frieden, Frieden ...

Da klingelte eine Pferdebahn vorbei, und ich fuhr in die große Stadt. In's Leben, in's Leben hinein. Im Hoftheater wurde die Posse „Kikiriki" gegeben. Ich sah den Blödsinn mir an. Dann feierte ich einige angenehme Stunden mit einer kleinen lustigen Tänzerin. Einmal, während ich sie auf den Knieen schaukelte, hob sie das Sektglas hoch: „Wer soll leben?" In diesem Augenblick fühlte ich einen Krampf im Herzen. Viele, viele graue Arme breiteten sich nach mir aus: Frieden, Frieden. Ich stierte vor mich hin und sagte endlich todernst: Das Kartoffelfeld. Die kleine dumme Person sah mich zuerst verwundert an, dann aber, in der Meinung, ich habe einen „Witz" gemacht, sprang sie wie eine Schlittschuhspinne auf dunklen, einsamen Waldtümpeln im Zimmer umher, und rief außer sich vor Lachen: Das Kartoffelfeld! Das Kartoffelfeld!

DER ASCHENREGEN

Ein köstlicher, vollmondbeschienener Abend liegt auf der großen Stadt. Ich gehe ärgerlich spazieren, ärgerlich, weil ich in's Theater möchte, aber keine Auswahl habe treffen können: überall ist gar so albernes Zeug angekündigt ... Bald aber verliert sich mein Aerger im Beobachten der Straßen und Plätze, die ich durchschreite. Welches Leben: Wie viel Tausende schießen, schlendern an mir vorüber. Die Arbeit des Tages ist gethan.

Wenn nun ein Aschenregen sich senkte, langsam, unaufhaltsam, in fünf Minuten die ganze Riesenstadt erstickend ...

... Und nach dreitausend Jahren würde sie wieder ausgegraben:

„Wie poetisch müssen damals die Deutschen gewesen sein, das giebt sich schon auf den Theateranzeigen kund; ja, unsere Altvordern ... nun, wir Deutschen überhaupt, ja, ja ... welch' ein Dichtervolk sind wir doch immer gewesen," heißt es dann.

Von den sechs und dreißig Theatern hat man die sieben größten, die Theater „ersten Ranges", ihrer Schuttkruste befreit. Diese sieben Theater „ersten Ranges" wollten an jenem Verschüttungsabend geben:

„O, diese Mama". Schwank in fünf Akten.

„Der schöne Wilhelm". Posse mit Gesang in vier Akten.

„Piepenbrink's Schwiegermutter."

„Berliner Kuchen". Großes Ausstattungsstück.
Zum sechs hundert neun und fünfzigsten Mal:

„Fritz, Fritz, komm' mein Jung." Sensationsstück.

„Glühlicht und Gaslicht". Große romantische Oper in fünf Akten.

„Großes Schrubberfest". Lustspiel in vier Akten.

„Ja, ja, ja, wir Deutschen," sprechen dann die Ausgraber, „Dichter sind wir doch immer gewesen. Und welcher Geschmack, welcher Geschmack ..."

Die Mergelgrube

An Rudolf Schmidt
in Kopenhagen.

Wüstenhamme, den 3. Mai, Abends.

Eine Viertelstunde schien die Sonne am Morgen und beleuchtete, aber wärmte nicht die spärlichen Frühlingskinder: den noch blätterlosen Pfefferstrauch mit seinen zahlreichen lila Blüten; die starkklebrigen rot und braunen Knospen der Kastanie, die noch geschlossen sind; die vielstaubfädigen Büschel der Ulme, die kleinen, weichen Bürsten gleichen; das erste Grün des Stachelbeerbusches; Narzissen und Krokusse.

Heut am Spätnachmittag war längst die Sonne wieder hinter dem grauen Vorhang verschwunden. Eine schneidende Kälte zwang mich, den Winterüberzieher bis an die Kehle zuzuknöpfen.

Ich machte meinen gewohnten Abendspaziergang, allein, wie immer. Meine stille, bescheidene, trübselige Gegend schlief – wie immer. Hier ist nichts fett, nichts mager. Durch den Sonntag bedingt, lag alles menschenleer. Nur einmal, ganz in der Ferne, auf einem Wall, der auf der andern Seite sich schroff in eine bodenlose Tiefe zu senken schien (– so kam es mir vor in diesem Augenblick; ich wußte, daß hinter ihm sonst Flachfeld an Flachfeld sich reiht –), grub ein Mann (– grub er ein Grab? –) hastig, ohne Aufhören. In der Regenstimmung hob sich sein Körper scharf, schwarz gegen den Himmel. Plötzlich war er verschwunden und alles um mich her öde, lautlos und tot.

Ich wanderte meinen alten Weg. Der kalte, harte mürrische Maitag, wie wir ihn hier in den meisten Jahren hinnehmen müssen, begleitete mich. Als ich abbog, quer über Wiesen und brache Äcker, fand ich die kleine, geheimnisvolle Mergelgrube wieder, das tiefe, unheimliche Wasserloch, vor dem ich so gerne stehe.

Sie liegt – die Koppel fällt dahin – in einer Ecke. Im Knickbusch raschelte das rote Laub, das vom letzten Herbst ihm anhaftet.

Nie hab' ich so die Einsamkeit gesehen, empfunden, nie hat sie sich mir so zentnerschwer um's Herz gelegt. Wie grenzenlos verlassen liegt das Feld, die ganze Welt. Nirgends ein Peitschenknall, eine Menschenstimme, ein Vogelruf. Vor mir, in blauer Ferne, trotzt das große Schweigen, der Wald. Hinter diesem, wie eines Weltbrandes letzter Schein, färbt den Himmel ein schmutziggelber Streif. Über die nackte, braune Scholle läuft ab und zu ein schnell kommender und schnell sterbender Wind und flüstert meinen Ohren vorüber.

Wie lange hab' ich an dem Wässerchen gestanden und trat näher und näher. Endlich aber raffte ich mich auf und ging nach Hause. Ich will nun versuchen, das niederzuschreiben, was mir heute dort durch die Seele zog. Es wird ein Durcheinander werden: Gedanken, Erinnerungen aus meinem Leben; wieder trübe Bilder, die ich glaubte, längst für stets hinuntergeschluckt zu haben. Bin ich nicht just am 3. Mai dieses Jahres dreißig Jahre in diesem Nest Beamter? Dreißig lange Jahre immer in demselben täglichen Gang. Wie hab' ich das nur aushalten können?

Wie oft bin ich in diesen dreißig Jahren an der Mergelgrube gewesen. Was denn zog und zieht mich zu dem trüben, lehmigen unergründlichen Tümpel, in dem alle Freude der Erde für immer ertrunken scheint. Ist es das Bewußtsein der völligen Einsamkeit? Hier hab' ich meinen Gedanken freien Lauf gegeben, Gedanken, denen ich in meinem Dienstzimmer nicht gestattete, zum Vorschein zu kommen; die noch weniger hervortreten durften in meiner kleinen Stadt: die guten Mitbürger hätten mich gesteinigt oder in's Irrenhaus geschickt. Das wohl ist es, weshalb ich die verlorene Stelle so tief in mein Herz geschlossen habe; hier bin ich frei, so frei, daß ich mich wundere, nicht schon längst den letzten Schritt in die widerwärtige, braune Welle gethan zu haben ...

Die kleine Mergelgrube hat ihre Geschichte. Heute wieder, (– von Blumen sah ich nur eine einzige: Löwenzahn –), als das

Stück einer Entwässerungsröhre, die vermorschten Bretter, eine umgekehrt ruhende, gänzlich aus den Fugen gegangene Schubkarre vor meinen Augen lagen, fiel es mir einmal von Neuem ein: So sieht die nächste Umgebung aus seit dreißig Jahren. Damals und ich erinnere mich der Zeiten genau, hieß es plötzlich im Städtchen: es ist der herrlichste Thon gefunden worden: Fabriken, Arbeiter, Schlösser, Millionäre. In der That hatte man eine feine Schicht Thon im Mergel entdeckt. Eine geldgierige „Gesellschaft" hatte sich sofort gebildet. Ein Verwaltungsrat hatte sich im Umsehen festgesetzt; zahlreiche Anteilinhaber schossen Gelder vor. Aber o weh, o weh, das Glück war kurz. Trotz tiefer Bohrungen gelang es nicht, mehr Thon an's Tageslicht zu ziehen. Sandschicht auf Sandschicht zeigte sich: Wütend ging Alles auseinander.

Zuweilen, wenn an heißen, afrikanisch heißen Sommertagen hier die Sonne brütet: dann zerbröckelt der vertrocknete Lehm in Staub, die Libelle schnappt die Schillerfliege zuweilen, in solchen glühenden Stunden warf ich mich an diesem abgelegenen Fleckchen Erde nieder und horchte, das Ohr am Boden. Und wie von plätschernden, plauschenden Quellen klang es, die tief, tief unterirdisch hier laufen müssen. Und eine unbezwingbare Sehnsucht nach Kühle, Frieden, Lauterkeit des Herzens überkam mich. Doch muß ich mir auch gestehen, daß mir das vortreffliche Elbschloßbier in „Stadt Hamburg" später köstlich schmeckte.

Fast hätt' ich dich prächtigen, großen Kerl vergessen, der durch die Geldgier der Menschen, sehr zu deren Ärger, die Sonne erblickt hat, dich, den Riesenstein, den Wanderblock. Mit unsäglichen Mühen hatten sie dich endlich ausgebuddelt in der Hoffnung, nun doch die errettende Thonschicht zu sehen! Vergebens – und Alles verschwand fluchend. Du aber drückst seit jenen Tagen den kümmerlichen Graswuchs an meinem Wasserloch ...

Damals, als er zutage gefördert war, schrieb ich an den großen Steinekenner, Professor Mäckelmann in Berlin. Bald, in einer Sonderpost, traf ein kleines Männchen ein: der Steinekenner, Professor Mäckelmann aus Berlin. Wir mußten sofort hinaus, er hatte keine Ruhe. Wie er da nun an dem ungeschlachteten Urian umhersprang; fast hätt' er ihn geliebkost. Er maß ihn wie ein Schneider; hämmerte überall an ihm; schob fortwährend mit Daumen und drittem Finger die Brille, die entgleiten wollte, wieder auf den Nasenhügel; gebärdete sich wie ein fröhliches Kind. Wie hab' ich mich über diesen Gelehrten gefreut. Am Abend hatte ich ihn zu mir gebeten. Ich war froh, keine weiteren Gäste zu haben, denn, nachdem er mir einen stundenlangen Vortrag über verschiedene Eiszeiten gehalten, gab er mir – wir waren übrigens beide etwas bezecht – seine Weltanschauung. Ich schaudere noch in's innerste Mark, denk' ich an seine Worte. Er schrie fast: „Der Begriff der Ewigkeit ist mir sehr klar. Es hat nie einen Anfang gegeben und wird nie ein Ende nehmen. Geburt und Tod wechseln unaufhörlich in der ganzen Welt. Es giebt keinen Gott, also keinen Schöpfer und Erhalter ...“

Von Humboldt erzählte er viel. „Ja, wenn Sie uns Beide einmal gehört hätten; Ihnen würden die Haare zu Berge stehen ...“

Ich atmete auf, als ich das Kerlchen wieder in der Postkutsche hatte.

———————

Das Gewissen und die Reue habe ich, so gut es ging, nicht bei mir aufkommen lassen; ganz lassen sie sich nicht verdrängen; immer wieder zischeln ihre Schlangenzungen. Nur gewaltige Helden und Geistesgrößen können sie, wohl auch nimmer ganz und gar, unterdrücken. Lästige, unbequeme Tiere sind die Reue und das Gewissen; zu den tausend Qualen unserer Seele nicht die schlechtesten Peiniger.

Früher, ach, nun lange nicht mehr, schrie ich in die stillen Felder hinein: Ich will! Ja, ich will hinein in's Leben; die Menschen will ich mit mir reißen, sie sollen mir folgen; ein Eroberer will ich sein; die Erde soll mir gehören: die Tage der Faust und dem Schwert, die Nächte der Liebe und dem Becher! ... Und jämmerlich, jämmerlich hinkte ich dann wieder in's Thor zurück, und die elende Erbärmlichkeit der Kleinstadt hielt mich wie mit tausend feinen Ketten: Ich saß in der Amtsstube, las Verfügungen, erließ Verfügungen und spielte Abends zur Erholung Whist, und alle Sehnsucht in die Herrlichkeiten war untergegangen in Kleinlichkeit. Ach, die tägliche Whistpartie: der Zollverwalter spuckt fortwährend aus; der Apotheker ruft den ganzen Abend: „Trefflich schön singt unser Pfarrer", „Karauschen mit Maibutter", „Herzlich gern, sagt meine liebe Doris;" der Hausvogt zankt und wird unangenehm, wenn er verliert; ach, die tägliche Whistpartie! Wenn ich dann nach Hause komme, bin ich totmatt vom Frohn des Tages und ein mehr oder minder unbewußter Wunsch wandert mit mir in den Traum: wenn ich doch nicht mehr erwachen würde ...

Einmal, vor Jahren, sprang ich in den Knick neben meiner Mergelgrube. Vor mir breitete sich die Ebene aus bis an den Wall, auf dem heute der schwarze Schattenriß des grabenden Mannes sich abhob. An dem Tage hatte ich die Empfindung, daß hinter diesem Wall, tief unten, der Ozean brandete. Aber allmählich verschwand sie und es kamen mir andere Erscheinungen: Ich sah die weite Ebene vor mir bevölkert mit Hunderttausenden von Menschen aller Rassen. Ich selbst kam mir wie ein Heilsverkünder vor, und innige, heiße Liebe, alle die Tausende vor mir zu erlösen, beseelte mich. Ich stieg auf der anderen Seite des Knicks mit ausgebreiteten Armen hinunter und schritt – immer mit ausgebreiteten Armen – langsam, feierlich, segnend, Frieden bringend auf das Gewimmel zu; von meinen Lippen floß die Liebe. Aber mit jedem Fuß vorwärts wurde es dunkler. Ein mächtiges Gewitter rollte über uns; statt des Durcheinanders des ruhigen Hin und Her zuckten unter ihm silberne Schwerter. Und in der Finsternis, die wuchs, leuchteten oben nur die goldenen Blitze und unten die silbernen Schwerter. Und ich hörte ein Geheul von den Massen zu mir her, und aus dem Wirrwarr klang es gellend: fort, fort mit ihm. Da wurde es rabendunkel, und keine goldenen Blitze und kein Gewoge silberner Schwerter sah ich mehr ... im Hintergrunde stieg die Sonne allmählich auf und heller wurde es und immer heller. Ich ging auf sie zu, eine Blutsee durchwatend, über Leichen und schrecklich Verwundete, die sich wie Schlangen wanden. Mein Antlitz war nur geradeaus zur Sonne, zur Sonne ... Ich glaube, ich bin eine Stunde wahnsinnig gewesen. Ich war in der That mit ausgebreiteten Armen eine kleine Strecke vorwärts gegangen, bis ich aus der Nebenkoppel die Stimme des pflügenden Klaus Nissen (– in kleinen Orten kennt sich alles –) hörte zu seinen Gäulen: „Du schast di wat schamen, Hannes; vor Lise (– so hieß das andere Pferd –) schast du di wat schamen, du Fuulpelz."

Ich wachte auf ...

———————

Gestern besuchte ich Doktor Högel, den berühmten Mikroskopiker. Natürlich ahnt unser kleines Nest nicht, was es an dem Manne hat. Dafür ist er Mitglied der hervorragendsten Naturforschergesellschaften der Erde. Petersburg, Amerika, Paris, London, Bombay, die Kapstadt kennen ihn. Wüstenhamme, mein Marktfleckchen, ahnt nichts von ihm als Gelehrten; es weiß nur, daß er Arzt ist. Zuletzt, vor etwa vier Monaten hatte ich ihn – den ich öfter besuchen würde, wenn ich nicht fürchten müßte, ihn zu stören – bei 18 Grad Kälte im Schnee auf seinen Pelzen gefunden. Er beobachtete, die erstarrten Finger an den feinen Schrauben, durch sein Riesenfernrohr den Mars. Gestern zeigte er mir die Krätzmilbe des Fuchses in hundertundfünfzigfacher Vergrößerung. Durch eine höchst geistvolle Vorrichtung hatte er dem toten Geschöpfchen, das meinem Auge einer Erbse an Umfang glich im Glase, etwas rote Farbe eingeführt. Diese, in

Schattierungen das Körperchen stufend, ließ deutlich das Gehirn erkennen, die acht behaarten Füße, die letzte, im Darm
zurückgebliebene Kothmasse, den Kopf, den Geschlechtsteil, die
Gelenke, selbst die Nerven.

Die Krätzmilbe hat Nerven und Gehirn; auch der göttliche
Julius hatte Nerven und Gehirn. Cäsar und die Krätzmilbe des
Fuchses: welcher Unterschied schon auf unserer kleinen Erde!
Wie sieht es auf dem Mars aus? Dunkelrot hatte er sich damals
sehen lassen: Doktor Högel behauptete, daß er zur Stunde mit
ungeheuren Eismassen umhüllt sein müsse. Diese Eismassen
schmölzen in kurzen Wochen und es würde dann ein Tropen-
pflanzenleben dort emporschießen, das zu fassen uns die Sinne
fehlten. Und so sei ein beständiger, rascher Übergang auf dem
Mars.

Ich erwähnte mit zagender, leiser Stimme, wie in mich hinein-
redend, als ich durch's Glas auf die kleine Platte mit der Krätzmilbe schaute, wie verloren: Cäsar und die Krätzmilbe! Aber der
Doktor hatte es gehört und sagte lachend hinter mir: „Durchaus
derselbe Saft und Grundstoff." ‚Aber der Geist, der Geist, den
Cäsar hatte und nicht die Krätzmilbe,‘ warf ich meinem Freunde,
wie in Todesangst aufschreiend, zu, ‚der Geist, der Geist!‘ „Ist
auch nur durch Entwickelung das geworden, was er ist." Als ich
ihn entsetzt anstarrte, einer Ohnmacht nahe, nahm mich der
liebenswürdige Doktor unter den Arm und brachte bald das
Gespräch auf irgend eine Nachtmütze in unserm Städtchen. Ein
boshaftes und zugleich gutmütiges Lächeln doch verließ seine
Mundwinkel nicht. Vorige Nacht träumte ich, daß sich Cäsar
und die millionenfach vergrößerte Krätzmilbe des Fuchses, Arm
in Arm, d. h. der Göttliche hatte seine Rechte in die linke Vorder-
klaue der Milbe gelegt, vor mir tief verbeugten. Schauderhaft.

Zwei Zitronenfalter, wahrscheinlich in Pelzen des winterlichen Tages halber, gaukelten, sich überfliegend, über meinen kleinen See. Sie kamen nicht hinüber vor Kälte; selbst ihre heiße Liebe konnte sie nicht retten; sie fielen in den Ozean: mein Stock reichte nicht, um ihnen zu helfen.

Die Liebe, die Liebe, sie stirbt im Frost, sie stirbt auch ohne Frost oft, aus Langerweile. Ja, die Liebe. –

Mein Lieblingsdichter, Theodor Storm, singt:

> Wer je gelebt in Liebesarmen,
> Der kann im Leben nicht verarmen,
> Und müßt' er sterben fern, allein.
> Er fühlte noch die selige Stunde,
> Wo er gelebt an ihrem Munde,
> Und noch im Tode ist sie sein.

Welche Lust doch überfiel mich vorhin draußen, an vergangene Liebeszeiten zu denken. Zeigten mir die aus dem Himmel in den Schlamm fallenden beiden Schmetterlinge den Weg? Was fällt mir ein, daß ich jetzt in meinem Tagebuche wie ein kindischer Greis über jene „holden" Stunden schwatzen will? Aber es sieht ja keiner und wird niemals einer sehen, was ich diesen Blättern vertraue, selbst meine alte, unangenehme, von mir gehaßte Haushälterin nicht, die verwittwete Frau Amanda Dose, geborene Klönhammer. Hol' der Teufel diesen Drachen. Ich bin fest überzeugt, sie möchte mich lieber heute als morgen heiraten. Das fehlte gerade noch. Ich bin ganz ruhig: Mein lieber Freund, der Amtsrichter, hat mir versprochen, eine Stunde nach meinem Tode meine Tagebücher an sich zu nehmen und sofort zu verbrennen. Da kann ich sicher sein, er hält sein Wort.

Seit meiner Knabenzeit wohne ich schon in diesem Städtchen. Nur wenige Jahre bin ich abwesend von hier gewesen. Vorsicht in Liebeshändeln ist in kleinen Orten doppelt geboten; hier gehen wir stets im Heuchelhut und mit Tugendmanschetten umher. Und müssen ein Gesicht aufsetzen wie der Küster während des Gottesdienstes. Um so mehr kann ich mir eine innige Freude nicht verbergen, einige Male die alten Tanten so angeführt zu haben, daß nichts gemerkt ist. Schwer allerdings hat's gehalten und es bleibt ein Wunder.

Als ich, ein hochgewachsener, stämmiger Bursche, sechszehn Jahre alt war, öffnete sich an einem Sommerabend – noch war die letzte Tageshelle nicht geschwunden – die Thür zu meiner Kammer. Eben wollte ich einschlafen. Ein großes, breitschulteriges Frauenzimmer, rothaarig, hoch in den Zwanzigern, Dienstmädchen in meinem elterlichen Hause, trat ein und kam mit funkelnden Augen auf mich zu. Es überfiel mich ein Grausen; ich konnte mich nicht regen. Wollte sie mich schlagen, ermorden? Endlich riß ich mich, so zu sagen, aus mir selbst los. Ich warf ihr meine Schuhe und den Stiefelknecht entgegen. Sie aber wuchtete sich auf mein Bett; und es war wie ein Kampf auf Leben und Tod, bis sie mich niederzwang. Das ist mein erstes Liebesabenteuer gewesen. Welche furchtbare Gewissensangst habe ich damals überstehen müssen.

Bald darauf wurde ich von meinem Vater in die benachbarte Stadt geschickt, um bei dem Kammerherrn von Kerckberg, dem königl. Hardesvogt, mich zweckmäßig, als Schreiber, zu beschäftigen. Der Kammerherr, ein hochnasiger, kalter Mann, übersah seine „jungen Leute" gänzlich, das heißt: wir waren nur im Dienst für ihn Menschen. Nie sprach er sonst ein Wort mit uns.

In die älteste, siebenzehnjährige Tochter des Hauses, Louisa, verliebte ich mich schon am dritten Tage. Von meinem Schreibtisch aus, durch's Fenster hatte ich sie zuerst gesehen. Sie hantierte im Garten herum. Das Sonnenschirmchen, aufgespannt, ließ sie über die Schulter sorglos zurückbaumeln und blinzelte in die Sonne. Lange dänische Handschuhe zogen sich fast bis an die Ellenbogen.

Erste Liebe! ... Wir tändeln durch eine Rosenwolke, unbekümmert um die ganze Welt. Wir bedecken heimlich viel tausendmal ein gestohlenes oder überlassenes seidenes Bändchen. Wir schreien, sind wir allein, theatralisch, mit stürmischem Triller wie der Buchfink (– ein unsinniger, blödsinniger Vergleich, gar keiner, und doch schreib' ich ihn hin –), die Arme breitend: o komm, komm. Wir schauen in die Blätter hinauf, sitzen wir in der Laube, und ersehnen, ersehnen sie: Wärest Du nun bei mir. Goethe, der Einzige ruft:

Blumengruß

Der Strauß, den ich gepflücket,
Grüße Dich viel tausendmal!
Ich habe mich oft gebücket,
Ach, wohl ein tausendmal,
Und ihn ans Herz gedrücket
Wie hunderttausendmal!

Wir schlafen spät ein mit den seligsten Gedanken; wir wachen früh auf mit den seligsten Gedanken. Welch' keuscheste Empfindung im unsäglichsten Glücksweh. All' die Ahnungen, Beobachtungen, unruhige Sicherheit, sichere Unruhe, Hin- und Hererwägungen: bin ich wieder geliebt ... Zweifel, bis die Gewißheit in einer Stunde, die für uns hat unerträglich lang auf sich warten lassen oder wie ein Sturmwind im Augenblick kam, da ist ...

In einer Sommermittagsstunde traf ich das Mädchen, die in einem von Knicks eingefriedeten Weg ein sechsjähriges Brüderchen führte. Alles ist mir noch so klar im Gedächtnis: Wir waren allein; kein Mensch zeigte sich in Nähe und Ferne. Als wir stehen blieben, nahm ich, wie gezogen, ihre Rechte; es war wie von selbst. An der Linken hielt sie das Kind. Während sich dieses nach dem Wall drängte, um eine Blume zu brechen, die es begehrte, lag plötzlich die Kleine nach der andern Seite, den Knaben nicht loslassend, purpurrot in meinen Armen. Wir küßten uns ... Im Wege wurde ein Fuhrwerk sichtbar. Wir trennten uns in voller Angst. Der Lenker des Wagens, der greise Jochen, der nur noch im Leben an seine warme Suppe denken mochte, nahm uns nicht wahr. Ebenso taub und blind wie sein bejahrter magerer Rotschimmel, was kümmerte ihn ein junges Glück. Die Heimlichkeit der Liebe ist das Köstlichste an ihr.

Ich glaube, der Kammerherr, mit seiner mißtrauischen Spürnase, hatte Verdacht geschöpft: am nächsten Tage darauf schon eröffnete er mir, ohne Gründe zu nennen, daß ich am anderen Morgen abzureisen hätte; mein Vater sei benachrichtigt ...

Ich habe einmal vor dreißig, vierzig Jahren in Hamburg zwei Bilder gesehen, von denen das eine: „Der Abschied" hieß, das andere: „Die Liebe und ihre Begleitung". Sie machten einen außerordentlichen Eindruck auf mich. Des Namens des Meisters entsinne ich mich nicht mehr; wohl aber erinnere ich mich, bald darauf in den Zeitungen gelesen zu haben, daß der Maler am gebrochenen Herzen gestorben sei, weil ihn die große Menge nicht verstanden, und abscheuliche Glossen, um ihn lächerlich zu machen, über ihn von kleinlichen Beurteilern verbreitet gewesen wären.

Auf dem „Abschied" stand, in Abendstimmung, auf einem Deich ein junges, leise angedeutet, in anderen Umständen sich befindendes Mädchen in friesischer Tracht und blickte, vornüber geneigt, wie verwirrten Sinnes, einem Manne nach, der, ohne sich umzuschauen, über Muscheln und Sand, durch die Watten einem fernsten Wasserstrich, vielleicht dem ersten Ring der wiederkehrenden Flut, zuschritt. Es war mir, als ich vor dem Ölgemälde stand, als sähe ich ein am ganzen Körper zitterndes Weib, und so kraß war die Trostlosigkeit, die Angst, der Tod im Herzen getroffen, daß ich mich nicht abwenden konnte. Das ganze ungeheure Leid der Welt schien in diesen Zügen erstarrt zu sein.

Das andere Bild: „Die Liebe und ihre Begleitung", war noch wunderlicher. Auf einer gelbgeäderten Marmorsäule stand oben ein rosiger, kleiner Amor, der dem Beschauer den Pfeil in die Brust schießen will. Rechts neben ihm, auf einem bunten türkischen Teppich, lag, ausgestreckt wie die Sphinx, ein gleichmäßig graues, grauenhaftes Untier mit ganz kahlen Augen; es hatte Ähnlichkeit mit – einem Nashorn. Welche Zielscheibe endloser Witze.

Links neben dem Liebesgott hockte auf einem dürren Ast, hochgereckt, mit den Augen zum erspähenden Raube, ein gänzlich verhungerter, zerzupfter Aasgeier. Rätsel über Rätsel. „Die Liebe und ihre Begleitung?" Aber die „Begleitung?" Sollte sie die Entsagung und die Eifersucht versinnbildlichen?

Ich konnte nicht fortfinden von diesen Bildern. Das Blut stieg mir in die Schläfe, hörte oder las ich die ledernsten Witze. Besonders das Nashorn mußte herhalten. Ach, diese elenden Beurteiler bei uns! Malt oder dichtet einer einmal frisch aus sich heraus: Gleich ducken sie ihn, weil sie ihn nicht verstehen können. Ihr „Leserkreis würde ihnen auch sonst schön ‚auf's Dach' steigen". Ist's nicht schon genug der furchtbaren Kämpfe, bis ein „Neuer" endlich sich durchgedrängt hat? Gebt Raum, ihr Herrn! Helft, statt zu ersticken.

———————

Wieder in meiner Vaterstadt angekommen – ich sitze ja noch heute hier – ergab ich mich zuerst aus Gram, dann aus feurigen, wilden, natürlichen Wünschen, derber Liebeslust. Mit meinen Freunden besuchte ich die Tanzböden auf den umliegenden Dörfern. An diese Zeit denk' ich gern zurück, und ohne Bitterneid, daß sie nicht wiederkommen kann. Aus jenen Tagen begleitet mich ein milder Abglanz meiner Jugend, und bis an's Grab wird er mit mir gehen. Dies Schleichen nach Thür und Fenster, Kammer und Laube, nur um ein paar Stunden ein hübsches, gutmütiges Mädel zu herzen. Wie schlug mein Puls. Wie frisch die Kühle am frühen Morgen auf dem Nachhauseweg! Was lach' ich denn? Fällt mir noch einmal die kleine Grete ein, die der Vater wütend zur Arbeit aus dem Dachstübchen holen wollte.

Die Todesangst dabei. Und wie wir bei Sonnenaufgang die Stare schwatzen hörten auf dem Dachfirst neben uns; ihr Nachäffen verschiedener Vogelstimmen, ihr Nachäffen selbst des Hundegebells. Wie haben wir gelacht in glücklichster Ruh. Welche Fülle von köstlicher, natürlicher Lust. –

Meine kurze, zweijährige Ehe kommt mir wieder in's Gedächtnis. Ich habe Dich geliebt, wie keine Frau sonst auf Erden, Du stille Agnes. Wärest Du nicht immer so stumm und verschüchtert gewesen. Allmählich kam die Langeweile, die furchtbarste Feindin der Ehe. Der Mann, von der Natur zur Vielweiberei bestimmt, läßt seine Augen über andere Weiber streifen. Ich bin Dir treu geblieben bis an's Ende; aber es fehlte mir die rechte, die gewollte Gelegenheit; die Versuchung trat nicht dazwischen. Da war's denn freilich keine gewaltige Heldenthat von mir.

Die Fortpflanzung ist das Urgeheimnis. Der Trieb dahin ist jedem Menschen mitgegeben. Aber ich glaube fest, wie nichts sich gleich ist, kein Blatt dem andern am selben Baum, wie es überall unzählige Schattierungen giebt, so ist dieser Trieb ungleich bei uns. Der eine hat Fischblut – aber dann soll er nicht den Tugendwächter spielen und den verdammen, dem ein Kügelchen mehr das Blut treibt. Mantegazza, in seiner Physiologie der Liebe, hätte besser den ganz unerträglichen Sittenpredigerton aus seinem Werke herauslassen können.

Wir sollen frei sein; wir sollen uns überwinden können; aber das „gefleckte Pardeltier" verfolgt uns unaufhörlich. *Der* Kampf ist der schwerste. Setzen wir der Bestie – dieser himmlischen Bestie – den Fuß auf den Nacken, dann haben wir gewonnen. Dann sind wir frei und keine Sklaven unserer selbst mehr. Wer hält das Haupt hoch und sagt: Ich bin's!? Wo mag denn der alte Schmöker geblieben sein (– vielleicht hab' ich ihn verschenkt, denn ich brauch' ihn jetzt nicht mehr –), der mir in bösen (– bösen? es war doch die Stimme der Natur –) Stunden als treuer Beschützer zur Seite stand: Das alte Rechenbuch von Albertus Kroymann, Hamburg, 1810, Verlag von Kitzinger und Sohn, mit hohen Privilegien. In dessen unglaubliche Langweiligkeit hab' ich dann mit eisernem Willen mich versenkt. Half die Ernüchterung denn immer? – Aber ich schreibe ja lauter „olle Kamellen" nieder.

Eben erhalte ich ein Schreiben von meinem langjährigen Freunde Theobald, den ich so liebe wegen seiner immer gleichbleibenden Güte, wegen seiner „anständigen" Gesinnung, wegen seiner Neidlosigkeit, wegen seiner Freundestreue, die nicht nachgelassen hat, wie immer auch mein Schifflein auf den Wellen tanzte. Er dankt mir für mein Geburtstagsgeschenk: Die letzte große Goethe-Ausgabe. Er sagt: „Goethe verstehen wir erst zu würdigen, wenn wir den gleißenden Schein der Kunst überwunden, wenn wir hinter dem Schnürleib der Form den hohlen Gummibausch der Phrase entdeckt haben und zur Mutterbrust der Natur uns zurücksehnen." Bei „Goethe" fällt mir ein, daß ich meine Vorlesung über diesen Gott in unserem Städtchen noch nachtragen muß. Seit dem Abend habe ich das sogenannte „Volk", gemeiniglich die große Menge genannt, aufgegeben. Ich möchte eine Pflaume gegen hundert Pfund Gold wetten, daß, fünfzig Millionen Deutsche angenommen, fünfhundert von uns *Freude*, ich sage nicht Verständnis, an unserm größten Dichter haben. Mehr nicht.

Ach, jener Abend! Es galt den Überschwemmten. „Der Wohlthätigkeit sind keine Schranken gesetzt", wie die bekannte Redensart lautet.

Es war das ganze Städtchen im großen Saale der „Stadt Hamburg" versammelt. Da saß die geizige Frau Schlachtermeister Jansen: Bei jeder Gelegenheit, die wir Wüstenhammer im großen Saale in „Stadt Hamburg" zusammen sind, eskamotiert (das Fremdwort ärgert mich, aber es ist hier zu bezeichnend –) sie das bestellte Stück (– die ganze Stadt weiß es und beobachtet sie deshalb fortwährend –) Kuchen, mit dem sie indessen gespielt hat wie die Katze mit der Maus, am Schluß des „Vergnügens" in ihr Taschentuch, um es am nächsten Morgen beim Kaffee zu verzehren; da saß mein riesiger, gutherziger Barbier Hans Holm: Dreißig Jahre hat er mir die Stoppeln genommen, und ich glaube, ganz vergnüglich sich aus diesen Stoppeln sein jetziges Haus gekauft; wunderbarerweise wird der Dickwanst von uns seit unvordenklichen Zeiten „Melodie" genannt. Da saß ferner ... nun alle Wüstenhammer waren erschienen.

Ich hatte zum Vortragen gewählt: „Christel", „Rettung", „Morgenklagen", „Der Gott und die Bajadere", „Mahomets Gesang", „Die schöne Nacht", „Brautnacht", „Willkommen und Abschied", „Mailied", „Rastlose Liebe".

Absichtlich nahm ich diese Lieder, um einmal den Abderiten zu zeigen, was Frische, Natur, Natürlichkeit, jubelndes, jauchzendes Herz sei. Aber alles blieb still; allmählich fingen die Leute an den Tischen an, zu tuscheln: sie langweilten sich. Nach dem Gedicht „Brautnacht" erhob sich Frau Hofprediger Möllermüller mit ihren beiden hübschen Töchtern und verließ in absichtlicher Augenfälligkeit den Saal. Wie ich am andern Morgen hörte – nicht allein, daß die Frau Hofprediger dieser Meinung gewesen – von Gevatter Schuster und Schneider: Goethe sei der unsittlichste Mensch.

Als ich auf meinem Pulte merkte, daß die prächtigen Lieder nicht „zogen", daß sie den Anwesenden auch unverstanden blieben, schlug ich den Himmlischen zu mit Wut im Herzen, mit Lächeln auf den Lippen. Dann nahm ich – für den Fall von mir bereit gehalten – die „Werke" der bei unseren Deutschen, insonderheit unseren Damen so beliebten „Dichter" Hütchen, Tütchen und Nütchen her und las aus ihnen.

Und las mit Wut auf den Lippen und Lächeln im Herzen diesen saftlosen, blutleeren Blödsinn. Wir Deutsche liebten von jeher das Abstrakte. Jedes ins Zeug gehende, aus der Wirklichkeit hinübergenommen, jedes *wahre* Gedicht ist uns bekanntlich ein Greuel. Abstrakta, Abstrakta!

Und hört, hört! Nachdem ich aus den „Werken" der berühmten Dichter Hütchen, Tütchen und Nütchen geendet, brach ein Händeklatschen los, daß die Wände zitterten.

Dann folgte das in jeder deutschen Kleinstadt unvermeidliche Kränzchen und Tänzchen.

Ach, ich bin es satt ...

Eine Stunde später.

War es nicht heute wieder, als ich an der Mergelgrube stand, daß ich beinahe den letzten Schritt gethan, um für immer befreit zu sein von dem langweiligen Leben, das zu führen ich gezwungen bin seit so langer Zeit. Dies ewige ewige Whistspielen mit denselben Bekannten; den Apotheker dabei unaufhörlich zu hören: „Trefflich schön singt unser Pfarrer", „Karauschen mit Maibutter", „Herzlich gern, sagt meine liebe Doris". Tagein, tagaus die gleichen dienstlichen Arbeiten, das gleiche Essen, die gleichen Menschen, das gleiche Bier, die gleichen Spaziergänge, die gleichen abgedroschenen Späße und Geschichten in der Kneipe. Auch meine Bücher, meine Dichter, meine Geschichtsschreiber helfen mir nicht mehr über den Tag: ich habe hier ja keinen, mit dem ich mich über sie aussprechen, mit dem ich Gedanken tauschen könnte. Immer nur die gleiche Öde einer kleinen Stadt. Ich glaube, ich bin schon völlig verkommen und vertiert. Mit gleicher Neugierde und Bosheit höre und erzähle ich von dem lieben Nachbarn, wie meine Mitbürger; mit dem gleichen Hochmut schaue ich auf jeden herab, der fremd in's Thor tritt, wie meine Mitbürger.

Es ist übergenug. Und ging ich heute nicht zur Ruhe in meiner Mergelgrube, dann ist es morgen noch Zeit oder wenn die Stunde kommt. Nichts höre ich mehr von den lieben Menschen. Kein Apotheker ruft mehr: „Herzlich gern, sagt meine liebe

Doris"; die deutsche Litteratur ärgert mich nicht mehr, alle die „berühmten" Dichter Hütchen, Tütchen, Nütchen ...

Ob ich jetzt, die Nacht ist hell, noch einmal hinauswandere? Oft in stillen Sommermitternächten lag ich dort, den Kopf an den großen Wanderstein gelehnt. Wie unendlich ruhig alles um mich dann: Ganz, ganz fern nur hörte ich um ein Uhr zwei Minuten den Nachtschnellzug rasseln; es sind fast drei Meilen bis zu den Schienen. Zuweilen ist das Geräusch deutlicher: wenn er über Brücken, über festere Erdschichten rollt; zuweilen verschwindet es, um noch einmal, nach Minuten, wieder zu kommen in unendlicher Weite – und dann wird die Ruhe nicht mehr unterbrochen. Nur die Quellen höre ich noch unter mir, geheimnisvoll. Im vergangenen Jahr, als ich zum letzten Mal dort Nachts mich aufhielt, schien der Vollmond. Als ich mich dem Plätzchen näherte, fand ich, wie den Hund sitzend, Freund Reinecke auf dem Wanderstein. Es mochte nach dem heißen Tage ihm eine kühle Ruhestatt gedäucht haben. Der schlaue Kerl, sicher wissend, daß ich ohne Gewehr kam, ließ mich bis auf zwanzig Schritt heran, mit auf die Seite gelegtem Haupt; ganz sanft sprang er hinunter und schnürte gemächlich, die Lunte schleifend, in's Feld. Wie Silber glänzte im Mondlicht sein rotgelber Pelz.

———————

Den 27. Mai.

Heute früh fünf Uhr wurde ich geweckt. Ein reitender Bote aus Belixdorf brachte die Nachricht, daß sich der dortige Bürgermeister totgeschossen habe. Um sieben saß ich im Wagen, um hinzufahren. Seit zwei Tagen war plötzlich eine ungemein starke Hitze eingetreten. Der Wechsel in meiner Heimat vollzieht sich oft in Stunden.

Der schönste Sommermorgen umgab mich. Mit einem Male schien alles emporgeschossen zu sein. Über alle Hecken hatte die weiße Blüte des Schlehdorns eine feine Spitzendecke gelegt. Butterblumen, Stiefmütterchen, Steinbrecht drängten sich um die Wette. Das gelbe Jakobskreuzkraut, das sonst viel später kommt, sah ich schon. Der Faulbaum und die Ahlbeere und der Nußstrauch, alles, alles schenkte sich der Sonne. Zu meiner Verwunderung, steht und fällt es doch mit der Osterblume, sah ich vielfach den weißen, sehr fein lilageäderten fünfzipfeligen Kelch des Sauerklees. Ein denkbar zarteres Hellgrün als das Dreiblatt dieser Blume kenne ich nicht.

Bei Hasenkrug auf der Höhe, wo sich bei'm Ausgang aus dem Buchenbusch der Weg in die Ebene senkt, ließ ich halten. Zu allen Jahreszeiten ist mir der Blick lieb geworden. Über die unabsehbare Niederung glitt mein Auge. In der glänzenden Morgensonne blinkte und blitzte alles. Scharf traten die Gräben zwischen den Wiesen heraus, wie ein Netz. Die ganze Gegend war durch weidendes Vieh belebt. In der Mitte dieser ausgedehnten Marschen liegt Grashof, des Vogtes Haus. Mächtige Eschen, so weit zu sehen ist: die einzigen Bäume, umrauschen es. Der Herdrauch zieht aus dem Häuschen. Von überall her, dumpf und laut, nah und fern, oft ausgestoßen wie in Todesangst, klang das Gebrüll der Stiere und Kühe. Der Kibitz rief dazwischen. Ein kalter Hauch, wie aus Sümpfen und Mooren, den der Wind auf die Flügel genommen, zog in fast sichtbaren Nebelstreifen an mir vorüber. Dann wieder gleißte alles im Funkelgolde der Sonne.

Ich fuhr weiter. Schon von weitem konnte ich in das Dorf hineinsehen. Es geschah dort das gleiche wie überall auf Erden, wenn in kleinen Orten ein Geschehnis gewesen ist: die Jungen standen umher; alte Weiber redeten eifrig; ein durch's Dorf fahrender Wagen ließ die Pferde stoppen: der Insasse beugte sich über den Rand und fragte einen Vorübergehenden. Während der Erkundigung ließ er sanft die Peitsche über die unruhigen Pferde gleiten. Der Gendarm und mein Schreiber, den ich vorgesandt hatte, standen mit ernsten Mienen vor der Thür des Trauerhauses. In diesem waren zwei Fenster verhängt: der Erblaßte lag dort. „De Hardsvogt kummt", beobachtete ich an der Bewegung, als meine Pferde einbogen.

Der Gemeindevorsteher Klaus Tietge, der sich nun freiwillig des atmenden Lebens begeben hatte, und ich kannten uns lange. Ich schätzte ihn sehr hoch: ernst, ein wenig finster, trocken, ruhig vorwärts schreitend: ich bin einmal so, hatte er seine und seines kleinen Staates Angelegenheiten stets in bester Ordnung. In seiner Familie herrschte er als Patriarch. Was er dort wünschte, geschah; und es geschah gern. Es schien mir unerfindlich, daß gerade er, der auch durch seinen Fleiß und seine Klugheit ein für seine Verhältnisse beträchtliches Vermögen sich erworben, in den dunklen Strom aus freien Stücken sich getaucht. Ich kannte seinen frommen Sinn, seine hohe Achtung für die Kirche und ihre Diener; wie er sein Gesinde, ohne zu übertreiben, zu christlicher Zucht leitete.

Im Hause wurde ich von der Frau und einigen Männern empfangen. Im Hinaufgehen in's Zimmer, wo der Erkaltete lag, bemerkte ich eine Tochter verzweifelt schluchzen; immer wieder hörte ich sie klagen: „Vadder doch, min Vadder doch."

Aus dem Raume, wo sie den Toten auf's Bett gelegt hatten, entfernte ich unter einem Vorwande die Menschen. Ich blieb allein zurück. Der Selbstmörder, der sich gut in's Herz getroffen hatte, lag wie lebend da. Die finsteren Züge waren dieselben geblieben, nur die sonst immer festgekniffenen Lippen standen offen, so daß ich den Gaumen sehen konnte. Dadurch bekam das Gesicht etwas Dummes, Unbehülfliches.

Ich bog mich zur Leiche nieder und fragte ihn, als wenn er lebend vor mir stünde: „Tietge, weshalb haben Sie sich erschossen?" Als Antwort hörte ich auf der Straße eine keifende Stimme: „Swinemöter kummt uk all" (Der Schweinefesthalter kommt auch an) (möten = halten). Die liebe Jugend hatte dem Alten diesen Namen beigelegt, und nun nannten ihn alle so: seiner äußerst krummen O-Beine halber, mit denen er, wie eben behauptet wurde, durch diese durchlaufende Schweine festkneifen konnte.

In diesem Augenblick brachte mir mein Schreiber mit tiefgeheimnisvoller Miene einen Zettel, der bei dem Verblichenen gefunden sei. Ich nahm ihn an mich und las: „Ick much ni mehr" („Ich mochte nicht mehr; ich hatte keine Lust mehr zu leben"). Bei jedem andern wäre mir dieser Grund verständlich gewesen. Hier blieb er mir ein Rätsel.

Als mein Schreiber sich entfernt hatte, blickte ich dem Toten wieder in's Gesicht. Plötzlich sah ich, wie eine unserer gewöhnlichen, kleinen Hausspinnen von der Decke mit fast wagrechten Beinchen herunterspann, gerade auf das Gesicht des Toten zu. Mich überfiel eine Art Platzangst: ich sah, wie das Spinnlein unmittelbar zwischen den offen stehenden Lippen in den Mund hinein wollte. Ich ermannte mich endlich und nahm sie mit den Fingern kurz vor dem geöffneten Schlund fort ...

Unten traf ich um die streng aussehende Wittwe, die ihre bebenden Gefühle nicht verraten wollte, die Trost- und Heulweiber. Trotzdem verschwanden die Süßigkeiten von einem Kuchenteller, den sie wie die Wagenschieber herumschoben auf dem Tisch, mit großer Schnelligkeit.

Meinen Schreiber zurücklassend, „um nunmehr das Weitere zu veranlassen", wie es in der gräßlichen Amtsstubensprache heißt, gab ich dem Kutscher, dessen Mund ewig aufgesperrt ist (– wahrscheinlich lebt er nur vom Ostwind –), das Zeichen zum Abfahren. Ein Glas eiskalten Rotweines, mir an den Schlag gebracht, wies ich, innerlich schaudernd, dankbar zurück. Um acht Uhr morgens das den Bauern verkaufte rote Gift, fürchterlich kalt, zu trinken, bin ich immer außer Stande gewesen.

———————

Es ist mir von jeher ein Unbegreifliches gewesen, daß sich plötzlich, gänzlich unvermittelt, Frauengestalten wieder in meinem „Busen" (– wie die Dichter sagen; mir ein widerwärtiges Wort –) regen, die ich lange, lange vergessen hatte. Das Leben

eines jeden Mannes besitzt ein Stammbuch im Herzen, das allerlei schwarze, braune, blonde Köpfe und Zöpfe enthält; ein wirk-
liches Stammbuch mit Locken, außerordentlich schönen Versen
und der ergebensten Freundschaftsbeteuerung ist dies nun just
nicht. Und es wird selten aufgeschlagen.

Ich finde es zum mindesten wunderbar, daß vor mir, etwa beim
Anzünden eines Lichtes, oder in einem langweiligen Dienstge-
spräch, oder wenn ich die Karten mische, oder was es immer ist,
ein Wesen im Augenblick gezaubert steht, das ich längst in's Grab
gesenkt. Dann muß ich einige Tage mit diesem Gedanken um-
hergehen. Das quält mich. Mit oft leidenschaftlichen Gluten, die
nicht zu stillen sind, weil das Mädel längst gestorben, verheiratet, grau geworden, vielleicht verkommen ist, gehe ich in diesen
Tagen umher. Immer liegt sie mir im Gedächtnis, wo ich gehe
und stehe. Allmählich – nie länger wie acht Tage dauert dieser
Zustand – verblaßt das Bild und verschwindet und zerfließt.

Heute aber habe ich den Zusammenhang unmittelbar gespürt.

Als ich aus der Niederung im steigenden Wege in den Buchenbusch bei Hasenkrug auf der Höhe einbiegen wollte, sah ich
mich noch einmal um, der Niederung Lebewohl zu sagen. Ich
entdeckte dabei nicht weit von meinem Wagen einen Storch, dessen sonst weiße Flügel grau vor Schmutz erschienen. Der Gute
hatte sich wahrscheinlich im tiefsten Sumpfland herumgetrieben
und suchte sich nun zu trocknen. Einmal streckte er den rechten
Ständer aus und breitete dann über diesen die rechte Schwinge.
Ich mußte lachen, er hing sie wie über eine Zeugleine. Da, während ich den Storch betrachte, schießt mir das Bild eines Reihers
durch den Kopf: und ein prächtiges Bild.

Es war mir gemeldet, daß die bei uns nicht häufig vorkom-
mende Brandente in den Pöyenberger See eingefallen sei. Der
lag in meinem Jagdbereich. Als eifriger Jäger war ich schon am
anderen Morgen – der Juli ging zu Ende – um drei Uhr „auf den
Beinen". Außer meiner alten Hündin begleitete mich Fatinga, das

zierliche, schlanke Mädchen. Sie wollte gern den Jagdtag mit mir durchleben.

Um vier Uhr standen wir am See. Der Nebel braute, hob sich, senkte sich, zog hin und her: zuweilen die schwarzen, kurzen Wellen auf einem Streifen des Wassers zeigend, verhüllte das andere Ufer, ließ es nach Minuten wieder frei. Kurz, es war sein Kampf mit dem Tagesgestirn.

Wir drei standen, die Hündin ab und zu vor Kälte zitternd, mir dicht vor den Knieen, von Schilf geborgen, am Strand. Es war empfindlich kalt. Während wir schweigend in den Dunst sahen, brach dicht neben uns ein Fischreiher, der sich bis dahin aus Politik still gehalten haben mochte, nun aber doch der Gefahr besser durch seinen Abflug zu entrinnen glaubte, aus dem Rohr. Es war ein wundervoller Anblick. Der herrliche Vogel, erst einige Seiltänzersprünge machend, um Luft unter den Flunk zu fassen, ging dann in die Höhe. Wir konnten von den nebelfeuchten Flügeln, die den Aufstieg dadurch erschwerten, die Tropfen fallen sehen. Bald war er im dichten, alle Aussicht verbergenden Rieselregen verschwunden. Meine Hündin gab mir ein vorwurfsvolles Auge, daß ich das Gewehr nicht an die Backe gerissen. Fatinga, erschreckt durch das klatschende Geräusch, hatte mich schnell, ängstlich umfaßt. Und so starrten wir drei dem mächtigen Wolkenbesucher nach ...

Und von diesem Reiher kettete sich mein Gedankengang zu Fatinga, und in der nächsten Sekunde überfiel mich eine geradezu wütende Sehnsucht nach Fatinga, und ich rief meinem, noch immer den Ostwind verschluckenden Kutscher: nach Joachimsquell.

Die kleine Waldschenke Joachimsquell lag nur eine Viertelstunde vom Wege entfernt. Nach Joachimsquell! Ich *muß* die Stelle wiedersehen, wo ich so glücklich gewesen bin vor – dreißig Jahren. Und dreißig volle Jahre hatte ich nicht an Fatinga gedacht. Es ist mir, als wenn ich nicht in einem Tagebuche schreibe; es ist mir, als wenn ich, in meiner ungeheuren Einsamkeit, einem Freunde gegenübersitze, um ihm zu erzählen.

Fatinga nannte ich sie in meiner damaligen romantischen Stimmung. Sie hieß eigentlich Annchen Silbersack. Allerdings könnte ich mich in diesem Namen irren wie auch darin, daß ich nicht recht mehr weiß, ob sie die Tochter unseres Nachtwächters gewesen ist oder eines Gefängniswärters. Auch entsinne ich mich nicht, wie wir uns kennen lernten.

Die Waldschenke gehörte damals wie heute Marcs Hamann. Ich hatte diesem jener Zeit einmal dadurch einen kleinen Dienst erwiesen, daß eine, für ihn, von mir verfaßte Bittschrift höheren Ortes auf guten Boden gefallen war. Der Mann wollte mir durchaus seinen Dank bezeugen. Aber ich wies ihn lachend ab. Eines Tages doch fuhr ich zu ihm, der sich eben verheiratet und das Haus schon im Walde gekauft hatte, hinaus und sagte ihm: „Nun können Sie mir einen Gegenbeweis geben. Sie sollen mich und meine kleine Frau acht Tage so beherbergen, daß wir von keiner Seite belästigt werden." Und richtig, es machte sich vortrefflich. Allen alten Tanten meines Nestes zum Trotz ist das Geheimnis gewahrt worden.

Die Schenke war aus einem dort stehenden verfallenden Jagdschlößchen gebaut. Stille, verwilderte, verlassene Gärten liebe ich. Hier fand ich einen.

In diesem Häuschen, in diesem Garten, von verschwiegenen Menschen beschützt, durchlebte ich den kleinen Roman. Ein heißer Augustmonat ging mit uns. Überall, wo der Wald, ja, selbst der vergessene Garten die Haide zulief, blühte diese.

Eines Tages saßen wir auf einer steinernen Bank vor einer mit hohem Gras versteckten eingesunkenen Urne. Der Südwind wehte schwül. Er neigte die weißen Doldenblümchen der Schafgarbe, die hier um uns zahlreich sich eingenistet hatte. Die Heuschrecken zirpten nah und fern. Fliegen, in buntesten Farben, schwirrten, standen in der Luft.

Plötzlich eilte ein Käferchen auf den Fuß Fatinga's zu. Sie trat es tot. Ich war empört und verwies, äußerst heftig werdend, es ihr ernstlich. Da zuckten die Lippen ihr, Thränen stürzten hervor, und schluchzend warf sie sich an meine Brust, immer wiederholend: Ich hab' Dir wehe gethan. Nie hörte ich so weinen. Das kam aus dem innersten Innern heraus. Ich erinnere mich, daß es mir eine süße Grausamkeit bereitete, sie so schluchzen zu hören. Ich beugte mich über sie. Das Schluchzen gab ihr Herz. Ich hielt sie in meinen Armen wie ein bereuendes Kind. Dann beruhigte ich ihren leidenschaftlichen Schmerz. Ach, ein Menschenherz liebte mich ... Während ich ihr gute, freundliche Worte gab, bemerkte ich, wie sie mich verstohlen beobachtete, von unten auf, nicht das Köpfchen, nur die Augen hebend. Endlich hob ich sie hoch, wie eine glückliche Mutter ihr Kind zeigt, und ein erstes Lächeln, noch unter Thränen, sonnte schüchtern und schalkhaft mir entgegen ...

Im Waldhäuschen, wo mein Ostwind verschluckender Kutscher indessen ein Dutzend schwerer schleswig-holsteiner Buchweizenklöße gegessen, hatte ich mit dem gleich mir längst ergrauten Marcs Hamann den Garten und die Räume besucht, wo ich einst so glückliche Stunden verlebt habe. Merkwürdig, als ich wieder den Wagen bestiegen, schienen alle Erinnerungen an Fatinga verflogen. Ich war wie befreit.

Es war heißer Mittag geworden. Alle Vögel schwiegen. Nur die Goldammer sang ihr zweitönig Liedchen in allen Knicks. Oft habe ich gedacht: verdankt Beethoven unbewußt den Anfang seiner Dritten vielleicht diesem Vögelchen? „Das Anklopfen an die Schicksalsthür?" ... Beethoven! und das ist mir noch wie ein Verbindungszeichen mit dem Himmel: woher kommt der Genius! Weshalb unter Millionen und aber Millionen immer nur Einer! Eine Erinnerung von einer schöneren Welt? Beethoven, der so viel grübelte, dem aus vielen unscheinbaren Einfällen, von denen uns manche erhalten, die er flüchtig hingeschrieben, ganz allmählich die großen Werke wuchsen. Und welch' ein Unterschied andererseits mit dem Göttersohn Mozart. Hier ist keine Spur von Arbeit, er hat kaum Zeit zu schreiben, so drängen die Gedanken. Alles fließt bei ihm in unglaublicher Schöne. Aber Beethoven und Mozart sind es nicht, die das in mir wach rufen wie Johann Sebastian Bach und Robert Schumann. Und namentlich dieser, ob ich ihn höre oder spiele, bringt mir unerklärliche Stimmen und Stimmungen. Wie das alles geheimnisvoll ist. Ja, der Genius, und ich kann diese Vorstellung Zeit meines Lebens nicht verwinden – der Genius ist noch von einer andern Welt auf diese klägliche Erde mitgeflogen. Der Genius! Und immer nur unter vielen Millionen Menschen einer! Von allen Genies steht mir in der ganzen Weltgeschichte der große Kurfürst, „mit der Stirn des Zeus", (– Kleist hat ihn uns in Gold gefaßt –) am Höchsten. Es war so viel sittlicher Gehalt in ihm. Der große Kurfürst war ein gläubiger Christ. Und welch' ein Unterschied mit dem zweiten Genie auf Preußens Thron, mit dem großen Gottesleugner Friedrich. Der Einsame. Welche Riesen!

Ich kam auf meiner Fahrt immer mehr ins Denken hinein. Und es löste sich aus diesem wie ein klarer Punkt der eherne Wappenspruch eines uralten, berühmten deutschen Adelsgeschlechtes: Chacun a bien à faire du Sien. Ich mag ihn übersetzen wie ich will, immer schält der Kern heraus: Ich bin, ich lebe! Ich habe das Recht wie jeder, zu atmen, zu kämpfen, zu genießen. Unser Leben ist kurz. Zum Teufel mit der Zagerei. Kein Narr will ich sein. Jeder lebe nur so gut wie irgend möglich.

Ach, unser Leben! Welchen Zweck hat es! Wie unzählig ist die Frage den Sternen von uns zugerufen. Und niemals kam die Antwort, kam ein Zeichen.

Früher rang ich mit Gott, und oft, oft hab' ich den Spruch geschrieen, der mir in der Bibel zuhöchst steht: „Herr, ich glaube; hilf meinem Unglauben." Wenn ich meinen Freund, den Seelsorger, den treuen, lieben Hermann – wie herzlich war er doch das letzte Mal in Hornerkirchen; das sind auch wieder zwei Jahre schon her – hier hätte, dessen Worte mich immer so trösten, vielleicht, vielleicht ...

Und ich versank und brütete ... In Wrist fuhren wir bei Hans Harder vorbei. Und wie vor dreißig Jahren ging hier im Göpelwerk, die alte Schindmähre mit einem abgerissenen Ellernzweig schwach treibend, der neunzigjährige Kaspar-Ohm. Ich ließ halten. „Na, wo geit't, Kaspar-Ohm?" ‚Ümmer 'rüm, ümmer 'rüm (herum), Herr Hard'svogt.' Und ich mußte mir im Nachhauseweg oft wiederholen: „Ümmer 'rüm, ümmer 'rüm – in der alten traurigen Tretmühle ... Wer kann das aushalten ..."

———————

Der Vollmond steigt eben über Stellau auf: groß, pratschig, gelangweilt. Ich will heute Abend mein Lehmloch besuchen. Es war in einer Nacht, auch im Mai, vor langen Jahren, als ich auf dem großen Stein nicht den Fuchs sah; meine Sinne verwirrten sich damals; erst der frühe Tau brachte mir wieder das Bewußtsein. Der Mond beschien die Mergelgrube und den gelben Huflattich, der dort in großer Menge wächst. Es gab eine rätselhafte Landschaft: der gelbe Mond auf dem gelben Huflattich. Ist das ein Fleckchen, wie es auf dem Uranus vielleicht sich zeigt? Und ich hatte mir kaum die Frage gethan, als es um mich rauschte, wie wenn ein Fluch Tauben nah über meinem Kopfe eine Schwenkung gemacht habe, und – o Grausen – auf dem Riesenstein lag ein Ungeheuer, ein Drachen, ein Tier, ein Etwas, das ich nie auf unserem Planeten gesehen. Ich trat entsetzt zurück, aber im Rückwärtstreten behielt ich es im Auge: es leckte sich wie ein Hund, wie eine Katze die ausgestreckt liegende rechte Pfote. Eine blaue Phosphorscheibe umrahmte den Kopf des Untiers ... Dann rührte es sich bald nicht mehr; seine großen, kahlen, leeren Augen glotzten mich an, wie in Hamburg auf jenem Bilde die Augen des Nashorns. Und wie der Satan vor dem Kreuz, das ihm entgegen getragen wird, ging ich zurück, den linken Ärmel vor den Augen, unter ihm hinschielend nach der Erscheinung. Da hörte ich, aus unermeßlicher Weite, Robert Schumann's „Aufschwung". Es klang ganz leise; aber nun hier, nun dort, langsam schwellend; und es war kein Durcheinander, immer trat scharf die unvergleichlich wundervolle, herzentlastende Melodie hervor. Ich spiele das Stückchen oft, und dann mit jener stürmischen Leidenschaft, wie es gespielt werden muß. Noch heute Morgen, ehe ich in den Wagen stieg, ließ ich es über die Tasten jagen.

Und lauter und lauter klang es, und brausender und brausender von allen Seiten. Und ich ließ den Arm fallen von der Stirn und hob den Kopf und mit festem Schritt trat ich auf den Stein zu. Je näher ich kam, je mehr verwandelte sich das seltsame grause Tier in eine hohe Lichtgestalt und endlich, als ich ganz in der Nähe, erblickte ich einen Engel, genau in der Vorstellung, wie wir sie als Kinder haben. Die weiße, ebenmäßig gebaute Gestalt stand im blauen Schein. Und es war die ähnliche dämmerige Färbung der Landschaft: der gelbe Mond auf dem gelben Huflattich und alles das übergossen von dem blauen Schein.

Noch immer jubelte die Musik. Und mein Herz war mutig. Und ich redete den Engel an. Unser Gespräch glich einem Verhör zwischen dem Beamten und dem auf das Dienstzimmer Hinbestellten. In dem gleichen trocknen, lebenstoten Ton.

„Wer bist du?"

Ein Geschöpf der Welt.

„Wo ist dein Wohnsitz?"

Auf dem Uranus.

„Weshalb stehst du hier?"

Du riefest mich.

„Sehen auf dem Uranus die Geschöpfe so aus wie du?"

Nein. Ich gab mir die Gestalt, die deiner Vorstellungskraft möglich ist. Würdest du hier ein Geschöpf des Uranus erblicken, schlüge dich auf der Stelle der Wahnsinn.

„Alles ist anders wie bei uns?"

Ja und nein.

„Was soll die Antwort? Du sprichst ja wie ein deutscher Professor."

Auf dem Uranus wie auf allen Sonnen und Planeten sind die Grundstoffe die gleichen. Den Stein, auf dem ich stehe, findest du auch auf dem Uranus.

„Giebt es bei euch auch Drahtzieher, Kesselflicker, Dichter, Bäcker und andere Handwerker wie bei uns in Deutschland?"

Die Dichter sind bei uns Künstler.

„Und dürfen sie schreiben wie sie wollen? Und sind, wie in Deutschland, nicht gezwungen, nur für die Kinderstube ihre Sächelchen herzurichten?"

Sie dürfen sich ausleben bei uns.

„Habt ihr Frieden, den ewigen Frieden bei euch?" (,Aufschwung' schien ersterben zu wollen).

Es ist die ewige, große Schlacht wie bei euch, wie in der ganzen Welt.

„Betet ihr zu Gott?"

Wir beten zur Sonne, zu unserer Mutter, die auch deine Erde geboren hat. Wir Planeten sind Geschwister.

„Wer ist unser Erzeuger?"

Eine andere Sonne. Die beiden Sonnen trafen sich. Der Vater zerschellte. Die Kinder sind wir.

„Also Kampf und Blut auch bei euch?"

Ich sagte es dir schon.

„Hat euer Blut rote Farbe?"

Du könntest es nicht begreifen, wenn ich dir darauf Antwort geben würde. Du würdest sofort wahnsinnig. Ich spreche mit dir, als wäre ich ein Erdenbruder von dir.

„Löse mir das Rätsel der Welt."

Es ist kein Rätsel. Alles war, alles ist, alles wird ewig sein im immerwährenden Wechsel, im Aufgang und Niedergang, im Geborenwerden, im Wachsen, Abnehmen, Sterben.

„Die letzte Frage (– und ich sah dem Engel klar in das schöne, regelmäßige, etwas hochmütige Gesicht –): wird unser Geist befreit, wenn die Schatten des Todes uns umrauschen; wenn wir der irdischen Qualen und Greuel entbunden werden, schweben wir dann nach seligen Inseln?" (‚Aufschwung' war gänzlich erstorben; lautlos ging die Welt).

Statt der Antwort verwandelte sich langsam – es knisterte – der Engel in die Gestalt der Sphinx mit der altbekannten, elephantenohrlappigen, dumpf-dummbrummigen, schläfrigen, unempfänglich-unempfindlich gleichgültigen, kindisch schweigenden Fratze. Und eine ungeheure Stille umgab mich. Ich schlug zu Boden und verlor das Bewußtsein. Wie ein letztes Geräusch klang mir das ferne Gerassel des Nachtschnellzuges bei Wrist ...

Ich will meine Mergelgrube besuchen ...

(Aus einer Grabrede.)

„Friede sei mit uns allen. Der Friede in Gott.

Der Prediger Ihrer anmutig gelegenen, kleinen Stadt, mein Amtsbruder, verehrte Leidtragende, hat mir gütig gestattet, meinem lieben Freunde, der hier vor uns im Sarge ruht, das letzte Wort nachrufen zu dürfen.

In einem Anfall tiefer Schwermut, die sich bei ihm zeitweise, wie Ihnen allen bekannt, zum Wahnsinn steigerte, hat er sein Ende gefunden an einem verlassenen Orte zwischen stillen Feldern.

Herr, ich glaube; hilf meinem Unglauben!

Das war sein Lieblingsspruch aus der Bibel.

Wie kaum ein anderer Mensch je, hat er gerungen nach Erkenntnis, hat er geschrieen zu seinem Gott, hat er unablässig in seinem Innenleben gekämpft. Er war ein einsamer Mann. Sein reiches Wissen hat ihm nur die Unruhe vermehrt, die ihn unaufhörlich quälte.

Wir Menschen, und insbesondere wir Seelsorger sind nicht berufen, am offenen Grabe zu richten.

Wie hat er die Natur geliebt! Und an diesem friedlichen Frühlingstage heute vergißt sie ihn nicht: die Bienen summen, wie zum Abschied, in den Kränzen auf seinem Sarge, und die Schmetterlinge gaukeln über ihnen ... wie zum Abschiede –

Nein, verehrte Versammelte, kein Abschied ist es – es giebt ein Wiedersehn.

Herr, ich glaube; hilf meinem Unglauben!

– –

Gott ist die Liebe.

Nun, Du Teurer, bist Du angekommen an des Gewaltigen Thron. Atemlos vom Wettspiel des Lebens, keuchend, stehst Du vor ihm. Er aber, der uns in's tiefste Herz sieht, öffnet Dir die Vaterarme und sanft, sanft zieht er Dich an sich: ‚Du warst ein Mensch; nun ruhe aus bei mir.'

Gott ist die Allmacht. Schreitet sein Fuß über die Erde, streift sein Mantelsaum den Uranus.

Gott ist die Güte.

Der Du jetzt Dich birgst an seiner Brust wie ein verlaufen gewesenes Kind, Dir legt er milde die Hand auf Dein Haar und flüstert: ‚All' Leid hat nun ein End'. Was Du geirrt, ich strafe Dich nicht: Du warst ein Mensch.'

Ja, verehrte Anwesende. Zu Gott wollen wir aufblicken, alles ihm vertrauen – an ihn glauben. Aus den Schrecknissen und Wirrnissen und Widersprüchen des Lebens – er allein hilft uns heraus ...

Schlaf wohl, Du treuer Freund. Es giebt ein Wiedersehn.

Der Friede ist mit Dir. Der Friede sei mit uns. Der Friede in Gott."

––––––––––––

Die Schnecke

Wenn ich, lieber Freund, wiederholen sollte, bitte ich um Vergebung; aber ich weiß nicht, ob ich Dir je Nachricht gab – allerdings eine hochwichtige Nachricht, höre ich Dich spötteln – daß ich jährlich im Vorfrühling eine Depesche erhalte, wo immer auch ich bin, wenn ich in Europa weile, des Inhaltes: „Angekommen". Dies Angekommen telegraphiert mir mein alter Oberförster Jürgen Lohse. Es bedeutet, daß die Waldschnepfe meine Heimat Schleswig-Holstein durchzieht. Hals über Kopf, von starkem Heimweh gepackt, reise ich dann ab.

Diesmal traf mich das Wort in Rom. Ich ließ die Hände mit dem Telegramme sinken und verfiel in Träume. Mitten in der ewigen Stadt, die die Geschichte einer Welt in sich faßt, dachte ich an mein bescheidenes Gut Wulffhägen, an meine stillen, einsamen Wege, Wälder und Haiden.

Ein Frühlingsabend. Zwar die graue Wolke hängt, wie fast immer in den Herzogtümern, über mir; aber die Sonne, ganz mattweißgolden, kommt zuweilen heraus, um sich, wie beschämt, bald wieder hinter den Vorhang zurück zu begeben. Es ist mäuschenstill im Walde. Nur die Drossel hör' ich und ein wunderliches Pink, Pink einer halbschwänzigen Meise. Dies flinke Tierchen hab' ich bisher nur in meinem Landstrich gesehen. Kurz- und langschwänzige gibt es auch dort in Fülle. Vielleicht hätte mir Brehm über die Meise, in der ich eine Übergangsform vermute, Auskunft geben können.

Alten Bekannten begegne ich. Zuerst kommt mir Hans Dunnerblitz in den Weg. Er ist ein sechzigjähriger, bartloser Mann, dessen lange Nase und spitzes Kinn in immer bedenklichere Nähe geraten. Stets sieht er auf den Boden: er sucht Donnerkeile. Daher wohl sein Spitzname. Auch andere Steine, auf denen er Botschaften des lieben Gottes eingegraben zu finden glaubt, hebt er auf und schleppt sie nach Hause. Hier, er wohnt im Werk- und Arbeitshaus, läßt man ihn eine Kiste vollsammeln. Dann wirft sie der Armenpfleger fort; und Hans Dunnerblitz ist jetzt der festen Überzeugung, daß er sie nach Indien geschickt habe, und daß dort durch diese Steine „dat Aastüg, de verdammten Heiden" bekehrt werden. Auch andere Gewohnheiten hat er. So geht er wöchentlich einmal zum Färber des Städtchens und hält seine Hände in das Farbwasser, bis sie blau sind. Er hat überhaupt mit „Blau" viel zu thun. In Gewittern rennt er auf die Haide; an einem erhöhten Platz hier, meistens auf Hünengräbern und in Knicks, hebt er die blauen Hände zum Himmel wie ein Priester und spricht laut mit Gott. In Verzückung sieht er in die Blitze. So traf ich ihn, und merkwürdiger Weise, ich fühlte kein Grauen. Hans Dunnerblitz ist sehr menschenscheu. Nur mir, wenn er mir auf einsamen Stellen begegnet, vertraut er. Lebhaft spricht er dann auf mich ein; erzählt mir dann von dem „Moth (Mut), de in de Phusphur in is"; daß Blau die Lieblingsfarbe Gottes sei – und was mehr des Unsinns ist. Regelmäßig schließt er traurig: „Avers de Minschen wüllt mi dat ja ni glöben."

Da kommt auch „de swatte Doctor," ein wüstaussehender, schwarzvollbärtiger Kerl. Er sammelt Kräuter gegen alle Leiden des Lebens. Verkauft er das Gefundene, dann wandern unverzüglich die Nickelstücke in die nächste Schenke für Schnaps. Diesem Guten begegne ich nicht so ganz gern, besonders nicht gern auf Waldblößen und in ähnlichen Einsamkeiten. Er trägt einen langen eisernen Dolch im Gürtel, mehr als Wurzelgräber denn als Waffe, und als Spazierstock eine, oben wie ein Bischofskrummstab gebogene, mächtige, eiserne Stange. Da er aber gänzlich harmlos, läßt ihn jeder seines Weges ziehen.

Da kommt auch „de Schiitbaas". Weshalb die Leute ihn so nennen („he hett Geld as Schiit"), weiß ich nicht recht. Und dazu noch ist dieser reiche Bauer sehr eitel in seinem Anzuge.

Da kommt Peter Semmeltüt. Seine Taschen bergen stets Weißbrot. Er füttert, oft auf seinen Ausgängen stehen bleibend, alle denkbaren Säugetiere, Fische und Vögel. An Teichrändern und auf Brücken ist er zumeist zu entdecken, wie er unermüdlich

Brosamen streut und hineinwirft. Meine Schwäne und Karpfen kennen ihn genau. Durstende Pferde tränkt er; sieht er solche arme Tiere vor Wirtschaften stehen, ist er gleich mit dem Eimer da. Auch holt er unter Schimpfworten den Besitzer oder Kutscher aus der Schenkstube; das giebt oft Streit, doch hat er die Leute für sich, gegen die mit seinem Zorn Ueberschütteten. Und nun erst die zahlreichen Hunde und Katzen, denen er, wenn sie obdachlos sich umhertreiben, Aufenthalt giebt. Von den Menschen scheint er nicht viel zu halten, denn er hat mir oft wiederholt: „Man schall't ni glöben, wo (wie) veel Neid und Afgunst bi de Minschen is."

Ah, da wankt und schwankt mir auch Johann Regenhot, oder auch Jan mit de Suphot (Saufhut) genannt, entgegen. Er ist überall als der größte Säufer bekannt. Er ist Glaser. Seltsam ist es, daß er bei seinen ewigen Purzelbäumen, niemals seinen Fensterkasten zerschlägt.

Und da kommt auch mein langjähriger Freund Bäckerjakob. Bäckerjakob leidet an religiösem Wahnsinn. Vor hohen Bäumen setzt er oft seinen Brotkarren nieder, entleert sorgfältig die Taschen, legt sein Schnupftuch hin, kniet dann darauf und betet, mit zurückgebogenem Haupte inbrünstig in das Laubgewirre oder, je nach der Jahreszeit, in die nackten Äste einer Riesenbuche hinein. Auch er ist menschenscheu; doch hindert das ihn nie, seinen Mitmenschen zu helfen, wo er kann. Das Volk, wir alle verehren ihn wie einen Heiligen ...

Die Luft ist ruhig; nichts bewegt sich. Das Gras ist grüner geworden; um die Waldbäume schimmert es rotgraugrün. Die Kastanienknospen in meinem Garten sind zum Teil schon aufgebrochen; zaghaft schauen die Blätter heraus, in ihrer wunderlichen Form kleinen knappaufgespannten chinesischen Sonnenschirmen gleichend.

Mit dem Gewehr im Arm, begleitet von meiner Harzer Hündin, gehe ich langsam durch den Frühlingstag. Einmal bück' ich mich auf reichstehendes Haidekraut; die Blüten, aus dem vergangenen Sommer noch, sind bleich wie bläulich weiße Milch.

Bald in diesem, bald in jenem Dorfe bin ich; bald hier, bald dort ein einzeln stehendes Haus im Walde, auf den Feldern besuchend; ich kenne alle Bewohner. In einer am Sandweg allein liegenden Ausspannschenke kehr' ich ein. Hier wohnt Hinrich Ohrt, der Wirt, mit seinem jungen Weibe Marie. Mit ihrem Vatersnamen heißt sie Marie Witt. Ich bringe den Kindern Apfelsinen und Kuchen mit.

Marie Ohrt ist mir ein Rätsel geblieben. Sie hat die wundersamsten Frauenaugen, die mir je vorgekommen sind. Ich nenne diese hellen: Glasaugen. Ich fand diese Farben noch nie bei Menschen, nur bei Pferden. Gewöhnlich sind ihre Augen müde, nachdenklich, kummervoll, als wenn sie die Begleiter einer unglücklichen Liebe wären. Aber wie auch können sie blitzen und heiter schauen. Sie lacht leicht und gern, namentlich wenn ich ihr vergnügliche Geschichten erzähle. Sind wir allein, nehm' ich ihre Hand und streichle sie. Sie rückt näher heran. Aber bei dem geringsten festeren Anmichziehen läuft sie fort. Merkwürdiges jeu d'amour.

Am Ausgange meines Lohholzes bleib' ich stehen und lehne mich über das Gitter. In einer mondhellen schwülen Sommernacht sind das Mariele und ich einmal dort zusammengetroffen. Ich hatte sie darum gebeten. Willig ließ sie sich küssen. Ihre Augen verloren sich, nach oben gerichtet, in jenen feuchten, träumerischen Schimmer, den jeder Mann kennt. Sie legte, zum ersten Mal, ihren Arm um meinen Nacken und drückte mich an sich. Unser Küssen wurde wilder – da riß sie sich los und floh.

Nun werde ich sie auf meinen Gängen bald wiedersehen. Sie liebt ihren fleißigen Mann und hilft ihm tüchtig in der Wirtschaft. Ist sie allein, nehm' ich wieder ihre Hände und streichle sie lächelnd, und ich weiß, was sie dann sagt: „Bütte, bütte, Herr Baron." Und wenn ich ihr dann erwiedere: „Aber Marie, ick do di ja nix" nennt sie mich bei meinem Vornamen, und spricht sanft und langsam: „Uw, lat dat doch sin, wat schall dat." Und ich erzähle ihr wieder Geschichten, und wir lachen endlos. Bitte, lieber Freund, sprich meinen friesischen Vornamen Uwe nicht Ufff oder Ufeh oder Ofen, oder gar Oweh mit dem Tone auf der letzten Silbe aus, sondern Uhw ...

Und immer noch träumte ich von meiner Heimat. Dann aber kam ein freudiges, lebhaftes Gefühl über mich. Nach drei Stunden war ich auf dem Bahnhofe. Da ich über München fahren wollte, ging mein Weg nach Verona. Und gleichsam, als könnte ich nicht recht Italien verlassen, verweilte ich noch einen ganzen Tag in Verona. Abends in die Bahn mich setzend, befand ich mich schon, nach zwölf Stunden, am andern Morgen in München. Auch hier wollte ich einen Tag Rast machen, um meinen dort wohnenden Freund und Gutsnachbarn Hermann Johannsen zu besuchen.

München ist für mich im ganzen deutschen Reich die angenehmste Stadt. Ich kenne keine, in der ich mich lieber aufhalte. In der Königinstraße hab' ich bei meiner liebenswürdigen Frau Hintermayr ständig ein Zimmer gemietet, so daß ich stets in München „mein Haus" habe.

Diese fröhliche Stadt! Diese prächtigen, freundlichen, lustigen, natürlichen Menschen darin! Das herrliche Leben dort mit der Kunst, mit den Künstlern!

Vom Zentralbahnhofe fuhr ich sofort in die Richtung meiner Wohnung. An der Universität ließ ich halten und den Wagen vorausfahren. Ich ging, was ich jedesmal zuerst in München thue, an das Siegesthor. Ein italischblauer Himmel wölbte sich darüber. Die Göttin und die vier Löwen zeichneten sich scharf ab, so scharf, daß ich den rechten Reißzahn der rechten Bestie genau sehen konnte. Entzückend ist dies Thor. In Rom, durch die Fülle verliert es sich. Hier in seiner Einzigart, ist es von unvergleichlichem Eindruck.

Gerade, als ich das Siegesthor verlassen wollte, entfiel mir, mit dem Taschentuch herausgezogen, meine letzte, noch in Rom erhaltene schleswig-holsteinische Zeitung. Ich las, wie zufällig:

„Die dreiundzwanzigste schleswig-holsteinische Molkerei-Ausstellung." Himmel, noch 'mal! Hier, am Siegesthor! „Urteile der Richter. In Abteilung I und II erhielten Prädikate:" und nun gings seitenlang los für: „Butter für den baldigen Verzehr," „Dauerbutter für den hamburger und englischen Markt," „Dauerbutter in Blechbüchsen." „Gruppe 3: Fettkäse." Und da las ich denn Hunderte von meinen guten schleswig-holsteinischen Namen und von „Genossenschaftsmeiereien." Am Siegesthor in München ...

Nachdem ich meine Hauswirtin begrüßt, mich umgezogen und erholt und einen langen Blick aus meinen Fenstern in den englischen Garten gethan hatte, ging ich zu meinem, gleichfalls in der Königinstraße wohnenden Freunde, Hermann Johannsen. Er, der schwer Reiche, hat sich mit Aussicht auf den schönen Park dort im Barockstil ein kleines Palais hinsetzen lassen. Ohne jeden poetischen Sinn, ein echter Schleswig-Holsteiner mit klarem, scharfen Verstande, muß ihn dennoch, und er erzählte es mir auch selbst, besonders der Umstand zum Baue an dieser Stelle geleitet haben, daß er von hier aus die Möven stets vor Augen hat, die sich auf einer bestimmten Strecke des den Garten durchfließenden Isararmes einige Zeit des Jahres aufhalten. Man hört dort ein ewiges Kreischen und Zanken und sieht ein ewiges Geflatter der schönen weißen Vögel. Es erinnert ihn an sein nordisches Land.

Hermann Johannsen ist in Holstein mein nächster Gutsnachbar. Ihm gehört Havighorst. Der Großvater meines Freundes, ein sehr wohlhabend gewordener Kaufmann aus Kiel, hatte das Gut gekauft. Dessen Sohn, der den Erwerbssinn des Alten ererbt, hatte Geld zu Geld getragen und Havighorst zu einem überaus schönen Besitz herausgearbeitet. Nach dessen Tode hatte es der älteste Sohn, Hermann, übernommen. Aber der war kein Landmann, und so wurde, in Uebereinstimmung beider Brüder, die Erstgeburt auf den jüngeren übertragen. Andere Geschwister waren nicht vorhanden. Dieser übernahm das Gut, zahlte als Entschädigung dafür seinem älteren Bruder eine runde Million und war außerdem verpflichtet, diesem eine jährliche Rente von sechzigtausend Mark auszuzahlen. Damit mußte und konnte Hermann auskommen.

Entschieden, trotz seines klaren Verstandes, hatte er eine Mischung von den Dunnerblitzen, Semmeltüts, Bäckerjakobs. Er litt bisweilen an übertrieben frommen Anschauungen: in seiner ersten Jugend wollte er einmal eine Kaste gründen, die Reiniger genannt. Aber seine Klugheit und Vernunft retteten ihn damals. Sonst war er ganz Holsteiner: mißtrauisch, selten hellvergnügt, über die Maßen von seiner Heimat eingenommen. Und ein Spökenkiker, wie jene Obengenannten war er auch.

Als Knabe hatte er die Leidenschaft, alles sich anzueignen, und sei's durch List und Gewalt, das in Bezug stand auf Altertümer. Namentlich grub und kratzte er in den zahlreichen Hünengräbern herum. Und in der That, er hatte eine glückliche Hand: Schwerter, Krüge, Ketten, Kohlen, Urnen, Knochen, Lanzenspitzen, und was sonst darin gefunden zu werden pflegt, fand er in Menge. Das alles stapelte er in seinen Zimmern auf. War er mit seinen Schätzen allein, und namentlich nachts ist er beobachtet worden, hielt er lange Gespräche. Der Verstandesklare wurde zum Geisterseher.

Einmal, in seinen Knabenjahren, ereignete es sich, daß er, um ein Hängenhaar, einen seiner Mitschüler erstochen hätte. Das geschah auf der Gelehrtenschule zu Plön, wohin ihn sein Vater gegeben. Dieser Mitschüler hatte ein altes Meßgewand in Besitz. Es war auf dem Gute seiner Eltern, in der zu diesem gehörenden Dorfkirche auf dem Boden entdeckt worden. Jedenfalls stammte es aus katholischen Zeiten. Das Meßgewand sein Eigen zu nennen, ward von nun an Hermann's einziger Wunsch. Und seine Begehrlichkeit steigerte sich zu Wut und Raserei, als sein kleiner Kamerad, zuerst in Eigentumsliebe, dann wohl aus Trotz und Eigensinn, durchaus nicht willens war, seinen Schatz herauszugeben. Hermann wandte alle Mittel an: Versprechungen, Schmeichelei, Tausch; es half nichts. Da beschloß er, es zu erlangen durch jedes Mittel. Er versteckte sich in seines Freundes Schlafkammer und überfiel diesen nachts mit seinem Messer, wilde Drohungen ausstoßend, daß er ihn ermorden werde, wenn er nicht auf der Stelle den heißgewünschten Gegenstand herausgeben würde. Und er schwang auf den Knaben den Dolch.

Wie die Angelegenheit damals abgelaufen ist, weiß ich nicht mehr.

Nach München war mein Freund, dem es auch gänzlich an jener köstlichen, innigen Liebe zur väterlichen Scholle, zur Heimat fehlte, in der Hauptsache deshalb gezogen, weil er hier seiner Sammelwut am besten fröhnen zu können glaubte.

Sein Haus war von oben bis unten mit Antiquitäten angefüllt. Er war der beste Kunde, weit und breit, aller Altertümerverkäufer. Besonders, seit einigen Jahren, betrieb er diesen Sport nach einer Richtung hin, die zum mindesten seltsam genannt werden mußte: Er verrannte sich auf Tiere aus Bronze, Gold, Messing, Marmor, Elfenbein, Kupfer. Und je älter ein solches Tier nach seiner Meinung war, je lieber hatte er es. Dabei merkte er nicht, daß er meistens schändlich betrogen wurde. Denn sehr bald hatten die Händler seine verrückte Neigung erkannt; und so schleppten sie ihm die albernsten Dinge in's Haus; oft ihn mit geschickt selbstgefertigten Spielereien betrügend. Hermann zahlte die größten Summen dafür. Da hatte er mir unter anderem gezeigt: „Das Pferd Wittekinds, das er auf der Brust trug, gefunden im Hausschatz Karls des Großen"; „der Frosch, Cabinets-(!)Götze des berühmten Alarich"; „zwei steinerne Löwen vom Grabe Gottfrieds von Bouillon"; „Silbernes Lamm, aus dem Krummstabe (!) Gregors, des Papstes"; „Bronzene Schlange, Siegeszeichen Gorms des Alten"; „Goldener Tiger, im reinen Tempel Buddhas gefunden". Und so ging es weiter. Vergebens waren meine und seiner Freunde Vorstellungen. Es half nichts. Sein Bruder auf Havighorst trug sich schon mit dem Gedanken, den liebwerten Bruder Hermann – das Geld lockte – in's Irrenhaus sperren zu lassen. Allein hierzu konnte kein Grund gefunden werden:

Hermann Johannsen machte keine Schulden. In jeder anderen Lebensbeziehung auch ging er seinen Weg wie ein Gentleman und nach jenen Regeln, Grundsätzen und Gewohnheiten, die keine Abnormitäten erkennen lassen.

Als ich in sein hübsches Haus eintrat, hörte ich vom Diener, den ich, der mich seit Jahren kannte, daß Hermann „zur Frau Gräfin" gegangen sei; er wisse nicht, wann sein Herr wiederkommen werde.

Noch zweimal im Laufe des Vormittags war ich bei ihm, wurde aber abschlägig beschieden.

Ich beschloß, ihn für diesmal nicht mehr aufzusuchen, sondern zu warten, bis ich nach vierzehn Tagen wieder angekommen sei. Ich beabsichtigte, dann vier Wochen in München zu bleiben.

Mein Zug nach Norden ging zehn Uhr elf Minuten ab. Bis dahin hatte ich Zeit. Als ich in Wiesentainer's italienischem Keller Chianti trank, fiel mein Blick auf den Fahrplan Münchens. Ich konnte bis zu meiner Abfahrt bequem einen Abstecher nach dem Starnberger See machen. Beschlossen, gethan. Nach einer Stunde stieg ich in Starnberg aus, nahm, da die Dampfschifffahrt noch nicht eröffnet, ein Boot nach Schloß Berg, wanderte durch den Park und an der Unglücksstätte vorbei, und war um drei Uhr in Leoni. Aus dem lieblichen Leoni, das mir immer so südlich vorkommt, schlug ich den Bergweg nach der Rottmannshöhe ein. Ich wollte die mir seit Langem bekannten und lieb gewordenen Wirtsleute besuchen und an dem hellen Frühlingstage Grüße an die Alpen senden. Und überaus klar waren am heutigen Tage die Berge zu sehen. Der Wendelstein, der wilde Kaiser (dieser dramatische Name), die Benedictenwand traten scharf hervor. Noch lag der Schnee auf ihnen. Wie glitzerten sie in der Sonne. Nur die Zugspitze verbarg sich eigensinnig in dichten Nebel. Vor der Zugspitze liegt Partenkirchen. Und bei diesem Namen fiel mir das schwarze Katherl aus Partenkirchen ein. Und meine Augen suchten die Gegend von Schliersee und Tegernsee, wo ich so fröhliche Stunden mit der Kathi verlebt hatte, vor Jahren. Wo ist nun wohl das Mädel? Auch auf der Rottmannshöhe hatte ich einige Tage mit diesem frischesten, gesundesten, lustigsten aller Alpendearndl verbracht. Und sonderbar, während ich mir lebhaft die kleine Dirn vor Augen stellte, erschienen auf der Terrasse dieselben beiden deutschen Professoren mit ihren Familien, die ich, als ich hier mit dem „Käthchen" weilte, an der gleichen Stelle getroffen hatte. Sie saßen am Nebentische von uns, und, namentlich deren Damen, schienen über das Naturkind ihre Glossen zu machen. Statt, daß es mich aber ärgerte, wurde ich nur noch ausgelassener mit dem Mädchen.

Das Katherl, „ich nahm es so im Wandern mit," war mir wie ein verloren Hündchen in München einst zugelaufen. Sie war siebzehn Jahre alt, hatte die denkbar schwärzesten Haare, die ihr, möcht' ich sagen, wie die struppige Mähne einer jungen feurigen Berberstute um den Kopf und die Stirn fielen; hatte wilde, große, unglaublich schöne Augen; und einen sehr kräftigen gedrungenen Körper. War das ein lebhaftes Kind! Ich entsinne mich: Sie aß um Mitternacht, oder, wenn's ihr in den Sinn kam, drei, vier Orangen; sie fiel einmal stürmisch, während ich fest schlief, um meinen Nacken: „O, i hab so dramt (geträumt)", und schluchzte, schluchzte, bis ich sie wieder beruhigt hatte. Bald schlief sie ein, und ich küßte ihr die letzte Thräne aus den schon geschlossenen Wimpern. Oder sie weckte mich: „O, mein Ruck (Rücken) is ganz nacket." Dann mußte ich sie wieder einhüllen. In Schliersee und Tegernsee und deren Umgebung hatte ich mit ihr tagelang gelebt, war mit ihr in den Bergen herumgeklettert. Bisweilen dort in irgend einem Wirtshaus, auf einem Aussichtspunkt, einer Bank schlief sie an meiner Schulter, nach Lachen und Tollen, nachdem sie noch gesagt: „O, jetzt möcht' i schlafa," sofort ein. Und ich erinnere mich, in meinem Leben nichts holderes empfunden zu haben, als dies Neigen und Lehnen ihres Köpfchens in völliger Erschöpfung an meine Schulter, meine Brust. Die roten Lippen öffneten sich etwas; die weißen Prachtzähne schimmerten durch; aber auch, ihrem Dorschmäulchen, das sie im Schlafe machte, entfloß ein wenig Nässe; in Holstein nennt man's: sie besappelte mich. Ich sah immer nur lächelnd auf sie herab, und ließ sie, und dauerte es Stunden, gewähren, mich nicht von der Stelle rückend.

Und auf der Rottmannshöhe saßen damals die beiden deutschen Professoren mit ihren Familien, die eben wieder neben mir auf der Terrasse erschienen. Es waren würdige, geistvolle blondbärtige Herren mit großem Ernst in ihren Zügen. Ich erfuhr vom Wirte zu jener Zeit, daß der eine Professor der Aesthetik, der andere „Bücherschreiber" sei. Später ergänzte ich meine Wissenschaft über beide Herren dahin, daß der Aesthetiker Literarlehrer; daß er den seligen Brockes ausgrübe, und sich mit dessen neunbändigem Werke: „Irdisches Vergnügen in Gott" seit dreizehn Jahren beschäftige. Nun, es muß auch solche Käuze geben. Der „Bücherschreiber" entpuppte sich als der Verfasser zahlreicher Romane aus dem alten Turkmenien. Jede Weihnachten schenkt er den nach diesen Romanen äußerst begierigen und lüsternen Deutschen einen solchen.

Und diese beiden Herren mit ihren Familien saßen damals neben uns auf der Terrasse der Rottmannshöhe. Das Katherle kümmerte sich aber durchaus nicht um sie. Sie zerriß und zermalmte mit ihren Tigerzähnen ein Beefsteak, mit der Gabel allerlei kleine Ueberbleibsel aus dem Gebiß entfernend; sie fraß, bitte, aß vier Teller Preißelbeeren hintereinander, ohne daß ich in den nächsten vierundzwanzig Stunden die geringste körperliche Veränderung bei ihr merkte; dann flocht sie einen losgegangenen Zopf wieder zurecht; dann nahm sie das Kleid bis auf das linke Strumpfband hinauf: „mich jucket's so"; dann setzte sie sich wie ein Mann auf eine der Sphinxe, die vor der Treppe lagen und sang ein ihr von mir genanntes „Berliner" Schnadahüpfel, das just in den Tagen „Mode" war, das Wort Koaks in Kokus verwandelnd:

„Mutter, der Mann mit dem Kokus ist da,
Ich hab' kein Geld, du hast kein Geld,
Wer hat denn den Mann mit dem Kokus bestellt?"

Einmal klang vom Garten her eine blecherne Stimme, die ich auf Tod und Leben für diejenige gehalten haben würde, die ein bekanntes Lied jeden Abend am Millernthor in Hamburg sang. Und dies unbeschreiblich schöne Lied, immer begleitet von einer Harfe klingplingling, klingplingling, erregte ihr höchstes Entzücken. Die alte blecherne Stimme näselte nach der Melodie: Und der Hauptmann mit dem Schnurrbart, der mich traf mit seinem Blick:

Und sie schickt mir eine Knackwurst
Unter heißen Thränen ein,
Als die Stunde war gekommen,
Als es hieß, geschieden sein.
Nun, mein treuer Füsilier,
Diesen Thaler schenk' ich dir,
Zieh' für's Vaterland in's Feld
Und beweise dich als Held.

Stürmisch eilte sie hinunter und brachte dem armen Weibe, der Sängerin, ein Geldstück, sich von dieser das Lied erbittend.

Und ich hätte mich darüber ärgern sollen? Nein, ich langweiliger, nüchterner, „dröger" Schleswig-Holsteiner – Nordseewelle und Edelweiß waren zusammengekommen – wurde so lebendig wie sie. Ich hatte meine unendlichste Freude an diesem köstlichen, kindlichen Katherl aus Partenkirchen.

Lachen und Weinen wechselte, trotz ihrer Lustigkeit, oft. Nur einmal hab' ich sie traurig gesehn. Ich erwachte von ihrem Gesange. Aber es waren keine Wasserfalllieder oder oberbayerische Schnadahüpfel, die ich hörte. Sie saß auf dem Bettrande und blickte mit großen, starren Augen in den Vollmond hinein. Und sie sang langsam, in einer schweren volkstümlichen Melodie. Ich kannte das Lied nicht. Am anderen Morgen mußte sie es mir aufschreiben. Ich gebe es wieder in ihrer Rechtschreibung:

> „Zillerthall, du bist mei Freid,
> Da ham die Buam a sakrische Schneid,
> Da giebt's Gamsal zu dajaga,
> Schöne Madel zum dafraga,
> Zillerthall, du bist mei Freid."
> Widerholln.

Ich zog das Mädel an meine Brust und ließ sie sich ausweinen. Briefe habe ich nur zwei von ihr. Sie waren ebenso kraus und kunstlos und natürlich, wie sie sprach. Nicht wie andere Menschen fing sie mit der Namensnennung des Adressaten an, sondern sie begann: Dein liebes Katherl!

Einmal saß sie, Bein über Bein, tief in Gedanken. „Was machst du da, Katherl", fragte ich. „I thu spinna" (grübeln). „Was thust du denn spinna?" „I bin jetzt über die G'schicht; laß mir mei Ruh." „Aber Katherl!" „A gänga's" (Ach, geh).

Die Kathi hatte aber so viel „gesponna", daß sie einen blauen und einen gelben Strumpf in der Zerstreutheit angezogen hatte. Und zu blau und gelb paßten das knallrote Mieder und die kurzen weißen Hemdärmel vortrefflich. Sie sah entzückend aus.

Plötzlich sprang sie auf und rief:

> „Halt a bisl, wart a bisl,
> Bleib a bisl stehn,
> I muß dir grad a Busserl gebn,
> Dann dörfst glei wieder gehn!"

In unserem Zimmer hing eine von Gabriel Max gemalte Visionäre. Diese schaut in Verzückung einem Heiligenkranz entgegen, der langsam ihrer Stirn zuzuschweben scheint. Kathi hatte das mißverstanden, denn sie lachte: „Schau, macht die aber a nett's Zigarrettenringle."

Bei einem Rendez-vous, wo sie zu spät kam, und ich sie deshalb schalt, sagte sie: „Der Mensch is ka Eilbot." Und einmal, als ich ihr sagte, daß ich sie nicht erwartet hätte, lachte sie: „Und wenn i zehn Tag hinterm Mondschein bin, kimm i doch noch hoam."

In Augsburg hätte ich recht sehr durch sie in Verlegenheit kommen können: Der Oberkellner legte mir das Fremdenbuch vor. Ich wandte mich in diesem Augenblicke aus irgend einem Grunde ab. Katherle nahm ohne Verzug die Feder und schrieb uns ein. Gott im Himmel, als ich mich zurückwandte! Ich las: „Herzog und Herzogin von X aus München." Es war ein sehr erlauchter Name genannt. Ich wurde leichenblaß, denn mir fiel ein, was alles hätte daraus entstehen können: Depeschen, Ehrenposten, Bürgermeister- und Würdenträgerrennerei, dann Staatsanwälte, Gerichte u. s. w. Ich gab dem sich tief verneigenden Oberkellner ein Zwanzigmarkstück, strich die Namen überdick aus und schrieb: Fritz Seidenschnur und Frau, Kaufmann aus Hamburg.

Im Bade Kreuth fand ich sie einmal sehr niedergeschlagen. Katherl, was fehlt Dir? Sie antwortete weinerlich: „Hat man ka Geld, is man wie a Sau." Nun, ich beruhigte sie.

Unserer Kellnerin in München, die mich fragte, ob ich aus Kopenhagen komme (– der Name stand auf meinem Koffer –), antwortete sie sofort; „Ja, mer san siebn Tag und Näcbt von Kopenhagen nach Europa g'fahrn."

Der Abschied hatte mich stark angegriffen. Obgleich ich sie dringend gebeten hatte, nicht nach dem Bahnhofe zu kommen, erschien sie dennoch, gerade, als sich der Zug in Bewegung setzen wollte. Sie hatte – und das ist sehr auffällig in München, sehr selten wird's gesehn, weil die Mädel natürlich sich viel feiner dünken in städtischer Tracht –, sie hatte, um mir noch eine letzte Freude zu machen, ihre oberbayerische Gebirgstracht angelegt, mit dem goldbequasteten Miesbacher Hute. Wie der Keiler durch's Unterholz, so brach sie wild durch die Menschen. Noch einmal die Hand; ihre Augen füllten sich mit Thränen: „Dein liebes Katherl," schluchzte sie – und wie der Wagen abfuhr, ging sie langsam, ohne sich noch einmal umzusehen, das Gesicht in's Taschentuch vergrabend, zurück …

Als ich, nach Jahren, einmal in München durch die Theatinerstraße ging und vor einem Bilderladen stehen geblieben war, hörte ich plötzlich neben mir: „O, dös is ja mei Baron." Und im nächsten Augenblicke stand das Katherl, an die ich Undankbarer so lange nicht gedacht hatte, neben mir. Sie hatte sich dem Arm eines sie führenden Herrn entwunden. Sich zu diesem wendend, sagte sie lachend zu ihm: „Dös is a Vetter von mir." Der Herr, ihr Ehegemahl, lächelte, als wenn er sich ausdrücken wolle, solche Vetterschaft habe er nun schon mehrmals erleben müssen.

Der Herr Gemahl, übrigens ein lustig und frisch aussehender, gesunder, etwa dreißigjähriger Mann, mit klugen Aeugelchen hinter den Brillengläsern, entpuppte sich als ein wohlhabender Ingenieur. Das Katherl war fett geworden. Aber die wilden, herrlichen Augen blitzten wie damals. Es überkam mich eine Sehnsucht …

Das Paar lud mich ein, es zu besuchen. Ich sagte zu. Aber auf dem weiteren Wege überlegte ich mir die Sache: Lieber nicht. Wir sollen, wegen einer vorübergehenden Regung, freventlich den Ehefrieden eines Hauses nicht stören.

*   *
*

Als ich heut' von der Rottmannshöhe hinabstieg, glaubte ich in der Ferne meinen Freund Johannsen zu sehen. Ein Mensch ihm ähnlich, lief am oberen Rande eines Feldes von mir, oder vor mir fort. Doch hatte ich mich wohl geirrt.

In Leoni mietete ich mir ein Boot. Eine junge kräftige Bauernfrau fuhr mich. Ich sehe die freundliche Fergin – treuherzig, gefällig wie alle Bayern – noch vor mir: Wie sich, beim jedesma-

ligen Eintauchen der Ruder, die Sehnen ihrer Hände und Arme
zeigten; wie sich bei jedem Ruderschlag ein wenig die aufge-
stemmte nägelbeschlagene Sohle ihres linken Fußes hob. Es war
kalt. Allmählich dunkelte es. Ein violetter Schimmer lag über
dem Laubholz. Die Villen verschwanden. Die Alpen erloschen
im Dämmer.

Nur ein letzter Abendschimmer lag noch auf den Ufern und
auf dem See, als wir landeten. Eine hochgewachsene, schlanke
Dame schien das Boot, das eben knirschend an der Brücke auf
den weißen Sand, auch jetzt noch zeigt das Wasser die grüne Farbe, stieß, zu erwarten. Sie fragte hastig: „Kann ich mit zurück-
fahren?" Meine Kahnführerin antwortete, sich der Kälte wegen
ein dreieckiges rotes Tuch um den Kopf schlagend, bejahend.

Während ich ausstieg, entglitt der Hand der Dame ein Gegenstand und fiel in den See. Sofort sprang ich zurück, warf den
Rock ab, streifte den rechten Hemdärmel zurück und erreichte
mit leichter Mühe auf dem Sandboden das Verlorene. Als ich es
in Händen hatte, kam es mir vor, als sei es, es glänzte, aus cuivre
poli eine fremdländische Schnecke mit ihrem Gehäuse, in natürlicher Größe. Ich überreichte sie der Besitzerin, die aus Schrecken der Bäuerin halb ohnmächtig in die Arme gefallen war. Sie
schlug den Schleier zurück und ich entdeckte ein unendlich an-
mutiges Gesicht.

„Tausend Dank für Ihre Güte", und schnell, wie durcheinander redend, ohne die Regeln der Gesellschaft zu beobachten,
fuhr sie fort: „Sahen Sie einen großen Herrn? Sie kommen von
Leoni? Komtesse Tölz."

Ich verbeugte mich, nannte meinen Namen, und konnte der
Gräfin nur melden, daß ich glaube einen Freund von mir erkannt
zu haben. Er habe Eile gehabt, und so hätte ich ihn gleich aus den
Augen verloren.

Die Gräfin sprang in's Boot. Ich entfernte mich. Noch einmal
schaute ich zurück auf den fast ganz in Dunkel gehüllten See. Ich
konnte den Nachen nicht mehr finden. Nur die gleichmäßigen

Ruderschläge hörte ich. Diese, so kam es mir vor, wurden schneller, immer schneller, mit aller Anstrengung in's Wasser getaucht. Die Dame schien die Fergin zur größten Eile anzutreiben.

Ich hatte noch eine Stunde Zeit bis zur Abfahrt nach München. Als ich in Starnberg dem bayerischen Hof zuschritt, um dort zu Nacht zu essen, fiel es mir wie Schuppen von den Augen. Ich hatte die Gräfin schon einmal gesehen. Es war vor zwei Jahren gewesen. Ich lebte damals die Monate Februar und März in München. Am Aschermittwoch besuchte ich die Basilika. Dort hatte ich einen reizenden, mir unvergeßlichen Anblick. In der schönen Kirche knieten vor dem Hochaltargitter etwa zweihundert Kinder im Alter von sechs bis zehn Jahren. Sie waren nach Schluß ihrer Schule hierhergekommen. Es gab ein Flüstern, ein sich Schieben und Drängen, Kichern. Gerade in der Mitte dieser Kinder kniete eine große, in Trauer gekleidete, tiefverschleierte Dame. Eine Weile dauerte das Warten, dann erschien ein sehr alter weißhaariger Priester. Und nun war's bezaubernd zu sehen, wie der alte würdige Herr lächelnd und ernst zugleich der fröhlichen Kinderschar mit dem Aschenstäubchen die Stirnen betupfte. Als er der Dame sich näherte, schlug diese den schwarzen Schleier zurück und bog das Haupt. Ich erblickte das anmutigste Gesicht – und es war das Gesicht der Gräfin, die in dieser Stunde über den See nach Leoni fuhr.

Im bayerischen Hof traf ich mir bekannte Herren. Als ich ihnen meinen Freund Johannsen erwähnte, war aller bestimmte Ansicht, daß Hermann, dessen Gier nach allerlei Getier aus Metall und Stein sicher schon bei ihm zur fixen Idee geworden, bald in eine Heilanstalt werde aufgenommen werden müssen.

*   *

*

Gestern um vier Uhr Nachmittags bin ich in Wulffhägen angekommen. Um sechs Uhr ging ich nach dem Lohholz, um an dessen Rande Schnepfen zu schießen. Aber es erschien keine, trotzdem die rechte feuchte Frühlingswitterung eingetreten war.

Es hatte starke Regengüsse, Flagen, gegeben. Die schweren Wolken, von der Nordsee kommend, zogen über mich weg, nach der Ostsee. Zuweilen brach die Sonne durch: einmal tauchte sie das zwei Meilen von meinem Standpunkte entfernt liegende Dorf Brockstedt in Feuer. Die roten Ziegeldächer brannten. Ein anderes Wolkenloch ließ Strahlen auf ein Feld mit Wintersaat schießen. Wie grün dies Feld aus den sonst beschatteten hervorsah. Ueberall solche Lichter und Schatten; besonders ein kleines Tannenholz, wo es zugleich regnen mußte, lag in einem hellgrauen Perlsieb.

Endlich, kurz vor ihrem Untergange, siegte die Sonne ganz. Da fing im Walde Alles an wie verrückt zu singen und zu lärmen. Drosseln in der Nähe, aus der Ferne, von allen Enden und Ecken her.

Ein kurzes dickes Stück Regenbogen, das sehr bald dunkle Dunstgebilde verschluckten, spannte sich im Osten aus wie die Felge eines Rades. Durch dies „Stück" Regenbogen gewissermaßen hindurch trieb ein Pflüger seinen Pflug. Raben folgten ihm flatternd. Knecht und Pferde und Vögel hoben sich ganz schwarz ab von ihm. Dann auch fuhr der Kiel-Altonaer Zug vorbei, ihn auf eine Sekunde mit seinem dicken weißen Qualm verschlingend.

Und eine schmerzliche, tiefherzliche heiße Freude kam über mich: so lieb' ich mein Heimatland. Ich hätte den Mutterboden küssen können.

Heut Morgen ritt ich zuerst vier Stunden hintereinander meine Pferde. Dann las ich mit großem Behagen in Nietzsche's: „Götzendämmerung". Ich glaube, ich machte dabei ein Gesicht wie ein Faun.

Nachmittags machte ich einen Rundgang durch die Dörfer, Höfe, Kathen. Marie Ohrt besuchte ich in ihrem einsamen Wirtshaus. Dieses Wirtshaus führt den wunderlichen Namen: Wrack. Ich traf das Marieken allein. Und wieder sagte sie: „Bütte, bütte, Herr Baron", und später in ihrer sanften, abwehrenden und doch hingebenden, zärtlichen Weise, langsam: „Uw, lat dat doch sin: wat schall dat." Und nun fingen wir wieder an zu lachen, wie nur wir beide lachen können. Ihr Mann erschien, und wir lachten zu Dreien. Ich hörte die Chronique scandaleuse meiner Gegend und da giebt es denn – wir Menschen sind nun einmal Bösewichter – sehr viel die Heiterkeit Anregendes. Besonders belustigte mich eine kleine amüsante Affaire Trien Minwegen's, eines leichtsinnigen, schnell- und gutherzigen stark liebe- und küssebedürftigen Bauernmädels, die der Wirt nach Art des Boccaccio erzählte. Marie und ich gerieten in das stürmischste Gelächter.

Man muß mit den Leuten sprechen können, ihnen geduldig zuhören, sich in ihren kleinen Interessentenkreis hineindenken. Und das wird mir nicht schwer. Komm' ich auch eben aus Italien und München und hab' ich dort in „göttlicher Kunst" geschwelgt, heute bin ich unter meinen Nachbarn, den Schloßherren, Gutsbesitzern, Kleinstädtern, Bauern, Käthnern, Taglöhnern, die ja, bei mir zu Hause, in Bezug auf die Kunst, ob sie Schloßherrn oder Taglöhner sind, die gleichen Gedanken haben. Dem Schleswig-Holsteiner, im großen ganzen, ist die Kunst etwas durchaus Ueberflüssiges, Unbegreifliches, sehr Entbehrliches! Meine guten Landsleute schütteln wohl gar den Kopf über einen von ihr Begeisterten, und tippen sich, sich verständnisvoll anschauend, an die Stirn und sagen bedeutungsvoll: „He is'n beten dösi (blödsinnig)." Aber so hab' ich es eigentlich in allen Ländern gefunden. Die wirkliche Kunstgemeinde ist eine verschwindend kleine ...

Ich habe mir einzelne Brocken aus Gesprächen in den Gaststuben auf dem Lande, bei den Bauern, aufgeschrieben. Les' ich sie, stehen mir die Leute, die Wirtschaften, Wald und Feld und Haide meiner Heimat deutlich vor Augen. Und wie man so spricht:

„Hest all hört, Trien Piepersch heirat't nu doch Jan Voß. Dat hett wat duert. Ik weet ni, wat se so lang tövt hett; se hett sick doch all dreehunnert Mark spart ..."

„Junge, Junge, ick sech di, dat wär'n Swien; de wog över veerhunnert Pund ..."

„Dat seggt he so baben Harten her."

„Wo wit bist't mit dien Hafersein (säen) ..."

„Dat harr ick ni dacht, dat de lange Finger maken de; de mak sin Olen veel Kummer ..."

„De Lüd segn ja, Klaus Fock hett sin Stä (Hofstelle) verköfft, ob dat wull wahr is? .."

„Anna Heeschen is storbn; schad't um er; wat wär dat för'n fixe Deern ..."

„Ob uns' nie Bahn wull bald in Gang kummt? Na, dat hett ock lang 'nog duert ..."

„Chrischan Mehrens secht immer noch, he will sick Berlin ansehn; ick glöv avers, da kummt nix na; he is noch veel to dull an't Huus wennt ..."

„Hest all hört, wat de Lüd över Martin Rix vertelln dot; dat schall ja 'n dulle Sack wen ..."

„Wenn't glücken deit mit Hans Harbeck, denn bün ick god 'rut; de betalt mi dat glick rein ut ..."

„Na, wat steit't, hest wat up'n Stall to verköpn; schall' k de Ossen mal ansehn? .."

„Dat is sonst so'n goder Kerl, wenn he man blos nicht so lichtsinnig wär; he is to dull achter de Deeres her; söben Mark wär he mi noch schullig, veer Mark hev ick em noch baar lehnt ..."

„Wenn Detl Schleip nich so eifersüchti wesen wär, denn wär't Allens anders kam (gekommen) ..."

Auch im „Blauen Lappen" wollte ich einkehren; aber ich bemerkte schon von außen durch die Fenster benebelte Gestalten, die sich dermaßen im Zustande dunkler Begriffe befanden, daß ich beschloß, meinen Besuch hier zu gelegenerer Zeit zu machen ...

Meine Lesefrüchte der letzten Tage sind: „Der Morgen, der schöne frische, kräftige Sohn der Nacht." Jean Paul. „Was weiß ein Mensch vom andern." Goethe. „Die Erdbeeren, die ich gegessen habe, die habe ich vergessen. Aber die ich habe stehn lassen, die brennen mir auf der Seele." Bettina von Arnim. „So oft wir einem rücksichtslosen, Alles verzehrenden Egoismus begegnen, zeigt sich uns eine Art Respekt vor so elementarer Ganzheit; der mit dem moralischen Urteil nichts zu thun hat." Isolde Kurz. „Der Künstler ist der Luxusmensch der Natur." Otto Julius Bierbaum. „Darum sollen sich die Starken und Gleichmütigen zusammenfinden, damit die Angst- und Heulmeier die Versuche mit der neuen Kunst und Litteratur nicht stören." M. G. Conrad.

„Meine deutschen Lieblingsdichter, unter den Verstorbenen, sind Goethe, Heinrich von Kleist, Mörike, Theodor Storm, Annette von Droste-Hülshoff. Die schrieben wie sie wollten. Es war ihnen vollkommen gleichgültig, ob sie verstanden oder nicht verstanden wurden, ob sie gelesen oder nicht gelesen wurden. Wir können uns das Entsetzen der heutigen „illustrierten Familienblätter" vorstellen, wenn ihnen von den fünf Obengenannten „etwas" zur „gefälligen Einsicht etc. ergebenst übersandt" würde. Die illustrierten Familienblätter sind eine schwere Krankheit für Deutschland. Der Stupor wird durch diese zu gefährlicher Vertiefung gebracht. Die schändliche Prüderie nimmt durch sie immer mehr zu. Sie sind Schuld daran, daß die Verflachung und Verweichlichung und Geschmackslosigkeit, die Versumpfung und Verseuchung in furchtbarer Weise zunehmen. Aufgepaßt! mein deutsches Vaterland.

Die Herren Geistlichen haben die Güte, uns ein Himmelreich in Aussicht zu stellen. Das lasse ich mir gefallen. Nur darf es dort nicht so langweilig und trivial sein wie auf unsrer Erde. Dann lieber in die Hölle. Am liebsten aber in die ewige traumlose Nacht. Da ruht sich's, glaub' ich, höchst angenehm und gemütlich. Wenn's aber der Himmel ist, der uns nach dem Tode aufnimmt, dann müßte ich dort vor allen Dingen Begegnungen haben: zuerst würde ich Caesar und die obengenannten Lieblingsdichter aufsuchen, Alcibiades meinen Liebling, die Religionsstifter, den großen Kurfürsten, Friedrich den Großen, Napoleon, Mozart, den süßen Bengel, Schumann, Iwan den Schrecklichen, den Apostel Paulus, Beethoven, Väterchen (Attila), Kaiser Heinrich den Sechsten, Voltaire, Hannibal, Rubens, Shakespeare, Blücher und wen alles noch. Gäben Alexander der Große und Gustav Adolf bei mir ihre Karten ab, wäre ich nicht zu Hause. Die beiden liebe ich nicht. Vor Allem aber stürmte ich in jene Himmelsecke, wo die Merowinger sitzen. Das ist mir das weitaus interessante Geschlecht der Weltgeschichte, dessen Damen so wohl wie dessen Häuptlinge. Das waren doch Vollmenschen.

Im Himmel müßte ich auch zuweilen einen Krieg, eine Schlacht mitmachen können. Das stärkt die Nerven und bringt Appetit. Dann auch müßten mir Jagdgründe dort zu Gebote steh'n; und nach der Jagd muß ich Erbsensuppe haben; und darauf gute Cigarren, behaglichen Kamin, Vorsingenlassen Schumannscher und Hugo Wolf'scher Lieder. Zum Nachtisch endlich gefällt mir ein küssewütiges, lachendes, liebes, lustiges kleines holsteinisches Bauernmädel. De lütten holsteenschen Buerdeerns sind von jeher mein Entzücken gewesen. In der Liebe wie im Leben wissen so wenige, was gut schmeckt."

Baron Detlev Liliencron.

> „Ich komme, und weiß nicht woher,
> Ich gehe, und weiß nicht wohin,
> Mich wundert's daß ich so fröhlich bin."

Welch' heidnisch-herrlicher, unsäglich rührender Spruch.

... eben wollte ich mich an den Schreibtisch setzen, um Briefe zu beantworten, als auf meinem Hofe der Huf eines in schnellster Gangart sich nähernden Pferdes erklang. Als wenn für einen zum Tode Verunglückten der Arzt gerufen werden sollte; als wenn einer mir den Befehl bringen sollte, die Glocken meiner Dörfer allerschleunigst in hilfeheulende Bewegung zu setzen: Der Feind sei ins' Land gebrochen.

Ich sprang auf und eilte an's Fenster; und gerade noch kam ich zur rechten Zeit, um zu sehen, wie Ludolf Johannsen, der Gutsbesitzer auf Havighorst, Hermanns Bruder, seinen Gaul vor'm Haupteingang dermaßen scharf anhielt, daß er wie ein Hund sich auf die Hinterbeine setzte. Dann stürmte, mehrere Stufen immer zugleich nehmend, mein Nachbar zu mir hinauf. Er sah lakenblaß aus. Ohne mich anzureden, ohne überhaupt zu sprechen, hielt er mir eine Depesche hin. Ich nahm sie und las:

„Benützen Sie, bitte, den nächsten Zug nach München. Ihr Herr Bruder ist vorläufig im Irrenhause untergebracht. Der erste Staatsanwalt."

Was war geschehen? Lag ein Verbrechen vor?

„Ich weiß, Ludolf, weshalb Du hergerast bist; ich soll mit. Gut. Wir können den acht Uhr neunzehn Minuten-Zug unserer Haltestelle noch erlangen. Dann erreichen wir in Hamburg den Nacht-Schnellzug nach Leipzig. Vorwärts!"

Er reichte mir hastig die Hand.

⁎   ⁎
⁎

Wie's sich ereignet hat, wie's gewachsen, wie's schließlich gekommen ist, wird keiner mit Bestimmtheit je erzählen können.

Ich schrieb, wie zu meiner Erlösung in mein Tagebuch:

Hermann Johannsen, spät abends aus einer Gesellschaft in Schwabing zurückkehrend, bemerkte in einem der Querwege vor'm Siegesthor von der Landstraße aus in einem der dortstehenden Häuser einen Gardinenbrand. Durch sein Hineilen und rasches Aufrütteln der Bewohner und durch sein lebhaftes Mithelfen war das kleine Feuer bald erstickt.

Der Stock, in dem die Flammen ihre Mordzungen gezeigt hatten, war einer Gräfin Tölz vermietet. Mit ihr lebte nur ihre zweiundzwanzigjährige Tochter, Komtesse Anna. Die Gräfin-Mutter, wenn auch nicht in begnadet günstigen Vermögensumständen, hatte ein gutes Einkommen; sie brauchte nicht zu sparen, hatte im Gegenteil so viel übrig, daß sie ein „Haus", wenn auch in bescheidenen Grenzen, machen konnte. Bei ihr verkehrte die gute Gesellschaft Münchens. Namentlich auch waren es junge Künstler, denen sie ihr: „Seid willkommen!" zurief.

Am anderen Morgen erstattete Hermann seinen Besuch, um sich bei den Damen zu erkundigen, wie ihnen der Schrecken bekommen sei. Dieser Besuch bildete den ersten Haken zu weiteren gesellschaftlichen Beziehungen: Hermann Johannsen ward ein gern gesehener Gast.

Bei einer Abendunterhaltung in den Räumen der Gräfin, während er sich mit einem Legationsrat – beide lehnten stehend an dem geschlossenen Flügel – über Hypnotismus unterhielt, entdeckten seine Augen auf einem Wandvorsprung unter anderen Schmucksächelchen eine Schnecke. Er ließ schroff den über dies Gebahren starrverwunderten Legationsrat stehen und ging rasch auf den Gegenstand zu.

Die Schnecke, eine sehr hübsche galvanoplastische Arbeit aus den dreißiger, vierziger Jahren, nahm er, die Augen funkelten ihm, in seine Hand. Sie war schwer, augenscheinlich sollte sie ihren Nutzzweck als Briefbeschwerer erfüllen. Der Altertümerfreund fragte die just bei ihm vorbeigehende Komtesse, wie alt wohl das Spielzeug sei. Diese in einer lustigen Laune, antwortete lachend: „Und Sie, der Kenner, erraten es nicht gleich selbst? Diese Schnecke hat schon auf dem Schreibtische der schönen Königin Kleopatra gestanden." Und mit diesen Worten war Anna vorübergehuscht. Die Aussage der Komtesse machte einen außerordentlichen Eindruck auf Hermann. Er konnte sich an dem Ding, das „der schönen Königin Kleopatra" gehört, nicht satt sehen. Immer wieder ließ er es in seinen Händen gleißen.

Von Neugier und Sucht nach dem metallenen Spielzeug gepeinigt, war er bald wieder im Tölz'schen Hause. Die junge Gräfin, als sie seine ganz ernsthaft gemeinten Fragen über die Schnecke hörte, wurde zuerst ganz stutzig; dann aber, wie in einem Eigensinn beharrend, blieb sie bei ihrer Meinung, daß die Schnecke schon auf dem „Schreibtische" Kleopatras gestanden habe. Hätte sie in die glühenden, verlangenden Augen Hermanns geblickt, wäre sie erschrocken aufgesprungen und hätte ihren Scherz berichtigt.

Hermann Johannsen, immer mehr von dem einzigen Gedanken getrieben, das Kunsttierchen in seinen Besitz zu gewinnen, hatte schlaflose Nächte. Er sann hin und her. Die Schnecke – nun erst recht blieb Anna, vielleicht in einer weiblichen Schrulle, auf ihrer grillenhaften Aussage bestehen – geschenkt zu erhalten, mißlang: Die Komtesse erwiederte, daß ihr Haus, nach einer alten Ueberlieferung von Kleopatra abstamme, und daß sich ihre Familie deshalb der Schnecke nicht entäußern dürfe.

Hermann Johannsen sann wieder hin und her. Schon kamen ihm Gedanken über einen Diebstahl. Doch fiel es ihm ein, daß er vielleicht das Schneckerle durch Kauf erlangen könne. Aber auch dieser Plan scheiterte: Sein feinfühliges Vorfragen bei der Gräfin-Wittwe merkte diese ebenso feinfühlig, und schlug es, ohne daß die Beiden schon den eigentlichen Kaufs- oder Verkaufspreis ausgesprochen hatten, ab. –

Die Gräfin that es wohl aus dem Grunde, weil ihr jeder Schachergedanken zuwider war. Mein Gott, so mochte sie denken, wenn ihm das unschuldige Ding so viel wert ist, so mag er meine Tochter darum bitten; weshalb sollte sie es ihm nicht überlassen.

Nun blieb Hermann Johannsen nur ein letztes Mittel: Er wollte und mußte die Komtesse heiraten.

Hermann Johannsen war ein Weiberfeind. Er nannte sie die Friedensstörer jeglicher Mannesarbeit. Ledig zu bleiben, dadurch seine Freiheit zu behalten, hatte er sich ein für allemal vorgenommen.

Nun änderte mit einemmale eine kleine unschuldige Schnecke seine ganz bestimmten Vorsätze.

Hermann Johannsens Herz war nie, auch in seinen jungen Jahren, von der Liebe gerüttelt, beseligt, zertreten worden. Er kannte diese Regungen, diese Gefühle nicht. Er fragte sich deshalb nicht, ob er Gegenliebe finden, ob er beglücken, ob er selbst das höchste Glück erreichen würde. Nur die fixe Idee, durch die Heirat endlich in Besitz des von ihm mit allen Fasern Erwünschten zu kommen, leitete von jetzt an alle seine Schritte.

Hermann Johannsen spielte bei Komtesse Tölz den Liebenswürdigen. Und er, der großgewachsene, schwarzhaarige, blauäugige, elegante Holsteiner verfehlte nicht, tiefen Eindruck auf Anna zu machen. Bald hatten Mutter und Tochter, die Absichten merkend, intime Gespräche mit einander: Namentlich der auffallende Reichtum des Bewerbers wurde in Erwägung gezogen. Zudem kam eine wirkliche Neigung der Komtesse zu dem schönen Manne mit den „rätselhaften" Augen.

Und eines Tages wurde die Verlobung veröffentlicht.

Die gerichtlichen, kirchlichen und Geldverhältnisse waren bald geordnet. Der Hochzeitstag wurde auf den siebenundzwanzigsten März festgesetzt.

Eine Woche vor der Vermählung äußerte der Verlobte seiner Braut, daß sie ihm nun, da sie ja doch bald mit ihr ihm gehöre, die Schnecke überlasse. Und ohne ihre Antwort abzuwarten, sprang er an den Wandvorsprung und riß das Tier an sich.

„Nein, nicht vor unserem Hochzeitstag sollst Du sie haben."

Da veränderte sich das Gesicht Hermanns. Die junge Gräfin sah in seine blitzenden, wahnsinnigen Augen, auf seine gekrampften Hände, in denen er das schnell gepackte Tier festhielt.

„Du liebst nicht mich, Du liebst das Tier" – – – grausig klang das Wort. Sie hatte sich zu voller Höhe emporgerichtet. Dann sprang sie vor und entriß ihm die Schnecke.

Und wieder ging eine Veränderung bei Hermann vor. Seine Hände erschlafften, seine Blicke erloschen. Dann hob er die Augen, und wie aus einem Traum, aus einer andern Welt erwachend, sagte er müde, ruhig: „Laß mich gehen; ich bin krank."

„Wohin?"

Und wie im gewöhnlichen Alltagston antwortete er: „Das

Wetter ist so schön; ich will meine Lieblingsplätze am Starnbergersee aufsuchen, Leoni und die Rottmannshöhe ..."

Er ging ohne Gruß hinaus. Die Gräfin schaute ihm nach; dann brach sie in einem Sessel zusammen; das Schneckerle rollte über den Teppich. –

Hermann Johannsen erreichte Starnberg. Dort nahm er einen Wagen und fuhr nach Leoni. Dann stieg er zur Rottmannshöhe hinauf. Es war ihm auf dem ganzen Wege vorgekommen, als wenn etwas in ihm ausgelöscht sei. Es war sanft und still in ihm. Doch oben angekommen, bemächtigte sich seiner eine merkwürdige, nicht zu bezähmende Unruhe. Wieder fiel ihm die Schnecke ein, und mehr als je zerrte ihn der glühendste Wunsch nach ihr. Er schritt auf der leeren Terrasse des riesigen, schloßartigen Sommerfrischlergebäudes, das noch keinen Menschen beherbergte, rastlos hin und her; und wieder in die Felder und Wälder, ins „Moos"; und wieder auf die Terrasse: dort sah er einmal lange auf die schneebedeckten Alpen, die im grellsten Sonnenschein, auf eine Meile vor ihm herangerückt schienen, so klar traten die Thäler und Kuppen und Schroffen hervor. Und der Anblick auf das Eis der Berge that seinem brennenden Herzen, seinen heißen Lippen, Augen und Wangen unendlich wohl.

Schon trabte er wieder, den ihm begegnenden Menschen ausweichend oder vor ihnen fliehend, mit den Händen in den Hosentaschen, den Hut im Nacken, mit finsteren Blicken überall umher. Er kannte keine Wege mehr; er brach sich gerade Bahn durch Aeste und Gestrüpp; er wußte nichts mehr von sich selbst. Nur ein einziger Gedanke stand unaufhörlich vor ihm: Er hielt in der hocherhobenen Rechten den kleinen glänzenden Briefbeschwerer, an dem ein dunkelroter Blutstropfen hing. Und durch ihn schien aller Schnee, der auf den Alpen lag, in leichte, feine Röte getaucht.

Um neun Uhr Abends – in dem anliegenden Wirtsgebäude war alles schon zur Ruhe gegangen – stand er wieder auf der Terrasse. Er hatte den Hut verloren. Der Vollmond beleuchtete ihn grell. Da erschien – er hatte sie nicht gehört – auf der Treppe seine Braut. Sie sah ihn und hielt, wie zur Versöhnung, das zierliche Kunstwerk ihm entgegen. Mit einem dumpfen, tierischen Laut stürzte er auf sie zu und riß sie zu Boden ... und erwürgte sie ... Kein Laut, kein Schrei ward hörbar ...

Als er die Komtesse erdrosselt hatte, versuchte er ihr den blinkenden Gegenstand zu entwinden. Aber in ihrer Todesminute, in ihrer Todeserstarrung hatte sie ihn so fest umklammert, daß es ihm nicht gelang. So nahm er sein Taschenmesser und schnitt ihn aus den weißen, zarten, schmalen Händen der Gräfin heraus. Und hoch in der Rechten hob er die Schnecke. Ein einziger Blutstropfen hing an ihr, so leuchtend, blendend, daß ihm war, als beschiene er den ewigen Schnee der Alpen, jener großen Kette, die vor ihm lag von Salzburg bis nach Bern ...

Langsam, blöde vor sich hinlächelnd, stieg er Schritt für Schritt die Treppe hinab, immer noch die Beute hoch in der erhobenen Rechten haltend. Dann verschwand er im Walde ...

Auf der Terrasse, im hellsten Mondschein, unmittelbar an den Stufen lag die junge Gräfin mit erstarrten Augen. Einige Blutstropfen sickerten durch das Geländer auf die Spitze des geschlängelten Schweifes einer Sphinx, die an der Treppe lag. Ihr Ton, das Tröpfeln, wenn hörbar überhaupt, wäre der einzige gewesen in der ungeheuren Stille rings umher.

Das sterbende Schwein

Ein sonniger, aber rauher Herbsttag. In dem holsteinischen Landstädtchen hatten die wohlhabenden sich schon längst auf den Winter vorbereitet: Kohlen und Holz, in sicherem Gewahrsam, lagen gut geschichtet in den Kellern und auf dem Boden. Die ärmeren dachten erst jetzt mit Schrecken an den anzuschaffenden Brennstoff. In dem hart an den Flecken grenzenden Dorfe war das erste Schwein geschlachtet in diesem Jahr. Triumphierend, mit dem laub- und blumenbedeckten Leichnam zogen die Bauern von Haus zu Haus unter Lachen und derben Witzen. Und Abends war „Swinsköst".

Der alte Käthner Ehler Reimers sah den Siegeszug von der Thür seiner Kathe aus. Er machte kein neidisches oder auch nur mißvergnügtes Gesicht, aber er rauchte in schnelleren Zügen, als es sonst seine Gewohnheit war. Und dann machte er bedächtig Kehrt und ging in den kleinen Stall, der im Garten hinter seinem Hause lag. Durch die geöffnete Thür des bretternen Verschlages schien die Sonne hinein. Sie beschien eine Gruppe: ein schwer, oft hastig atmendes Schwein lag auf der rechten Seite mit ausgestreckten, zuweilen eine kleine Bewegung zeigenden Beinen. Vor ihm knieten eine junge schwarzäugige Bauernfrau mit besorgten Mienen und ein achtjährig Kind, das unablässig kläglich sprach: „Min Fieke, min Fieke, so sup doch mal". Wenn es ihm dann die Milchschüssel an die Schnauze brachte und diese zu heben suchte, stöhnte das Schwein, und der Versuch, ihm Linderung zu schaffen, mußte immer wieder aufgegeben werden. Es mußte außerordentliche Schmerzen erdulden; bei der geringsten Bewegung, die mit ihm vorgenommen wurde, stöhnte es ängstlich auf. Das Tier hatte den Milzbrand. Der Kreistierarzt hatte es aufgegeben, und der Wunderdoktor des Dorfes hatte vergeblich seine homöopathischen Mittel angewandt.

Der Alte trat herzu, nahm seine Pfeife aus dem Munde und bog sich zu dem armen Geschöpf. Mutter und Enkelkind beobachteten ängstlich sein Gesicht. Mit dem Kopfe schüttelnd, sagte er: „nä, dat's ut; da ward nix mehr vun". Und es war, als wenn ihn eine Rührung überkäme: er hatte es großgezogen. Wenn er mit dem Futter ankam, hörte er schon das freudige Grunzen und Rumoren in der Ferne: sein Schützling merkte seine Nähe. Zuweilen hatte er es in Luft und Licht hinausgelassen, ihm freudig einen Schlag gebend auf den feisten Rücken.

Sahen die kleinen gekniffenen Augen der Sau nicht der Reihe nach die Wohlthäter an: den Alten, die junge Frau, de lütt Bertha? oder kam es den dreien nur so vor? sie knieten mit verhaltenem Atem. Die Kleine versuchte noch einmal, die Milchschüssel unter die Schnauze zu bringen: „Min Fieke, min Fieke, du muß doch ni starben". Aber der Alte verwies es ihr. Das Röcheln wurde immer langsamer, bis es endlich ganz aufhörte. Das arme Tier hatte ausgelitten.

Die Nachmittagssonne beleuchtete grell durch die offenstehende Thür in dem sonst dunkeln Raume die Flachsköpfe der jungen Frau Marie und lütt Berthas, die weißen Haare des Großvaters und die Borsten der verendeten Sau. Nach der vornehmen Art der Holsteiner verhielten Großvater und Tochter ihren Schmerz; nur das Kind schluchzte heftig: „min Fieke is dod".

Das Schwein war nicht versichert gewesen. Die drei Menschen hätten, wenn es Weihnachten geschlachtet worden wäre, ein halbes Jahr davon leben können.

Die vergessene Hortensie

Ich hatte einige Tage in einer kleinen Stadt zu thun. Alle kleinen Städte, ohne Ausnahme, sind langweilig. Und dann kommen unsre unangenehmen menschlichen Eigenschaften, ich sage unsre unangenehmen, mehr zum Vorschein als in großen Städten: die Klatschsucht, der Neid, die Scheelsucht zum Beispiel. Nicht einen Schluck Kaffee können wir trinken, ohne daß es sofort das ganze Oertchen weiß. In Liebessachen hilft die denkbar größte Vorsicht nicht; es ist doch am andern Morgen alles bekannt. Freilich, auch ihre guten Eigenschaften haben kleine Städte: frische Luft und einsame Spaziergänge.

Und wie bestechlich sind sie, wenn wir auf kurzen Besuch oder zur Erholung dort weilen: wie idyllisch kommt uns dann dies Leben vor, wie harmlos, wie patriarchalisch, ja wie paradiesisch. Und es steckt doch hinter all dieser scheinbaren Harmlosigkeit nicht nur der oft grell zu Tage tretende Egoismus, sondern auch eine fürchterliche Teilnahmlosigkeit: Das ganze große Leben in großen Verhältnissen geht spurlos vorbei an und in jedem kleinen Neste.

Das Städtchen, wo ich mich einige Tage aufhalten mußte, lag entzückend. Ein raschfließendes Flüßchen mit vielen bunten Wimpeln im Süden, ein bewaldeter Höhenzug, gleichsam wie ein Raupenbusch von Ferne anzusehn, im Norden, Haiden im Westen und Osten schlossen es ein.

Ein herrlicher Sommertag ging zu Ende. Ich saß vor der Thür des einzigen Wirtshauses und trank mein Bier. Um die Linden der Kirche gaukelten, wie tanzende Schneeflocken, hunderte von Kohlweißlingen. Der Wochenwagen kam und hielt. Die Pferde erhielten ihren Hafer vorgeschüttet, und tranken dann in jenen langen behaglichen Zügen. Das Wasser, wenn sie die Köpfe aus dem Eimer steckten, tröpfelte von den Lefzen aufs Pflaster. Und nun kamen auch die allabendlich heimgetriebenen Kühe. Jede kannte ihren Stall, ihren Thorweg; und ohne viel Hott und Hü und Zurechtweisung traten sie in die ihnen schon geöffneten Ställe. Nur eine buntrote Kuh schien eigensinnig zu sein. Sie erschreckte, prustend und schnuppernd (sie hatte Durst), einen trinkenden Pudel. Aber einige Peitschenhiebe des kleinen Hütejungen erinnerten sie, alle Narrheiten zu unterlassen.

Als ich mein Zimmer zum Zubettgehen aufsuchen wollte, durchschritt ich den Saal des Hauses. Dieser Saal sah aus wie alle solche Säle, wenn sie so zu sagen nicht im Dienste sind zu größeren Essen, Auktionen, Tanzfesten, Vereinssitzungen. Meine Schritte hallten durch die Leere. Die kleine Liebhaberbühne war verhängt, das alte Klavier dick bestaubt. Auf einem rot angestrichenen Tannentische stand eine geleerte Bierflasche. Auf einem Stuhl lag ein Besen. Den einzigen lebenden Schmuck des weiten toten Raumes bildete in einem Fenster eine Hortensie. Über und über in höchster Zier, zeigte sie ihre schönen Doldenbälle. An ihrem Stämmchen hing an einem Faden ein weißes Papptäfelchen. Auf diesem Täfelchen stand die Nummer 731. Ich fragte die mir begegnende Wirtin, was für eine Bewandtnis es habe mit dem einen Topfgewächs, weshalb sie es nicht in ihre Wohnzimmer nehme. Sie antwortete mir, daß die Hortensie vergessen sei, abgeholt zu werden. Sie sei ein Gewinn aus der Lotterie der letzten Tierschau; nun müsse sie hier so lange stehen, bis die Zeit abgelaufen. Übrigens, fügte sie hinzu, sehen Sie, daß sie keine Not leidet; ich begieße sie täglich, und lasse ihr Sonne und Licht zukommen, so viel sie haben will.

Die Hortensie ging in meine Träume über. Bald stand sie oben auf dem Mittelmaste eines Riesenschiffes, und die Wellen des Oceans umschlugen und umspritzten sie. Bald stand sie auf einem goldenen Teller vor einem weißhaarigen und weißbärtigen Könige, der leise vor sich hinsprach: Die Menschen liebe ich nicht, aber die Blumen liebe ich, denn die Blumen sprechen nicht. Nun wieder war sie die einzige Freude einer alten Näherin: alle Augenblicke sah die fleißige Frau von ihrer schweren Arbeit auf und betrachtete liebevoll den Stock, und sie hielt dabei immer den Kopf etwas schief. Und nun gar: die Hortensie wuchs zur Größe einer ungeheueren Eiche; und ich hörte ein Rauschen: so seh' ich aus auf dem Jupiter. Und es wurde eine dieser Hortensien, die die Größe einer Eiche hatten, ganz phantastisch: Wunderbare Geschöpfe, mit Flügeln statt Ohren, tanzten und rutschten und fingen sich und lachten und kicherten in ihren Zweigen. Da erschien ein Ungetüm, das die Formen, aber viel gewaltiger als auf Erden, des Krokodils hatte. Und das Ungeheuer schielte von unten hinauf; und es streckte eine lange, lange schmale, spitzzulaufende Zunge aus, und leckte sich geschickt die merkwürdigen Geschöpfe von den Ästen herunter. Und dies Ungetüm wandte sich nun auch gegen mich und wollte mich verschlucken. Ich versuchte um Hülfe zu rufen, um Hülfe, Hül–fe; aber ich brachte keinen Ton heraus. Und schweißgebadet erwachte ich. Es war heller Morgen.

Als ich mich angekleidet hatte, drängte es mich, die Blume zu besuchen, die mir solche Träume geschenkt. Sie stand einsam, keinem zur Freude, wie gestern im Fenster. Ein großer Brummer ruhte sich auf der Ziffer 1 der Nummer 731 aus.

Im freundlichen Garten des Hôtels nahm ich meinen Kaffee. Alle jene bekannten Morgengeschäfte hatten begonnen. Der Hausknecht rollte Fässer durch die Eingangsthür. Die Köchin schlug, zu meinem Entsetzen, mit raschen Beilhieben zehn Enten die Köpfe ab; zu meinem noch größeren Entsetzen flogen und flatterten dann die enthaupteten Vögel eine ganze Strecke noch. Ich hörte die scheltende Stimme der Wirtin auf das Stubenmädchen. Drei Weinreisende spielten, wirklich! am schönsten Morgen! ihren Skat in einer Laube. Ein Gutsbesitzer, der eben vor dem Hause sein Gefährt angehalten hatte, sprang vom Bock und besichtigte, indem er mit der Hand hinunterfuhr, das rechte Hinterbein eines seiner Wagenpferde. Ein Bauer ging mit einem Sack quiekender Ferkel über den Platz. Der reiche Bäckermeister drüben stand in bloßen Beinen und in weißem Unterzeug, er kam mir vor wie ein Derwisch, vor seinem Laden. Er brachte seine kurze Pfeife, die augenscheinlich nicht recht ziehen wollte, besser in Brand, den rechten Zeigefinger energisch hineinstoßend. Und was sich da so mehr in täglich gleicher Wiederholung abläuft.

Als ich mich in die litterarischen Geheimnisse des Lokalblättchens zu vertiefen trachtete, hörte ich die Stimme des Ausrufers. Ich legte die Zeitung auf den Tisch und horchte. Sehen konnte ich den wackern Herold nicht, weil ihn mir die Gartenplanke verbarg; aber ich hörte, was er kundgab: „Vun de Aukschon bi Hans Mehrens hüt Namiddag, kummt nix nah“.

Pause. Dann wieder drei Schläge mit der Glocke: „Sünndag grote Danzmusik bi Krischan Ehlers in'n ‚Söten Kringel‘; ward ok 'n fett Swin verkegelt.“

Mir schoß plötzlich ein Gedanke durch den Kopf. Ich rief den eben vorübergehenden Kellner: „Bitte, sagen Sie dem Ausklingler, er möchte einen Augenblick zu mir kommen.“

„Sehr wohl.“

Der Ausrufer kam. Es war ein alter, krummgehender Mann mit einem ernsten, gleichgültigen Gesicht. Ich wandte mich zu ihm: „Hier, nehmen Sie das Fünfmarkstück, und rufen Sie dann durch das ganze Städtchen aus, daß der Gewinn, Nummer 731, von der Lotterie der letzten Tierschau her, noch immer nicht abgeholt sei; in einigen Tagen wäre der Termin abgelaufen."

Der Ausklingler war es hoch zufrieden. Nach einigen Minuten schon hörte ich, daß er in gleichmäßigem Tone das von mir Gewünschte in Fenster und Thüren durch die Straßen dröhnen ließ.

Es kam wie eine Beruhigung über mich. Ich sprang als wenn ein wichtiges Ereignis mich riefe, auf und eilte in den Saal, um nach der Blume zu sehen. Als ich sie vor mir sah, hätte ich sie liebkosen mögen. Und allerhand rührselige und rührsame Gedanken durchzogen mich; wunderbarer Weise, denn ich gehöre durchaus nicht zu den „empfindsamen" Menschen. Was auch ging mich denn eine vergessene Hortensie an; ein einfaches Stämmchen, wies zu hunderten in den Fenstern der Wohnhäuser steht. Lächerlich. Ich begriff mich nicht. War es die Langeweile, die mich zu solchen, mindestens überflüssigen Gedankengängen trieb? Und aus meiner Beruhigung, die ich vorhin verspürt hatte, als ich den Ausrufer hörte, entstand eine Unruhe. Ich ließ mir Stuhl und Tisch vor den Eingang des Hôtels stellen, und wartete. Aber kein Mensch erschien, der den Gewinn abholen wollte. Der Wirt sagte mir, daß die Nummer sicher von einem Landmann der umliegenden Dörfer gezogen sei.

Der Mittag kam. Ich wartete. Ich aß draußen auf meinem Platze vor der Thür. Ja, ich wich und wankte nicht von der Stelle, nur daß ich ab und zu in den Saal ging, um nach dem Stämmchen zu sehen. „Liebe, schöne Blume, du sollst noch ein Menschenherz erfreuen." Mit diesen leise gesprochenen Worten ertappte ich mich auf bedenklich weichherzigen Wegen. Mein Gott, wenn doch der Gewinner käme! Wirt und Wirtin, Kellner und Gäste, ich merkte es deutlich, fingen an, mein Benehmen, ich ließ nicht nach mit Fragen, recht wunderlich zu finden. Ja, ein ruppig und struppig aussehender Viehhändler, der aber den Schalk im Nacken zu haben schien, kam gradeswegs zu mir und fragte mich unvermittelt: „Sengn Se mal, wat hebt (haben) Se egentlich mit de Blom?" Ich sah ihn groß an, und antwortete ihm eben so ruhig, wie er mich ruhig gefragt hatte: „Sehn Se mal, dat geit Se gar nix an." Der Viehhändler entfernte sich brummend. Meine Unruhe wuchs.

Ich saß noch immer an meinem Tischchen und wartete. Es schlug sechs Uhr vom Turm. Da erschien in der Straße, die auf das Wirtshaus zuführte, ein kleines Mädchen, das acht, neun Jahre zählen mochte. Es hielt in der rechten ein weißes Zettelchen. Ich sprang auf und eilte ihr stürmisch entgegen. Ich riß ihr, ohne sie weiter zu fragen, das Stückchen Papier aus der Hand. Richtig, es war die Nummer 731. Das Mädchen war gekommen, um den Gewinn abzuholen. Es schien etwas enttäuscht zu sein, als ich ihm im Saal den Blumentopf zeigte. Sie hatte, wie sie mir erzählte, bestimmt geglaubt, daß ihr Gewinn ein landwirtschaftliches Gerät, ein Spaten, eine Harke, eine Schaufel gewesen sei. Die Kleine nahm den hübschen Stock in den Arm. Ich begleitete sie hinaus. Und es war wie von selbst gekommen, daß ich mit ihr ging; ich wollte sie bis an ihre Wohnung bringen.

Wieder wars ein so herrlicher Sommerabend wie gestern. Der Wochenwagen fuhr ein. Die Kühe kamen, sich mit den Schwänzen die Fliegen wegklatschend, getrieben von der langen Peitsche des jungen Hüters. Um die Linden an der Kirche gaukelten hunderte von Kohlweißlingen. Und durch diesen kleinstädtischen Sommerabendfrieden schritt neben mir die Kleine. Es war ein entzückend Bild: Sie ging an meiner rechten, im rechten Arm das blütenüberfüllte Bäumchen tragend. Die Sonne glitt über ihre hellblonden Haare, deren Zöpfe, nach polnischer Art, rund um den Kopf gelegt waren. Es war ein so zierliches Ding, das ganze Persönchen. Und während sie sorgfältig das Gewächs trug, schaute sie im Plappern zu mir auf. Und was sie mir alles erzählte! Anna Hamann habe gestern das rote Kleid angehabt, in diesen Tagen solle sie selber zu Hans Saling, dem Milchbauern ihrer Eltern, nach Osdorf, und wie sehr sie sich darauf freue. Und dann bekam ich von ihrer Schule und von ihren Lehrern zu hören, von Onkeln und Tanten und Freunden und Verwandten. So schritten wir munter übers Pflaster, als wären wir seit Jahren die besten Bekannten. „Ja, aber wie heißt Du denn, das weiß ich noch nicht", fragte ich. „Emma Stuhr, und wie heißt Du?" Ich nannte ihr meinen Namen.

„Sind wir nun bald bei Deinem Hause, Emma?"

Ehe wir es erreichten, erkundigte ich mich, wer denn eigentlich das Stämmchen gewonnen habe. Und die kleine Emma erwiderte mir, daß das Loos ihrem Bruder gehört habe, der, vom Seminar beurlaubt, jetzt zu Hause wohne, weil er sehr krank sei und immer zu Bett liege, und der wohl noch heute, setzte sie mit völlig naiver, ja mit wichtiger Stimme hinzu, sterben müsse.

„Was? Dein Bruder muß heute sterben? Ist er so schwer krank? Und das erzählst Du mir erst jetzt, Emma?"

Meine Miene war ernst geworden. Ich bedachte in diesem Augenblick nicht, daß ein Kind neben mir schritt. Die kleine Emma fing über meine strengen Worte an zu weinen. Aber ich beruhigte sie gleich wieder. Und in den Wimperthränchen blitzte die Sonne.

Nun waren wir an Ort und Stelle. Es war ein kleines, einstöckiges Gebäude. Ein ungemeines Gewucher gelber, nicht seltener Rosen überspann die ganze Vordermauer.

Ich trat mit dem Mädchen hinein. Und von dem Momente meines Inshaustretens an kam es mir vor, als habe ich von jeher zu dieser Familie gehört. Ich fühlte mich als Familienglied. Nichts schien mir an und in dem Hause und bei den mir bisher gänzlich unbekannten Leuten fremd. Und sonderbar, auch ich schien diesen guten Menschen durchaus nicht fremd zu sein.

Als die kleine Emma und ich eintraten, merkte ich an allem sofort, daß ein Schwerkranker, ein Sterbender in der Nähe weile. Die Hausthürglocke war abgestellt; über den Treppenstufen lagen Tücher und Teppiche. Eine alte Wärterin kam mit finsterer, besorgter Miene aus dem Keller. Sie trug ein warmes Getränk: zuweilen lüftete sie den Deckel und pustete hinein. Sie ging hinauf. Der Arzt, ein junger Mann, kam von oben. Er blieb bei mir stehen und schüttelte den Kopf: „Es ist bald aus." Dann verschwand er durch die stumm gewordene Hausthür.

Überall, so kam es mir vor, roch es schon nach jenen Säuren und Essenzen, die wir sprengen, wenn eine Leiche noch im Sterbezimmer liegt.

Nun nahm ich der kleinen Emma den Stock ab. Sie faßte mich an der linken Hand. Und so stiegen wir beide hinauf. Ich öffnete leise eine Thür, die mir von dem Kinde bezeichnet war. Hier fand ich den Vater. Er stützte den Kopf in die linke. Er weinte nicht; aber er war zum Umsinken gebeugt. Ich zeigte ihm das Bäumchen. Er nickte nur; dann wies er auf eine Stubenthür. Sie war angelehnt. Ich schob sie auf.

In einem matt erhellten Raum, in den aber die Sonne einige Strahlen schicken durfte, lag in einem Bette an der Wand ein etwa zwanzigjähriger, bartloser Mann. Die Wangen waren ihm eingefallen. Er wandte ohne den Kopf zu drehen, die Augen zu uns, schwer, mit Anstrengung. Und ein himmlisches Leuchten, wie ich es nie bei einem Menschen beobachtet, drang aus seinen Augen: so sanft, so liebevoll, so stillselig, so zufrieden. Er hatte die schöne Blume entdeckt. Und ich wußte nun, weshalb ich an dem ganzen Tage eine solche Unruhe gehabt hatte. Ich konnte, ich durfte nicht zu spät kommen, um einem sterbenden die letzte Freude zu bringen.

Seine alte Mutter lag auf den Knieen vor seinem Lager. Er hatte ihr die linke überlassen, die sie immer wieder mit Küssen bedeckte. Zu Häupten stand der würdige Pastor des Ortes. Er hielt die Hände über die Kopflehne des Bettes gefaltet. Mit kurzen Pausen, betete er laut, die Stirn jedesmal auf seine Hände senkend.

Die kleine Emma und ich stellten auf einen Tisch zu Füßen

des kranken die blühende Pflanze; wir stellten sie so, daß er sie ganz sehen konnte.

Zuweilen fuhr ein Wagen unten vorbei. Durchs geöffnete Fenster klangen die Stimmen fröhlich spielender Kinder; und ein besonders helles Stimmchen sang: „Laterne, Laterne, Sonne, Mond und Sterne," und sang diesen Vers immer wieder.

Ich hatte mich so gestellt, die kleine, mich ängstlich anschauende Emma nicht loslassend, daß mich der kranke nicht sah. Und während die Mutter mit beiden Händen die kalt werdende, mit Schweiß sich benetzende linke ihres Sohnes hielt, und während der Pastor inbrünstig seine Gebete sprach, lagen die brechenden Augen des sterbenden, als sähe er den Himmel offen, auf der vergessenen Hortensie.

Und der Todesengel schritt herein; und sein Palmenwedel berührte die bleiche Stirn. Der junge Mensch hatte ausgelitten.

Die angeschobene Thür öffnete sich. Ich bemerkte den ganz gebrochenen Vater; Thränen sickerten ihm jetzt durch die vors Gesicht geschlagenen Finger.

Der greise Prediger hielt wie segnend die Hände auf dem Haupte der zusammengesunkenen Mutter. Seine Augen hingen verklärt an der Decke in sicherm, festem Glauben an den Heiland. In seinen edlen Gesichtszügen lag die Liebe, die werkthätige Liebe zu seiner kleinen Gemeinde, zu den Menschen. Und seine Stimme bebte in tiefem Basse: Er ist bei Gott.

Es war eine große, ernste, feierliche Minute.

Die Alte, die ich unten mit dem dampfenden Gefäß gesehen hatte, erschien. Sie hob abermals den Deckel ab, und roch und pustete hinein. Gute Alte, dein Decoct kommt zu spät.

Das Mädchen

Ich ging gelangweilt auf und ab. In einer Stunde konnte ich das Städtchen verlassen, wo ich Geschäfte halber hatte einige Tage zubringen müssen. Plötzlich wurde es im Nebenzimmer lebendig. Zwei Herren waren im Gasthof angekommen. Der Kellner, nachdem er ihnen den Raum gewiesen hatte, war bei mir eingetreten. Auf meine müßige Frage, wer die Fremden seien, gab er zur Antwort, daß es scheine, als wenn Vater und Sohn sich hier getroffen hätten. Der junge Herr sei jedenfalls Student.

Als der Kellner gegangen war, hörte ich den Alten heftig schelten; er war augenscheinlich stark erregt. Aber ich konnte nichts verstehen. Nur das Wort: „das Mädchen", und immer wieder „das Mädchen" vernahm ich. Immer polternder, unwirscher wurde die Stimme; aber immer nur deutlich klang das Wort: „das Mädchen" an mein Ohr.

Der Sohn verteidigte sich, flehend, überzeugenwollend. Und auch von ihm war mir einzig und allein das Wort: „das Mädchen" vernehmbar. Und nichts konnte ich sonst aus dem leidenschaftlichen Gespräche herausnehmen, als von beiden Seiten das eine Wort: „das Mädchen, das Mädchen".

Ja, ja, das Mädchen, das Mädchen ...

Das Ehepaar Quint

Das Ehepaar Karl Heinrich und Luise Henriette Quint hatte die goldene Hochzeit schon hinter sich. Sie hatten sich, fast auf den Tag gleichaltrig, vor über fünfzig Jahren verheiratet in einer hessischen Stadt. Fast unmittelbar nach der Hochzeit ging Karl Heinrich nach dem Süden und brachte nach zwei Jahren seiner jungen Frau ein hübsches Vermögen nach Haus. Darauf zogen sie gleich in eine nordhannöversche Stadt, die so nahe bei der Elbe lag, daß man sie, wenigstens vom Kirchturm aus, sehen konnte. Die nächste Stadt war Harburg, wohin man zu Fuß in anderthalb bis zwei Stunden gehen konnte.

Wo Karl Heinrich Quint in den zwei Jahren gewesen ist, hat niemand erfahren. Er erzählte stets, daß er in der Türkei gearbeitet habe als Schneider, und zwar in einer Militärhandwerksstätte. Während seiner Abwesenheit war der russisch-türkische Krieg gewesen.

Aber keiner glaubte ihm recht seine Aussagen, und so wußten Karl Heinrich und seine Ehefrau allein, wo das Geld hergekommen war.

Sie wohnten am Ende ihres Städtchens in einem für sich stehenden Häuschen. Sie wohnten ganz allein. Karl Heinrich betrieb sein Schneiderhandwerk zur vollen Zufriedenheit der Einwohner. Die Eheleute, das wußte die ganze Stadt, waren außergewöhnlich geizig. Und durch ihren Geiz kamen sie mit der Zeit immer mehr ab von ihren Mitbewohnern, so daß sie zuletzt mit keinem mehr verkehrten, zumal der Mann sein Geschäft ganz aufgehoben oder wenigstens nur zum Schein aufrechterhalten hatte. Nur zuweilen klopfte abends, wenns ganz dunkel geworden war, der oder jener an die Haustür. Dann wurde inwendig rasch aufgemacht, und der Gast trat ein. Er fand dann alles so, als wenn der Schneider eben von seinem Tisch aufgesprungen sei. Die Frau hatte ein offenes Gesangbuch vor sich und sah, über die Brille weg, dem Ankömmling entgegen.

„Sie wissen, weshalb ich komme. Ich kann mich nicht mehr halten und muß jetzt zweitausend Mark haben, oder es geht schief."

„Ja," antwortete der Schneider, „das ist leicht gesagt: Zweitausend Mark haben. Aber wie ist das zu machen? Sie wissen, wie kümmerlich ich mir mein Geld verdient habe und verdiene. Und nun, weil ich alt bin, kann ich nur ab und zu meinem Handwerk nachgehn. Wo soll ich denn da das Geld herkriegen? Was können Sie mir für Sicherheit bieten?"

Der Angekommene machte ihm nun, so gut es ging, die Sicherheit klar.

Der Schneider, der genau die Verhältnisse aller Bewohner der kleinen Stadt kannte, antwortete: „Na ja, ich will es tun; aber ich kann nicht anders, ich muß vierzig Prozent haben ...“

„Das kann ich nicht geben!“ rief der Bittsteller mit Entsetzen. „Das sind ja achthundert Mark im Jahr!“ Und er sprang vom Stuhl auf.

„Nun ja, wenn Sie das Geld auf ein ganzes Jahr haben wollen. Gut, machen wirs auf ein Vierteljahr. Und Sie zahlen mir dann zweihundert Mark.“

Nun gab es ein langes Hin und Her, bis endlich der Schneider versprach, ihm morgen die zweitausend Mark aus Hamburg zu holen.

Von solchem Einkommen lebten sie. Er war ein Wucherer. Nur auf die höchste Sicherheit lieh er. Und immer wußte er es zu machen, daß er wegen seiner ungeheuren Zinsen nicht mit den Gerichten in Zusammenstoß kam. Freilich, aus Hamburg muß-te er jedesmal von seinem Gelde holen. Dort hatte er sein Geld auf vier verschiedenen Banken stehen. Aus dem Grunde, daß er, wenn eine der Banken fallit machen sollte, immer dann noch die anderen hatte. Seit Jahrzehnten lag sein Geld auf den Banken in Hamburg. Und da er die Zinsen stets stehen ließ, so waren sie Zins auf Zins gestiegen. Sein Vermögen belief sich jetzt auf etwa fünfmalhunderttausend Mark. Davon wußten nur der Schneider Quint und seine Frau. Sonst ahnte kein Mensch etwas davon, wenngleich im Städtchen ein unbestimmtes Gerücht ging, daß er sehr reich sei.

Aber wie lebten auch die beiden: Nichts, nichts gönnten sie sich. Nur der Sonntag sah ein Stück Fleisch im Topfe. Niemals verreisten sie, niemals gingen sie in Theater oder Konzert. Bei Wohltätigkeitssammlungen gaben sie immer nur einen gerings-ten Beitrag; und wo sie konnten, drückten sie sich auch um die-sen.

Mußte er auf seine Banken, so ging er zu Fuß nach Harburg und fuhr von dort vierter Klasse nach Hamburg. Zwei trockene

Semmeln hatte er mit, die er im Sommer unterwegs in den Straßen und auf öffentlichen Plätzen verzehrte, im Winter auf dem
Bahnhof.

Sonntags waren Quints in der Kirche. Das hielten sie für notwendig, teils wegen ihrer „ewigen Seligkeit", teils um die Ver-
bindung mit der Stadt nicht zu verlieren. Immer lag auch das
Gesangbuch auf dem großen Schneidertisch. Und wenn einer,
bei noch nicht geschlossener Haustür, eintrat, hörte er gleich ein
Geplärr von drinnen. Das war dann Frau Quint, die sofort zum
Gesangbuch gegriffen und angefangen hatte, laut daraus zu lesen.

Aber eine unendliche Freude hatten sie jeden Sonntag Abend.
Es kam keiner mehr herein, mochte er noch so sehr klopfen.
Dann hatten sie die Quittungen und ähnliche Papiere von den
Banken vor sich hingelegt, und nun berechneten sie und verge-
wisserten sich über ihr Vermögen. Das bartlose, peinlich jeden
Tag rasierte, natürlich von ihm selbst rasierte Gesicht, das wie
zum Prediger einer Sekte gehörte, mit nach hinten fallenden
weißen Haaren, lächelte. Die strengen, scharfen Züge ebneten
sich. Und mit sanfter Hand streichelte er alle die schönen Emp-
fangsbescheinigungen. Auch Frau Quint lächelte. Und die beiden Alten besprachen, was sie alles haben könnten: eine große,
stattliche Villa, mit Kutscher und Wagen und Dienerschaft. Daß
sie reisen könnten, wohin sie wollten. Und was ihnen sonst die
Phantasie, die nur an diesen Sonntagabenden erschien, eingab.
Doch sie lächelten nur, steckten sorgsam alle Papiere in den
großen eisernen Kasten und verwahrten ihn in der Kommode
im Schlafzimmer.

* * *

Das Ehepaar Quint hatte nur einen einzigen Verwandten: das
Kind eines verstorbenen Bruders der Frau. Dieser Verwandte
hieß Fritz Wedderpfahll. Er lebte in demselben Städtchen wie

sein Onkel und war Tischlergeselle. Ein guter, stiller, fleißiger Mensch, der sein Handwerk verstand. Aber er war auch etwas schwerfälligen Geistes. Nun, siebenundzwanzig Jahre alt, wollte er endlich Meister werden. Das ging jetzt gerade gut, weil sein Meister gestorben war und er von der Witwe das Geschäft für viertausend Mark übernehmen konnte. Auch hatte er sich just mit einem tüchtigen Dienstmädchen verlobt. So traf denn alles für ihn zusammen, um seinen eigenen Herd zu gründen und seinen eigenen Weg zu gehen. Aber hier haperte es: es fehlte durchaus an Geld. Sowohl er wie seine Braut hatten keinen Pfennig von Hause; und das bißchen, das sie sich erübrigt hatten, genügte nicht, um selbständig zu werden. Da gedachte Fritz Wedderpfahll seiner Verwandten. Sein Onkel Quint würde ihm jedenfalls die viertausend Mark leihen. Dieser Gedanke setzte sich fest bei ihm. Zwar kannte er, wie jeder in der Stadt, den fabelhaften Geiz seiner Verwandten. Er hatte auch deshalb keinen Verkehr mit ihnen. Doch diesmal, so glaubte er sicher, würden die verwandtschaftlichen Bande es machen, daß ihm sein Onkel das Geld gäbe. Mein Gott, er wollte es ja nicht geschenkt haben; schon nach einigen Jahren würde er es, bis dahin gut verzinst, zurückgeben können. Er überlegte einige Tage, wann er den Gang tun wollte, und beschloß, den nächsten Sonnabend Abend dazu seine Sonntagskleider anzuziehen.

Dieser Sonnabend war ein wundervoller Maitag. Die Buchfinken waren außer sich vor Freude. Die Stare gingen schnell, mit nickenden Köpfen, über die Wiesen, um nach Würmern zu suchen. Und die Nachtigallen sangen Tag und Nacht.

Fritz Wedderpfahll hatte sich mit seiner Braut alles überlegt, was er sprechen wollte bei seinem Besuch. Und die beiden guten Menschen waren voller Hoffnung, daß es glücken werde. Je näher der Abend aber herankam, je mehr zog es sich in Fritz Wedderpfahlls Seele zusammen. Er hatte seine Verwandten, die ihn bei seinem letzten Besuch unfreundlich behandelt hatten, lange nicht gesehen. Ihre Kälte damals schnürte ihm das Herz zusammen. Aber er dachte, wenn er ihnen alles klar auseinandersetzen würde, dann wärs möglich, ja gewiß, daß sie ihm helfen würden. Und mit diesen guten Gedanken klopfte er abends, beim Dunkelwerden, an die Tür Quints an.

Die Tür öffnete sich, und Herr Quint sah mit Verwunderung seinen Neffen vor sich stehen.

„Nun, was gibts so spät noch?" Mit diesen Worten geleitete er ihn ins Zimmer, wo seine Frau saß, vor sich das Gesangbuch, aus dem sie eben, wie Fritz Wedderpfahll hörte, angefangen hatte, laut zu lesen, als er in die Haustür trat. Auch sie betrachtete ihren Neffen verwundert, über die Brille weg. Und es flog ein Blick aus ihrem Auge nach dem ihres Gatten.

„Nun sag mal, wie gehts dir denn", fing der Alte an. „Du hast dich ja mit einem braven Mädchen verlobt."

„Das hab ich euch doch angezeigt", antwortete der Neffe.

„Jawoll, jawoll, das hast du uns angezeigt, und wir danken dir auch dafür. Hat deine Braut ein bißchen Geld? Denn sonst gehts doch nicht."

„Nein, Geld hat sie ebenso wenig wie ich, und deshalb komme ich zu euch, um ..."

„Halt, was meinst du?"

„Um euch zu bitten, mir auf einige Jahre etwas vorzustrecken."

„Um des Himmels willen, wo denkst du hin. Du weißt doch, wie alle andern, daß meine Frau und ich kein Geld haben. Das bißchen, das wir uns in all der Zeit erübrigt haben, liegt auf der Bank in Hamburg. Und davon können wir nichts entbehren; das brauchen wir selbst, wenn wir nun endlich mal so weit sind, daß ich mir nichts mehr verdienen kann. Du hast ja auch durchaus keine Sicherheit, mein lieber Fritz."

„Das will ich euch nun mal alles auseinandersetzen. Eine Sicherheit habe ich nicht. Das, was ich besitze, sind etwas sechshundert Mark ersparte Gelder. Aber damit kann ich nichts anfangen. Um zu heiraten und um die Werkstatt von der Witwe zu kaufen, brauch ich viertausend Mark."

„Viertausend Mark? Menschenkind, bist du denn verrückt? Wo soll ich denn *das* Geld herkriegen? So viel haben wir ja kaum auf der Bank in Hamburg. Nein, daran ist nicht zu denken."

Fritz Wedderpfahll schwieg einen Augenblick und sah vor sich hin, dann sagte er ruhig: „Wenn ihr mir auf vier Jahre die viertausend Mark leiht, so geb ich es euch, mit Zinsen, in jedem Jahr zurück mit tausend Mark."

„Nein, lieber Fritz, das geht nicht, das kann ich nicht machen. Und das mußt und das wirst du auch selbst einsehen nach dem, was ich dir eben über meine Vermögensverhältnisse gesagt habe."

Aber Fritz Wedderpfahll sah wieder vor sich hin und sprach dann weiter: „Seht doch mal, ihr leiht, das weiß ja die ganze Stadt, euer Geld an alle, die euch darum bitten und die Sicherheit geben. Immer habt ihr euer Geld mit Zinsen zurückbekom ..."

„Was meinst du da?" erwiderte, ein wenig bleich geworden, Herr Quint. „Wie meinst du das? Nun ja, dann will ich dir mal etwas sagen: Alle, die Sicherheit haben, bekommen Geld von mir. Du kannst keine Sicherheit bieten, *und du bekommst nichts!*"

Mit Fritz Wedderpfahll schien etwas vorzugehen. Er blieb noch einen Augenblick sitzen, dann erhob er sich und ging, ohne Lebwohl zu sagen, hinaus.

Die beiden Alten sahen ihm mit weiten Augen nach; und sie blieben auch sitzen und sprachen kein Wort, bis Fritz Wedderpfahll aus der Haustür verschwunden war. Dann sagte Herr Quint: „Der kommt nicht wieder." Und beide lachten hämisch hinter ihm her.

Fritz Wedderpfahll ging nicht in die Stadt zurück; er ging hinaus. Schwerfällig und als wenn er körperlich geschlagen wäre. So duselte er vor sich hin.

Ein anderer als er hätte sich zusammengenommen und hätte sich gesagt: Nun, da werd ich mir selbst helfen. Ein Tisch, ein Schrank, ein Bett, eine Kommode sind schnell gemacht. Und die Witwe läßt es mich abarbeiten. Also rasch geheiratet. Alles wird gehen.

Aber so dachte er nicht. Er konnte es nicht fassen, daß ihm eben ein abschlägiger Bescheid geworden war. Er ging in die Nacht hinein. Und je weiter er wandelte, um so mehr umdunkelte es ihn. Die ganze herrliche Sommernacht, alle die Nachtigallen, die von allen Seiten schlugen – *er* hörte sie nicht.

So war er immer weiter gegangen, bis er am Rande eines kleinen Gehölzes anlangte. Hier ging er zu einem Weidenbaum. Dann nahm er sein großes Taschentuch, knotete es fest und legte es über einen bequemen Ast. Dann legte er sich hinein und hängte sich auf.

* * *

Am andern Morgen ward der Tod Fritz Wedderpfahlls gleich bekannt; auch Quints hörten es. Sie hatten Glück gehabt: keiner hatte gesehen, daß er zu seinen Verwandten gegangen war. Etwa nach einem Vierteljahr, als das Gericht alles in Ordnung gefunden hatte, erbten sie sogar noch die hinterlassenen paar hundert Mark ihres Neffen.

Allmählich wurden sie älter und älter – und geiziger und geiziger. Noch immer konnte Quint nach Hamburg fahren auf seine Banken. Noch immer ging es, daß er mit zwei Semmeln in Hamburg durchkam. Aber die Achtziger rückten näher und näher. Und gemach fing es an, mit den beiden alten Leuten zu hapern.

Der unerträglichste Gedanke wurde ihnen immer mehr der, daß andre Leute ihr Geld, ihr schönes, ihr wunderschönes Geld in die Hände bekommen sollten. Erben hatten sie nicht; also mußte es der Staat sein, der es einzog. Nein, dann lieber irgendeine Wohltätigkeitsanstalt. Auch das war ihnen ein greulicher Gedanke.

Sie überlegten hin und her. Da, eines Abends, sie hatten noch kein Licht angesteckt, als der Novemberwind die letzten Blätter draußen an die Fenster warf, sagte plötzlich der Alte: „So machen wirs, höre mich, und erschrick nicht, und fall mir nicht in die Rede. Wir beide sind an der Grenze angekommen, daß wir uns gegenseitig nicht mehr helfen können. Wer weiß, bald wird eins von uns krank, und dann müssen wir endlich Beistand ins Haus nehmen. Oder auch, einer von uns stirbt. Bleibst du nach, so wüßtest du nicht, wie du ohne fremde Menschen mit dem Gelde auskommen sollst; ich meine, wie du es mit den Banken machen könntest. Denn du allein vermöchtest nicht mehr nach Hamburg zu fahren, um die Sache in Ordnung zu halten. Jetzt sind wir noch beide obenauf. Da denk ich denn so: In der ersten Woche zwischen Weihnacht und Neujahr hol ich mir an einem Tage das gesamte Geld hierher. Oder läßt es sich nicht an einem Tage bewerkstelligen, so nehm ich mehrere Tage dazu. Haben wir all unser Geld, es muß annähernd eine halbe Million Mark sein, hier bei uns, so erfreuen wir uns noch zwei, drei Tage daran, und gehen dann, ich weiß schon eine Stelle, und vergraben es vier Fuß unter die Erde. Wenn wir zurückkehren, verbrennen wir alle Quittungen, legen uns zur Ruhe und schließen die Ofenklappe. Dann sind wir am andern Morgen tot."

Es war völlig dunkel geworden. Das Ehepaar Quint sah sich nicht mehr. Und aus der Dunkelheit klang die Stimme von Frau Quint: „So wollen wir es machen." Dann holte sie die Lampe. Und sie saßen noch bis in die späte Nacht auf, um alles genau zu besprechen.

Weihnacht war bald da. Und in der Woche zwischen Weihnacht und Neujahr fuhr der Alte nach Hamburg, um sein Geld abzuholen. Aber die vier Banken, auf denen das Geld stand, waren, ohne mit einer Miene ihr Erstaunen kundzugeben, nicht imstande, das Geld gleich abzuliefern. Es dauerte mehrere Tage, bis es geschehen, bis endlich das ganze Geld, es waren 491 783 Mark 32 Pfennige, in Quints Händen war. Darüber war es Mitte des Januars geworden.

Nun saßen sie beide an der einen Seite des gänzlich abgedeckten großen Schneidertisches und zählten mit schmunzelnden Gesichtern ihre „Gelder". Alle Türen waren verschlossen.

Am dritten Tage, abends 8 Uhr, machten sie sich, dicht eingehüllt, auf den Weg. Er trug einen langen Spaten unter seinem Rock. Es war ein kalter, feuchter Januartag, Halbmond. Sie begegneten keinem Menschen. Nach einer halben Stunde bogen sie ab vom Wege. Sie waren angelangt. Nachdem sie sich umgesehen und gehorcht hatten, fing der Alte an zu graben. Die Erde war nicht gefroren, alles ging gut. Als er die vier Fuß hinausgeworfen hatte, legte er das sorgsam in Papier eingewickelte Geld hinein und warf das Loch wieder zu, ebnete die Stelle, drückte den Grasboden wieder darauf, und – begraben lag es. Sie gingen, sie hatte ihn eingehakt, als wenn nichts geschehen sei, stumm wieder zurück. Zu Hause angekommen, verbrannten sie erst alle ihre Quittungen und legten sich dann, nachdem Herr Quint die Ofenklappe abgedreht hatte, zu Bett.

Als am zweiten Tage das Haus nicht geöffnet wurde, ließ es der Bürgermeister aufbrechen. Sie fanden die beiden Alten in ihren Betten tot.

Nachwort

Und ich glaube auch sicher, daß ich, so unendlich wenig ich
heute Freunde meiner „Werke" (ekelhaftes Wort) habe, ich auch
nach meinem Tode bald vergessen bin; schon deßhalb, weil ich
mir nie Mühe gab, verständnisvoll für die Menge zu schreiben, sondern immer das niederlegte, was als Vorstellungen in
meinem Kopf sich zeigte.
> Detlev von Liliencron an Theobald Nöthig,
> 26. August 1888

I

Als Detlev von Liliencron zum ersten Mal an die literarische Öf-
fentlichkeit trat, war er 35 Jahre alt und hatte schon ein turbulentes
Vorleben hinter sich. Für den Sproß einer verarmten Adelsfami-
lie, ohne Schulabschluß und ohne Vermögen, bot zunächst der
Soldatenstand die einzige Möglichkeit beruflicher Betätigung,
und so trat der Neunzehnjährige in eine Berliner Kadettenan-
stalt ein. Als Fahnenjunker, später als Sekondelieutenant nahm
er an den Kriegen von 1866 und 1870/71 teil, doch sein sorgloser
Lebenswandel, der eine beträchtliche Schuldenlast zur Folge hatte, zwang ihn, im Jahre 1875 den endgültigen Abschied zu nehmen. Wie viele Zeitgenossen versuchte Liliencron sein Glück in
Amerika, wo er zwischen 1875 und 1877 in den verschiedensten
Berufen arbeitete, unter anderem als Pianist und als Sprachleh-
rer. Er habe dort „eine Täuschung nach der anderen" erfahren,
schreibt er am 19. April 1877 an Ernst von Seckendorff, und so
sei er, „das Leben in Nordamerika verabscheuend, hier wieder
im Februar angekommen. New York p. p. war und ist mir ein
Greuel; es ist das Leben da so schnurstracks gegen alle meine
Gewohnheiten, Empfindungen, Lebensbetrachtungen, daß mir
jetzt mein dortiger Aufenthalt wie eine Hölle vorkommt."

Nach der Rückkehr aus Amerika heiratete Liliencron Helene von Bodenhausen, die er schon 1871 kennengelernt hatte, doch bereits nach einem Jahr war die Ehe gescheitert. Die Tätigkeit im preußischen Verwaltungsdienst führte ihn 1882 als Hardesvogt auf die Insel Pellworm, 1883 nach Kellinghusen in Holstein, wo er Kirchspielvogt war. Doch wie schon zehn Jahre zuvor wuchsen seine Schulden ins Unermeßliche, so daß er im April 1885 an den Landrat von Harbou in Itzehoe schreiben mußte:

> Etwa in vierzehn Tagen oder drei Wochen wird die öffentliche Versteigerung meiner Sachen stattfinden, mit der bekannten grenzenlosen Grausamkeit für den Betreffenden. Wenn es schon allein alle Furchtbarkeiten des menschlichen Lebens übertrifft, in Geldverlegenheit zu sein, so steigern sich diese Scheußlichkeiten, wenn, wie in diesem Falle, ein Beamter in einer kleinen Stadt solches über sich ergehen lassen muß.
> Ich bitte daher gehorsamst um meine Entlassung aus dem Staatsdienst.

Von nun an nehmen die Geldverlegenheiten kein Ende; bis zu seinem Tod sind Liliencrons Briefe voller Klagen über materielle Notlagen, über Zwangsversteigerungen und Pfändungen (bis hin zum Tintenfaß) und über „200 Gläubiger", die ihn „verfolgen", wie er am 16. September 1886 an den Freund Theobald Nöthig schreibt. Zeitweise lebt Liliencron tagelang „von unreifen Kirschen und unreifen Stachelbeeren",[1] und oft genug fehlt ihm das Geld für Schreibpapier und Briefmarken. Gelegentlich fragt er sich, ob er nicht „einfach Seeräuber werden sollte",[2] und nicht selten äußert er Selbstmordgedanken.

Schon als junger Mann zeigte Liliencron ein ausgeprägtes literarisches Interesse. „Das Lesen wirklich guter Bücher, namentlich Geschichte und Biographien, halte ich für sehr gut; man erhält dadurch einen Sporn zur Nachahmung", schreibt er am 9. November 1868 an Ernst von Seckendorff, und schon ein Jahr später meldet er dem Freund nicht ohne Stolz: *„ich schrift-*

stellere."³ Am 27. Mai 1871 bekennt er in einem Brief an Helene von Bodenhausen: „Eine schwache Seite ist von mir, schlechte Novellen zu schreiben". Doch sollte es noch weitere acht Jahre dauern, bis er mit dem Gedicht *Kleine Ballade* in der Anthologie *Liliput* debütierte. Die Publikation seines ersten selbständigen Buches *Adjutantenritte und andere Gedichte* (1883) war strategisch klug vorbereitet: Zwischen 1879 und 1882 hat Liliencron eine Reihe von Privatdrucken anfertigen lassen, die jeweils nur eine handvoll Gedichte enthielten.⁴ Diese Hefte verschickte er an Freunde und Bekannte, aber auch an erfolgreiche Schriftsteller wie Theodor Fontane, an den er sich am 17. August 1880 mit dem Wunsch wandte, „in Betreff anliegender, als Manuscript gedruckter Gedichte ein ebensowohl ganz objectives als auch maßgebendes Urtheil zu erhalten." Fontane antwortete am 11. September 1880: „Das Deskriptive scheint mir Ihr Gebiet und innerhalb des Deskriptiven wieder jene höhere Gattung, die nicht blos ganz allgemein das Lebenswahre sondern ganz speziell das *Charakteristische* giebt", und er lobte den „Zug des Aparten", der Liliencrons Gedichte auszeichne.

Solche Reaktionen und später die positiven Besprechungen, die den *Adjutantenritten* (neben einigen Verrissen) zuteil wurden, mögen Liliencron dazu bewogen haben, die schon früher ins Auge gefaßte Existenz eines freien Schriftstellers tatsächlich zu wagen. Das Attribut „frei" ist in diesem Falle allerdings nur metaphorisch zu verstehen; denn trotz der Anerkennung in Literatenkreisen – zu den begeisterten Lesern gehörten neben Theodor Fontane auch Klaus Groth und Theodor Storm – blieb der kommerzielle Erfolg des ersten Gedichtbandes aus. Von den *Adjutantenritten* seien „erst 3–5" Exemplare verkauft, fürchtet Liliencron (vielleicht etwas untertreibend) in einem Brief an Hermann Friedrichs (17. Mai 1885), und noch am 20. November 1888 klagt Liliencrons Leipziger Verleger Wilhelm Friedrich: „Ihre Bücher gehen schwach, sehr schwach." Dieses Rezeptionsmuster – literarische Anerkennung bei geringen Absatzzahlen –

sollte sich in Liliencrons gesamter schriftstellerischer Karriere fortsetzen. Die *„ungeheure Schäbigkeit* des deutschen Volkes in Bezug auf sein *Kaufen* von Büchern" ließ ihn fürchten, seine Gedichte würden vielleicht im „Jahr 3000", frühestens aber anno 2000 „im Deutschen Dichterwald gezählt".[5] Ganz so lange sollte es nicht dauern, bis man Liliencron als bedeutende Stimme im Chor der Lyriker des späten 19. Jahrhunderts anerkannte. Die Lesereisen, die Liliencron in ganz Deutschland und im benachbarten Ausland unternahm, machten ihn schon zu Lebzeiten berühmt, und als er 1904 den 60. Geburtstag feierte, erreichte seine Popularität ihren Höhepunkt. In Deutschland und Österreich erschienen Sammelbände mit Würdigungen des Jubilars, und Gustav Falke schrieb zu dem Anlaß ein Festgedicht, dessen erste Strophe lautet:

> Sechzig Jahre! Ein junger Mann!
> Sag, wann fängt dein Alter an?
> Hast noch immer ein Gesicht
> So kühn und frisch, wie dein erstes Gedicht.[6]

Die Enttäuschung Liliencrons über den geringen Erfolg seiner Bücher ist aber trotz dieser allgemeinen Begeisterung keine Koketterie: „Ein ‚Gebüldeter' liest nicht mehr ‚Gedichte'", schreibt er am 10. August 1888 an Hermann Friedrichs – die Bekanntheit, die er sich mit den kräftezehrenden Vortragstourneen mühsam erarbeitet hatte, schlug sich kaum in entsprechenden Verkaufszahlen nieder. „Ich will endlich, endlich etwas verdienen mit meinen Sachen. Was nützen alle Liliencron-Abende und alles Lob, wenn die Deutschen mir kein Geld geben", fragt Liliencron den Kollegen Max Halbe in einem Brief vom 12. April 1892.[7] Kaum war jedoch eine positive Besprechung über eines seiner Bücher erschienen, stellten sich auch schon die Gläubiger und der Gerichtsvollzieher ein, die glaubten, literarischer Ruhm schlage sich sofort und unmittelbar in barer Münze nieder. Auch die Lektüre der zahllosen Bücher und Manuskripte, die hoffnungsvolle Autoren ihm zur Begutachtung schickten, kostete viel Zeit und brachte nichts ein. Im Oktober 1904 sandte ihm Karl Söhle seine *Schummerstunde. Bilder und Gestalten aus der Lüneburger Heide*, worauf Liliencron antwortete: „So wie ich Zeit (!!!) finde, lese ich sie. *Täglich* 2–4 Bücher, die mir gesandt werden!",[8] und als der österreichische Schriftsteller Hermann Kienzl ihm sein Buch *Rautendelein. Die Geschichte einer Leidenschaft in Gedichten* (1906) verehrte, erläuterte ihm Liliencron seine neue Tageseinteilung: „Ich freue mich auf die Lektüre. Wenn ich nur Zeit, Zeit, Zeit finde. Ich habe längst meinen Tag von 24 Stunden auf 2400 Stunden in die Höhe geschraubt, aber es hilft immer noch nichts. Ja, wir bejammernswerten Poeten!"[9] Eine weitere unangenehme Begleiterscheinung der Bekanntheit Liliencrons waren Zuschriften, in denen er um allerlei Dienste gebeten wurde; die Bitte um ein Autograph war dabei noch eine mildere Form der Zudringlichkeit. Schließlich wußte sich Liliencron nicht mehr zu helfen und ließ Postkarten drucken, mit denen er die allzu aufdringlichen Bittsteller abzuwehren versuchte:

> Euer Wohlgeboren zur Nachricht, daß ich wegen ewigen Besuchs, ewiger Einladungen, ewiger Störung, wegen **schwerster Überlastung** mit Korrespondenz, Manuskript- und Büchersendungen, wegen Anfragen, Rundfragen, Wohltätigkeitsanliegen, wegen Bestürmung mit Aufrufen, Depeschen, zahlreichen Bitten und Ersuchen jeder Art, z. B. um Prologe, Epiloge, Hochzeitskarmina, Grabsprüche, Festgedichte, Stammbuchverse, Autographen usw. usw., **völlig** außerstande bin, auf jede Einsendung, Zuschrift und dergleichen zu antworten.[10]

II

Nicht wenige der Bücher, die Liliencron täglich ins Haus geliefert wurden, gehörten zu jener wüsten Flut gereimter Trivialliteratur, mit der ein Heer von mittelmäßigen Autoren den Buchmarkt und die Publikumszeitschriften der zweiten Hälfte des 19. Jahrhunderts überschwemmte und über die Liliencron in seinen Briefen immer wieder geflucht hat. Den „lyrische[n] Wischwasch" und „Gedichteblödsinn" der schreibenden Konkurrenz hat er verabscheut; einen „verfaulten Stinkwald" nennt er das, „Geleier und Gewinsel", „Theetassenpoesie", „Greuliche Frühlingsantuterei" und „Wassersuppen-Litteratur", und an Theobald Nöthig schreibt er: „Wer erlöst uns von diesen 100,000 Dilettanten? Wahrlich, ein ehrlicher Bäcker oder Schuster ist mir lieber als diese 100,000 deutsche ‚Dichter'. In's Wasser mit dieser Gesellschaft."[11] Karl Kraus hat Liliencron vorgeworfen, er sei am Erfolg der lyrischen Massenware nicht ganz unschuldig: „Detlev Liliencron hat sich [...] an dem deutschen Volk für die Teilnahmslosigkeit, mit der es ihm aufwartete, fürchterlich gerächt: er förderte, durch sein bloßes Dasein und durch gütigen Zuspruch, allerorten lyrisches Unkraut. Er glaubte, jedem, der sich mit ein paar ihm nachempfundenen Versen an ihn wandte, etwas von der Anerkennung geben zu müssen, die ihm selbst vorenthalten ward. Und so lebt in deutschen Landen kaum ein reimender Unhold, der nicht mit einem liebenswürdigen Privatbrief Liliencron's Mißbrauch treiben würde."[12] Im ganzen verfügt Liliencron jedoch über eine erstaunlich sichere literarische Urteilsfähigkeit, die man zum Anlaß nehmen könnte, sich literaturwissenschaftlich (oder auch einfach nur lesend) mit den Gedichten der von ihm geschätzten, geförderten und heute oftmals kaum noch bekannten Lyriker wie zum Beispiel Gustav Falke zu beschäftigen: Es könnte immerhin sein, daß unter Liliencrons literarischen Protegés auch einige zu Unrecht vergessene Autoren wiederzuentdecken wären.

Seinen Zorn über das Gros der zeitgenössischen Gedichtpublikationen hat Liliencron in produktive Energie umgewandelt und ein eigenständiges lyrisches Œuvre geschaffen, das zum besten gehört, was im letzten Drittel des 19. Jahrhunderts auf diesem Gebiet in deutscher Sprache geschrieben wurde. Bereits die ersten Leser der 1883 erschienenen *Adjutantenritte* priesen die Frische des Tons, die Originalität und Individualität der Gedichte Liliencrons. Gustav Falkes Gedicht *Liliencron, der edle Ritter* gibt einen Eindruck von dem Aufsehen, das diese neuartigen Verse erregten:

> Liliencron, der edle Ritter,
> Fegte wie ein Lenzgewitter
> Durch die teutsche Litratur.
> Onkel, Tante, tieferschrocken,
> Zerrten zitternd alle Glocken:
> Herr, schütz unsre fromme Flur!
> [...]¹³

Die vielgerühmte Ursprünglichkeit der Lyrik Liliencrons ist indessen das Ergebnis eines genau kalkulierten Arbeitsprozesses. Zwar berichtet Liliencron gelegentlich von Phasen geradezu enthemmter Produktivität – „Eine Fülle von Liedern sprudelt zur Zeit bei mir", heißt es beispielsweise am 26. September 1885 in einem Brief an Theobald Nöthig –, aber die Gedichthandschriften bestätigen die öfters wiederholte Behauptung, er „feile" ausgiebig an seinen Versen, „an *einem* Wort 5–6 *Jahre*", wie er an Wilhelm Friedrich schreibt (18. Februar 1889). Diese skrupulöse Arbeitsweise ist ein Grund für die zahlreichen Schaffenskrisen und Selbstzweifel, die Liliencron quälten und die in dem bitteren Fazit aus dem Jahr 1900 kulminieren: „Was soll überhaupt die ganze Lyrik? Ich finde und fand nie etwas Blödsinnigeres, namentlich in Teutschland. Der Lyrik gilt mein ewiger Spott, namentlich voran meinen eigenen Schundgedichten. Jeder Kesselflicker und Straßenkehrer ist mir lieber."¹⁴

Liliencron selbst war sich über den heuristischen Wert der Arbeitsmanuskripte im klaren, und er wünschte, daß sie nach seinem Tod „gut an den Mann" gebracht werden mögen: „Man kann ja dadurch sehen, wie die ersten p.p. Entwürfe waren. Denn nicht nur Maler und Musiker schreiben Entwürfe und Skizzen, sondern auch [der] Dichter, der doch, so zu sagen: *auch* ein

Künstler ist."[15] Eine textgenetische Edition zumindest einer Auswahl der Entwurfsmanuskripte wäre ein dringendes Forschungsdesiderat. Sie könnte das Bewußtsein für die artistische Faktur dieser Lyrik schärfen und darüber hinaus bis ins einzelne erkennbar werden lassen, wie Liliencrons Umgang mit den tradierten lyrischen Formen vonstatten geht, wie er also einerseits die vorgeprägten Vers- und Strophenformen aufnimmt, sie aber andererseits originell weiterentwickelt. Alle bisherigen Liliencron-Ausgaben – auch die vorliegende – verbergen dagegen die prozeßhafte Dynamik der Textentstehung und erwecken so zwangsläufig den Eindruck einer festgefügten Statik der Texte. Die Gedichte erscheinen notwendig in einer glatten, in den besten Fällen fast makellosen Gestalt. Die Mühen der Arbeit an diesen oft so schlicht erscheinenden Versen können vorerst nur aus den Selbstaussagen des Dichters erahnt werden. Immerhin gibt der Abdruck zweier Fassungen des Broadway-Gedichts (*Broadway in New-York* und *Abseits*) einen kleinen Eindruck von den Überarbeitungstendenzen, denen Liliencron folgt. Ob seine späteren Revisionen tatsächlich „in fast allen Fällen" Verbesserungen gewesen sind, wie Hans Stern in im Nachwort der Liliencron-Ausgabe von 1964 schreibt,[16] sei dahingestellt; solche Wertungen sind ohnehin nicht Gegenstand editorischer Arbeit. Sie sind Aufgabe der Interpreten, der Literaturhistoriker und nicht zuletzt der lesenden Allgemeinheit.

Die von Liliencron immer wieder postulierte Eigenständigkeit seiner Dichtung beruht auf einer genauen Kenntnis der lyrischen Formenwelt. Er ist in allen Traditionen der Verskunst zu Hause, in den germanischen Metren ebenso wie in den romanischen und den antiken. In seinem lyrischen Œuvre finden sich die deutsche Volksliedstrophe, die Chevy-Chase-Strophe und die Vagantenstrophe neben Romanzenversen und Stanzen, Sizilianen und Terzinen, der Bau eines korrekten Hexameters bereitet ihm keine Schwierigkeiten, und auch freirhythmische Gebilde und Strophen eigener Erfindung gehören zu seinem Repertoire. Wie genau er es mit all diesen vermeintlichen Äußerlichkeiten nimmt, zeigt die Bewußtheit, mit der er sich jeweils für eine bestimmte Strophenform entscheidet. „Die Siciliane ist eine charmante Form, um ein Bildchen, einen Gedanken, womöglich mit einer Pointe hineinzugießen", schreibt er am 22. April 1885 an Hermann Friedrichs, und in einem Brief an Alfred Walter Heymel vom 22. Januar 1900 heißt es: „Auch mir ist der spanische Trochäus entzückend, weil man so reizend drin ‚plauschen' kann. Aber dann muß er auch – in der ‚Form' – vollendet sein." Seine Abneigung gegen den Hiatus – „‚Sie Igel' oder ‚Du Uhu' schreib ich nicht mehr"[17] – hat er ebenso oft bekundet wie seinen Abscheu vor dem unreinen Reim, den er sogar in dem humoristischen Gedicht *Deutsche Reimreinheit* satirisch vorgeführt hat. Schlechte Reime machen ihn überhaupt „geradezu *krank*."[18] In der Alliteration schließlich liegt für ihn „ein geradezu himmlischer Zauber. Mir hat die Natur sie von Geburt gegeben. Das hat bis jetzt auch nur erst einer bemerkt".[19] Gedichte wie *Festnacht und Frühgang* und *Der Blitzzug* zeugen von Liliencrons Virtuosität im Gebrauch dieses Stilmittels, dessen poetische Funktion sich gut an dem Gedicht *Dorfkirche im Sommer* erläutern läßt. Dort wird in den ersten beiden Strophen die Langweiligkeit des Gottesdienstes in der Häufung langer Vokale und Diphthonge sinnfällig, vor allem aber in zwei Wiederholungsfiguren, zunächst im Parallelismus des Satzbaus und dem anaphorisch wiederholten schläfrigen Singen in den ersten beiden Versen, sodann in der Figur der Epanalepse in der zweiten Strophe: „die Predigt ... Eine Predigt". Der Inhalt dieses Sermons rauscht an den Zuhörern offenbar unverstanden vorüber; mehr als die Floskeln „wunderbar" und „ohne Gleichen" wird darüber nicht gesagt, woraus man schließen kann, daß auch die Baronin nicht so genau weiß, worüber sie eigentlich weint. In der letzten Strophe ist dann die Auflösung dieser dumpfen Lethargie wiederum im Sprachmaterial abgebildet: „Amen", „Segen" und „Orgelton" haben, wie an den Langvokalen spürbar wird, noch Teil an der Zähigkeit des gottesdienstlichen Geschehens, aber schon die asyndetische Reihung dieser Substantive bringt ein erhöhtes Tempo in die Strophe, das sich in den beiden Schlußversen durch die zahlreichen Doppelkonsonanten, besonders aber durch die Alliterationen im letzten Vers zu einer befreiten Lebendigkeit steigert. Bei all diesen auf den ersten Blick vielleicht nur als dekorative Accessoires erscheinenden Besonderheiten der ‚äußeren' Form handelt es sich nicht um nebensächliche Zutaten, sondern um bedeutungstragende Strukturelemente.

Liliencrons Gedichtbände ragen aus der Masse der Versdichtung der Zeit ähnlich glanzvoll heraus wie die Lyrik Theodor Storms, Conrad Ferdinand Meyers und die späten Gedichte Theodor Fontanes. Während aber diese Autoren eine Generation älter waren als Liliencron und ihre literarische Sozialisation in der Spätromantik und dem Vormärz erfahren hatten, nähert sich Liliencron schon der beginnenden literarischen Moderne. Obwohl er sich in seinen Briefen gelegentlich auf die Vorbilder Platen und Heine beruft, gehört Liliencron – Jahrgang 1844 – doch schon in die Nähe der jungen Garde der um 1860 geborenen Naturalisten, mit der ihn nach eigenem Bekenntnis einiges verbindet. „Das ist ja eine ganz colossale Revolution in der Dichterwelt zur Zeit; eine neue *Epoche*. Ich fühl's in jeder Fiber. Und ich marschiere mit", schreibt er am 5. Juli 1887 an Hermann Friedrichs, und am 13. Mai 1888 gesteht er in einem wiederum an Friedrichs gerichteten Brief: „Ich neige immer mehr zum Naturalismus, doch gemildert durch die Künstlerhand." Das *Buch der Zeit* von Arno Holz ist ihm eine Offenbarung, und da er noch niemals „so souverän den Reim behandelt gesehn" habe wie in eben diesem Buch, verzeiht er dem Dichter sogar den „schrecklich zimperlichen Vornamen ‚Arno'".[20] In der Tat: Liliencrons „im Elend gestorbener deutscher Dichter", der „Blitzzug", gar der am Ende nur noch alkoholisiert lallende Protagonist in *Betrunken* – all das sind Typen, Motive und Themen, die dem Fundus der naturalistischen Poetik entstammen. Gleichwohl wird man Liliencron nicht ohne weiteres und schon gar nicht ausschließlich für den Naturalismus reklamieren können, zumal er sich mit dem Gedicht *An meinen Freund, den Naturalismus* (1897) deutlich von dieser Richtung abgewandt hat. Viele der zarten Landschafts- und Naturbilder wie in den Gedichten *Dorfkirche im Sommer, Märztag* und *Die Raben* erinnern an den Pointillismus der impressionistischen Malerei, und manche Modernitätserfahrungen wie die Isolation des Einzelnen in der Großstadt und die modernen Massenverkehrsmittel wie Eisenbahn, Automobil oder Straßenbahn werden Jahre später im Expressionismus zu zentralen Gegenständen der Lyrik. Auch die Leere, die in den Wäldern „ängstet", die „kahlen Äste", durch die sich der Fluß zeigt, und das „kalte Schweigen" (*Acherontisches Frösteln,* 1893) könnten einem Gedicht von Georg Heym entstammen. Manche Poeme Liliencrons nähern sich gar dem dadaistischen Nonsens wie die *Ballade in U-dur* oder das Gedicht *Einmarsch in die Stadt Pfahlburg*, das mit den Versen „Tä tätätätä tä, / Bä bäbäbäbä bä" beginnt.

Diese Nähe zur literarischen Moderne kontrastiert bei Liliencron mit einer ausgeprägt konservativen politischen Gesinnung. In „*litterarischer Beziehung*", so betont er am 6. Februar 1886 in einem Brief an Theobald Nöthig, gehe er „durchaus mit dem Jungen Deutschland. Ich fühle lebhaft ‚mit'; ich fühle instinctiv, daß eine neue literarische Epoche *anbricht*, angebrochen ist. Das ist die einfache Reaction gegen die furchtbare Fluth von Dreck, Zimperlichkeit, Prüderie, Altertantenkram." Doch bei aller Sympathie mit den ‚Modernen' besteht er im selben Brief auf seiner eigenen politischen Haltung: „Mein letzter Hauch ist: Es lebe der Kaiser." Die Erwähnung von Automobilen, Telefonen und Eisenbahnen in den Gedichten bedeutet genau genommen ja nur, daß Liliencron die Begleiterscheinungen des modernen Lebens für literaturwürdig hält; damit wird er aber noch nicht zu einem Dichter der ‚Moderne'. In seinen Werken gestaltet er immer wieder Fluchten ins Kosmische (etwa im *Poggfred*) und

Exotische, zum Beispiel in dem großen Gedicht *Die Pest* von 1892. Das ist Liliencrons literarische Reaktion auf die Hamburger Cholera-Epidemie des Jahres 1892, und als solche ist sie von den damaligen Lesern auch verstanden worden. Von Hamburg und der Cholera ist in dem Gedicht allerdings überhaupt nicht die Rede: Hier tobt die Pest in einer „asiatischen Riesenstadt", in der das lyrische Ich einem „Hindumädchen" begegnet. Häufig eignet Liliencrons Werken auch ein Moment des Abseitig-Privaten, wie es sich in Phantasien des Rückzugs ins Inselhaft-Einsiedlerische zu erkennen gibt, zum Beispiel im dritten Teil des Gedichtzyklus *Über ein Knickthor gelehnt*, am radikalsten aber in seinem Wunschbild aus dem Jahr 1900:

> Am liebsten grübe ich mir eine Höhle in die Haide und
> schriebe darüber:
>> Lat mi tofreeden.
>> Hier wohnt Herr Friedrich Wilhelm Schulze.
>> Eintritt verboten![21]

III

Wenn es genuin ‚moderne' Züge in Liliencrons Werk gibt, so sind sie am ehesten in einem bisher weitgehend vernachlässigten Teil seines Schaffens zu finden, nämlich in den erzählerischen Werken. Auch hier tritt die ‚Modernität' eher in den formalen Neuerungen als in den Gegenständen zutage. Die Romane, Prosaerzählungen, Skizzen und das Versepos *Poggfred* sind diskontinuierlich erzählte, episodenhafte Collagen aus Tagebuchnotizen, Briefen, lyrischen Einlagen und literaturgeschichtlichen Reflexionen. Das mag man als einen Verstoß gegen die Regeln einer „geschlossenen Komposition der Großform"[22] kritisieren; ins Positive gewendet kann man darin allerdings auch gerade das Streben nach Erneuerung erkennen, mit dem sich Liliencron ähnlich wie mit seiner Lyrik vom Trivialmuster des Fortsetzungsromans absetzen wollte.

In den kurzen Erzählungen und den als „Übungsblättern" bezeichneten Skizzen, die Liliencron als Gedichte in Prosa verstand und als solche auch in die Lyrikbände aufnahm, wird die Tendenz zur Arabeske, zur Digression und zum dezentrierten Erzählen ein strukturbildendes Prinzip. Aber auch in den eher traditionell handlungsorientierten Texten wie *Die Schnecke* arbeitet Liliencron häufig mit Vor- und Rückblenden, Abschweifungen und langen reflektierend-räsonnierenden Passagen. Solches Experimentieren mit neuen Erzählformen ist gerade im letzten Drittel des 19. Jahrhunderts auch bei anderen Autoren wie Theodor Fontane und dem von Liliencron hochgeschätzten Wilhelm Raabe zu beobachten: Liliencrons *Poggfred* erscheint 1896, im selben Jahr wie Fontanes Kurzroman *Die Poggenpuhls* und Raabes *Die Akten des Vogelsangs*, und die Gleichzeitigkeit dieser im einzelnen höchst unterschiedlichen, in ihrer je neuartigen Erzählweise aber durchaus verwandten Werke ist alles andere als Zufall.

Bei diesem unkonventionellen Erzählverfahren handelt es sich nicht etwa um schlichtes Unvermögen, sondern vielmehr um bewußtes kompositorisches Kalkül. In den Eingangsstrophen des *Poggfred* ist dieses narrative Programm formuliert:

> Dies ist ein Epos mit und ohne Held,
> Ihr könnts von vorne lesen und von hinten,
> Auch aus der Mitte, wenn es euch gefällt.
> Ja, wo ihr wollt, ich mache nirgends Finten,
> Klaubt euch ein Verslein aus der Strophenwelt!
> So sucht ein Kind im Kuchen nach Korinthen.
>   Ob sie euch schmecken, kümmert mich fürwahr nicht;
>   So lest denn mit Geduld! Meintwegen garnicht.

Dieses für den *Poggfred* empfohlene Lektüreverhalten ist nicht nur für die breite Leserschaft etwas ganz Neues und Ungewohntes. Selbst professionelle Kritiker konnten die eingeschliffenen Lesegewohnheiten nicht ablegen und haben die „kunterbunte" Verserzählung gelesen wie ein Epos des 18. Jahrhunderts;

jedenfalls sieht sich Liliencron veranlaßt, zum Beispiel den Berliner Schriftsteller Leo Berg mit drastischen Worten zurechtzuweisen: „Daß ich eine zweite Messiade (Poggfred) geschrieben habe, wie Sie sagen: Himmelkreuzschockdonnerwetter noch mal! Poggfred darf man natürlich nur ,Cantusweise‘ lesen.“[23]

Die herkömmliche Tektonik, in der alles seinen Platz hatte und Anfang, Mitte und Ende unverrückbar feststanden, wird im *Poggfred* durch erzählerische Diskontinuität und Chaotik ersetzt, die eine bunte Vielfalt von Erzählsträngen, Handlungsorten und handelnden Figuren generiert. Ähnlich wie Arno Holz, dessen *Phantasus* in jahrzehntelanger Arbeit zu einem selbst von seinem Autor kaum noch überblickbaren Textmonstrum ausgewuchert ist, hat auch Liliencron an seinem Epos immer weitergeschrieben, bis es schließlich von den ursprünglich zwölf „Cantussen“ auf neunundzwanzig angewachsen war. Offene Formen wie die von Holz und Liliencron erzeugten Textlabyrinthe tendieren zur Unabschließbarkeit. Im Falle des *Poggfred* korrespondiert die abschweifende Erzählweise mit der überbordenden Phantastik der Erzählgegenstände: Autobiographisches tritt neben Historisches, Visionäres neben Alltägliches, und gleich im ersten Cantus treten nebeneinander Hannibal, Cäsar und Kleopatra, der „Alte Fritz“ und Napoleon auf. *Poggfred* ist ein Phantasieraum, in dem die Gesetze von Raum und Zeit aufgehoben sind; der Name bezeichnet keine außerhalb der Literatur zu denkende Lokalität, sondern ein rein literarisches Konstrukt. Der Text selbst *ist* dieser Ort *Poggfred*, der Frieden, den der Name mitbezeichnet, ist nur in und mit der Literatur zu finden. *Poggfred* ist damit ein Gegenbild zu dem Provinznest Wüstenhamme in *Die Mergelgrube.* Zwar sind auch dort die Handlungsorte (wie alle literarischen Räume) fiktiv, aber „Wüstenhamme“ verweist auf Kellinghusen in Holstein, wo Liliencron zwischen 1883 und 1889 lebte. „Immer nur die gleiche Öde einer kleinen Stadt. Ich glaube, ich bin schon verkommen und vertiert“, klagt der Erzähler in *Die Mergelgrube*, und ganz ähnlich äußert sich Liliencron auch in seinen Briefen: „O Fluch jeder Kleinstadt, dreimal Fluch! Diesen Brutstätten des Blödsinns und Bewahranstalten für Idioten und Cretins."[24]

Das fragmentierte Erzählen, wie es Liliencron in *Die Mergelgrube* und in *Poggfred* erprobt, mag bei oberflächlicher Lektüre als Formspielerei erscheinen. Wie diese Erzählform jedoch mit Bedeutung aufgeladen wird, zeigt sich an einem kurzen Text, der Liliencron selbst sehr wichtig gewesen ist, nämlich an der 1884 entstandenen und 1885 erstmals veröffentlichten Erzählung *Der Dichter*. Mehrfach hat er darauf hingewiesen, daß die Geschichte „eine sociale Skizze" sei, „wahr" und „erlebt".[25] Am 20. März 1885 schreibt er an Hermann Friedrichs:

> Vor einem Jahre schrieb ich eine Skizze: „Der Dichter." Ich wurde zufällig mit einem solchen Unglücklichen bekannt, der mir in seiner Fabrik 10 Briefe zeigte, von 10 verschiedenen Redaktionen, in jeder politischen und sozialen Sonderstellung, und – – – für alle 10 Redaktionen (natürlich unter verschiedenen Namen) schrieb der Unglücksmann Novellen, Gedichte pp.

Auf diese Briefe, die der titelgebende Dichter von den verschiedenen Redaktionen erhält, ist es Liliencron angekommen, und gerade sie, so meinte er, könnten „unter Umständen Aufsehn erregen."[26] Dabei ist der Inhalt dieser Briefe, in denen die Redakteure dem Dichter ihre Vorstellungen über Handlungsführung und Figurencharakteristik eröffnen, gar nicht das Entscheidende. Aufschlußreich ist vielmehr der abrupte Schluß der Erzählung. Nach der Aufforderung „Das müssen Sie mildern oder poetischer fassen" bricht die Skizze mit der Abkürzung „U. s. w." ab. Der offene Schluß unterstreicht die prinzipielle Endlosigkeit der geschilderten Erfahrungen: Das fabrikmäßige Produzieren von Fortsetzungsromanen, mit dem die Titelfigur ihren Lebensunterhalt bestreitet, wird allein mit diesem „und so weiter" als ein sich ins Unendliche perpetuierendes Dauerphänomen erkennbar.

IV

Liliencrons Fortleben im kulturellen Gedächtnis beruht fast ausschließlich auf seiner Lyrik. Zwar ist ihm – wie jedem Dichter – nicht alles auf gleich hohem Niveau gelungen; so enthält die Sammlung *Der Haidegänger* von 1890 eine beträchtliche Anzahl mißglückter Gedichte. Dennoch ist, aufs Ganze gesehen, sein Rang als der „neben Friedrich Nietzsche und Conrad Ferdinand Meyer größte Lyriker zwischen Spätromantik und Moderne"[27] mittlerweile unbestritten. Als Erzähler bleibt er nach wie vor noch zu entdecken. Die dramatischen Dichtungen jedoch, für die er zu Beginn seiner Karriere „einiges Talent"[28] zu haben glaubte und mit denen er seine Existenz als freier Autor bestreiten zu können hoffte, dürften kaum wiederzubeleben sein. Das liegt einerseits an Liliencrons mangelnder Fähigkeit zu dramatischer Gestaltung, die sich beispielsweise in der allzu häufigen Anwendung epischer Darbietungsformen wie Mauerschau und Botenbericht äußert, hauptsächlich aber an der Wahl der Gegenstände. Allein die Angaben zur zeitlichen Situierung der Dramenhandlungen lassen erahnen, daß diese Stücke schon zum Zeitpunkt ihrer Publikation hoffnungslos antiquiert erscheinen mußten: „September 1196 bis September 1197" heißt es da (*Der Trifels und Palermo*), „Ende 1459 und Anfang 1460" (*Die Rantzow und die Pogwisch*), „1607" (*Pokahontas*) oder gar „613" (*Die Merowinger*). Angesichts der Nähe zu Themen und Formen der beginnenden literarischen Moderne, die Liliencrons Gedichte und Erzählungen auszeichnet, ist es kaum zu verstehen, warum er sich ausgerechnet im Drama derart vorgestrigen Stoffen zuwendet, in einer Gattung, die doch eigentlich die Chance zur Diskussion aktueller Probleme und ihrer im Wortsinne unmittelbaren Präsentation böte. Zudem sind mit einer charakteristischen Ausnahme alle seine Bühnenstücke Versdramen – auch dies ist zur Zeit des aufkommenden Naturalismus nur als anachronistisch zu bezeichnen. Zwar ist auch die Gattung des Versepos gegen

Ende des 19. Jahrhunderts nicht mehr die modernste gewesen, aber die Art, wie Liliencron sie im *Poggfred* wiederaufnahm und reformierte, kann immerhin einigen Anspruch auf Originalität und poetische Stimmigkeit erheben. Dort spiegelt nämlich die Diskrepanz zwischen der im Grunde altmodischen Form einerseits und ihrer spielerischen Zerstörung andererseits genau die Gleichzeitigkeit von Konservatismus und Progressivität, die Liliencrons Dichtung wie auch seine Lebenshaltung im ganzen prägt. In den Dramen funktioniert diese selbstironische Brechung nicht, weil dort Handlung und äußere Form nicht in eine ‚sentimentalische‘ Spannung gebracht sind, sondern in unechter Naivität einander entsprechen. Zu Recht hat man daher Liliencrons Geschichtsdramen in die Nähe der „epigonalen Hohenzollerndramatik" gerückt.[29] Wie unsicher schließlich Liliencron selbst hinsichtlich der Qualität der Stücke war, offenbaren seine widersprüchlichen Äußerungen zu den eigenen Dramen. Sein erstes Trauerspiel, *Knut der Herr*, gefiel ihm zunächst über die Maßen: „Ja: *Farbe* ist drin, Drauf und Dran, Schneidigkeit, flatternde Fahnen, schlachtbeschmutzte Panzer, Bumsfallera pp.", schreibt er am 4. Mai 1885 an Hermann Friedrichs, doch zwei Jahre später ist ihm das Stück schon zuwider: „,Knut‘ schmeißen wir überhaupt in den Dreckeimer".[30] Auch das „Genrebild in zwei Akten" mit dem Titel *Arbeit adelt*, das in der vorliegenden Ausgabe zum ersten Mal seit seiner Veröffentlichung im Jahre 1887 wiederabgedruckt wird, hat Liliencron ähnlich schwankend beurteilt. Wie so oft ist er zunächst von der eigenen Arbeit ganz angetan, zumal dann, wenn er positive Meinungen dazu vernimmt: „Mein 2aktiges Lustspiel: Arbeit adelt, das ich vor einigen Tagen schrieb, hat Bloch auf's Äußerste entzückt".[31] Kaum ein Jahr später ist die Begeisterung jedoch schon wieder einer gründlichen Ernüchterung gewichen: „Ich hasse das *langweilige*, unbedeutende Stück bis in den Tod", läßt er am 7. Juni 1887 Wilhelm Friedrich wissen, immerhin den Verleger des Dramas. Später hat er die Erstausgabe nach eigener Auskunft „einstampfen lassen".[32] Wer das Stück heute liest, mag vielleicht Verständnis für diese Handlungsweise aufbringen. Dennoch ist die Publikation des Zweiakters auch in einer schmalen Auswahl aus Liliencrons Gesamtwerk zu rechtfertigen. Neben dem Gedicht *Broadway in New-York* ist es das einzige größere literarische Werk Liliencrons, das die ansonsten weitgehend im dunkeln liegenden amerikanischen Jahre des Dichters reflektiert, und es ist das einzige Drama aus seiner Feder, das in der Gegenwart spielt und diese Aktualität auch in der äußeren Gestalt erkennen läßt. Anders als in den übrigen Theaterstücken verzichtet Liliencron auf die Versform und schreibt zum ersten Mal ein Drama in Prosa. Zwar hat Liliencron, um jeden autobiographischen Bezug zu verschleiern, die Zeit der Handlung in das Jahr 1872 verlegt, aber daß es persönliche Erfahrungen sind, die er im Schicksal des hochverschuldet nach Amerika ausgewanderten Grafen verarbeitet, steht außer Zweifel. Liliencron, der in der Neuen Welt auf ganzer Linie gescheitert ist, gönnt dem Helden eine märchenhafte Glückswendung: Der „herrliche Kaiser" erläßt dem Grafen die Schulden, der daraufhin die reiche Deutsch-Amerikanerin heiraten und geläutert – durch Arbeit erneut „geadelt" – in die Heimat zurückkehren kann.

Die männliche Hauptfigur des Stücks trägt einen Charakterzug, den Liliencron auch sonst in seinen literarischen Werken, insbesondere aber in den Briefen immer wieder zur Schau stellt. Das Militärisch-Kriegerische hat ihn seit jeher fasziniert und seine Vorstellung von Männlichkeit bestimmt, so sehr, daß er im Soldatentum seine eigentliche Bestimmung gesehen hat. Zeitlebens hat er sich in seine Militärzeit zurückgesehnt: „Ich gäbe meine ganze ‚Dichter'-Laufbahn für 1 blutige Stunde auf dem Schlachtfelde", schreibt er am 15. September 1888 an Hermann Friedrichs. Diese Verklärung der „lustigen Soldatenzeit",[33] die naturgemäß Liliencrons Kriegsnovellen kennzeichnet und diesen Teil seines Werkes für das Publikum des 21. Jahrhunderts kaum noch lesbar erscheinen läßt, wird vollends problematisch, wenn die kriegerische Metaphorik auf andere Lebensbereiche übergreift, in denen eine solche Sprache nach unserem Verständnis nichts zu suchen hat. In *Arbeit adelt* spricht der Liebende folgendermaßen zu seiner Angebeteten:

> *John (leise).* Ach was, zur Attacke. *(Er kniet vor ihr, ihre Hände ergreifend.)*
> *Maria.* Aber mein Gott … Mister John … John … Johny, Johny … Was wollen Sie, was thun Sie …
> *John.* Ich attackiere … ich greife den Feind an …
> *Maria (sich zu ihm beugend; er erhebt sich).* Aber … Sie sind …
> *John.* Ein preußischer Husar, der auf j e d e m Schlachtfeld siegt …

Die Liebe als Schlachtfeld, auf dem sieghafte Attacken gegen den Feind geritten werden – das sind, so ist zu vermuten, auch für die meisten der zeitgenössischen Leser und Leserinnen nur schwer erträgliche Metaphern gewesen. Solche Denkweisen sind auch nicht einfach einer literarischen Figur angedichtet, sie kennzeichnen vielmehr das Frauenbild des Autors selbst, der sein sonderbares Verständnis der Geschlechterrollen in einem Brief kundgibt: „Die Weiber sind bei mir immer nur da zum Techtelmechtel, zum Suppenkochen und Hosenflicken. Dazu hat sie die Natur geschaffen.“[34] Seine noch unveröffentlichten Briefe an Otto Julius Bierbaum sind voll solcher Männerphantasien, etwa, wenn Liliencron seinen 50. Geburtstag mit einem Liebesabenteuer zu ‚feiern‘ gedenkt. Am 29. Mai 1894 teilt er dem Freund in einem als „Privat“ klassifizierten Brief mit:

> Am nächsten Sonntag werde ich fünfzig Jahre alt (scheußlich!) Nun wollte und werde ich die Nacht vom Sonnabend zu Sonntag mit einem Weibe zubringen“, nämlich mit „einer kleinen reizenden Französin, Mademoiselle Josephine de M. p. p. [...] Ich hätte schon diese Nacht mit ihr schlafen können. Aber ich will meine letzte Nacht vor m. 50. Geburtst. dafür wählen. Geld braucht sie allerdings nicht. Aber ich habe sie zu einem Souper und zu einer Flasche Sekt eingeladen, ohne ihr natürlich zu sagen, daß ich das thäte, um damit mein lustiges Fähnrichsleben zu beschließen.[35]

Nachdem man Liliencron zu Anfang des 20. Jahrhunderts eine beinahe kultische Verehrung entgegengebracht hat, markiert Gottfried Benns Gedicht *Impromptu* (1955) ziemlich genau die Wende zu einer distanziert-kritischen Betrachtung des Dichters und seines Werks:

> Damals war Liliencron mein Gott,
> ich schrieb ihm eine Ansichtskarte.[36]

Das Selbstbild des kriegerischen Draufgängers und Frauenhelden, das Liliencron in seinen Texten entwirft, hat eine unbefangene Rezeption seiner Werke im ausgehenden 20. Jahrhundert eher verhindert als befördert. Seine manchmal unfreiwillig komisch wirkende Kaisertreue – „der edelste Mensch, der nach Christus edelste Mensch: Kaiser Friedrich III.",[37] dekretiert er in einem Brief –, sein Frauenbild, seine Verherrlichung von Kampf und Krieg mögen als historische Phänomene zu erklären, aber eben auch nur noch als solche zu bewerten sein. „Ich *achte* jede pol. Grundsätze, nur soll man auch dann die meinen achten",[38] behauptet Liliencron von sich selbst, und man hat keinen Grund, an dieser Aussage zu zweifeln. Ob man den uns heute fragwürdig erscheinenden Aspekten seiner Persönlichkeit und seiner Gesinnungen tatsächlich die von Liliencron selbst eingeforderte Achtung entgegenbringen soll, ist eine müßige Frage. Weite Teile seines Werkes sind frei von solchen Mißtönen, und als Lyriker wie als Erzähler hat Liliencron allemal die Aufmerksamkeit heutiger Leser verdient, in den besten Fällen sogar uneingeschränkte Hochachtung.

1   An Theobald Nöthig, 22. Juli 1886.
2   An Hermann Heiberg, 12. Dezember 1886.
3   An Ernst von Seckendorff, 21. November 1869.
4   Eine Bibliographie dieser Privatdrucke (mit genauen Inhaltsübersichten)
    findet sich im Kommentarband zum Briefwechsel zwischen Liliencron
    und Theobald Nöthig: Detlev von Liliencron und Theobald Nöthig.
    Briefwechsel 1884–1909. 2 Bde. Hrsg. Jean Royer. Herzberg: Bautz 1986,
    Bd. 2, S. 428–436.
5   Brief an Hermann Friedrichs, 10. August 1888; Brief an Wilhelm Fried-
    rich, 9. Mai 1886.
6   Gustav Falke: Frohe Fracht. Neue Gedichte. Hamburg 1907, S. 30.
7   Unveröffentlicht; Literaturarchiv der Landeshauptstadt München
    (Monacensia), Nachlaß Max Halbe.
8   An Karl Söhle, 30. Oktober 1904, Privatbesitz.
9   An Hermann Kienzl, 5. Februar 1906, Privatbesitz.
10 An Dr. Schimmelbusch, 3. März 1908, Privatbesitz. – Eine etwas milder
    formulierte Karte hatte Liliencron schon um 1904 anfertigen lassen.
11 Zitate aus Briefen an Wilhelm Friedrich (18. April 1883), Reinhold
    Fuchs (7. Mai 1886), Theobald Nöthig (20. Mai 1888) und Hermann
    Friedrichs (20. Mai 1888 und 28. Oktober 1888).
12 „Die Fackel", 4. Jg., Nr. 160, 23. April 1904, S. 19.
13 Gustav Falke: Frohe Fracht (wie Anm. 6), S. 32.
14 An Karl Lorenz, 31. Januar 1900.
15 An Theobald Nöthig, 3. April 1888.
16 Ausgewählte Werke. Hrsg. Hans Stern. Hamburg: Holsten 1964, S. 521.
17 An Hermann Friedrichs, 22. April 1885.
18 An Theobald Nöthig, 9. März 1887.
19 An Hermann Friedrichs, 5. März 1886.
20 An Hermann Friedrichs, 5. Juli 1885.
21 Detlev von Liliencron: Im Spiegel. Autobiographische Skizze. In:
    Gesammelte Werke Bd. 8: Miscellen. Berlin: Schuster & Loeffler 1912,
    S. 373. Vgl. auch das Gedicht *Armut, Einsamkeit und Freiheit*, S. 177.
22 Günter Häntzschel: Detlev von Liliencron. In: Gunter E. Grimm und
    Frank Rainer Max (Hrsg.): Deutsche Dichter. Bd. 6: Realismus,
    Naturalismus und Jugendstil. Stuttgart: Reclam 1989, S. 255.
23 An Leo Berg, 4. Dezember 1907; unveröffentlicht (Privatbesitz).
24 An Hermann Friedrichs, 17. Mai 1885.
25 An Theobald Nöthig, 13. Oktober 1885.
26 An Hermann Friedrichs, 20. September 1885.
27 Volker Neuhaus: Artikel Liliencron, Detlev von. In: Metzler Autoren Le-
    xikon. Deutschsprachige Dichter und Schriftsteller vom Mittelalter bis zur
    Gegenwart. Hrsg. Bernd Lutz. Stuttgart / Weimar: Metzler [2]1994, S. 556.

²⁸ An Theobald Nöthig, 6. November 1884.

²⁹ Günter Häntzschel (wie Anm. 22), S. 255.

³⁰ An Wilhelm Friedrich, 7. Mai 1887.

³¹ An Theobald Nöthig, 25. Juni 1886.

³² Vgl. H. F. Bachmair: Liliencron als Korrektor. In: Fritz Böckel (Hrsg.): Detlev von Liliencron. Erinnerungen und Urteile. Zweite vermehrte Auflage von „Liliencron im Urteil zeitgenössischer Dichter". Leipzig: Xenien-Verlag 1912, S. 16.

³³ An Theobald Nöthig, 1889 (ohne genauere Datierung).

³⁴ An Hermann Friedrichs, 26. Oktober 1888.

³⁵ Unveröffentlicht; Literaturarchiv der Landeshauptstadt München (Monacensia), Nachlaß Otto Julius Bierbaum.

³⁶ Gottfried Benn: Sämtliche Werke. Stuttgarter Ausgabe. In Verbindung mit Ilse Benn hrsg. von Gerhard Schuster. Bd. I: Gedichte 1. Stuttgart 1986, S. 290.

³⁷ An Hermann Friedrichs, 30. Juli 1888.

³⁸ An Hermann Friedrichs, 26. Dezember 1888.

Zu dieser Ausgabe

Wie jede Auswahlausgabe ist auch die vorliegende ein problematisches Unternehmen. Ein Querschnitt durch das umfangreiche Gesamtwerk Liliencrons, der die Erwartungen sämtlicher potentieller Leserinnen und Leser erfüllt, ist unmöglich zu erstellen, so wünschenswert eine für Liebhaber und Wissenschaftler gleichermaßen brauchbare Edition auch wäre. Immerhin mag man dem vorliegenden Band zugutehalten, daß er nicht allein nach dem privaten Geschmack eines einzelnen Herausgebers komponiert wurde: Die Textauswahl ist im Rahmen eines Liliencron-Seminars an der Ludwig-Maximilians-Universität München diskutiert worden, in dessen Verlauf nicht nur dem Seminarleiter (dem Herausgeber dieses Bandes), sondern auch den Studierenden die Unzulänglichkeit der bisherigen Liliencron-Ausgaben deutlich wurde. Auf dem Buchmarkt ist Liliencron derzeit nur mit einer schmalen Auswahl aus seinem lyrischen Werk in Reclams Universal-Bibliothek vertreten; seine erzählende Prosa ist nur in ältern, längst vergriffenen Ausgaben zu finden, und seine Dramen – so ästhetisch fragwürdig sie immer sein mögen – sind zum Teil seit ihrer Erstpublikation überhaupt nicht mehr gedruckt worden.

Wenn auch nicht zu bestreiten ist, daß ausnahmslos jede selektive Darbietung eines Œuvres auf einem notwenig subjektiven Bild von Autor und Werk beruht und ebenso notwendig ein wiederum subjektives Autorbild generiert, so sollte doch immerhin versucht werden, nach Möglichkeit Beispiele für alle literarischen Gattungen vorzustellen, in denen sich Liliencron erprobt hat. An eine auch nur im weitesten Sinne kritische Ausgabe war dabei nicht zu denken, von einer historisch-kritischen Edition gar nicht zu reden. Gleichwohl sollte sich unsere Ausgabe von den im Literaturverzeichnis genannten älteren Sammlungen durch eine solidere Textkritik unterscheiden. Anders als in den Ausgaben von Stern, Häckel/Kirsten und v. Wiese wurden bei der Textkonstitution nicht die Ausgabe letzter Hand oder Richard

Dehmels kontaminierte Ausgabe, sondern die Erstausgaben zugrundegelegt (vgl. im einzelnen den Abschnitt „Nachweis der Textgrundlagen"). Auf modernisierende Eingriffe in die originale Orthographie und Interpunktion wurde verzichtet. Unterschiedliche Schreibungen, auch innerhalb desselben Textes, wurden nicht vereinheitlicht, wenn beide Graphien zeitgenössisch möglich sind, so daß „Thür" neben „Tür", „Ueber" neben „Über", „giebt" neben „gibt" stehenbleibt. Offensichtliche Druckfehler wurden korrigiert, die Texteingriffe einzeln nachgewiesen. Lediglich im Genrebild *Arbeit adelt* wurden Inkonsequenzen bei der formalen Gestaltung des Nebentextes (Regiebemerkungen, Sprecherangaben etc.) ohne Einzelnachweis beseitigt. Fehlende Punkte am Satzende wurden stillschweigend ergänzt.

Die einzelnen Abschnitte der neuen Ausgabe folgen im Bereich der Lyrik den Gedichtsammlungen von den *Adjutantenritten* bis zu *Gute Nacht*, wobei die ursprüngliche Reihenfolge der Gedichte nicht verändert wurde. Als einziges Gedicht, das nicht in einem von Liliencron selbst publizierten Sammelband erschienen ist, wurde *Broadway in New-York* aufgenommen, die erste Fassung des Gedichts *Abseits* aus den *Adjutantenritten*. Textgrundlage ist hier der Abdruck in Ilse Wichmanns Buch *Detlev von Liliencrons lyrische Anfänge* (Berlin 1922), S. 71f.

Die nötigsten Erläuterungen zum Textverständnis gibt das alphabetisch angeordnete Glossar, bei dessen Erstellung die Kommentare der im Literaturverzeichnis genannten Liliencron-Ausgaben dankbar genutzt wurden. Auf einen ausführlichen Stellenkommentar wurde zugunsten einer breiteren Auswahl von Liliencrons Werken verzichtet.

An der Entstehung haben die Teilnehmerinnen und Teilnehmer meines Liliencron-Seminars im Wintersemester 2006/2007 ihren Anteil, wofür ihnen hier ausdrücklich gedankt sei. Laura John danke ich für vielfältige Unterstützung bei der Arbeit an dieser Edition.

Walter Hettche

Nachweis der Textgrundlagen

Gedichte

Adjutantenritte und andere Gedichte. Leipzig: Friedrich 1883
Gedichte. Leipzig: Friedrich 1889
Der Haidegänger und andere Gedichte. Leipzig: Friedrich 1890
Neue Gedichte. Leipzig: Friedrich 1893
Nebel und Sonne. Berlin: Schuster & Loeffler 1900
Bunte Beute. Berlin: Schuster & Loeffler 1903
Balladenchronik. Berlin: Schuster & Loeffler 1906
Gute Nacht. Hinterlassene Gedichte. Berlin: Schuster & Loeffler 1909

Drama

Arbeit adelt. Genrebild in zwei Akten. Leipzig: Friedrich 1887

Erzählungen

Poggfred
Erste Buchausgabe und Textgrundlage: Poggfred. Kunterbuntes Epos in 12
Cantussen. Berlin: Schuster & Loeffler 1896.

Der Buchenwald
Erstdruck: Norddeutsche Allgemeine Zeitung, 26./27. März 1881
Textgrundlage: Eine Sommerschlacht. Leipzig: Friedrich 1887 [erschienen
1886], S. 75–97.

Der Dichter
Erstdruck: Die Gesellschaft, Jg. 1, Nr. 40, 3. Oktober 1885
Textgrundlage: Eine Sommerschlacht. Leipzig: Friedrich 1887 [erschienen
1886], S. 145–163.

Die Operation
Erstdruck und Textgrundlage: Unter flatternden Fahnen. Militärische und andere Erzählungen. Leipzig: Friedrich 1888 [erschienen 1887], S. 193–202.

Das abgeerntete Kartoffelfeld
Erstdruck und Textgrundlage: Unter flatternden Fahnen. Militärische und andere Erzählungen. Leipzig: Friedrich 1888 [erschienen 1887], S. 207–211.

Der Aschenregen
Erstdruck und Textgrundlage: Unter flatternden Fahnen. Militärische und andere Erzählungen. Leipzig: Friedrich 1888 [erschienen 1887], S. 273f.

Die Mergelgrube
Erstdruck und Textgrundlage: Der Mäcen. Erzählungen. Erster Band. Leipzig: Friedrich [1889], S. 99–151.

Die Schnecke
Erstdruck: Moderne Dichtung, Jg. 1, Bd. 2, 1. August 1890
Textgrundlage: Krieg und Frieden. Novellen. Leipzig: Friedrich [1891], S. 103–152.

Das sterbende Schwein
Erstdruck: Der Zeitgenosse, Jg. 1, H. 2, 1. November 1890
Textgrundlage: Neue Gedichte, 1893, S. 140–142.

Die vergessene Hortensie
Erstdruck: Universum, Jg. 1, 1. Halbband, H. 5, 1891/92
Textgrundlage: Neue Gedichte, 1893, S. 129–139.

Das Mädchen
Erstdruck und Textgrundlage: Neue Gedichte, 1893, S. 109.

Das Ehepaar Quint
Erstdruck und Textgrundlage: Letzte Ernte. Berlin: Schuster & Loeffler 1909, S. 125–140.

Verzeichnis der Texteingriffe

Der edierte Text steht links von der Lemmaklammer (]), rechts davon die Lesart der jeweiligen Textgrundlage (T).

Gedichte

S. 27, Hans der Schwärmer, *2. und 3. Strophe, jeweils Vers 9* liest] ließt *T*
S. 31, Broadway in New-York, *Vers 3* Reichthum] Reichtthum *T*
S. 35, Bruder Liederlich, *2. Strophe, Vers 6* schwarzen] schwarzem *T*
  (*Eingriff aufgrund der 2. Auflage der „Adjutantenritte"*)
S. 38, Der Heidebrand, *1. Strophe, Vers 3* brennt] breunt *T*
S. 39, Der Heidebrand, *6. Strophe, Vers 2* entstand.] enstand. *T*
S. 40, Der Heidebrand, *9. Strophe, Vers 2* schnell?"] schnell? *T*

S. 42, Vier Augen sind im Wege, *3. Strophe, Vers 7* sieh] sie *T*
S. 54, „Unter den Linden", *Vers 12,* Daß] Das *T*
S. 54, „Unter den Linden", *Vers 21* fröhliche] fröliche *T*
S. 71, Auf den Tod eines ..., *6. Strophe, Vers 6* Loch] Loch' *T*
S. 76, Auf der Kasse, *Vers 30* größer ist,] größer, ist *T*
S. 76 f., An Theodor Storm, *Vers 6 und Vers 19 jeweils* Du] Da *T*
S. 81, Über ein Knickthor gelehnt, *Abschnitt I, letzter Vers* Triumph]
    Trumph *T*
S. 92, *Z. 32* teilnahmlos] teilnamlos *T*
S. 104, Pidder Lüng, *9. Strophe, Vers 5* furchtbaren] furchbaren *T*
S. 105, Zwiegespräch, *Vers 12* Geschlecht,] Geschlecht. *T*
S. 119, Die Pest, *Vers 115* besoffener.] befoffener. *T*
S. 136, Je reviendrai, *Titel* JE] IN *T*
S. 144, Krischan Schmeer, *Vers 30* Sultan] Sultun *T*
S. 146, Einmarsch in die Stadt Pfahlburg, *Titel* Pfahlburg] Pfahlburg? *T*
S. 156, Es hatte niemand etwas einzuwenden, *Vers 16* Kreuze] Krenze *T*
S. 181, Der Teufel in der Not, *4. Strophe*, Vers 2 Herrn] Heern *T*

Arbeit adelt
S. 238, *Z. 21* bitten!] bitten? *T*
S. 241, *Z. 26* vierzig] Vierzig *T*

Erzählungen

Poggfred

S. 287, *Z. 15* Städtchen] Städchen *T*
S. 289, *Z. 11* kriegtest,] krigtest, *T*
S. 293, *Z. 29* Soldaten] Sodaten *T*
S. 298, *Z. 11* Porzellan,] Pozellan *T*
S. 304, *Z. 18* vom] von *T*
S. 305, *Z. 8* zuletzt] zuletz *T*
S. 311, *Z. 25* me'n] me'n *T*
S. 336, *Z. 5* Wolff,] Wolf, *T*
S. 342, *Z. 14* Funkenschäumen,] Funkenschwärmen, T; *wegen des Reims
    nach den Ausgaben von 1904 emendiert, dort* Funkenschäumen,
S. 350, *Z. 7* Wolff] Wolf *T*
S. 359, *Z. 30* aber] aber, doch *T*
S. 360, *Z. 28* Whiteheartstute] Whiteheartstute *T*

Der Buchenwald
S. 434, *Z. 24* (Er] Er *T*
S. 434, *Z. 25* Summe.)] Summe. *T*

Der Dichter

S. *439, Z. 13* eine auffallende] auffallender *T (Eingriff aufgrund des Abdrucks in „Roggen und Weizen")*

S. *445, Z. 29* „Ach,] Ach, *T*

S. *445, Z. 31* hier"] hier *T*

Die Operation

S. *450, Z. 15* Während diese von den] Während diese, um von den *T*

S. *451, Z. 7* Zangen,] Zangen *T*

Das abgeerntete Kartoffelfeld

S. *458, Z. 22* Kartoffelfeld!] Katoffelfeld! *T*

Die Mergelgrube

S. *464, Z. 25* ein] eine *T*

S. *468, Z. 20* Vater] Vater, *T*

S. *469, Z. 28* die] das *T*

S. *473, Z. 1* Privilegien.] Privilegien". *T*

S. *474, Z. 24* nicht „zogen",] „zogen", *T*

S. *475, Z. 6* satt ...] sait ... *T*

S. *489, Z. 30* Gott."] Gott. *T*

Die Schnecke

S. *491, Z. 22* Guten] Gutem *T*

S. *496, Z. 13* das] daß *T*

S. *497, Z. 16* verrannte] verrante *T*

S. *497, Z. 27* Krummstabe] Kummstabe *T*

S. *498, Z. 16* italienischem] italienischen *T*

S. *500, Z. 21* Terrasse] Terasse *T*

S. *501, Z. 3* dem] den *T*

S. *509, Z. 18f.* god 'rut;] god' rut; *T*

S. *510, Z. 34* meinen] mein *T*

S. *511, Z. 2* Iwan den] Iwanden *T*

S. *511, Z. 4* Sechsten,] Sachsen, T *(Eingriff aufgrund des Abdrucks in „Aus Marsch und Geest").*

Die vergessene Hortensie

S. *527, Z. 20* Mutter.] Mutter, *T*

Das Ehepaar Quint

S. *528, Z. 30* Kirchturm] Kirchtum *T*

S. *529, Z. 30* nun,] nur, *T*

566

Glossar

1. Personen

Abel – Liliencrons Tochter aus dritter Ehe, später verheiratete Funder (1894–1969).

Albrecht – Burggraf Albrecht der Schöne von Nürnberg. Die verwitwete Gräfin von Orlamünde (die „Weiße Frau" in der Sage) verliebte sich in ihn.

Biese, Alfred – 1856–1930, Literaturhistoriker. In seinem Buch *Lyrische Dichtung und neuere deutsche Lyriker* (Berlin: Hertz 1896) greift er Liliencron wegen seines Lebenswandels an und schreibt: „[...] viele schöne Zeilen und Strophen – wenige ganz anstoßfreie – hat der überaus talentvolle Detlev von Liliencron geschrieben [...], aber leider gilt von ihm das vielzitierte Goethe'sche Wort über Günther: ,Er wußte sich nicht zu zähmen, und so zerrann ihm sein Leben und sein Dichten'" (S. 119).

Bloch, Eduard – 1831–1895, Inhaber eines Theaterverlags in Berlin.

Borgia, Cesare – 1475/76–1507, natürlicher Sohn Papst Alexanders VI., 1492–1498 Erzbischof von Valencia, Eroberer der Romagna, Umbriens und Sienas.

Brockes, Barthold Heinrich – 1680–1747, Hamburger Lyriker und Übersetzer.

Caterina Sforza – 1463–1509, Gräfin von Forlì, uneheliche Tochter des Galeazzo Maria Sforza, Herzog von Mailand, und Lucrezia Landriano, Gegnerin Cesare Borgias.

Chrysostomus – Johannes Chrysostomos (354 oder 344–407), Patriarch von Konstantinopel, Kirchenvater.

Cyrilla, heilige – griech. „Die rechte Herrin", von Diokletian verfolgte Märtyrerin, um 304 gestorben.

Falke, Gustav – 1853–1916, Lyriker, von Liliencron entdeckt und gefördert.

Friedrich V. – 1723–1766, seit 1746 König von Dänemark und Norwegen.

Friedrich, Wilhelm – 1851–1925, Verleger in Leipzig; bei ihm erschienen Liliencrons Werke bis 1895.

Friedrichs, Hermann – 1854–1911, Schriftsteller, Redakteur des „Magazins für die Literatur des In- und Auslandes".

Goetze – Johan Melchior Goeze (1717–1786), Theologe, Hamburger Hauptpastor, Gegner Lessings.

Gregor – Papst Gregor IX. (um 1170–1227–1241).

Günther, Johann Christian – 1695–1723, Dichter; Goethe sagt in seiner Autobiographie *Aus meinem Leben. Dichtung und Wahrheit* über ihn: „Er wußte sich nicht zu zähmen, und so zerrann ihm sein Leben wie sein Dichten" (2. Teil, 7. Buch).

Harun al Raschid – Harun ar Raschid (766–809), Kalif des Abbasidenreichs, der sich nach der Legende in *Tausendundeine Nacht* inkognito unter das Volk mischte.

Jensen, Wilhelm – 1837–1911, Erzähler und Lyriker.

Lingg, Hermann Ritter von – 1820–1905, Lyriker und Dramatiker, Verfasser der *Völkerwanderung* (1866–1868), eines Versepos in Ottaverimen.

Magnus – Magnus von Schottland, geboren auf einer der Orkney-Inseln, um 1105 von einem Verwandten ermordet; zunächst Räuber, später zum Christentum bekehrt.

Mantegazza, Paolo – 1831–1910, italienischer Arzt, Neurologe und Physiologe. Seine *Fisiologia dell'amore* (Mailand 1873) erschien 1877 in deutscher Übersetzung von Eduard Engel bei Costenoble in Jena.

Marlitt, Eugenie – 1825–1887, eigentlich Eugenie John; Autorin trivialer Romane und Erzählungen.

Martje Flor – Bauerstochter aus Katharinenheerd in Eiderstedt. Der Brauch, von dem Liliencrons Ballade erzählt, ist bis heute in Schleswig-Holstein lebendig.

Max, Gabriel Cornelius Ritter von – 1840–1915, Münchner Historenmaler.

Mazeppa, Jan – 1652–1709, Kosakenführer.

Moltke, Helmuth Graf von – 1800–1891, preußischer General und Politiker.

Nicolai, Christoph Friedrich – 1733–1811, Buchhändler, Verleger, Literaturkritiker und Erzähler, Herausgeber der „Allgemeinen Deutschen Bibliothek".

Nöthig, Theobald – 1841–1925, Schriftsteller, Kriegskamerad Liliencrons.

Orlamünde, Gräfin – Agnes von Orlamünde, geb. Herzogin von Meran (13. Jhdt.), die in den Burggrafen Albrecht von Nürnberg verliebt war. Vgl. das Märchen *Die Gräfin von Orlamünde* von Jacob und Wilhelm Grimm.

Pfordte, Franz – 1840–1917, Meisterkoch und Inhaber des gleichnamigen Hamburger Restaurants.

Piper, Kurt – 1875–1952, Arzt und Schriftsteller; sein Gedichtband *Fegefeuer* war 1903 bei Henckell in Leipzig erschienen.

Prittwitz-Gaffron, Conrad von –1826–1906, Lyriker (*Lieder und Balladen*, 1882).

Richard – Richard Dehmel (1863–1920), Dichter, Freund und Nachlaßverwalter Liliencrons.

Schmidt, Rudolf – 1836–1899, dänischer Dramatiker und Erzähler.

Schwarz, Ernst – (Lebensdaten nicht ermittelt) schrieb nicht die Melodie, sondern den Text zu dem Berliner Schlager *Ernst, ach Ernst*; die Musik komponierte Paul Lincke (1866–1946).

Seume, Johann Gottfried – 1763–1810, Schriftsteller (*Spaziergang nach Syrakus im Jahre 1802*).

Seydlitz, Friedrich Wilhelm von – 1721–1773, preußischer General unter Friedrich II.

Steenbock – Graf Magnus Gustafsson Stenbock (1664–1717), schwedischer Feldmarschall im Großen Nordischen Krieg (1700–1721).

Theobald – s. Nöthig.

Trojan, Johannes – 1837–1915, Lyriker, Jugendschriftsteller.

Titus Labienus – 100–45 v. Chr., einer der Offiziere Cäsars.

Wolff, Emil Hermann Friedrich – 1845–1909, Gymnasialdirektor in Schleswig, schrieb Historiendramen und Gedichte.

Wulff – Wulff von Liliencron (1900–1966), Liliencrons Sohn aus dritter Ehe.

Ziethen – Hans Joachim von Zieten (1699–1786), preußischer General unter Friedrich II.

2. Begriffe, Orte, Werktitel, Zitate

a la d'Aumont – attelage à la Daumont, frz., Bespannung, bei
   der die Kutsche nicht vom Kutschbock, sondern von den
   Sattelpferden aus geleitet wird.

Abderit – Bürger der Stadt Abdera; die Abderiten sind die
   Schildbürger der Antike.

Acheron, acherontisch – Der Acheron ist in der griechischen
   Mythologie einer der Flüsse der Unterwelt.

Amphipolis – griechische Stadt am Strymon in Thrakien.

Anachoret – Asket, Mönch.

Ariel – Ein Luftgeist; Figur in Shakespeares Komödie *Der
   Sturm*.

asa foetida – Stinkasant. Aus Persien stammende Heilpflanze
   mit beruhigender Wirkung auf das vegetative Nervensystem.

Aschtoret – Astarte, syrische Fruchtbarkeitsgöttin, Gemahlin
   des Adon oder Adonai.

Astarte – s. Aschtoret.

Austerndieb – Vogelgattung aus der Ordnung der Stelzvögel
   und der Familie der Regenpfeifer.

Balje – niedersächsische Gemeinde zwischen Oste und Elbe.

Baschkieren – Baschkiren, Volk des südlichen Uralgebirges.

Behemot – Flußpferd (Ijob 40,10–19); in der jüdischen
   Apokalyptik mythisches Tier der Endzeit.

Bekunkas – Nicht eindeutig zu klären; möglicherweise sind
   die Einwohner von Bekun auf Papua-Neuguinea gemeint.
   Eine Anspielung auf Bekungu im Kongo ist ebenfalls
   denkbar.

Bellona – Römische Kriegsgöttin.

Bêtise – frz. „Dummheit".

blöde – schüchtern, naiv.

Buhurt – mittelalterliches Reiterkampfspiel.

Byssusturm – Byssus: Muschelseide.

Camöne – Quellgöttin, Muse.

Chacun a bien à faire du Sien – frz. „Jeder hat mit sich
   selbst genug zu tun".

Chanoinesse – Stiftsdame.

Charles Neale – Englisches Bierhaus am Cirkusweg in Hamburg.

cuivre poli – poliertes Messing, Messingbronze; billiger
    Ersatz für echte Bronze.
Des Himmels Prinzen und der Erde Lumpen – Zitat aus einem
    Brief von Ferdinand Freiligrath an August Schnezler vom
    26. Mai 1837.
Doppelkrone – Offizieller Name des goldenen 20-Mark-Stücks,
    auf der Vorderseite der Kopf des Kaisers, auf der Rückseite
    der Deutsche Reichsadler mit preußischem Mittelschild.
Dracunculus – Gemeine Drachenwurz.
Dullbord – Dollbord, auch: Sielbord, oberer Rand der
    Bordwand eines offenen Bootes.
E'l mondo subito va cosi piano – ital. „und plötzlich bewegt
    sich die Welt so langsam".
echappieren – entwischen.
Elefantenorden – Höchster und ältester dänischer Orden,
    1462 von König Christian I. gestiftet.
Epaulette – Schulterstück auf der Uniform eines Seeoffiziers.
Flick und Flock – *Die Abenteuer von Flick und Flock* (1858),
    komisches Zauberballett von Paul Taglioni (1808–1884),
    Musik von Peter Ludwig Hertel (1817–1899). 1860
    veröffentlichte Gustav Räder (1810–1868) eine Zauberposse
    nach Taglionis Ballett.
Freya – In der nordischen Mythologie die Göttin der
    Fruchtbarkeit und des Frühlings.
Galons – Zierstreifen auf den Außennähten einer Frackhose.
Galopin – Seitenpferd.
Ganymed – Mundschenk des Zeus.
Golkonda – Indische Festungsstadt, westlich von Hyderabad.
Grand – Grober Kiessand.
Gugelmänner – Kapuzenmänner.
Hardesvogt – Amtsvorsteher einer Harde, eines mehrere
    Dörfer umfassenden Verwaltungsbezirks.
Have, pia anima – lat. „Sei gegrüßt, fromme Seele", Inschrift
    auf Grabsteinen.
Hekuba – In Homers *Ilias* Königin von Troja, Gattin des Priamos.
Helfant – Elefant.
Hetman – Vom 15. bis 18. Jahrhundert in Polen und Litauen
    der zweithöchste Feldherr nach dem König.

Hiller – Restaurant Unter den Linden in Berlin mit
Weinausschank und ausländischen Bieren, in dem Offiziere
und Adlige verkehrten.

Hochzeitsfest – Theodor Storms Novelle *Ein Fest auf
Haderslevhuus* (1885).

Hörnemmer Rhee – Hafen von Hörnum auf Sylt.

Hospodar – Gospodar, seit dem 14. Jahrhundert Titel der
Fürsten der Moldau und Walachei.

Hufnershaus – Haus eines Hufners, eines Bauern, der eine oder
mehrere Hufe Landes besitzt.

ich nahm es so im Wandern mit – Zitat aus Theodor Storms
Gedicht *Ein Blatt aus sommerlichen Tagen*.

In des Waldes tiefsten Gründen – Romanze von Christian
August Vulpius (1762–1827) aus dessen Roman *Rinaldo
Rinaldini, der Räuberhauptmann* (1799).

Janitscharen – Elitetruppen der Infanterie im Osmanischen
Reich.

Jarl – Fürstentitel in nordischen Ländern.

Je m'en fiche – frz. „Es ist mir egal".

Jeu – Spiel.

Kab – Abkürzung für Kabriolett, eine zweirädrige einspännige
Kutsche.

Kamtschatka – Halbinsel im Osten Rußlands.

Kiss-me-quick-Odeur –Parfum aus den Blüten von Tuberose,
Jonquille und Rosa centifolia, um 1870 entwickelt und
als Aphrodisiakum verwendet.

Kolin – Stadt in Böhmen; in der Schlacht bei Kolin am 18. Juni
1757 erlitt die preußische Armee unter Friedrich II. eine
schwere Niederlage gegen Österreich.

Kolpak, Kalpak – Husarenmütze, aus Pelz gefertigt.

Laudat alauda Deum, tirili tirilique canendo – lat. „Die
Haubenlerche lobt Gott, indem sie ‚Tirili, tirili' singt".

Lefaucheux – Revolver.

lex mihi Ars – lat. „die Kunst ist mir Gesetz" (wegen der für
Nichtlateiner möglichen Fehldeutung als Götz-Zitat im
19. Jahrhundert ein beliebter Studentenwitz).

lex mihi Mars – lat. „der Krieg ist mir Gesetz".

Lieb Bruder, trink wieder – Leicht verändertes Zitat aus Ludwig

Uhlands Gedicht *Abschied*: „Trink aus und trink wieder, lieb Bruder mein!".

ma foi – frz. „na ja".

Magen – Plural zu Mage, Verwandter.

Mantineia – Griechische Stadt, Hauptstadt von Ostarkadien.

mechant – méchant, frz. „bösartig, abscheulich".

Meduse – Medusa, in der griechischen Mythologie ein weibliches Ungeheuer, dessen Kopf den Betrachter versteinerte.

Mors Imperator – der Herrscher Tod.

Nadir – Der dem Zenith gegenüberliegende, nicht sichtbare Punkt des Himmelsgewölbes.

Najaden – Wassernymphen in der griechischen Mythologie.

Nam haec est nostra vita dolorosa – lat. „denn dies ist unser schmerzenreiches Leben".

nimmermehr – Anspielung auf Edgar Allen Poes *The Raven*.

Nunquam dormio – lat. „Ich schlafe nie".

Odin – Wotan, germanischer Windgott.

Oriflamme – Reichs- und Kriegsfahne der französischen Könige (12.–15. Jahrhundert).

Orlog – Kriegsschiff.

Pallasch – Schwerer Degen.

Pelide – Achill, der Sohn des Peleus.

Penny a liner – Journalist, der mit einem Penny pro Zeile bezahlt wird, Zeilenschinder.

Peute – Stadtteil zwischen der Norder- und der Süderelbe in Hamburg.

Pferdebohne – Ackerbohne.

Plempe – Seitengewehr.

Pli – Gewandtes Auftreten, Schick, Schliff.

Prahm – Fährkahn.

Puck – Kobold.

Ree – Segelkommando, „wendet!".

retournons a nos moutons – frz. „wenden wir uns wieder unseren Hammeln zu"; in Deutschland nach August von Kotzebues Lustspiel *Die deutschen Kleinstädter* in der Formulierung „um wieder auf besagten Hammel zu kommen" geläufig.

Retraiteblasen – Retraite: Rückzug.

Rungholt – Bei einer Sturmflut am 16. Januar 1362

untergegangene Nordseehallig südlich von Pellworm.

Satis superque – lat. „genug und übergenug" (Cicero, *De natura deorum* 2,2).

Senner – Älteste deutsche Pferderasse, nach der Senne, Landschaft bei Paderborn.

Soubise – Zwiebelsauce, zum Überbacken verwendet.

speilen – Etwas mit Speilen (kleinen Stäben) verschließen.

Spring an, mein Roß – Nach dem ersten Vers von Freiligraths Gedicht *Der Alexandriner.*

Stag – Tau zur Befestigung von Masten und Stangen.

Strönthgang – Strandgang.

Syringen – Fliederbüsche.

Syrinx – Panflöte.

Tabouret – frz. „Schemel".

Tag der Ruth – 1. September.

Tattersall – Unternehmen zur Unterbringung und Pflege fremder Pferde. Der Name leitet sich ab von dem englischen Trainer Richard Tattersall (1724–1795).

Terpsichore – Muse des Tanzes.

Thor – Donar, germanischer Gott des Donners.

Toonbank – ndl. „Theke".

Trallen – Gitter.

Trimmer – Kohlenschaufler.

Unglücksstätte – Stelle im Starnberger See, an der König Ludwig II. von Bayern ertrank.

Upmann – Zigarrenmarke.

Wiesenralle – Wachtelkönig, Wiesensumpfhuhn.

Wimmermöve – Raubseeschwalbe.

Wochenwagen – Ein wöchentlich einmal verkehrender Wagen.

Wo du nicht bist – „Wo du nicht bist, Herr Organist, da schweigen alle Flöten"; scherzhafte Umdichtung einer Strophe des Kirchenliedes *Herr Jesu Christ, mein Fleisch und Blut* von Erdmann Neumeister (1671–1756).

Ylang-Ylang – Parfum aus dem ätherischen Öl des Ylang-Ylang-Baums.

Ypern – Ulmen.

Zephyr – In der griechischen Mythologie der Westwind.

Zirkassen – Volksstamm am Schwarzen Meer.

ZEITTAFEL

1844	Friedrich Adolf Axel Freiherr von Liliencron wird am 3. Juni in Kiel geboren. Den Vornamen Detlev nimmt er erst später an.
1854	Besuch der Kieler Gelehrtenschule.
1861	Besuch der Realschule in Erfurt.
1863	Eintritt in die Berliner Kadettenanstalt, danach in das Westfälische Füsilier-Regiment Nr. 37 (Mainz, später Posen).
1865	Beförderung zum Sekondelieutenant am 14. August.
1866	Teilnahme am Krieg Preußens gegen Österreich; Versetzung zum Infanterie-Regiment Nr. 81 in Mainz.
1870/71	Teilnahme am Deutsch-Französischen Krieg.
1871	Im Oktober erstmals Abschied vom Militärdienst wegen hoher Schulden.
1872	Wiederaufnahme in die preußische Armee.
1875	Endgültige Aufgabe des Soldatenberufs.
1875–77	Aufenthalt in den USA, Arbeit in mehreren Berufen und in verschiedenen Städten. Am 24. September 1877 Niederschrift des Gedichts *Broadway in New-York*.
1878	Eheschließung mit Helene von Bodenhausen.
1879	Helene verläßt ihren Ehemann. Liliencron beginnt die Ausbildung zum preußischen Verwaltungsbeamten. Erste Veröffentlichung von Gedichten in Zeitschriften und Privatdrucken.
1880	Militärübung in Hamburg als Oberleutnant der Reserve.
1882	Am 1. März Dienstantritt als Hardesvogt auf der Nordseeinsel Pellworm, am 6. Mai Beförderung zum Hauptmann der Reserve. Arbeit an Kriegsnovellen.
1883	Publikation des ersten selbständigen Buches: *Adjutantenritte und andere Gedichte*. Am 1. Oktober

Ernennung zum Kirchspielvogt in Kellinghusen (Holstein).

1885   Scheidung von Helene. Entlassung aus dem Staatsdienst wegen hoher Schulden. Publikation der ersten Historiendramen: *Die Rantzow und die Pogwisch* und *Knut der Herr*.

1887   Eheschließung mit Augusta Brandt, der Tochter eines Gastwirts aus St. Pauli. Publikation des Zweiakters *Arbeit adelt*, des Novellenbandes *Eine Sommerschlacht* und des ersten Romans *Breide Hummelsbüttel*.

1888   Der Prosa-Sammelband *Unter flatternden Fahnen* erscheint.

1889   *Der Mäcen*, eine zweibändige Sammlung von Erzählungen und dem gleichnamigen Roman erscheint.

1890/91 Aufenthalt in München, zum Teil finanziert von der Deutschen Schillerstiftung. Beginn der Freundschaft mit Otto Julius Bierbaum, Bekanntschaft mit Michael Georg Conrad und Hugo Wolf.

1890   Veröffentlichung des Gedichtbands *Der Haidegänger*.

1891   Umzug nach Hamburg-Ottensen. Novellenband *Krieg und Frieden*. Erste „Cantusse" aus dem *Poggfred* werden veröffentlicht.

1892   Scheidung von Augusta, Umzug nach Altona.

1893   Die *Neuen Gedichte* erscheinen.

1894   Geburt der Tochter Abel; ihre Mutter ist die Bauerntochter Anna Micheel, die Liliencron erst 1899 heiraten kann.

1895   Publikation der *Kriegsnovellen*.

1896   Die erste Fassung des *Poggfred. Kunterbuntes Epos in zwölf Cantussen* erscheint.

1898   Beginn der Vortragstourneen.

1899   Heirat mit Anna Micheel.

1900	Auftritte in Ernst von Wolzogens literarischer Kleinkunstbühne *Überbrettl* in Berlin. Geburt des Sohnes Wulff.
1901	Jährliches Ehrengehalt von Kaiser Wilhelm II. in Höhe von 2000 Mark. Wohnung in Alt-Rahlstedt.
1904	Publikation der auf 24 „Cantusse" erweiterten zweiten Fassung des *Poggfred*. Zum 60. Geburtstag zahlreiche Ehrungen, unter anderem mit einer deutschen und einer österreichischen Festschrift.
1906	Publikation der *Balladenchronik*.
1908	Veröffentlichung des Romans *Leben und Lüge* sowie der letzten Fassung des *Poggfred* mit 29 „Cantussen".
1909	Ehrendoktor der Universität Kiel. Letzte Reise zu den Schlachtfeldern des Deutsch-Französischen Krieges. Am 22. Juli stirbt Liliencron an den Folgen einer Lungenentzündung. Publikation nachgelassener Gedichte und Novellen in den Bänden *Gute Nacht* und *Letzte Ernte*.

LITERATURVERZEICHNIS

I. Liliencrons Werke
1. Einzelausgaben

a. Lyrik

Adjutantenritte und andere Gedichte. Leipzig: Friedrich 1883
Gedichte. Leipzig: Friedrich 1889
Der Haidegänger und andere Gedichte. Leipzig: Friedrich 1890
Neue Gedichte. Leipzig: Friedrich 1893
Gesammelte Gedichte. 3 Bde.
    Bd. 1: Kampf und Spiele. Berlin: Schuster & Loeffler 1897
    Bd. 2: Kämpfe und Ziele. Berlin: Schuster & Loeffler 1897
    Bd. 3: Nebel und Sonne. Berlin/Leipzig: Schuster & Loeffler
    1900
Bunte Beute. Berlin/Leipzig: Schuster & Loeffler 1903
Balladenchronik. Berlin/Leipzig: Schuster & Loeffler 1906
Gute Nacht. Hinterlassene Gedichte. Berlin: Schuster & Loeffler
    1909

b. Dramen

Die Rantzow und die Pogwisch. Schauspiel in fünf Akten. Berlin:
    Reg. London Stat. Hall 1885
Knut der Herr. Drama in fünf Akten. Leipzig: Friedrich 1885
Der Trifels und Palermo. Trauerspiel in vier Akten. Leipzig:
    Friedrich 1886
Arbeit adelt. Genrebild in zwei Akten. Leipzig: Friedrich 1887
Die Merowinger. Trauerspiel in fünf Akten. Leipzig: Friedrich 1888
Pokahontas. Drama aus den Kolonien. 1607. In: Sämtliche Werke.
    15 Bde. Berlin/Leipzig: Schuster & Loeffler 1904–1908, Bd. 14,
    S. 341–422

c. Epische Werke

Eine Sommerschlacht. Leipzig: Friedrich 1887

Breide Hummelsbüttel. Roman. Leipzig: Friedrich 1887
Unter flatternden Fahnen. Militärische und andere
   Erzählungen. Leipzig: Friedrich 1888
Der Mäcen. Erzählungen. 2 Bde. Leipzig: Friedrich 1889
Krieg und Frieden. Novellen. Leipzig: Friedrich 1891
Kriegsnovellen. Leipzig: Friedrich 1895
Poggfred. Kunterbuntes Epos in 12 Cantussen. Berlin: Schuster
   & Loeffler 1896
Poggfred. Kunterbuntes Epos in 24 Cantussen. Dritte,
   veränderte und um die Hälfte vermehrte Auflage. 2 Bde.
   Berlin/Leipzig: Schuster & Loeffler [1904]
Poggfred. Kunterbuntes Epos in 29 Cantussen. Siebte und
   achte, stark vermehrte Auflage. 2 Bde. Berlin: Schuster
   & Loeffler [1908]
Mit dem linken Ellbogen. Roman. Berlin/Leipzig: Schuster &
   Loeffler 1899
Aus Marsch und Geest. Berlin/Leipzig: Schuster & Loeffler 1900
Könige und Bauern. Berlin/Leipzig: Schuster & Loeffler 1900
Roggen und Weizen. Berlin/Leipzig: Schuster & Loeffler 1900
Leben und Lüge. Biographischer Roman. Berlin: Schuster &
   Loeffler 1908
Letzte Ernte. Hinterlassene Novellen. Berlin: Schuster &
   Loeffler 1909

2. Sammel- und Auswahlausgaben

Ausgewählte Gedichte. Berlin: Schuster & Loeffler 1896
Sämtliche Werke. 9 Bde. Berlin/Leipzig: Schuster &
   Loeffler 1897–1902
Zehn ausgewählte Novellen. Hrsg. Ludwig Schröder. Leipzig:
   Hesse 1904
Sämtliche Werke. 15 Bde. Berlin/Leipzig: Schuster & Loeffler
   1904–1908
Liliencron-Brevier. Hrsg. Kurt Küchler. Berlin/Leipzig: Schuster
   & Loeffler 1905
Gesammelte Werke. 8 Bde. Hrsg. Richard Dehmel. Berlin:
   Schuster & Loeffler 1911–1912

Ausgewählte Werke. Hrsg. Hans Stern. Hamburg: Holsten 1964
Flußüberwärts singt eine Nachtigall. Eine Auswahl. Hrsg.
　　Manfred Häckel. Textrevision und Anmerkungen Wulf
　　Kirsten. Berlin: Rütten & Loening 1967
Werke. 2 Bde. Hrsg. Benno von Wiese. Frankfurt/M.: Insel 1977
Gedichte. Hrsg. Günter Heintz. Stuttgart: Reclam 1987

3. Briefausgaben

In memoriam Detlev Liliencron. Achtzehn facsimilierte Briefe
　　an Detlev von Liliencron. Hrsg. Hans Wolfgang Rath.
　　Frankfurt/M.: Schulz 1909
Ausgewählte Briefe. 2 Bde. Hrsg. Richard Dehmel. Berlin:
　　Schuster & Loeffler 1910
Briefe an Hermann Friedrichs aus den Jahren 1885–1889.
　　Berlin: Concordia 1910
Neue Kunde von Detlev von Liliencron. Des Dichters Briefe
　　an seinen ersten Verleger [Wilhelm Friedrich]. Hrsg.
　　Heinrich Spiero. Leipzig: Xenien-Verlag 1912
Dichter und Verleger. Briefe von Wilhelm Friedrich an
　　Detlev von Liliencron. Hrsg. Walter Hasenclever.
　　München/Berlin: Georg Müller 1914
Unbegreiflich Herz. Detlev von Liliencrons Liebesbriefe
　　an Helene von Bodenhausen. Hrsg. Heinrich Spiero. Berlin/
　　Leipzig: Deutsche Verlagsanstalt 1925
Briefe in neuer Auswahl. Hrsg. Heinrich Spiero. Stuttgart u.a.:
　　Deutsche Verlagsanstalt 1927
Detlev von Liliencron und Theobald Nöthig. Briefwechsel
　　1884–1909. 2 Bde. Hrsg. Jean Royer. Herzberg:
　　Bautz 1986 [mit detaillierter Liliencron-Bibliographie]

II. Literatur über Liliencron

Die Akte Detlev von Liliencron. Hrsg. Wulf Kirsten
　　(Veröffentlichungen aus dem Archiv der Deutschen
　　Schillerstiftung, Weimar, Heft 13). Weimar o.J.

Assmann, Elisabeth: Die Entwicklungen des lyrischen Stils
  bei Detlev von Liliencron. Diss. Königsberg 1936
Böckel, Fritz (Hrsg.): Detlev von Liliencron im Urteil
  zeitgenössischer Dichter. Dem Dichter der „Adjutantenritte"
  und des „Poggfred" überreicht. Berlin/Leipzig: Schuster &
  Loeffler 1904 [„Zweite vermehrte Auflage" unter dem Titel:
  Detlev von Liliencron. Erinnerungen und Urteile.
  Leipzig: Xenien-Verlag 1912]
Bunzel, Wolfgang: Das deutschsprachige Prosagedicht.
  Theorie und Geschichte einer literarischen Gattung der
  Moderne. Tübingen: Niemeyer 2005
Burns, Barbara: The Short Stories of Detlev von Liliencron:
  Passion, Penury, Patriotism. Lewiston u.a.: Mellen 1998
Detlev von Liliencron (1844–1909). Ausstellung und Nachlaß.
  Kiel: Schleswig-Holsteinische Landesbibliothek 1984
Donath, Adolph (Hrsg.): Österreichische Dichter zum 60.
  Geburtstage Detlev von Liliencrons. Wien: Konegen 1904
Dohnke, Kay: Die drei Leben des Detlev von Liliencron. Die
  Kellinghusener Jahre. Vaale: Plotz 1994
Griese, Volker: Detlev von Liliencron. Chronik eines Dichterlebens.
  Münster: Monsenstein und Vannerdat 2009
Häntzschel, Günter: Detlev von Liliencron. In: Gunter E.
  Grimm und Frank Rainer Max (Hrsg.): Deutsche Dichter.
  Bd. 6: Realismus, Naturalismus und Jugendstil. Stuttgart:
  Reclam 1989, S. 252–258.
Kaiser, Gerhard: „Acherontisches Frösteln" von Detlev von
  Liliencron. In: Robert Leroy und Eckart Pastor: Deutsche
  Dichtung um 1890. Beiträge zu einer Literatur im Umbruch.
  Bern u.a.: Lang 1991, S. 171–174.
Mainholz, Mathias; Schütt, Rüdiger; Walter, Sabine (Hrsg.):
  Artist Royalist Anarchist. Das abenteuerliche Leben des
  Baron Detlev Freiherr von Liliencron 1844–1909. Ausstellung
  der Staats- und Universitätsbibliothek Carl von Ossietzky,
  2. 6.–15. 7. 1994. Herzberg: Bautz 1994
Maync, Harry: Detlev von Liliencron. Eine Charakteristik
  des Dichters und seiner Dichtungen. Berlin: Schuster &
  Loeffler 1920

Möller, Kai; Marcus Petersen: Liliencron auf Pellworm. Husum: Husum-Druck 1982

Neuhaus, Volker: Artikel Liliencron, Detlev von. In: Metzler Autoren Lexikon. Deutschsprachige Dichter und Schriftsteller vom Mittelalter bis zur Gegenwart. Hrsg. Bernd Lutz. Stuttgart / Weimar: Metzler [2]1994, S. 555f.

Rose, Dirk: Peripherie und Perspektive. Infrastrukturgeschichtliche Überlegungen zu Liliencron und Bölsche. In: Zeitschrift für Germanistik 15 (2005), S. 311–326

Royer, Jean: Detlev von Liliencron. Heimatkunst ist schön und gut, wo aber bleibt die Weltdichtung? In: Alexander Ritter (Hrsg.): Literaten in der Provinz – Provinzielle Literatur? Schriftsteller einer norddeutschen Region. Heide: Boyens 1991, S. 91–111

Royer, Jean: Detlev von Liliencron. Itinéraire et évolution du poète lyrique (1844–1891). Bern u.a.: Lang 1993

Schlaffer, Heinz: Lyrik im Realismus. Studien über Raum und Zeit in den Gedichten Mörikes, der Droste und Liliencrons. Bonn: Bouvier [3]1984

Spiero, Heinrich: Detlev von Liliencron. Sein Leben und Werk. Berlin/Leipzig: Schuster & Loeffler 1913

Ulrich, Dietmar: Die Verskunst der Lyrik Detlev von Liliencrons. Hamburg: Buske 1970

Wichmann, Ilse: Detlev von Liliencrons lyrische Anfänge. Berlin: Ebering 1922 (Germanische Studien 23)

Zenker, Markus: Artikel Liliencron, Detlev von. In: Literatur Lexikon. Autoren und Werke deutscher Sprache. Hrsg. Walther Killy. Bd. 7. München: Bertelsmann Lexikon Verlag 1990, S. 290f.

Alphabetisches Verzeichnis
der Gedichtanfänge und -überschriften

Abschied	129
Abseits	32
Ach, daß du lebtest. Tausend schwarze Krähen	36
Ach, jung ...	159
Acherontisches Frösteln	138
Allerliebst	136
Alles fertig? Nichts vergessen?	193
Als die Frühmesse beendet war	189
Als die Saat der Erd' entsprossen	128
Als ich heut' im Hufnershaus	94
An der Grenze	165
An einem Maitag, weit von Haus	225
An einen meines Namens nach meinem Tode	87
An ferne Berge schlug die Donnerkeulen	137
An jedem Ziehungstag sah ein Beamter	160
An meinen Schreibtisch lehn' ich. Meine Hand	90
An Theodor Storm	76
Anakreontisches Liedel	227
Antwort	126
Arger Morgen	229
Arm wie Jesus Christus	177
Armut, Einsamkeit und Freiheit	177
Astern blühen schon im Garten	30
Auch in den Garten der Klinik verlor sich der sonnigste Maitag	72
Auf Blut und Leichen, Schutt und Qualm	21
Auf dem Kirchhofe	22
Auf dem Tütvogelmoor, im Wollgrasmeer	143
Auf dem Wege vom Tanzsaal nach Haus	26
Auf den Tod eines im Elend untergegangenen deutschen Dichters	70
Auf der Kasse	75
Auf der Magdalenenspitze	185

Auf die Terrasse war ich hinbefohlen   98
Auf einem Bahnhofe   88
Aus der Kinderzeit   86
Aus einer Riesenstadt verirrt' ich mich   88
Aussicht vom Schlosse   176
Ballade in U-dur   172
Begräbnis   234
Bei den Mohawk-Indianern   182
Bekanntmachung: „Der Friedhof wird enteignet.   156
Betrunken   122
Blümekens   17
Broadway in New-York   31
Bruder Liederlich   34
Das Automobil ist vorgefahren   223
Das eine Kleid   113
Das gebliebene Lächeln   133
Das Genie bricht sich Bahn   130
Das Gewehr im Baum   168
Das Glück   229
Das Hängelämpchen qualmt im warmen Stalle   72
Das Haupt des heiligen Johannes in der Schüssel   18
Das Kind mit dem Gravensteiner   221
Das Kornfeld   128
Das Leben: „das betrunkne Weib", sagt Piper   204
Das Lotterielos   160
Das Opfer   182
Das verschüttete Dorf   192
Das Wundertier   64
De oll Linn schall dal, so gehts behende   168
Dei gratia Domina   18
Den ganzen Tag nur auf der Ottomane   13
Der Amtmann von Tondern, Henning Pogwisch   102
Der Blick aus unserm Fenster   59
Der Blitzzug   184
Der Brotwagen   66
Der Feldblumenstrauß   166
Der Fischzug   233
Der Handkuß   57

Der Heidebrand	38
Der Kanarienvogel	222
Der Ländler	98
Der lange Tanz	189
Der Maibaum	109
Der Panzer, den Graf Albrecht trug	42
Der Rauch meines Herdes	229
Der Schädel ruft: „Ich bin Ambassadeur"	73
Der Schiffer schaukelt aus dem Hafen	187
Der Sterbende	16
Der Tag ging regenschwer und sturmbewegt	22
Der Teufel in der Not	180
Der teutsche Dichter in Abdera	135
Des Großen Kurfürsten Reitermarsch	204
Des Mannes Kampf	138
Deutsche Reimreinheit	67
Dichterlos in Kamtschatka	68
Die Anbetung der heiligen drei Könige	14
Die Birke	90
Die Drossel	72
Die Fahne der Vergessenheit	228
Die Falschmünzer	193
Die Feder am Sturmhut in Spiel und Gefahren	34
Die große gelbe Rose ruhte schwer	14
Die Insel der Glücklichen	72
Die kleine Kirche Jesusblödlein	215
Die Königin	157
Die Laterne	94
Die letzte Rose	228
Die Macht der Musik	225
Die Mittagsonne brütet auf der Heide	23
Die Muse der Dichtkunst	64
Die Muse, hört' ich, wär' ein hehres Wesen	64
Die Musik kommt	55
Die nächtliche Trauung	199
Die neue Eisenbahn	73
Die Pest	115
Die Rose, die du mir heut Morgen beim Abschied	166

Die Sonne leiht dem Schnee das Prachtgeschmeide	24
Die Spinnerin von Sanct Peter	185
Die Stelle im Thukydides	120
Die Straße, die den Westen mit dem Osten	31
Dorfkirche im Sommer	25
Du graues Untier mit den kahlen Augen	58
Du hattest heute wieder nichts zu essen	135
Du hörst der Schmetterlinge Flügelschlagen	233
Durch den blauen Morgenhimmel	229
Durchs Telephon	166
Eh' mir aus der Scheide schoß	52
Ein Frühlingsmorgen	231
Ein Geheimnis	45
Ein großer Rabe, auf den Ast gedrückt	135
Ein heißer Junisonnentag	192
Ein kleiner Besitz	84
Ein kleines Mädchen von sechs, sieben Jahren	221
Ein Maientag im Sonnenglanz	175
Ein Ritter aus dem Stegreifbund	180
Ein Schlachtgetümmelbild in grellen Farben	138
Ein Tag aus dem Leben des kleinen Herrn Wulff	196
Einen Sommer lang	121
Einer schönen Freundin in's Stammbuch	13
Einer Toten	36
Einmarsch in die Stadt Pfahlburg	146
Einst irrt' ich arm, allein durch menschenvolle Gassen	113
Einst nach vielen Jahren fand in einem Brief ich	86
Endlich der Schluß des ewigen Sonnenbrandes	189
Entsagung	58
Er ist grade drei Jahre alt	196
Es hatte niemand etwas einzuwenden	156
Es lebte Herr Kunz von Karfunkel	172
Es sät der Huf, der Sattel knarrt	78
Es treibt vorüber mir im Meer der Stadt	34
Es war ein reicher Mann	130
Es zog eine Hochzeit den Berg entlang	137
Feinslieb, ich steh' in dem Gesträuche	67
Festnacht und Frühgang	61

Flatternde Fahnen	33
Flüchtiger Gruß	15
Four in hand	25
Frühling	15
Frühlingsnacht	153
Geduld, Poet, und nicht gemuckst	68
Gestorben	16
Goethe, du Prachtkerl	81
Goldammer	18
Hafenlegende	187
Hans der Schwärmer	27
Hans Töffel liebt Schön Doris sehr	27
Heidebilder	23
Heimgang in der Frühe	174
Herbst	15
Herbst	30
Herr Hardesvogt, vom Whisttisch weg	38
Heut bin ich durch Ried und Rohr gegangen	203
Heut bin ich über Rungholt gefahren	49
Heute spaziert' ich unter den Linden	54
Heute war ich zur Kasse bestellt	75
Hingegossen in die Polster	100
Hinüber	234
Hoch oben fliegt ein Kranichheer nach Norden	15
Hoch oben fliegt ein Kranichheer von Norden	15
Hoch weht mein Busch, hell klirrt mein Schild	16
Hochsommer im Walde	29
Ich ging durch schwere Mitternacht;	224
Ich sitze zwischen Mine und Stine	122
Ich stand an eines Gartens Rand	96
Ich und die Rose warten	110
Ich weiß ein Gotteshäuschen	215
Ihre Exzellenz die alte Gräfin oben auf der Freitreppe	223
Im einzelstehenden Arbeiterhaus	222
Im Saale vor mir Veroneses Bild	14
Im Sonnenscheine schlief die Wetterfahne	231
Immer bleibst du, wer du bist;	227
In alten Briefen saß ich heut' vergraben	86

In der Dämmerung	174
In der tüchtigen Stadt Schmierfetten	66
In der Zeitung las ich heut	70
In ein Stammbuch	231
In eine Straße bin ich eingebogen	105
In einer asiatischen Riesenstadt	115
In einer großen Stadt	34
In einer Riesenstadt durchschritt ich jüngst	32
In Herbstestagen bricht mit starkem Flügel	24
In Martin Luthers Sprache	217
In memoriam	17
In nackten Bäumen um mich her der Häher	136
In Wasserstiefeln steh ich an der Pfütze	135
Ist das Alles?	175
Ist vielleicht der Herr Professor zu Haus?	120
Je reviendrai	136
Kalter Augusttag	28
Kam in ein Wirtshaus, ich weiß nicht wie	166
Kein Mittagessen fünf Tage schon.	29
Klanglos schläft der Sommergarten	164
Kleine Ballade	16
Kleine Blüten, anspruchslose Blumen	17
Kleine Legende	203
Kleiner Vogel in den Zweigen	105
Kleiner Vogel, gelb und braun	18
Klingkling, bumbum und tschingdada	55
Krieg und Frieden	96
Krischan Schmeer	143
Lag ich jüngst im hohen Sommergrase	234
Leb wohl, leb wohl. Vom Strand aus seh das Boot	136
Lebewohl an meinen verstorbenen Freund,	
* Herrn Naturalismus*	232
Marschall Niel	14
Martje Flors Trinkspruch	179
Märztag	187
Mein flinkes Patchen führ ich an der Hand	157
Mein täglicher Spaziergang	189
Min Mann is weg	171

Mitternacht, die Gärten lauschen 127
Müde 26
Müde des Tagetriebes entschlummert allmählich
   das Städtchen 176
Nein, Lieschen, hast du einen kleinen Schuh 136
Noch fliegt die Schwalbe ein und aus 165
Nun bimmelt und bammelt das Altjahr aus 139
Nun ist ihm wohl. Er schaut das neue Land 16
Nur ein paar Birken, Einsamkeit und Leere 189
Ob meine Bücher dir bekannt 87
Pidder Lüng 102
Quer durch Europa von Westen nach Osten 184
Raben 229
Rast im Hungrigen Wolf vor Sonnenaufgang 191
Regentag im Sommer 189
Richtet nicht, Pharisäer 137
Rückblick 52
Schläfrig singt der Küster vor 25
Schleifende Schleppen und schurrende Schuhe 61
Schnell herannahender, anschwellender und ebenso
   schnell ersterbender Sturmstoß 164
Schon nascht der Staar die rote Vogelbeere 138
Schöne Junitage 127
Schwalbensiciliane 13
Seffinka 86
Seifenblasen 224
Sie sang das Lied, die Worte sind verklungen 137
Sieben Tage hats gedauert 218
Siegesfest 33
Sommernacht 137
Sommernacht. Im Dämmergraun 229
Tä tätätä tä 146
Tief liegt das Dorf in seinem Frieden 199
Tiefeinsamkeit, es schlingt um deine Pforte 25
Tiefeinsamkeit spannt weit die schönen Flügel 23
Trutz, blanke Hans 49
Über das Knickthor mich lehnend 79
Über ein Knickthor gelehnt 79

Überschwemmung	135
Und nimmermehr, es ist vorbei	129
Und so bleibts denn halter beim alten	139
Unter den Linden	54
Up de eensame Hallig	171
Vergiß die Mühle nicht	59
Verrauscht die heiße Zeit der Jugendtage	14
Verstoßen	91
Viel dunkelrote Rosen schütt' ich dir	76
Viel Gezeter und Gezause	217
Vier Augen sind im Wege	42
Vier edle Füchse nicken mit den Köpfen	45
Viere lang	57
Vierzig Jahre sind es her	160
Vogel im Busch	105
Vor mir	110
Vor Tönning, auf Katharinenherd	179
Vorfrühling am Waldrand	136
Vorne vier nickende Pferdeköpfe	25
Vun de erschröckliche Springflot	218
Waldfahrt	100
Wandlungen	160
War der schönste Sommermorgen	159
War die Kleine zum Besuch	153
Was ist denn los im Schloß? Der Gutsherr liegt im Sterben	133
Was ist, was eilt, was läuft, was hetzt	64
Was mir gestern mein Freund erzählt	91
Was willst du hier, das Land ist kalt	126
Wenn letzter Donner fern verrollt	234
Wer weiß wo	21
Widerliches Wort: Gekose	232
Wie mag ich gern dem lieben Käuzchen lauschen	231
Wie sich der Epheu rankt am starken Stamm	137
Wilde Rosen überschlugen	17
Winterabend	231
Winterbild	135
Wir fuhren durch die Sommernacht	191

Wir liebten uns. Ich saß an deinem Lager   109
Wir standen unter alten Riesenulmen   28
Wir wandern durch die stumme Nacht   63
Wolkenschatten fliehen über Felder   187
Zuweilen lese ich die schönen Sachen   231
Zwei Meilen Trab   78
Zwei Mutterarme, die das Kindchen wiegen   13
Zwiegespräch   105
Zwischen Roggenfeld und Hecken   121